랑시에르의 교훈

프리즘총서

030

The Lessons of Rancière

랑시에르의 교훈

새뮤얼 체임버스(Samuel Chambers) 지음

김성준 옮김

그린비

레베카에게

| **일러두기** |

1 이 책은 Samuel Chambers, *The Lessons of Rancière*, Oxford University Press, 2012를 완역한 것이다.

2 본문에 등장하는 인용문은 국내에 출간된 랑시에르 저서의 쪽수를 표기하되, 본문과의 통일성을 고려하여 옮긴이가 직접 번역한 문장을 사용하였다.

3 본문의 대괄호는 독자들의 이해를 돕기 위해 옮긴이가 추가한 것이다.

4 외국어 고유명사는 2002년에 국립국어원에서 펴낸 외래어표기법을 따르는 것을 원칙으로 하되, 관례가 굳어서 쓰이는 것들은 관례를 따랐다.

한국어판 서문

내게 처음부터 자크 랑시에르에 대한 책을 쓰려던 계획이 있었던 건 아니다. 랑시에르의 저작을 처음 접했을 때부터, 나는 그가 체계적인 개관이나 종합적인 요약이 가능한 종류의 사상가가 아니라고 생각했다. 내게 랑시에르는 무엇보다 질서화^{ordering}의 원리에 대한 비판자, 특히 질서를 구축하려는 팽창주의적 기획으로서의 철학 내지 정치이론에 대한 비판자로 보였다. 무엇보다도 바로 이러한 이유 때문에, 나는 랑시에르의 작업을 정치이론의 기획으로 다시 구성하는 작업이 바람직하지 않다고 생각했다. 내 생각에 랑시에르의 글들은 그러한 정치이론의 기획 자체를 의문에 부친다는 점에서 의의가 있는 것이었다.

나의 논점에 더 가까이 가 보도록 하자. 나는 지난 10여 년 동안 랑시에르의 사상에 대해 읽고 가르치고 글을 쓰면서, 그동안 북미와 영국, 호주 등에서 빈번하게 '규범적 정치이론'^{normative political theory}이라는 간판 아래 묶여서 연구되어 온 분야가 이제는 파산 상태에 이르렀으며, 거의 완전하게 절망적인 기획이 되었다는 사실을 점점 더 확신하게 되었다.[1] 내

---

1) [옮긴이 주] 무슨 이유에서인지는 모르겠지만 '규범적 정치이론'이라는 용어는 한국에서는 잘

가 스스로를 '규범적 정치이론가'라고 부르는 정치이론 연구자들을 더 잦은 빈도로 만나게 된 것도 같은 기간 동안에 일어난 일이었다. 여기서 이른바 '규범적'이라는 말은 규범적 정치이론 연구자들의 작업을 규범적이지 않은 연구—겉으로 보기에 경험적이거나 과학적인 연구—를 하는 다른 정치학 연구자들의 작업과 구분하기 위해 사용된다. '규범적'이라는 형용사는 정치이론의 기획에 또 다른 무게감이나 위력을 더해 주는 것으로 보인다. 이것이 시사하는 바는, 정치이론 연구자들이 하는 일이 단지 정치를 사유하거나 묘사하는 데 그치거나, 그저 세계에 대한 이런저런 주장을 제기하는 데서 그치는 것이 아니라는 점이다. '규범적'인 정치이론 연구자들은 거기서 더 나아가 세계에 대한 규범적 주장들—세계가 어떻게 되어야 한다거나 세계가 어떻게 변화해야 마땅하다고 말하는 특별한 당위적 주장들, 즉 다른 학자들이 잘 제기하지 않는 주장들—을 제기한다. 그러나 나는 누군가가 '규범적 정치이론'을 하고 있다는 언명이, 서로 다른 두 가지 사태에 대한 심원하고도 근본적인 혼동에 의존하고 있다고 생각한다. 즉 이러한 언명은 정치 혹은 정치적인 것의 의미를 정의하거나 개념화하거나 표현하는 작업과, 정치의 역사적 실천이나 현행의 사건, 혹은 세계 내의 행위를 혼동하고 있는 것이다.

바로 이러한 맥락에서 랑시에르의 작업은 당시의 내게, 그리고 지금의 내게 매우 귀중하게 다가왔다—왜냐하면 랑시에르는 이와 같은 혼동을 일관되게 반박해 왔기 때문이다. 랑시에르는 정치에 대해 글을 쓰는 것이 결코 정치 자체가 될 수 없음을 꾸준하게 증명하는 방식으로 정치에 대해 글을 써 왔다. 그러한 증명은 정치이론의 기획에 있어 해방적이고 변혁

쓰지 않는다. 한국에서 비슷한 연구를 하는 정치학의 세부 분야는 '정치사상'이라고 불린다.

적인 힘을 가진 것으로 드러날 수 있다. 하지만 이를 드러내기 위해서 정치이론 연구자들은 지금까지 해왔던 것보다 랑시에르를 훨씬 더 진지하게 받아들일 필요가 있다. 다시 말해, 그들은 랑시에르가 제안한 경로를 따라가면서 자신들의 기획의 성격을 다시 검토해 볼 필요가 있다. 아마도 이는 정치이론을 특별하거나 독특하게 만들어 준다고 여겨지는 '규범적'이라는 형용사에 대한 그들의 애착을 포기하는 것을 의미할 것이다.

그러나 정치라는 의제에 가장 밀접하게 초점을 맞춘 랑시에르의 저술들이 영어권에서 번역되고 수용되는 과정에서, 많은 정치이론 연구자들은 내가 제안하는 것과는 꽤나 다른 작업에 착수했던 것으로 보인다. 많은 연구자들은 랑시에르의 저술들을 정치이론의 기획과 화해시키고자 하는 한편으로, 그의 저술들을 정치이론의 작업으로 재구성하고자 했으며, 궁극적으로 랑시에르 자신을 한 명의 규범적 정치이론 연구자로 만들 수 있는 방법을 찾고자 시도했다.

달리 말하자면, 21세기의 첫 10년에 해당하는 기간 동안 영어권의 정치이론 분야 안에서 랑시에르에 대한 체계적 설명explanation이 형태를 갖추고 그대로 굳어지기 시작했다. 이 설명은 랑시에르를 현대정치이론 분야의 다른 유명한 인물들의 무리와 비교하거나 대조하기 위해, 그를 개념적 범주들과 존재론적인 교훈들, 그리고 규범적인 원리들과 결부시켰다. 물론 이러한 시도는 랑시에르에 대한 일관되고 그럴듯한 설명 방식인 데다가, 많은 점에서 매력적인 설명 방식이라고 할 수 있다. 그러나 나는 랑시에르 본인의 작업과, 그에 대한 2차 문헌들이 제공하는 설명을 함께 읽으면서, 세 가지 서로 다른 이유 때문에 당혹스러움을 느꼈다. 첫째, 랑시에르에 대한 설명을 발전시킨 2차 문헌들은, 정작 랑시에르 본인이 가르침과 배움, 교육에 대해서, 그리고 설명 자체에 대해서 말했던 바들에 제대로 된 주의를 기울이지 않는 것처럼 보인다. 둘째, 잘 알려진 바와 같이 랑시에르는 1968년 5월 이후 (특히 알튀세르와 그의 제자들이 실천한—한때 그 제자들에는 랑시에르 본인도 포함되어 있었다) 철학의 질서화 기획으로부터 역사로 주의를 돌렸다. 랑시에르가 1970년대를 문서고 안에서 보냈다고 말하는 것은 결코 과장이 아니다. 그러나 계속해서 부피를 늘려 가고 있는 랑시에르의 이른바 '정치이론'에 대한 해설들은 이러한 작업에 거의 주목하지 않고 있으며, 어떻게 1970년대와 80년대에 랑시에르가 저술해 온 것들이 1990년대의 그의 정치에 대한 접근 방식을 채색하고 있는지에 대해서 숙고하지 않는다. 마지막으로, 랑시에르를 정치이론이라는 분야 안에 속한 한 명의 정치이론 연구자로 설명하는 이들의 노력은, 랑시에르가 기각하려고 했던—혹은 보다 섬세하게 표현하자면 강력하게 도전하고자 했던—(정치를 하는 것과 정치에 대해 글을 쓰는 것 사이의) 혼동에 언제나 기대고 있는 것으로 보인다.

2005년부터 2010년에 이르는 시간 동안 나는 '랑시에르의 정치이론'에 대한 해석학적 논쟁에 반복적으로 소환되어 왔다. 랑시에르의 작업에 대한 이러한 보다 광범위한 토론에 대한 나의 기여를 통해, 나는 계획에도 없던 랑시에르에 대한 책을 쓰고 있는 스스로를 소급적으로 발견하게 됐다. 이러한 논쟁에 대한 나의 일련의 개입이 보다 큰 기획, 즉 한 권의 책을 이루게 된다는 점을 깨닫게 된 다음부터, 나는 랑시에르의 '급진적 교육학'이 정치를 포함해 그가 글을 써 왔던 모든 주제들에 대해 갖는 중요성에 초점을 맞춰 내 기획을 틀지어 보기로 결정했다. 이것이 내 책의 제목이 이렇게 정해진 이유이다. '랑시에르의 교훈'이라는 제목은 의심할 여지 없이 다의적이다. 이 제목은 랑시에르의 저술들과 교전하는 하나의 텍스트를 가리키지만, 동시에 랑시에르의 첫 번째 책의 제목['알튀세르의 교훈']을 암시하기도 한다. 그러나 무엇보다 내가 이 제목을 통해 의미하고자 했던 바는 '교사'로서 내가 다른 이들에게 줄 교훈이 아니라, 랑시에르의 학생으로서 내가 배운 교훈이었다.

그러므로 이어지는 서론에서 나는 랑시에르적인 교육학이 과연 무엇인지에 대해 상세히 소개할 것이다. 다만 이 한국어판 서문에서는 그저 랑시에르가 "전통적 교육관에 따르면, 설명explanation이란 바보 만들기stultification에 다름 아니다"라는 점을 보여 줌으로써, 설명이라는 것에 반대해 왔다는 점만을 지적하고 넘어가고자 한다. 스승은 학생이 스스로 이해할 수 없다고 가정함으로써만[즉 학생이 바보라고 가정함으로써만] 학생에게 설명이란 것을 할 수 있다. 그러므로 랑시에르의 학생, 특히나 그의 교육학의 학생인[즉 학생을 스스로 이해할 수 없는 바보라고 보지 않는] 나는 랑시에르를 '설명'하는 책을 쓸 수가 없었다. 2013년 『랑시에르의 교훈』이 출간된 이래, 랑시에르에 대해 책을 쓰는 작업이 수반하는 이러한 명백한 역설은 이 책에 대한 많은 리뷰와 논평, 반응을 통해 인정받아 왔고 빈번하게 강조되어 왔다. 그렇다면 어떻게 (바로 설명을 통한) 바보 만들기의 덫에 빠지지 않고서, 랑시에르와 그의 반反-바보 만들기를 추구하는 급진적 교육학에 대한 책을 쓸 수 있는가?

나는 이것이 매우 중요한 질문이라고 생각하며, 랑시에르에 대해 글을 쓰고자 할 때 언제나 따라다닐 수밖에 없는 긴장이라고 본다. 랑시에르에 대해 글을 쓰려면 설명을 통한 바보 만들기의 덫에 빠지지 않도록 주의해야 할 것이다. 그러나 설명의 틀에서 벗어나는 문제가 참된 딜레마(딜레마는 두 바람직하지 않은 결과들 중에서 어쩔 수 없이 선택해야 하는 상황을 의미한다)라고 할 수는 없다. 왜냐하면 랑시에르의 교육적 저술들은 설명의 틀을 벗어날 나름의 대안을 이미 제시하고 있기 때문이다. 선생은 자신이 이미 가지고 있는 지식을 [학생에게] 가르치는 것을 거부함으로써, 설명을 피할 수 있다. 대신 선생은 학생들에게 "숲에서 직접 모험을 해보라고 명령한다. 학생들이 숲에서 본 것에 대해서 이야기하고, 학생들이 스스로 본 것에 대해 어떻게 생각하는지 이야기하라고 명령한다. 또한 그들이 그것들을 스스로 입증하고 검증하라고" 명령한다(Rancière 2009a: 11 [『해방된 관객』 21쪽]). 『랑시에르의 교훈』은 나 자신의 숲으로부터의 보고서들을 모은 책이다. 이 책은 내가 숲에서 본 것들에 대한 해설을 제공하며, 내가 숲에서 본 것들에 대해 생각한 것들을 묘사하며, 그것을 입증하려는 나의 시도를 개관한다. 그러므로 이 책은 독자들도 유사한 방식으로 숲을 탐구할 것을 요청하며, 그들 나름대로 보고서와 입증을 내놓을 것을 요청한다. 이 모든 것들이야말로 왜 나의 책이 정치이론 분야에 랑시에르의 저술을 '설명'하려는 시도가 아닌지, 왜 내 책이 이 분야 안에서 이미 굳어지기 시작한 랑시에르에 대한 설명 방식을 거부하고 그에 저항하려는 시도인지를 설명해 주는 것이다.

나는 이 책이 탄생한 역사적 맥락을 묘사했다. 그러나 이를 통해 이 책의 지평을 그러한 역사적 맥락 안에 제한하고자 한 것은 아니다. 나는 오히려 '어떻게' 그리고 '왜' 이 책이, 특히 한국어 번역을 통해, 자신이 속한 맥락과 결별하고, 예기치 않았던 다른 독자들에게 말을 걸 수 있을지를 설명하려고 했다. 내 나름의 '숲으로부터의 보고서들'이면서 독자들로 하여금 스스로 숲을 탐구해 나갈 것을 요청하는 이 책은 필연적으로 나의 (그리고 랑시에르의) 한국어 독자들에게 다른 함의를 가지게 될 것이다. 이 요점은 내가 시사한 바와 같이, 랑시에르의 교육학과 완벽하게 호환가능한 것이다. 랑시에르는 우리가 가르칠 때 언제나 우리가 아는 것과 다른 무언가를 가르친다고 주장한다—한 가지 요점을 더 추가하자면, 여기서 반드시 가르침이 이뤄질 거라는 보장은 없다.

　이 책이 한국어 독자들에게 가르치는 것은 근본적이고 필연적으로, 영어권 독자들에게 이 책이 가르쳐 온 것(혹은 가르치게 될 것)과는 다를 수밖에 없을 것이다. 물론 이 사실은 독자들의 사이와 독자들의 가운데에 존재하는 표면적인 차이들과는 아무 상관이 없다. 왜냐면 이 책은 "어떠한 책이든 아무나와 모두에게—어느 누구가 됐건—읽히고 익혀질 수 있으며, 따라서 가르쳐질 수 있다"라는 랑시에르의 논점을 강조하기 때문이다. "누구나 배울 수 있지만 모두가 뭔가 다른 것들을 배울 것이다"라는 주장은 랑시에르의 '평등'에 대한 급진적 관점을 표현하는 하나의 방식이다. 이는 그 자체로 또한 '차이'에 대한 관점이기도 하다. 그러므로 이 책은 그것을 읽는 모든 이들(영어가 됐건 한국어가 됐건 혹은 다른 언어가 됐건)에게 각기 다른 것을 가르칠 것이다. 왜냐하면 이 책은 스스로가 이미 알고 있는 바를 가르치지 않을 것이기 때문이다. 이것이야말로 가르침과 언어, 그리고 궁극적으로 정치의 본성이라고 할 수 있다(그리고 이는 이것들이 본성을 갖지 않는다는 뜻이기도 하다).

2016년 10월
미국 메릴랜드주 볼티모어에서
새뮤얼 체임버스

감사의 글

자크 랑시에르는 우리 자신조차도 알지 못하는 것을 [남에게] 가르치는 일이 가능하다고 말한다. 이 급진적인 교육학적 원리를 어떤 책의 교훈에 적용한다는 것은 다음과 같은 의미다. 책은 저자도 알지 못하는 무언가를 가르칠 수 있다. 이 책이 [독자에게] 가르쳐 주는 것이 약간이라도 있다면, 그 가르침은 나의 지식의 합계와는 다른 무언가이고, 심지어 나의 지식의 합계를 초과하는 무언가일 것이다. 따라서 어떤 책의 지적인 가능성과 저자의 의지 사이에는 심원한 간극이 있다. 이 책은 오류까지 포함해 모두 '나의 것'이다. 내가 필자로서 장과 절, 문장과 단어들의 최종적인 배열을 결정했다는 의미에서 그러하다. 그러나 이 책이 가진 지적인 가능성은 누구에게도 귀속되지 않는다. 그것은 많은 이들에게 공유된다. 이 감사의 글에 나는 그 많은 이들 중 일부의 이름을 기록하고 감사를 표하고 싶다.

존스홉킨스대학에서 정치이론을 공부하고 가르칠 수 있다는 특권은 때때로 부정행위를 하는 것처럼 느껴질 정도다. 나는 여기서 정치이론을 함께 공부하고 가르치는 동료들, 제인 베넷Jane Bennett, 빌 코널리Bill Connolly, 제니퍼 컬버트Jennifer Culbert에게 가장 먼저 감사를 표하고 싶다. 또한 나를 성원해 준 (최근의 박사후 방문연구원들을 포함해) 정치학과의 뛰어난 동료들에게도 감사를 드린다. 캠퍼스 이곳저곳의 수많은 동료들이 나를 지원해 주고 이 저술의 기획이 지탱될 수 있도록 도와주었다. 특히 어멘다 앤더슨Amanda Anderson, 비나 다스Veena Das, 프랜시스 퍼거슨Frances Ferguson, 애런 굿펠로Aaron Goodfellow, 시바 그로보귀Siba Grovogui, 파올라 마라티Paola Marrati, 애덤 셰인게이트Adam Sheingate에게 고마움을 표하고 싶다. 대학원이라는 교육기관을 활력 있게 만드는 것은 물론 전적으로 대학원생들에게 달려 있다. 이런 맥락에서 지난 4년 동안의 세미나에서 나의 사유에 결정적으로 기여해 준 학생들에게도 기쁜 마음으로 사의를 표한다. 네이션 기스Nathan Gies, 자이러스 그로브Jairus Grove, 채스 필립스Chas Phillips, 그리고 드루 워커Drew Walker, 이들 모두는 이 기획에 다양하고도 의미심장한 방식으로 직접적인 기여를 해주었다. 나는 또한 랑시에르의 저작들과 열정적으로 씨름해 주면서, 자신들에 관한 많은 것들을 가르쳐 준 학부 학생들에게도 감사를 표한다.

어쩌면 가장 중요한 사람들일 텐데, 나는 몇 년의 집필 기간 동안 이 책의 원고를 읽어 준 많은 이들에게 가장 깊은 사의를 표하고 싶다. 내가 분명히 몇 명을 기억하지 못하고 빠뜨렸을 수 있으므로, 다음은 원고를 읽고 논평해 주거나 비판해 준 독자들, 혹은 내가 원고를 발전시켜 온 어느 시점에서 몇몇 대목에 반응을 보여 준 친절한 독자들의 부분적인 목록일 수밖에 없다. 폴 아포스톨리디스Paul Apostolidis, 벤 아디티Ben Arditi, 제인 베넷, 폴 보먼Paul Bowman, 레베카 브라운Rebecca Brown, 테렐 카버Terell Carver, 빌 코널리, 제니퍼 컬버트, 장-필리프 데랑티Jean-Phillip Deranty, 리사 디슈Lisa Disch, 킴 에번스Kim Evans, 에릭 패신Eric Fassin, 앨런 핀레이슨Alan Finlayson, 네이션 기스, 자이러스 그로브, 스테파니 허시너Stephanie Hershinow, 보니 호니그Bonnie Honig, 애덤 케너드Adam Kennard, 패첸 마켈Patchen Markell, 토드 메이Todd May, 커스티 매클루어Kirstie McClure, 알레타 노발Aletta Norval, 조엘 올슨Joel Olson, 마이클 오루크Michael O'Rourke, 다비데 파네지아Davide Panagia, 채스 필립스, 앤드루 샤프Andrew Schaap, 마이클 샤피로Michael Shapiro, 존 시몬스Jon Simmons, 리처드 스탬프Richard Stamp, 제러미 발렌타인Jeremy Valentine, 드루 워커, 리즈 윈그로브Liz Wingrove, 캐런 지비Karen Zivi, 존 점브러넌John Zumbrunnen.

내게 결코 갚을 수 없는 빚이 될 만큼 이 책에 엄청난 기여를 해준 이들이 몇 명 있다. 여기서 기쁜 마음으로 그들에게 감사를 표한다. 랑시에르는 배움을 번역의 행위라고 불렀다. 나는 안느 칸틀Anne Kantel(독일어), 네이선 기스(그리스어), 레베카 브라운과 리사 디슈(프랑스어)로부터 많은 배움을 얻었다. 옥스퍼드대학 출판부의 안젤라 츠나프코Angela Chnapko와 함께 일한 것은 큰 기쁨이었다. 그녀가 이 저술의 기획을 호의적으로 이해해 주고, 높은 대응성과 전문성을 보여 주었기 때문에 이 책을 완성하는 데 많은 도움이 되었다. 나는 바버라 프라이스Barbara Price의 훌륭하고 섬세한 편집 작업에도 감사한다. 커버디자인의 고무적인 초기 견본을 보여 준 타비사 팬터Tabitha Panter에게도 고마움을 표하고 싶다. 부지런하고 뛰어난 직관을 가졌으며 언제나 지성적인 연구조교 네이선 기스의 도움이 아니었으면 이 책은 결코 완성될 수 없었을 것이다. 네이선의 연구조교 자리를 재정적으로 지원해 준 존스홉킨스대학의 크리거 인문대와 정치학과에도 감사드린다. 스테파니 허시너는 이 책에 대한 최종적이고 가장 중요한 검토를 해준 사람들 중 한 명이다. 그보다 더 학구적이고 논쟁적이지만 주의 깊고 정밀한 조사를 바랄 수 없었다. 마지막으로 나는 뜻하지 않은 시점에 [반시간적으로untimely] 원고를 읽어 주고 귀중한 조언을 해준 보니 호니그에게 크나큰 사의를 표하고 싶다.

나는 벤 아디티에게 특별한 빚을 지고 있다. 아디티는 10여 년 전 런

던의 한 컨퍼런스에서 자크 랑시에르에 대한 논문을 발표하도록 나를 초대해 줌으로써 이 기획의 씨앗을 뿌려 주었다. 아디티의 초청이 있기 전까지 나는 랑시에르의 저술을 읽어 본 적이 없었다. 2003년 골드스미스대학 컨퍼런스의 참가자들과 청중들에게도 깊은 감사를 드린다. 그들 중에서도 폴 보먼, 믹 딜런Mick Dillon, 앨런 핀레이슨, 짐 마틴Jim Martin, 알렉스 톰슨은 이 기획의 씨앗이 싹틀 수 있게 많은 도움을 주었다. 이 기획과 관계되어 있는 글들이 다양한 환경에서 발표되었다. 나는 모든 참가자들과 청중들에게 고마움을 표하며, 특히 컨퍼런스를 주최하고 조직한 이들에게 특별한 감사를 표하고 싶다. 다음은 나의 글이 발표됐던 행사와 일시/장소의 목록이다. 2006년 11월, 에식스대학 정치학과(알레타 노발, 데이비드 하워스David Howarth, 제이슨 글리노스Jason Glynos에게 감사한다), 2007년 12월 존스홉킨스대학 정치학과, 2009년 3월 미 서부정치학회Western Political Science Association 연례모임, 2009년 9월 전미정치학회American Political Science Association 연례모임, 2011년 3월 존스홉킨스대학의 정치와 윤리사상 세미나(존 마셜John Marshall에게 감사한다), 2011년 4월 노스웨스턴대학의 랑시에르 컨퍼런스(딜립 게온카Dilip Gaonkar와 스콧 더럼Scott Durham에게 감사한다), 2011년 10월 이화여자대학의 해외석학강좌 시리즈, 2011년 11월 버지니아대학의 정치이론 콜로키엄(로리 밸푸어Laurie Balfour와 스티븐 화이트에게 감사한다), 2011년 12월 헬싱키대학의 정치경제학과(제레미아 레포Jeremia Repo에게 감사한다), 2012년 5월 미네소타대학 정치학과(버드 듀발Bud Duvall에게 감사한다).

1장은 이전에 『유럽 정치이론 저널』European Journal of Political Theory 10(3)호(2011: 303~326)에 '자크 랑시에르와 순수 정치의 문제'라는 제목으로 발

표된 바 있다. 2장의 일부는 폴 보먼과 리처드 스탬프가 편집한 『랑시에르 읽기』*Reading Rancière*라는 책에 실렸던 글인 「치안의 정치: 신자유주의로부터 아나키즘으로, 그리고 다시 민주주의로」(2011: 18~43)를 발전시킨 것이다. 3장의 초기 아이디어 중 일부는 매우 다른 형태로 『이론과 사건』*Theory and Event* 8권 3호에 '문학성의 정치'라는 제목으로 실렸다(2005). 후기의 일부는 『변경지대』*borderlands* 8권 2호에 실렸던 「퀴어정치와 민주주의적 계산 착오」(2009)라는 글에 수정을 가한 것이다.

공저자나 동료들의 직접적인 도움보다 가족과 친구, 공동체의 간접적인 도움이 글쓰기의 과정을 지탱해 내는 데 더욱 중요한 역할을 한다. 할 제니*Hal Janney*는 랑시에르가 '지능의 평등'이라고 부르는 것을, 텍스트를 스스로 읽는다는 것의 의미를 깊이 이해하고 있는 사람이었다. 나는 그에게 이 책을 읽을 수 있는 기회가 주어졌으면 했다. 우리 강아지 루크는 이 책이 집필되고 있던 거의 모든 과정에 걸쳐 나에게 많은 격려를 보내 주었다. 허스키의 삶은 너무 짧다. 조엘 올슨은 진정한 동료이자 동지였다. 그리고 내가 알고 있는 사람들 중에 가장 날카로운 사상가이자 가장 명석한 작가였다. 그는 누구하고도 바꿀 수 없으며, 우리에게 계속해서 영감을 줄 것이다.

내가 작업에 집중하는 것을 결정적으로 방해해 온 '타락한 포커클럽'에도 감사를 표한다. 이 포커클럽은 자신이 알지 못하는 것을 가르치는 일에 확고하게 헌신했던 이들의 모임이다. 다시 한번 감사를 드리지만, 절대로 충분히 감사를 드릴 수는 없는 나의 부모님 팀 체임버스*Tim Chambers*와 재키 체임버스*Jackie Chambers*께도 감사를 표하고 싶다. 부모님은 끝도 없이 떠돌이 생활을 할 수밖에 없는 학자의 삶을 인내하고 이해해 주셨다. 내게 부모님 이상으로 배움에 관해 많은 것들을 가르쳐 준 사람은 없었다. 데이비드 허시너$^{David Hershinow}$와 스테파니 허시너$^{Stephanie Hershinow}$는 내가 미국으로 돌아오는 과정에서 마주한 문화충격을 줄이고, 미 동부에 다시금 보금자리를 마련하는 데 도움을 주었다. 앨런 핀레이슨$^{Alan Finlayson}$과 캐리 핀레이슨$^{Keri Finlayson}$, 줄리언 브라운$^{Julian Brown}$, 제인 엘리엇$^{Jane Elliot}$은 언제나 우리가 서로에게 함께하고 있음을 확인시켜 주었다. 꼭 필요하던 산의 맑은 공기를 숨 쉬게 해준 필 체임버스$^{Phil Chambers}$, 그리고 꼭 적절할 때 영상통화로 대화해 준 로리 프랭클$^{Laurie Frankel}$에게도 고마움을 표현하고 싶다.

언제나 그렇듯이, 레베카 브라운은 다른 누구보다도 많이 초고를 읽어 주었고, 누구보다도 많이 피드백을 했으며, 누구보다도 많이 나의 잘 여물지 않은 주장들을 함께 토론해 주었다. 그녀는 누구보다도 이 기획에 지적으로 크나큰 기여를 해주었다. 내 삶의 협력자인 레베카는 내가 쓰고 생각하고 가르치는 모든 것들의 협력자이기도 하다. 그래서 내가 써낸 다른 모든 책들과 마찬가지로, 당연히 이 책은 그녀 없이는 나오지 못했을 것이다. 그러나 이 책은 교육학에 관한 주장, (이론과 정치, 그리고 세계에서) 가르침이 갖는 중심성에 관한 주장을 그 핵심에 두고 있다는 점에서 독보적이다. 그러한 교육학적 주장은 랑시에르에 대한 해석으로부터 출현한 것이다. 하지만 그 주장 자체는 랑시에르의 것이 아니고, 그 해석도 그저 나의 것이 아니다. 나는 내 나름의 언어로 가르침과 배움, 교육학에 대하여, 그리고 레베카와 내가 공유하고 있는 고무적인 가정들에 대하여 표현하고 싶다. 레베카와 나는 같은 생각들을 소유하고 있다는 의미에서 (그러므로 서로가 소유한 생각에 '동의하고' 있다는 의미에서) 그 가정들을 공유하는 것이 아니다. 우리는 소유함 자체가 서로와 이어진 [공동의 것이라는] 의미에서 그 가정들을 공유한다. 이 원리들은 서로 긴밀하게 연결됨으로써만 지탱될 수 있다. 파트너십을 가능하게 하는 랑시에르적인 '지능의 평등'의 가정은, 한 사람이 만들어서 다른 이에게 줄 수 있는 종류의 생각이 아니다. '지능의 평등'의 가정은 '우리', 그리고 '나'의 가능성의 조건 자체이다.

차례

랑시에르의 교훈
The Lessons of Rancière

서론

이 책의 제목에는 속임수가 있다. '랑시에르의 교훈'The Lessons of Rancière[1] 이

---

1) 랑시에르는 자신의 첫 번째 저서에 '알튀세르의 교훈'(*La leçon d'Althusser*)이라는 제목을 붙였다(Rancière 1974a). 이 저서는 랑시에르가 스승 알튀세르로부터 '결별'하는 결정적 시점을 표지하는 책으로 널리 알려져 있다. 하지만 이 책의 제목이 갖는 종별성은 거의 주목받지 못했다. 이 제목은 알튀세르의 더욱 광범위한 '가르침'을 암시하기도 하지만, 「존 루이스에 대한 답변」(Reply to John Lewis)이라는 글에 담긴 알튀세르의 독특한 교훈을 질문에 부치고 있다(Althusser 1976). 랑시에르는 이 텍스트를 ── 알튀세르가 이전에 발표한 짧은 에세이인 「학생 문제」(Student Problems)와 함께 ── '정설(orthodoxy)에 대한 교훈'으로 해석한다(Rancière 2011a: xxiii). 랑시에르의 알튀세르 비판은 일련의 맑스의 글들에 대한 그 나름의 해석으로부터 출발한다. 이를 통해 그는 맑스의 텍스트들과, 알튀세르의 존 루이스에 대한 '교훈'을 지배하고 있는 'M-L'이라는 형상이 어떻게 다른가를 보여 준다. 둘 간의 차이는 알튀세르의 '교훈'을 그야말로 우위(mastery)의 교훈에 불과한 것으로 만든다 ── 알튀세르는 존 루이스가 상식으로는 볼 수 없는 것들을 구성함으로써, 'M-L'과 맑스주의 정설의 우위를 확립한다. 우위의 문제를 다루는 더 자세한 알튀세르 비판은, 이 책의 영역본 출간에 발맞춰 개최된 『급진 철학』(*Radical Philosophy*)의 최근 토론문들을 참조하라(Rancière 2011a; Montag 2011; Brown 2011). 알랭 바디우와 슬라보이 지젝은 내가 이 책을 위해 고른 것과 미묘하게 다른 제목을 먼저 사용한 적이 있다 ── 단, 바디우의 글 제목은 프랑스어였고, [내 책의 제목이 '교훈'을 'lessons'라는 복수형으로 쓰고 있는 반면에] 지젝은 단수형 'lesson'을 채택했다(Badiou 2009; Žižek 2006[이 글은 한국어판 『감성의 분할』 권말에 실려 있다. 97~114쪽]). 나는 이 책의 여러 곳에서 바디우와 랑시에르의 관계를 간략하게 다룬다. 또한 1장과 2장의 논의를 통해 지젝의 [랑시에르] 비판에 대해 간접적으로 응답한다. 중요한 것은, 여기서 언급된 이들 중 누구도 교훈에 대한 질문이나 우위에 대한 질문, 그리고 랑시에르의 작업과 나의 해석에서 핵심을 이루는 급진적 교육학에 대한 질문에 관심을 보이지 않았다는 사실이다. 나는 랑시에르의 첫 번째

라는 제목은 별다른 노력 없이 어렵지 않게 읽을 수 있는 책이란 인상을 준다. 이 제목은 '역사의 교훈'이라는 진부한 상투어를 모방하고 있다. 이는 마치 역사가들이 어떤 역사적 시대나 사건에 대해 알아야 할 것들을 독자들에게 말해 주듯이, 이 책이 자크 랑시에르에 대해 알아야 할 것들을 독자들에게 알려 줄 것이란 기대를 갖게 만든다. 다시 말해 이 제목은 독자들에게 다음과 같이 말하는 듯하다. "여기 책 몇 권쯤을 썼을 것으로 짐작되는 랑시에르라는 사람이 있다. 그러나 당신은 정말로 그의 책을 읽을 필요는 없다. 왜냐하면 대신 이 책을 읽으면 되기 때문이다. 이 책은 랑시에르의 저작들이 가진 '교훈'을 당신에게 설명해 줄 것이다." 또한 당신은 이 책이 넓은 의미에서 현대정치이론이라는 분야에 속한다는 사실을 알고 있을 것이다. 따라서 당신은 이 책이 정치이론가 '랑시에르에 대한' 책일 것이라고, 혹은 그의 전체적인 정치이론을 체계적으로 구성한 책일 것이라고 마땅하게 기대할지도 모른다. 그러한 책은 자연스럽게도 랑시에르의 저술에 대한 일련의 해설로 구성될 것이다. 저자는 그러한 해설을 통해서 랑시에르가 말하는 것이 무엇이며, 그것이 의미하는 바가 무엇인지 독자들에게 알려 주고, 궁극적으로는 몇 가지 결론(즉 교훈)을 도출해 낼 것이다.

이 책은 그러한 종류의 책이 아니다. 왜냐하면 랑시에르의 경우에는 앞서 묘사한 것과 같은 접근 방법을 적용할 수 없기 때문이다. 랑시에르의 정치사상을 전반적으로 소개하거나 '랑시에르의 정치이론'을 개발하고 옹호하는 책을 쓰기 위해서는, 랑시에르가 자신의 저작과 체계적인 정치이론 간의 관계에 대해 분명하게 주장했던 바를 묵살하거나 거부해야

저서의 제목을 환기하는 한편으로, 랑시에르의 저술들과 나의 기획에서 이러한 주제들이 갖는 중요성을 강조하기 위해서 지금의 제목을 채택했다.

한다.[2] 랑시에르의 저술을 다룬 일련의 논문이 『시차』*Parallax*라는 학술지의 특집호로 발간된 적이 있다. 2009년 랑시에르는 여기에 실린 몇 편의 논문에 대해 답변 글을 작성했다. 그는 답변을 작성하면서 유서 깊고 전통적인 논평문의 작성 방식을 따르지 않기로 작정했다. 다시 말해 그는 일정한 요점을 분명히 하고, 자신의 핵심 신조와 가르침을 설명하고, '자신의 이론'에 대한 비판을 다시 반박하는 방식을 따르지 않고자 했다. 대신에 랑시에르는 자신의 글에 **자크 랑시에르가 쓴** '자크 랑시에르의 방법에 대한 몇 가지 논평'이라는 나름대로 기만적인 제목을 달았다. 또한 그는 이 글에서 자신을 일관되게 3인칭으로 지칭했다. 그렇게 그는 (자신에 관한) 다음과 같은 서술로 글을 시작한다. "그는 정치나 미학, 문학, 영화, 혹은 다른 어떠한 것에 대해서도 하나의 이론을 만들어 내고자 하지 않았다. 그는 이미 상당수의 이론이 존재한다고 생각한다. 또한 이미 시장에서 구할 수 있는 수많은 이론에 그저 하나의 이론을 더하려고 나무를 파괴하는 일은 피하고 싶을 만큼 나무를 사랑한다"(Rancière 2009b: 114). 뒤이어 랑시에르는

---

2) 최근 랑시에르에 대한 우수한 입문서 두 권이 출간됐다. 이 책들은 랑시에르의 전 저작을 연대기적으로 따라가면서 광범위한 개관을 제공한다. 그리고 두 입문서 모두 바로 이 질문[어떻게 랑시에르의 거부에도 불구하고 그의 정치이론에 대한 책을 쓸 수 있는가]를 제기하고 있다. 이에 대해 조지프 탠크는 자신의 책이 랑시에르에 대한 '주해'(exegesis)보다는 하나의 '독법'(reading)을 마련하려고 한다고 대답한다. 이 대답은 탠크로 하여금 '평등의 가정(supposition)'을 약화시키지 않고도 랑시에르의 저작에 대해 논평하거나 주장하는 것을 가능하게끔 해준다(Tanke 2011: 1). 반면 올리버 데이비스는 자신의 "랑시에르에 대한 책이 랑시에르적이라고 자신 있게 주장하기는 힘들다"라고 인정한다. 데이비스는 랑시에르의 기획이 놓인 맥락을 설명함으로써, "랑시에르의 독특한 기획"에 개입하려는 또 다른 목표를 갖고 있다(Davis 2010: xi). 나는 이 장과 앞으로의 논의를 통해 망가뜨림(=바보 만들기stultifying) 없이 랑시에르를 해석해야 하는 딜레마에 대해 나름의 '해결책'을 시행해 볼 것이다. 랑시에르의 작업을 '개관'하거나 '소개'하려는 유혹을 거부하면서, 그에 대한 연대기적 접근을 거부하면서, 또한 랑시에르의 전 저작을 체계적으로 논의하는 것을 거부하면서, 나는 '랑시에르에 대한' 책을 쓰기보다는 '랑시에르적인' 책을 쓰는 것을 목표로 할 것이다.

자신에게는 어떠한 것에 대한 '이론'도 없으며, 특히나 자신에게 정치에 대한 이론은 분명히 존재하지 않는다는 점을 확언한다(Rancière 2009b: 116). 그러므로 『랑시에르의 교훈』은 랑시에르의 정치이론에 대한 교사용 지침서가 될 수 없다. 왜냐하면 그러한 종류의 수업지도안을 꾸리기 위해서는 랑시에르의 주요한 교훈 중 하나를 무시해야 하기 때문이다.

이 책의 제목은 보기보다 더 많은 것들을 말하고 행한다. 랑시에르의 저작에서 가장 중요한 교훈 중 하나가—사실은 아마도 가장 중요한 가르침은—'교훈'에 대한 교훈이기 때문이다(Rancière and Olivier 2008: 172). 나는 랑시에르의 정치이론에 대한 체계적인 설명을 제공하려는 의도에서 제목을 이렇게 정한 것이 아니다. 오히려 나는 이 제목을 통해 '교훈'에 대한 주장, 그리고 가르침과 교육에 대한 논점이 랑시에르의 기획에서 근본을 이룬다는 점을 보여 주고자 했다. 이것이야말로 랑시에르의 작업이 가진 결정적인 차원이다. 따라서 나는 랑시에르의 저작을 체계적으로 정리하거나, 그의 다양하고 구체적인 [논쟁적/정치적] 개입을 정적이거나 포괄적인 '정치이론'으로 변형시키지 않을 것이다. 나는 동시대 정치이론의 시류에 저항하는 랑시에르의 행보를 따라가면서도, 때로는 거기에 의문을 제기할 것이다. 이 책은 단순하게 랑시에르의 텍스트를 해설하기보다, 민주주의 정치에 대한 토론에 논쟁적으로 개입하기 위해 그의 글을 동원한다. 나는 랑시에르의 텍스트가 가진 교훈을 일련의 도덕적 우의나 가르침, 규칙의 형태로 도출하고자 하지도 않을 것이다. 대신에 나는 랑시에르의 '교훈'을 또 다른 의미로 다시 사유하고자 한다. 무엇보다도 랑시에르는 독자들에게 가르침에 관하여 절대적으로 결정적인 요점을 '가르치길' 희망한다. 이러한 요지를 고수하면서 랑시에르가 얼마나 철저하게 급진적인 교육관을 옹호하고 있는지를 과장하는 것은 불가능하다. 랑시에르는 '학교교육'schooling의 중심요소인 교사와 학생, 지능, 지식 등의 개념을 전적으로 다시 사유하는 그야말로 급진적인 교육관을 옹호한다. 랑시에르는 알지 못함에도 가르치는 일이 가능하다고 생각한다. 그는 최고의 스승이란 자신의 전문성에 대한 가정이 아니라 지능의 평등the equality of intelligence이라는 기반 위에서 작동할 수 있다고 믿는다. 이는 궁극적으로 랑시에르가 "우리는 우리가 알지 못하는 것을 가르칠 수 있다"고 주장한다는 것을 의미한다. 최고의 스승은 무지한 스승이다.

아래의 본문과 이 책의 각 장에 흩어져 있는 평등에 관한 논의에서 나는 이러한 급진적 교육관과 인식론적이고 존재론적인 우위mastery의 일정한 형태에 대한 저항—랑시에르의 저작과 비판적 탐구의 근간을 이루는—의 문제를 다시 다룰 것이다. 여기서는 다만 '교훈'이라는 관념 자체와 관련해 종별적이고 핵심적인 요점 하나만을 지적하고자 한다. 랑시에르의 교훈은 수많은 이유에서 소위 말하는 '역사의 교훈'과는 다른 것이다. 가장 중요한 이유는 역사의 교훈마저도 랑시에르에게는 일반적으로 이해하는 문구 그대로의 의미에서 '역사의 교훈'은 아니라는 것이다. 1975년부터 1985년까지 랑시에르는 『논리적 반란』Les révoltes logiques이라는 잡지를 간행하는 데 핵심적인 역할을 수행했다. 그는 단독저자나 공동저자로서 수많은 논문을 작성했고 공동논설문을 기고하기도 했다. 또한 그는 19세기 초반의 프랑스 노동자들의 저술을 모아 둔 문서고에 대해 최초의 역사적 연구를 수행하기도 했다(Rancière 1989c; Rancière 2011b). 이 초기의 저술에서 랑시에르는 '순수한 프롤레타리아'로서 노동자 혹은 본질적으로 저항적인 평민plebs이라는 관념에 대해 일관되게 반론을 펼친다. 정통 맑스주의의 얼굴을 하고 있건, 알튀세르주의의 얼굴을 하고 있건, 혹은 '신철학자'new philosophers의 얼굴을 하고 있건 간에, [철학자들의 논의 안에서] 빈자들(평민, 프롤레타리아)은 자신들을 대표하는 자들의 이익을 위해 빈자들의 장소에 갇혀 버린다. 랑시에르는 무엇보다도 이렇게 빈자들을 그들에게 고유한 것으로 여겨지는 영역 안에 가둬 버리는 것, 이렇게 빈자들의 순수 범주를 만들어 내려는 시도에 일관되게 이의를 제기한다. 수십여 년 뒤인 2011년, 『논리적 반란』에 실린 기고문의 영역본에서 랑시에르는 이 집합적 기획을 "2세기 동안의 투쟁이 가진 쟁점과 복잡성, 모순"을 내버리거나 묵살하지 않으면서, 다시 말해 노동자들의 특수한 삶과 투쟁이 정치철학이나 사회학, 혹은 혁명이론의 범주와는 대개 일치하지 않는다는 사실을 무시하지 않으면서 해방, 혁명, 반란이라는 발상을 고수하려는 노력으로 묘사한다. 무엇보다도 이렇게 (철학적 범주가 아니라) 구체적인 노동자들의 목소리에 귀를 열고 해방과 반란의 가능성을 옹호하기 위해서는, 역사로부터 그저 현재의 정치적 프로그램을 위한 '교훈'만을 찾으려는 태도를 단호히 거부할 필요가 있다(Rancière 2011b: 12).

'순수한 프롤레타리아'라는 범주에 대한 랑시에르의 일생에 걸친 비판은 언제나 한편으로는 그의 역사 이해와 밀접하게 관련되어 있으며, 다른 한편으로는 교육에 대한 그의 급진적 발상과 밀접하게 관련되어 있다. 『논리적 반란』의 공동논설문으로부터 인용한 다음과 같은 문장은 이 관련성을 잘 보여 준다. 역사는 기껏해야 우리에게 "선택의 순간과 예측불가능성의 순간을 인정하라고" 가르친다. 또한 역사는 "역사로부터 어떤 교훈이나 설명을 구하지 말고, 어떤 질서가 개시되거나 대립하는 각각의 순간에 존재하는 독특한 것^{the singular}에 대한 경각심^{vigilance}의 원리를 배우라고" 가르친다(Rancière et al. 1977: 6. Ross 2009: 29; Ross 2002: 128에서 재인용). 역사는 무언가가 선택되었음을 보여 주지만, 역사의 진정한 가르침은 그러한 선택이 결코 사후적으로 '설명될' 수 없다는 것을 (그리고 물론 사전에 결코 예측될 수도 없다는 것을) 드러내는 데 있다. 우리는 역사로부터 독특한 것에 대한 경각심[vigilance toward the singular], 즉 "무언가가 일어나고 있다"는 것을 감각할 수 있는 능력을 배운다. 앞으로 살펴보게 되겠지만 우발적 사건[happening]의 순간은 랑시에르의 비정통적이고 논쟁적인 논의 안에서 '정치'를 가리키는 다른 이름이다. 또한 크리스틴 로스가 이 구절에 대한 주해에서 쓰고 있듯이, "[사건이] 일어나기 위해서, 사건은 반드시 사건으로 인지되고 인정되어야 한다"(Ross 2009: 29). 로스의 말은 우리가 랑시에르로부터 배울 수 있는 교훈에 대한 몇 가지 지침을 준다. 첫 번째는 역사가 가르치는 경각심[의 원리] (그리고 역사 그 자체에 주목할 필요성)에 대한 강조이다. 두 번째는 발생하는 사건을 인지하고 인정할 수 있는 능력이다. 나는 이 두 번째 교훈을 놀라움을 위한 능력[a capacity for surprise]—정치와 역사를 놀라움의 가능성(심지어는 놀라움의 구성적 필연성) 자체에 개방되어 있는 것으로 받아들이는 이해 방식—으로 옮길 것이다. 랑시에르에게 정치란 언제나 하나의 놀라움이다(Arendt 1958[『인간의 조건』]을 보라; 또한 Beltrán 2009: 601 참조).[3]

이러한 주장을 보다 잘 알려진 정치에 대한 전통적인 접근 방식과 대조해 보면 요점을 명확히 하는 데 도움이 될 것이다. 한편으로는 자유주

---

3) 1장에서 나는 정치에 대한 아렌트적 논의와 랑시에르적 논의를 간략하게 비교하고 대조한다. 아렌트의 탄생성(natality)의 정치에 대한 헌신은, 참신함의 정치, 새로움의 정치, 창조의 정치에 대한 일정한 방식의 헌신이라고 할 수 있다. 이러한 종류의 기획은 분명 랑시에르적인 놀라움의 정치와 친화성을 가진다. 그러나 나는 아렌트의 기획이 랑시에르가 믿고 있는 것과 같은 진정한 놀라움에 비할 수 있는 것이라 생각하지 않는다. 아렌트와 랑시에르 간의 공통점에도 불구하고 두 사람을 가르는 하나의 근본적인 차이가 있다. 즉 [아렌트와 달리] 랑시에르에게는 정치적인 것을 위한 고유한 장소란 존재하지 않는다. 1장에서는 두 사람의 차이점에 대한 더욱 자세한 논의를 제공한다.

의 정치이론을, 다른 한편으로는 사회과학을 예로 생각해 보자. 이 두 명칭[자유주의와 사회과학]은 나름대로의 인식론과 존재론적 기반을 가지고 있으며 지식의 생산과 보급에 있어서 각자의 고유한 실천양식을 가진 별개의 학문 영역을 가리킨다. 하지만 그럼에도 불구하고 자유주의 이론가들과 사회과학자들에게는 적어도 한 가지 공통점이 있다. 그 공통점이란 바로 그들이 놀라움을 좋아하지 않는다는 것이다.[4] 우선 자유주의 정치이론의 경우를 보면, 자유주의의 기본적 신조의 핵심을 구성하는[5] 로크

---

4) 여기서 자유주의 이론가들과 사회과학자들은 편집증의 고전적인 증상을 보여 준다. D. A. 밀러가 쓰고 있듯이 "… 놀라움이야말로 편집증 환자들이 제거하고자 하는 것이다"(Miller 1988: 164, Sedgwick 2003: 130에서 재인용). 세즈윅은 일정한 종류의 편집증적 구조와 놀라움에 대한 저항이, 그녀가 '의심의 해석학'(the hermeneutics of suspicion)이라는 리쾨르(Paul Ricoeur)의 문구를 활용해 특정하고 있는 비판이론에 대한 전통적인 접근 방식 안에 내재하고 있으며 그것을 규정하고 있음을 보여 준다. 4장에서는 대안적인 비판적 장치(dispositif)의 윤곽을 그려 보고자 한다. 이 비판적 장치는 세즈윅의 '치유적인 읽기'(reparative reading)와 많은 부분에서 차이점을 보이지만, 다른 한편으로는 바보 만들기로서의 탈물신화에 대한 거부와 놀라움에 대한 개방성을 공유한다.

5) '자유주의'에 대한 빈번한 언급을 통해, 나는 자유주의와 연관된 관념들의 더욱 광범위한 군집에 주목하고자 한다. 이 관념들의 군집에는 자율적 행위자로서 개인의 권리와 재산을 보호하는, 동의에 기초한 정부의 관념 역시 포함되는데, 이것이야말로 내가 문제 삼는 자유주의의 핵심을 이룬다. 아래에서는 이를 '원칙적 자유주의'(doctrinal liberalism)라고 부른다. 내가 원칙적 자유주의를 문제 삼는 이유는, 이것이 특히 일정한 질서와 위계를 전제로 두는 정치철학과 밀접하게 관련되어 있기 때문이다. 나는 자유주의의 엄청나게 많은 다양한 변형들 사이에 존재하는 의미 있는 긴장을 부정하거나 감추는 것이 아니다. 또한 17세기 자유주의가 오늘날의 정치 혹은 정치철학의 모든 것을 포괄할 수 있다고 주장하는 것도 아니다. 21세기 신자유주의는 17세기나 18세기의 자유주의와 매우 다른 것으로 생각된다. 또한 로크의 자연 상태는 롤스의 원초적 입장의 이론과 매우 다른 것으로 생각된다. 그렇긴 하지만 나의 제한된 목적을 위해서는 두 가지 요점을 지적하는 것으로 충분하다. 첫째, 로크적 자유주의의 한 변형은 (평등, 권리, 그리고 동의에 기초한 제한정부라는 동일한 핵심 개념들을 통해) 21세기의 경제적 신자유주의의 부상하는 헤게모니에 도전하거나 저항할 수 있는 유일한 개념적 도구를 제공하는 것처럼 보인다. [그러나] 신자유주의가 활개를 치게 된 만큼 전자는 그 활력을 잃어버렸다. 둘째, 롤스는 심지어 로크보다도 명확하게 질서의 정치철학(예컨대 '질서정연한 사회'the well-ordered society를 만들려는 분명한 노력)을 보여 준다. 신보수주의 사상과 신자유주의 간의 연관성에 관

의 제한정부론the theory of limited government은 17세기 영국의 대혼란에 대한 응답으로 출현했다. 특히 이 이론은 부상하고 있는 상인 계급에게 안전과 안보를 제공하는 것을 목표로 했다. '자연 상태'the state of nature──자연 상태에서 모든 자율적 개인들은 자유롭고 평등하며, 배제의 자연권("이것은 내 것이다"라고 말할 수 있는 합법적인 능력)을 통해 재산을 축적할 수 있는 존재로 상정된다──라는 '이해의 편의를 위해 고안된 개념'heuristic device으로 로크는 모든 정당한 정부의 권위는 피치자의 동의에 암묵적인 기반을 둔다고 주장할 수 있었다. 로크는 그것을 통해 이른바 '개인의 생명과 자유, 재산의 보호'로 일컬어지는 정치 사회의 목적 혹은 텔로스telos를 창조했다. 이 때문에 제한정부에 대한 자유주의 이론은 개인의 권리나 재산을 침범하려는 어떠한 권력도 견제하고자 한다. 이러한 이야기는 대부분의 독자들에게 친숙한 것이겠지만, 나는 질서와 구조, 위계의 일정한 형태, 그리고 무엇보다도 정치적 안정성이라는 발상에 자유주의가 깊이 관여하고 있음을 강조하기 위해 이를 한 번 더 간략하게 소개했다. 17세기 영국의 의회파 의원들과 부상하고 있던 부르주아 계급과 마찬가지로, 로크의 자연 상태의 피조물들은 무엇보다 안전을 보장받으려는 경향이 있는 것으로 상정된다. 로크는 느닷없이 대문을 두드리는 왕의 대리인이 가져올 놀라움으로부터 벗어나기를 원했다. 물론 이는 로크를 왕정에 전적으로 반대한 인물로 특징짓는 실수를 범하는 것이 아니라, 로크가 스스로 "절대적이고 임의적인 권력"이라고 불렀던 것에 근본적으로 반대해 왔음을 지적하는 것이다(Locke 1988: 284[『통치론』 29~30쪽]).

두 번째로 사회과학자들의 경우를 보면, 21세기의 사회과학자들은

─────────────
해서는 브라운을 보라(Brown 2006).

사회현상에 대한 체계적 설명을 추구하는 만큼, 그들 나름의 질서의 형태를 찾고자 한다. 따라서 사회과학적 방법론은 사회적 삶과 정치적 삶을 측정하고 그것을 정량화하며, 관념이나 개념, 현상이 '변수'가 될 수 있도록 '조작화'operationalize하려는 시도로 구성된다. 부호화coding라는 작업보다 사회과학적 기획의 핵심을 잘 포착해 주는 것은 없다. 부호화는 어떤 형식의 정보를 불연속적인 범주로, 때때로 정량화 가능한 범주로 변환하는 작업을 말한다. 설문조사나 면접에서의 답변들을 부호화하는 활동—이 활동을 통해 일정한 범위의 질문에 대한 피조사자의 답변은 미리 주어진 범주들이나 통상적으로 할당된 숫자들[의 범위] 안에 위치 지어진다—은 사회과학과 놀라움의 정치 간의 관계를 이해하는 데 특히 중요하다. 부호화는 그 외양에서부터 상당히 직접적이고 분명한 방식으로 이해가능성의 틀ᵃ grid of intelligibility을 만들어 낸다. 부호의 틀에 들어맞지 않는 답변은 어떤 방식으로건 부호와 조화를 이루게끔 (예컨대 선호도 질문에 대한 틀에 맞지 않는 응답을 부정적 선호의 표시로서 이해하는 것처럼) 만들어지거나 전적으로 거부된다. 이러한 방식의 부호화를 통해 사회과학자는 자신들이 연구하고자 하는 현상의 질서를 창조할 수 있으며, 또한 놀라움들을 회피할 수 있다. 일단 답변을 점수화하기 위한 설문조사와 부호가 만들어진 다음에는 어떠한 새로움이나 놀라움도 출현할 수 없다. 응답자들은 연구자가 듣고 싶어 하는 것만을 말해야만 하며, 모든 응답은 최소한의 주어진 범위, 예컨대 0~7점 척도의 범위 안에서만 이루어져야 한다. 이 틀의 바깥에는 아무것도 있을 수 없다. 어떤 놀라움도 있을 수 없다.[6]

---

6) 이는 사회과학자들도 때로 예기치 못하거나 기대할 수 없는 결과를 내놓을 수 있다는 점을 부정하고자 하는 것이 아니다. 그러나 그러한 결과는 놀라운 것이건 놀라운 것이 아니건 간에 여

이러한 [그들의] 공통적인 기반을 고려해 예측해 본다면, 자유주의 이론가들과 사회과학자들은 2011년 1월과 2월의 이집트에서, 그리고 그해 상반기 중동과 북아프리카에 걸쳐 발생한 사건들을 어떻게 해석하게 될 것인가? 이 사건들은 세계를 다른 무엇보다도 놀라움으로 사로잡았다. 정치평론가들 중 어느 누구도 이집트에서의 혁명의 필요성을 언급한 적이 없었고, 사회과학 전문가나 이론가 중 어느 누구도 이 혁명을 예측하지 못했다. 어떠한 사회과학이론도 한 나라에서의 자기희생적 행위와 또 다른 나라에서 발생한 거대한 사회변동 간의 인과관계를 보여 주지 못했다.[7] 그러한 이론이 있을 것이라는 생각 자체가 다소 우습게 여겨지지만(만약 그러한 이론이 있었다고 해도, 아마 과학처럼 보이기보단 미신처럼 보였으리라), 호스니 무바라크의 추방 이후에 텔레비전의 정치평론가들 그리고 소위 일류 사회과학자들이 얼마나 참담해했는가를 과소평가해서는 안 될 것이다. 사회과학자들은 단순히 이집트의 사회변동을 예측하는 데 실패한 것에서 그치지 않고, 반복적으로 이집트를 중동의 모든 국가들 중에서 가장 "안정적인" 체제라고 불러 왔다. 이는 이른바 사회적 불안정을 예측한다는 발상이 사회과학의 범위에서 벗어나 있어서가 아니다. 오히려 그 정반대다. "지난 3년간 미국의 군사기관과 정보기관은 1억 2500만 달러

전히 사회과학적 접근 방법에 의해 틀이 짜인 개념의 질서 안에 있다. 따라서 '놀라움'은 이미 수립된 이해가능성의 틀 안에서만 출현할 수 있다. 이와 대조적으로 랑시에르에게 정치의 '놀라움'은 이해불가능성, 이해가능성의 틀 바깥에서의 출현, 혹은 그 틀 자체의 파열이라는 차원을 포함한다. 그러므로 어떠한 놀라움도 있을 수 없다는 사회과학의 단언은, 정치란 언제나 하나의 놀라움이라는 나의 랑시에르적 주장과 정확히 대척점에 서 있다. 나는 이 문제를 이후의 논의에서 더 자세히 다룰 것이다.

7) 여기서 나는 튀니지에서의 사건[재스민 혁명]이 이집트에서 촉매 효과를 일으켰다는, 이제는 널리 인정된 지식을 언급하고 있다.

이상을 정치적 불안정을 예측한다고 알려진 다수의 컴퓨터 모델을 구매하는 데 지출했다"(Shachtman 2011).[8]

2011년 초 이집트와 다른 여러 곳에서 발생한 사건의 성격이 충격적이기까지는 않더라도 예기치 못한 것임에도 불구하고, 나는 이 사건에서 전혀 놀랍지 않은 두 가지 요소에 주목하고 싶다. 첫째, 이집트 혁명이 전적으로 새롭고 예기치 못한 사건이었다는 점은 전혀 놀라운 일이 아니다. 다시 말해 이집트[에서의 사건]가 하나의 놀라움이었다는 사실은 결코 놀라운 일이 아니다. 나는 매우 중요한 요점에 주목을 끌기 위해 이렇게 다소 진부해 보이는 공식을 만드는 위험을 감수하고 있다. 우리는 이집트 혁명을 예측불가능하게 만든—사회적 불안에 대한 CIA의 예측 모델을 쓸모없게 만든, 혹은 사회과학자들이 내놓은 최선의 예상도 빗나가게 만든—그 사건의 특수한 성격을 강조하기보다, 오히려 이와는 아주 다른 일반적 주장을 고수해야 한다. 민주주의 혁명은 누군가가 미리 예측할 수 있는 것이 아니다. 권력의 단순한 이양은 사회과학적 계산에 바탕을 둔 이른바 예측을 따를지 모르지만, 실재적 혁명은 언제나 예기치 못한 것이다.[9]

둘째, 자유주의와 사회과학의 기획은 단순히 놀라움을 회피하거나 거부하는 데서 그치지 않는다. 결정적으로 이들은 거기서 더 나아가 세계로

---

8) 나는 군(軍)과 사회과학 전체를 등치시키는 것이 아니다. 단지 사회적 불안정을 예측하기 위해 군이 택하고 있는 접근 방식이 의심할 여지 없이 사회과학적이라는 점을 지적하고 있는 것이다. 따라서 이 인용문은 불안정을 예측하기 위한 시도 전반에 대한 나의 주장을 구체적으로 뒷받침한다.

9) 놀라움의 정치를 숙고하도록 도와줄 사례로 이집트 혁명을 선택하긴 했지만, 나는 결코 랑시에르의 정치 개념을 혁명의 정치로 환원하고자 의도하지 않았다. 랑시에르의 정치 개념은 놀라움이기도 하면서 지독하도록 비순수한 것이다. 이러한 이유에서 랑시에르적 정치를 혁명과 등치시킬 수는 없다. 2장에서 이 문제를 논의한다.

부터 놀라움을 제거하고 실재적인 참신성을 구조적으로 불가능하게끔 만들고자 한다. 사회과학에서는 어떠한 것도 참으로 놀라운 것일 수 없다. 왜냐하면—사회과학적 설명 모델의 핵심에 있는 명시적인 목표 혹은 (요즈음엔 더 흔하게) 암묵적인 목표로서—예측은 미래를 균일한 것으로 만들어 버리기 때문이다(Connolly 2010). 예측을 반영하는 설명 모델은 진정한 참신성을, 실재적인 새로움을 불가능하게 만드는 세계관을 필요로 한다. 우리가 항상 예측할 수 있다면, 우리에게 결코 놀라움이란 없을 것이다. 랑시에르 자신도 말했듯이, "정치학[정치과학]political science[의] … 공리는 어떤 것도 놀라운 일일 수 없다는 것이다"(Rancière 2010a: 12). 그러므로 실재적인 놀라움에 대한 사회과학의 적절한 대응은 언제나, 이전에 제시되었더라면 그러한 놀라움을 제거할 수 있었을 사후적 설명을 찾는 것일 수밖에 없다. 이러한 방식으로 사회과학은 "발생할 수 있었을"would have happened이라는 괴상한 조건부 완료시제를 사용한다. 이는 사회과학자들 역시 때때로 놀라움과 대면할 때가 있다고 하더라도, 언제나 그들이 그러한 놀라움의 가능성을 제거하려고 노력한다는 점을 보여 준다. 이와 상보적인 방식으로 자유주의는 모든 문제와 쟁점, 갈등이 해소되고 분류되고 수용되는 하나의 틀을 제공한다. 자유주의는 이익집단 간의 협상과 타협의 셈법들을 통해 어떠한 나머지도 없는 셈을 수행하게 되며, 따라서 세계로부터 놀라움을 완전히 제거하기 위한 기획에 헌신하게 된다(Honig 1993).

그렇다면 정치와 역사를 놀라움이 가득한 것으로 다시 사유한다는 것은 무엇을 의미하는가?[10] 어떻게 우리는 2011년의 초입에 일어난 이

---

10) 어떤 '놀라움의 정치'는 '생기적 유물론'(vital materialism)에 대한 제인 베넷의 작업이 갖는 다중적인 면모 중 하나에 해당한다. 비록 베넷은 랑시에르의 입장과는 갈라서지만, 랑시에르

집트의 사건을 바라보면서 세계가 공유했던 경이와 충격이라는 의미에서 정치에 대한 우리의 이해를 회복할 수 있는가—어떻게 이러한 이해 방식을 정치에 대한 우리의 연구에 도입할 수 있는가? 정치가 입법부의 의결이나 사법부의 판결이 아니라, 이집트에서의 사건과 같은 난입의 순간을 가리키는 것이라면, 그것이 의미하는 바는 무엇인가?

민주주의 정치

그러한 접근을 위한 선결조건으로서, 우리는 정치를 반시간적^{untimely}인 것으로 이해해야만 한다(Chambers 2003; Brown 2005). 만약 역사가 순조로운 선형적 경로를 따른다면, 만약 미래의 사건이 과거의 사건을 바탕으로 인과적으로 예측될 수 있는 것이라면, 정치는 결코 사건들의 흐름을 파열시키거나 방해할 수 없을 것이다. 정치를 방해의 순간으로, 그 반향을 예측할 수 없는 하나의 가능 사건으로 이해하기 위해서는, 역사를 비선형적인 것으로 (즉 역사성^{historicity}의 의미로) 파악해야 한다(Derrida 1994[『마르크스의 유령들』]). 로스가 지적하듯이 "정치의 시간성^{temporality}은 진보적이거나 변증법적이지 않으며 … 연속적이지도 않고 종결된 것도 아니다"

의 정치 개념에서 그녀의 기획을 추동하는 놀라움을 위한 능력을 본다. 이러한 맥락에서 그녀는 브뤼노 라투르의 문구인 "행위의 미묘한 놀라움"에 대해 다음과 같이 해설하고 있다. 정치란 "존재론적으로 복수인 공중(plural public)의 발언을 단순히 합산한 것으로도 환원될 수 없다". 이는 라투르의 표현을 빌리면 다음과 같은 이유 때문이다. "사건들은 발생하기 마련이다. [하지만] 그 사건들은 내 행위함의 결과가 아니다. 그래서 나는 내가 벌인 일에 대해 항상 미묘하게 놀라게 된다"(Latour 1999: 281, Bennett 2009: 103에서 재인용). 같은 맥락에서 "놀라움을 놀랍게 하기 … 놀라움으로 남아 있는 놀라움"이라는 공식에 대한 티모시 모튼의 이론화를 참조해 봄직하다(Morton 2007: 75). 그의 공식은 미래의 사건들에 대한 사회과학적 발상을 분명하게 넘어서고 있다.

(Ross 2009: 29). 민주주의 정치는 반시간적인 반면, 자유주의는 그렇지 않다. 나와 로스의 주장은 모두 이제는 랑시에르의 것으로 널리 인정된 민주주의 정치에 대한 견해―이 책의 모든 장의 논의에 활력을 불어넣는 견해―를 환기시킨다. 랑시에르는 정치를 권력의 행사로 환원할 수도 없고 제도의 집합 안에 한정할 수도 없는 무언가로 다룬다. 이 책은 이러한 랑시에르의 유일무이한 접근 방식에 관련된 다양한 쟁점을 무대에 올린다. 랑시에르에게 정치는 법률의 입안이나 법원의 판결로 이해할 수 없는 것이다. 차라리 정치란 그 근본에서부터 불일치^{dissensus}를 일으키는 것이다. 이는 정치의 순간이 매우 드물게 도래하며, 오로지 예기치 못한 방식으로만, 언제나 반란의 순간으로서만 도래한다는 것을 의미한다. 정치란 기존의 지배질서와 위계적 체제가 정치적 주체, 즉 데모스^{dēmos}의 출현으로 급진적으로 의문에 부쳐지는 순간이다. 강조하자면, 기존 질서를 무효화시키는 데모스는 놀랍고도 예기치 못한 방식으로 정치의 무대에 스스로 출현하기 이전까지는 존재하지 않으며 존재할 수도 없다. 따라서 정치적 주체의 출현은, 오직 정치의 순간 이후에만 이해될 수 있다는 점에서 언제나 반시간적이다. "정치가 정치의 주체를 가능하게 만든다"라는 나의 공식은 랑시에르의 사유가 가진 결정적 차원을 포착한다. 그러나 우리는 이 공식을 반시간성의 맥락에서 이해해야만 그 공식이 갇힌 것처럼 보이는 논리적 역설 안에서 빠져나올 수 있다. 정치는 정치에 선행하는 것처럼 보이는 주체를 생산해 낸다. 이러한 정치관을 이해하는 또 다른 방법은 급진 민주주의의 정치적 주체가 단순히 무대 위에 출현하는 것이 아니라 무대 자체를 만들어 낸다는 점을 강조하는 것이다. 피터 홀워드가 주장하듯이 "정치란 무대를 마련하는 것"이다. 즉 정치는 미장센이다(Hallward 2009: 142; Chambers and O'Rourke 2009: 1).

이것이 바로 지난 2011년의 1월과 2월에 이집트의 인민들이 한 일이다. 그들은 이전까지 오직 질서의 체제만이 존재했던 곳에다 정치의 장을 창조해 냈다. 그들은 자신의 것이 아니던 공간을 전유함으로써, 보이지 않던 것을 보이게 만들었으며, 들리지 않던 것을 들리게 만들었다. 그 결과 이집트의 인민들은 이후의 정치적 사건이 그 위에서 전개되는 것처럼 보이게 할 무대를 창조했다. 그러나 랑시에르의 관점은 바로 무대의 창조 자체가 정치적 순간이었다는 점을 우리가 이해하도록 이끌어 줄 것이다. 우리가 이집트 혁명을 더욱 명확하게 랑시에르적 의미에서 정치적인 것으로, 다른 '혁명'의 역사적 사례보다 분명하게 민주적인 것으로 이해할 수 있는 까닭이 여기에 있다. 이집트의 경우 혁명은 해묵은 계급갈등 양상의 변화를 통해서 발생한 것이 아니다. 오히려 이집트 혁명은 이전에 갈등이 존재하지 않는 것처럼 보이던 곳에서 새로운 갈등을 정치적으로 창조하고 출현시킴으로써 발생했다. 물론 의심할 여지 없이 이집트에서도, 다양하고도 오래 지속된, 종종 서로 충돌하는 의미심장한 기저의 정치적 이익과 요구가 있었다.[11] 그러나 혁명은 이미 존재하는 그러한 이익들을 단순히 표현한 데서 그치지 않았다(혁명은 기존 이익의 자연스러운 귀결이나 발전, 해소와 같은 것이 아니었다). 차라리 혁명은 새로운 이익을 구성해 냈다. 랑시에르에게는 이것이 바로 민주주의 정치의 핵심 그 자체이다.[12] 랑시에르

---

11) 물론 이집트에서도 소규모의 시위들이 산발적으로 일어났고, 그 시위들은 종종 진압되었다. 물론 거기에는 치안의 야만성 이상의 것이 존재했다. 내가 이 텍스트에서 거기에는 "아무런 갈등도 없는 것처럼 보였다"라고 말할 때, 그것은 특히 랑시에르적인 의미에서 근본적인 정치적 갈등이 없는 것처럼 보였다는 의미이다(BBC 2011). 이후의 논의에서 랑시에르적인 정치적 갈등에 대해 설명한다.

12) 이 글을 작성하던 2012년 2월 당시에는 이집트의 정치적 미래에 대해 희망보다는 두려움이 더 크게 드리워져 있었다. 그러나 그 어떤 것도 2012년 초의 사건들에 대한 나의 해석을 바꿔

는 정치를 기존의 계급 간의 전투로 이해해서는 안 된다고 말한다(따라서 정치란 미국에서 실천되고 모델화된 '이익집단 정치'도 아니고, 유럽식 사회민주주의의 '합의제 정치'도 아니다). 차라리 정치란 무엇보다도 계급의 존재 그 자체를 출현시키는 불일치^{dissensus}의 더욱 기원적인^{originary} 순간이다. 자기 글 가운데 가장 많이 인용되는 한 문장에서, 랑시에르는 이 요점을 철저하게 반시간적 언어로 표현한다. "정치는 단순히 빈자가 부자에 대립한다는 이유로 발생하는 것이 아니다. 오히려 그 반대다. 정치야말로 … 빈자를 하나의 존재자^{entity}로서 존재하도록 하는 원인이다"(Rancière 1999: 11[『불화』39쪽]. 강조는 인용자).[13]

　이 책은 [랑시에르의] 이러한 정치적 사유를 더 깊이 탐구하고 정치이론의 다른 핵심적 논쟁과 연결 짓는 동시에 동시대 정치의 새로운 영역으로 확장시킬 것이다. 이를 통해 랑시에르의 정치적 사유를 더욱 발전시키고 다듬어 낼 것이다. 이 책의 가장 중요한 기여는 민주주의 정치라는 발상 자체를 신선한 방식으로—자유주의 이론이나 숙의 이론에 대한 진부한 논쟁으로부터 자유롭고, 제도의 체계나 체제의 구조에 대한 질문에 전적으로 얽매이지 않는 방식으로—다시 사유하고자 하는 데 있다. 이 책은 암암리에 (랑시에르가 꽤 빈번하게 그러듯이) "민주주의란 무엇인가?"라는 질문을 던진다. 이 질문은 매우 중요한데, 왜냐하면 이 질문이 선거제도나 정당체계와는 무관한, 보다 급진적이고 본질적인 의미에서의 정

놓지 못했다. 랑시에르적인 민주주의 정치의 순간은 미래에 대한 어떤 확실한 보장들도 제공하지 않는다. 놀라움의 정치라는 말은 혁명 자체뿐만 아니라 그 사건의 여파까지도 표지하는 것이다.

13) 여기서와 같이 명백한 표시가 없는 경우, 이 책에 등장한 모든 인용문의 강조는 원저자의 것이다.

치(랑시에르가 간명하게 라 폴리티크$^{la\ politique}$라고 부르던 것)와 관련해 제기되었기 때문이다. 다시 말해 무엇보다도 이 책은 민주주의 정치에 관한 책이다. 이 책에서 나는 항상 '계산착오'^{miscount}로서의 민주주의라는 랑시에르의 급진적 관점으로 복귀할 것을 주장한다. 민주주의의 계산착오는 반시간적이다. 계산착오란, 정치에서 어떠한 몫도 가지지 못한 자들이 정치적으로 몫을 획득하게 되는[정치에 참여하게 되는], 민주주의 정치의 근본적 역설에 붙여진 이름이다.

이 책의 논의는 무엇보다도 민주주의와 민주주의 정치에 대한 변별적이면서도 이론적으로 풍성하며 정치적으로 생산적인 발상을 탐색하는 데 먼저 초점을 맞춘다. 랑시에르의 '불일치'^{dissensus}로서의 정치라는 강력하고 논쟁적이며 유일무이한 발상은, 이러한 발상이 자유주의 정치와 민주주의 정치를 단호하게 구분하는 것을 가능하게 하는 만큼이나, [나의] 이러한 기획에 동기를 주었고 이를 가능하게 만들었다. 정치를 민주주의적인 것과 근본적으로 연결 지으면서—랑시에르에게 비민주주의적 정치란 존재하지 않는데, 랑시에르의 정의에 따르면, 무엇인가가 '정치'가 되기 위해선 어떤 방식으로건 민주주의적 순간을 초래해야 하기 때문이다—랑시에르는 우리로 하여금 자유주의와 민주주의가 서로 구분되어야만 하는 각기 독자적인 논리임을 볼 수 있게 해준다. 랑시에르의 시각으로 볼 때, 자유주의적 질서는 치안의 질서, 즉 지배의 논리에 따라 작동하는 역할(과 권리)의 위계적인 질서 짓기와 할당을 의미한다. 2장에서 자세히 논하겠지만, 랑시에르는 치안질서가 단순히 나쁘다는 이유로 폄하하고 있는 것이 아니다. 치안질서는 좋은 일을 많이 수행한다. 또한 우리는 치안질서를 개선할 수도 있다. 랑시에르는 치안은 악이고 정치는 선이라는 식의 마니교적인 이분법을 제안하는 것이 아니다. 그럼에도 불구하고,

랑시에르의 논쟁적인 틀짜기^{framing}에 따르면, 자유주의적 질서의 구성과 유지에 대해선 결코 '정치'라는 이름을 붙일 수 없다. 정치와 치안이라는 두 현상은 결코 혼동되어선 안 된다. 정치는 치안질서—자유주의적 질서마저도 포함되는 모든 치안질서—를 파열시키고 치안질서를 평등의 논리와 대면시키는 현상이다.

이러한 이유 때문에 『랑시에르의 교훈』은 민주주의 정치를 자유주의로부터 분리해 내고자 한다. 이 책의 목표는 자유주의의 경계 안에 민주주의를 한정해 버리는 사유의 함정으로부터 민주주의 정치에 대한 사유를 구출해 내는 데 있다. 이 주장을 엄밀한 용어로 공식화하면서 내가 말하고 싶은 바를 강조해야겠다. 나는 자유주의의 모든 것을 기각하자거나 자유주의적 제도를 제거해야 한다고 주장하는 것이 아니다. 시민들에게 자유주의적 제도가 갖는 중요성을 부정하고자 하는 것도 아니다. 뒤에서의 논의와 이 책 전반에서의 논의를 통해 나는 자유주의적 치안질서와 민주주의적 정치를 대조시킨다. 그러나 치안질서에도 더 나은 것과 나쁜 것이 있으며, 우리는 치안활동을 완전히 끝장내거나 제거해 버릴 수 없다. 마찬가지로 자유주의적 질서에도 더 나은 것과 나쁜 것이 있다—또한 자유주의적 질서를 완전히 제거하려는 시도는 더 나쁜 치안질서로 자유주의적 질서를 대체하는 것이 되기 십상이다. 나의 논점은 자유주의의 모든 것을 비난하는 데 있지 않다. 핵심은 자유주의와는 **별개인** 민주주의의 논리를 옹호하려는 것이다.[14]

---

14) 다른 관점에서 같은 쟁점에 도달한 생명정치에 대한 푸코의 강의는, 역사적으로 언제나 이 두 논리[자유주의-민주주의] 사이에 간극이 있었음을 명백하게 보여 준다. "민주주의와 법의 지배는 필연적으로 자유주의적이었던 것이 아니며, 자유주의가 필연적으로 민주주의적이었던 것 역시 아니다"(Foucault 2008: 321[『생명관리정치의 탄생』 440쪽]; Repo 2011: 19에서도 재

정치를 자유주의의 함정에 걸리거나, 자유주의에 구속되거나, 혹은 자유주의의 범위 안에 한정된 것으로 묘사하면서, 나는 몇 가지 이와 연관된 현상을 환기시키고자 한다. 첫째, 나는 롤스적인 정치적 자유주의 이론과 하버마스적인 숙의 이론에 의해 민주주의 정치라는 발상 자체가 질식되어 가고 있음을 지적하고자 한다.[15] 정치적 자유주의와 숙의 이론은 자유주의 제도의 개혁에만 열중하면서, (의도했건 그렇지 않건 간에) 민주주의와 자유주의 간의 등식을 더욱 강화하는 결과를 가져왔다. 둘째, 민주주의적 사유와 자유주의의 제도적 틀 간의 분명한 차이가 무너지는 현상은 오로지 자유주의적 제도(투표, 의회, 법정, 시민권)가 민주주의의 의미를 대체하게 될 때에만 촉진된다. 내가 보기에 '자유민주주의'라는 상용구는, 바로 랑시에르적 '민주주의' 개념이 그에 맞서 저항하고 있는 이러한 종류의 혼동을 실로 간명하게 보여 준다. 랑시에르에게 '자유민주주의'란 형용모순이다. 그것은 '치안정치'^police politics를 부르는 다른 방식일 뿐이다.[16]

나는 이러한 주장을 고수하는 데서 더 나아가 샹탈 무프의 기획과 나의 기획을 분명히 구분하고자 한다. 분명 나는 처음으로 자유주의와 민주주의의 차이를 주장한 사람이 아니다. 무프도 카를 슈미트의 악명 높은 자

인용). 이러한 요지는 때때로 '자유민주주의'에 대한 이론적 옹호에 착수한 사람들에게서 종종 상실된다.

15) 『불화』의 서문에서 랑시에르는 자신의 민주주의 정치 개념과 하버마스의 민주주의 정치 개념 사이의 틈새를 시사한다. 그러나 독자들은 정치의 개념에 대한 랑시에르의 더욱 광범위한 논점보다는, 담론윤리에 대한 종별적인 비판에 더 초점을 맞추는 경향이 있다(Rancière 1999: x[『불화』 17~18쪽]).

16) '치안정치'(police politics)라는 모순적인 개념은 2장에서 내가 자세히 논의할 '치안의 정치' (the politics of police)와는 반드시 구분되어야 한다. 2장에서의 논의가 보여 주듯이, 치안화는 결코 정치와 혼동되거나 정치와 직접적으로 결부되어서는 안 된다. 하지만 다양한 치안질서는 여전히 정치적 함의와 정치적 효과를 가진다.

유주의 비판에서 자유주의와 민주주의의 구분이 가장 강력하게 주장되었다고 지적한 바 있다(Mouffe 2000; Schmitt 1988).[17) 무프는 자신의 유명한 글을 통해 하버마스와 롤스 식의 접근 방식, 즉 그녀가 자유민주주의에 대한 '합리주의적'rationalist 접근 방식이라고 부르는 것을 반박하면서 자유주의와 민주주의의 차이점들을 분석한 바 있다. 이러한 면에서 그녀의 기획과 나의 기획은 상보적이다. 그러나 무프에게 있어 '민주주의의 역설'이란, 반드시 주의 깊게 적용되어야 하고 정치적으로 존속되어야 하며 이론적으로 고수되어야 할, 자유주의와 민주주의 간의 긴장을 가리킨다. 즉 무프의 설명에서 '자유민주주의'란 의미심장하고 중요한 존재자—역설적인 존재자이지만 그럼에도 불구하고 옹호할 가치가 있는 존재자—이다(Mouffe 2000: 5). 그녀는 자유민주주의에 대한 다른 접근 방식이 자유민주주의 내부의 긴장에 주목하는 데 실패했다고 비판한다. 따라서 그녀는 "민주주의와 자유주의를 화해시키려는 존 롤스와 위르겐 하버마스의 최근 시도"를 폄하조로 언급한다(Mouffe 2000: 8. 강조는 인용자). 무프는 민주주의와 자유주의 간의 긴장이 결코 극복될 수 없다고 주장하지만, 그럼에도 불구하고 비합리주의적non-rationalist 방식으로 자유민주주의를 옹호하려는 시도를 멈추지 않는다. 무프의 주장은 자유민주주의의 역설에 초점을

---

17) 바이마르 공화국의 자유민주주의에 대한 카를 슈미트의 비판은 "악명이 높다". 왜냐하면 슈미트가 나치 체제를 옹호했으며 심지어 전후에도 나치 청산에 참여하기를 거부했다는 사실과, 그의 자유민주주의 비판을 분리해서 생각하기란 힘들기 때문이다. 따라서 랑시에르를 슈미트의 주장과 직접 비교하기보다는, 무프가 동원한 슈미트의 작업과 간접적으로 비교함으로써, 민주주의와 자유주의의 차이에 대한 나의 주장을 분명히 하는 것이 보다 현명한 일이라 생각된다. 둘 사이에 존재하는 분명한 차이점 하나로 나는 슈미트의 '정치적인 것'의 개념이—아래에서 내가 논의하고 있는 것처럼—랑시에르가 거부하는 정치적 존재론의 유형을 보여 주는 완벽한 사례라는 점을 지적하고 싶다(Marder 2010을 보라).

맞추면서 시작되지만, 이 역설은 자유민주주의 체제를 지지하고 고수하고 증대시키고자 하는 그녀의 시도를 방해하지 않는다(Mouffe 2000: 18, 36). 자유민주주의 체제를 지지하고 고수하고 증대한다는 것은, 민주주의를 확장하는 동시에 "자유주의를 공고화"하고자 함을 의미한다(Mouffe 2000: 58).

이 책 1장과 2장의 논의를 통해 분명히 하겠지만, 자유민주주의 체제를 옹호하고 자유주의를 공고화한다는 [무프의] 발상은, 랑시에르적인 민주주의 정치관으로부터 매우 동떨어져 있다. 무프는 자유주의와 민주주의를 구별하고 있긴 하지만, 오로지 그것들 사이의 구성적 긴장constitutive tensions을 고려하기 위해서 둘을 구분한다. 이와 대조적으로 나의 책은 민주주의와 자유주의 사이의 틈을 벌리고자 한다. 이는 민주주의와 자유주의가 얼마나 서로 긴밀하게 얽혀 작동하든지 간에, 또 얼마나 그것들이 자주 함께 사유되든지 간에, 민주주의와 자유주의가 결코 같은 것이 아니라는 것─그리고 그들은 실제로는 결코 함께 작동하지 않는다는 것─을 보여 주기 위해서이다. 무프는 이른바 정치에 대한 역설적인 발상을 통해서, 자유-민주주의 '체제'라는 관념을 고수한다. 그러나 내가 아래의 사례에서 보여 주는 바와 같이, 이것이야말로 랑시에르가 거부하고 있는 바로 그 발상이다. 그러므로 랑시에르의 정치관이 벌린 민주주의와 자유주의 사이의 틈새는 줄곧 여러 각도에서 철저하게 다뤄져야 할 문제이다. 둘 사이의 틈새는 이어지거나 교차될 수 없다. 이러한 이유로 나는 (다음 절에서 다루게 될) 랑시에르의 불가능성에 대한 사유를, 무프의 논의(Mouffe 2000: 5)가 핵심으로 하는 '구성적 긴장'보다 급진적인 형태의 정치적 역설을 표현한 것으로 이해한다.

이 책은 무프의 책과 달리 롤스나 하버마스, 혹은 자유주의적 제도에 대한 또 하나의 비판을 제공하지 않는다. 그러한 비판은 이미 상당히 긴 목록을 작성할 수 있을 만큼 충분히 많다. 그러한 목록에다 단순히 한 줄을 더하는 대신, 이 책은 나름의 방식으로 (매우 간접적이지만 그럼에도 근본적으로) 정치이론에 대한 자유주의적 접근과 숙의적 접근에 도전한다. 이 책은 자유주의라는 더욱 넓은 틀 안에다 민주주의를 욱여넣으려는 경향에 저항하기 위해서 랑시에르의 민주주의 정치에 대한 사유를 수단으로 활용할 것이다. 나는 무프(혹은 슈미트)에 대한 비판을 정교화시킬 필요가 있다고도 생각하지 않는다. 그녀의 기획과 나의 기획 간에 있는 일련의 공통점을 인정하지만, 양자 간의 차이점 역시도 분명하다고 생각한다. 앞으로의 논의에서 분명해지겠지만, 랑시에르의 사유가 가진 위력은 그것이 자유주의의 발전을 목표로 삼지 않는다는 점에 있다. 따라서 그의 저술이 가진 힘은 우리가 민주주의의 독자적인 논리를 이해하도록 돕는다는 점에 있다. 궁극적으로 랑시에르의 민주주의에 대한 설명은 무프의 것과 양립할 수 없다.

그러나 나의 목표가 자유민주주의를 진보하게 하거나, 체제로서의 자유민주주의를 이론화하고 정당화하거나 개선하는 데 있지 않다면, 그전에 다음과 같은 의문이 제기될 수 있을 것이다. 왜/어떤 면에서 자유주의와 민주주의 간의 차이가 중요한가? 이 책은 랑시에르적 민주주의 정치를 가능한 한 가장 광범위하게 옹호함으로써, 이 질문에 대한 가장 완전한 답변을 제공할 것이다. 여기서 나는 간략하고 단순하지만 구체적이고 예증적인 사례를 하나 들고자 한다. 흔히 미국인들은 18세가 되면 '완전한 민주주의적 권리'를 행사한다고 말한다. 그러나 실제로 미국 헌법은 시민들이 이보다 더 나이가 들 때까지 국가의 공직을 맡는 것을 금하고 있다(하원의원이 되기 위해선 25세 이상이 되어야 하고, 상원의원은 30세 이상, 대통

령은 35세 이상이 되어야 한다). 최근 존 시어리는 미국에서 국가의 공직을 맡기 위해 요구되는 연령제한을 낮춰야 한다고 주장하는 책 한 권 분량의 논설을 발표했다(Seery 2011a). 자신의 책에 대한 관심을 높이고자, 그는 이 논설의 짧은 판본을 『살롱』*Salon*에 발표했다. 이 짧은 판본의 글에서도 시어리는 연령제한에 반대하는 수없이 많은 강력한 논증을 제시한다. 그는 이러한 제한이 차별적이고 불공정하며 시대착오적일 뿐만 아니라 다른 민주주의 제도와 일관되지도 않고 세대갈등을 자극한다는 점, 능력을 바탕으로 하고 있지 않다는 점, 공직 맡는 것을 금지 당한 젊은 시민들에게만 병역의 의무를 지우기 때문에 특히 정의롭지 않다는 점 등을 보여 준다(Seery 2011b). 랑시에르의 관점에서 보면, 이러한 방식으로 근거를 모을 필요조차도 없을 것이다. 민주주의는 어떤 특수한 계급의 지배가 아니다. 민주주의는 누구나*anyone*와 모두*everyone*에 의한 지배이다. 민주주의 정치의 관점에서 볼 때, 연령제한에는 어떤 근거도 없다. 오직 치안질서의 부과, 그리고 정치에 대한 억압을 통해서만 그러한 연령제한을 유지하게 된다. 자유주의의 제도적인 요건과 민주주의 정치의 개념 간의 구별을 분명히 할 때, 우리는 민주주의자들이라면 누구나 시어리의 제안에 찬성하리라는 점을 이해할 수 있다.

그러나 얼핏 이념적으로 진보로 기울어져 있는 것처럼 보이는 『살롱』의 논평자들은 이와 다른 반응을 보였다. 일부 논평자들은 시어리에게 찬사를 보냈지만, 대다수는 부정적인 반응을 보였고 때때로 그 부정적 반응은 노골적이기까지 했다. 논평자들은 계속해서 시어리의 주장에 수많은 반론을 추가해 갔다. 그들은 "아이들은 멍청하다", "사람들의 두뇌는 나이가 들기 전까진 성숙하지 않는다", "건국 선조들이 이러한 방식의 연령제한을 원했다", "(노망[난 자들]과 미성숙[한 자들]을 모두 정치에 진입하지 못하도록 하기 위해) 연령제한이 더 나은 방법이다" 등등의 반론을 제시했다. 이렇게 '자유민주주의자들'(여기서 나는 그들을 자유민주주의자들이라고 여긴다)은 계속해서 연령제한이 유지되어야 하는 이유들을 설명해 왔다.[18] 그러나 랑시에르의 관점에서 본다면, 이 모든 하나하나의 주장은 불평등과 우위mastery, 전문가들을 옹호하는 주장이자, 나이라는 잣대로 아는 자와 그렇지 못한 자를 구분하는 것을 정당화하는 주장에 지나지 않는다. 내가 아래에서 주장하는 바와 같이, 민주주의는 지능의 평등the equality of intelligence에 헌신한다는 것을 의미한다. 이와 달리 우리가 우위의 원리(그리고 그에 수반하는 불평등의 가정)에 관여하는 한, 우리는 민주주의자가 될 수 없다.

분명히 해두자면, 자유주의 자체에는 현행의 미국 헌법에서 규정하고 있는 공직 진출에 대한 연령제한을 뒷받침할 만한 어떠한 근거도 없다. 또한 누군가는 연령제한을 옹호하는 『살롱』의 논평자들이 실은 비자유주의적인 주장을 펼친다고 말할 수도 있을 것이다. 그렇다면 나의 사례에 대해 오히려 자유주의자들은 자유주의에 대한 자신의 견해가——완전한 인간의 존엄성과 근본적인 정치적 평등과 같은 좋은 자유주의적 신조들을 바탕으로——현행의 연령제한을 거부할 수 있는 강력한 규범적 토대를 제공할 수 있다고 주장할지 모른다. 물론 이러한 반론에 논리적으로 잘못된 부분은 없다. 하지만 이 반론은 일반적으로 볼 때 요점을 놓치고 있다. 우리가 자유주의의 규범적 틀 안에서 사유한다면, 공직 진출에 대한 연령제한

---

18) 나는 어떤 인터넷 기사에 대한 논평자들이 무언가를 대표한다고 말하거나, 그들의 논평을 우리가 보다 심각하게 여겨야 한다고 말하는 것이 아니다. 이들의 반응은 일반적인 상식으로 민주주의적인 것과 기존의 자유주의적 정치 질서의 차이를 이해하는 일이 얼마나 힘든가를 보여 준다.

을 지지하거나 반대하는 일련의 논증을 제시할 수 있다는 것은 참이다.[19] 그러나 랑시에르의 민주주의 정치관이 제시하는 연령제한에 대한 반대는 [자유주의자들처럼] 어떠한 규범적 토대에 근거한 것이 아니다. 그는 [자유주의자들과는] 전혀 다른 종류의 주장을 펼친다. 랑시에르에 따르면, 문제는 그러한 연령제한에 어떠한 민주주의적 근거도 없다는 것이다. 따라서 나는 연령제한에 대한 자유주의적 논쟁에 개입하기 위해 이 사례를 제시한 것이 아니다. 덧붙여 공직 진출을 제한하는 연령대를 낮추는 것 역시 (어떠한 연령을 그 기준으로 설정하건 간에) 그 자체로는 결코 민주주의적 정치 행위를 구성하지 않는다. 그러므로 나는 민주주의 정치의 한 사례를 제시하고 있는 것이 아니다. 오히려 우리가 어떻게 하면 자유주의와 민주주의의 구별에 대해 철저하게 사유할 수 있을지를 보여 주는 하나의 사례로 일상적인 정치적 질문을 활용하고 있을 뿐이다.[20]

나에게 이 사례가 갖는 함의들은 더 제한적인 것이다. 이 사례는 자유주의적 질서와 민주주의 정치 간의 구별이 갖는 중요성을 보여 준다. 물

---

19) 자유주의 안에서 어떻게 정치적 지배를 실행하는가의 문제는, 언제나 자유주의적 틀이 먼저 수립된 이후에야 논의될 수 있다. 따라서 정치적 제도들에 대한 로크의 논의가 『통치론』 제2론(Locke 1988)의 후반부에나 등장하는 것과 마찬가지로, 공직 진출에 있어서 연령제한의 문제는 어떻게 정부가 [인민의] 생명과 자유와 재산을 지키도록 하면서, 동시에 자유주의적 권리들과 인민주권을 유지하도록 할 수 있는가의 문제에 비춰 볼 때, 2차적인 것이다.

20) 이러한 논의는 또한 규범적 자유주의 이론과 랑시에르의 민주주의적 논쟁술(polemics) 사이의 핵심적 차이를 암시한다. 그러한 핵심적 차이를 통해 여기서 우리는 또한 하나의 규칙과 그 사례 간의 관계를 사유하는 서로 다른 두 가지 방식을 볼 수 있다. 대체로 자유주의 이론은 무언가가 어떻게 작동하는지를 보여 주거나 구현하기 위해서 사례를 활용하지 않는다. 오히려 자유주의 이론 그 자체가 규칙들을 만들어 내며, 사례들은 거기에 이미 존재하는 규칙을 묘사하고, 규칙이 존재한다는 증거를 제공하는 데 활용된다. 나의 논의는 이와 대조적으로 자유주의의 일반적인 작동 과정에 대한 하나의 유비로서—그 과정을 더 명확하고 쉽게 파악할 수 있게끔—사례를 사용하고 있다(Finlayson and Atkins 근간을 보라).

론 연령제한을 뒷받침하는 매우 좋은 논증이 있을 수 있지만, 그러한 논증은 결코 민주주의적 논증은 아니다. 민주주의의 논리는 변별적인 것이다. 우리가 보통 정치라고 부르는 대부분의 것을 '치안'la police이라는 이름 아래 다시 정의하면서, 랑시에르는 민주주의 정치를 다시 새롭게 사유하기 위한 공간을 창출해 낸다.[21] 랑시에르는 '민주주의'라고 불리는 것이 무엇을 의미하는지를 더욱 엄밀하게 설명한다. 또한 그는 민주주의가 단순히 '기존의 정치적 질서'를 의미하지 않는다는 점을 분명히 보여 준다. 왜냐하면 랑시에르가 '민주주의'라고 말할 때, 그것은 언제나 민주주의적 정치의 순간을 가리키기 때문이다. 그는 민주주의가 하나의 체제가 아니라고 주장한다(Rancière 2001: thesis 4[『정치적인 것의 가장자리에서』 214쪽]; Rancière 2006c: 71[『민주주의는 왜 증오의 대상인가』 154쪽]). 그러므로 랑시에르의 접근 방식은 우리에게 항상 민주주의로부터 자유주의를 떼어 놓으라고 요구한다. 왜냐하면 우리는 자유주의를 정치la politique로서가 아니라 오직 치안la police으로서만 이해할 수 있기 때문이다. 따라서 이 책의 각 장은 각각 규정된 방식으로 민주주의와 '민주주의적인 것'the democratic을 개념화할 것이다. 이 개념화에서 민주주의와 '민주주의적인 것'은 다수결 대의제로 단순히 환원되거나 롤스적인 (혹은 다른) 자유주의 정치이론의 유형으로 전락하지 않는다.

---

21) 이러한 접근 방법이 —요컨대 그로 하여금 정치를 자유롭게 다시 사유하도록 함으로써— 랑시에르에게 제공하는 논리적인 유용성을 이해하는 것이 여전히 중요하지만, 랑시에르가 치안(police)이라는 말로 단지 "우리가 일상적으로 정치라고 부르는 것" 정도를 의미했다고 손쉽게 결론지어서는 안 된다. 2장에서 이 문제를 다시 다룰 것이다. 랑시에르의 치안(la police) 개념은 그 개념이 단순히 지시하는 것보다, 그 개념이 이 랑시에르의 저작들에서 수행하는 중대한 작업보다, 더 긴 역사와 더 넓은 개념적 범위를 가지고 있다.

이러한 목적과 목표를 고려할 때, 또한 정치의 질문에 대한 랑시에르의 비체계적이고 비존재론적인 접근 방식을 고려할 때, 또한 정치에 대한 설명을 체계화하거나 정치철학을 만들어 내는 것에 관해 랑시에르가 분명하게 말한 바를 고려할 때, 이 책이 자크 랑시에르나 그의 정치이론에 대한 책이 아니라는 점―적어도 전통적인 의미에서 개별 저자에게 헌정된 책이 아니라는 점―을 과장하는 것은 불가능하다. 이 책을 구성하는 각각의 장은 그 자체로 랑시에르의 본보기적 정치 사유의 표현이자 사례이다. 이것이 바로 이 책에서 랑시에르의 저작에 대한 체계적 주해가 거부된 이유이자, 그의 정치이론에 대한 일반적인 입장 표명이 거부된 이유이다. 랑시에르에게는 원대하거나 일관된 정치이론이 없다. 이는 (자신의 장난스러운 3인칭 진술에서 암시한 것처럼) 단순히 랑시에르가 (자신이 사랑하는 나무를 보호하기 위해) 그러한 이론을 쓰지 않았기 때문만이 아니다. 더 중요한 이유는 정치가 논쟁적 개입들polemical interventions로 구성되어 있기 때문이다. 나는 랑시에르의 이 논점을 충실하게 따른다. 하지만 이는 내가 랑시에르의 논점을 충실히 따르기 위해, 때때로 그와 대립해야 한다는 것을 의미하기도 한다. 내 책은 랑시에르의 사유에 일정한 정도로 충실하다. 이 책은 랑시에르를 '위대한 전통' 안에 있는 이론가로 다루길 거부함으로써, 특히 그의 저작을 새롭고 예기치 못한 방식으로―랑시에르의 일부 주장과 종종 대립하는 방식으로―전유함으로써, 랑시에르의 사유에 충실하고자 한다. 언젠가 랑시에르는 자신의 방법론을 설명하며 자신에게는 정치이론이 없다고 주장한 바 있다. 이 책이 제시하는 랑시에르 해석은 이 발언과 견해를 같이한다. 이는 왜 이 책의 민주주의 정치 논의가 갖는 의의가, 단순히 랑시에르의 정치이론에 대한 기존 책들의 목록에 한 줄을 더하는 수준에서 그치지 않는지를 설명해 준다. 나는 어떠한 경우에도

'랑시에르의 정치사상'과 같은 것을 표명하거나 구성한다는 발상을 거부할 것이다. 이 논점은 이 책이 보여 주는 접근과 해석 방식을 통해 분명해질 것이다. 요컨대 나는 단순히 '랑시에르에 대한 한 권의 책'을 쓰지 않기로 한 것이 아니라, 그러한 텍스트를 생산한다는 발상 자체를 거부하는 것이다.

물론 랑시에르를 체계화하는 것을 거부한다는 것이, 랑시에르의 작업에 이의를 제기하는 것을 두려워한다거나, 그의 작업에 담긴 일부 주제를 발전시키는 것을 망설인다거나, 혹은 그의 주장이 가진 의의와 중요성에 대한 나 자신의 (때때로 논쟁적인) 주장을 제시하지 않겠다는 뜻은 아니다. 『랑시에르의 교훈』은 (동시대의 정치와 이론에 대해 구체적이고 집중적으로 개입함으로써) 일련의 종별적인 주장들을 고수하는 한편, 자유주의적 정치 질서와 민주주의 정치 간의 구별을 일반적인 수준에서 정당화하고자 한다. 여기에 더하여 이 책은 랑시에르에 대한 특수한 해석을 주창하고 옹호한다. 나는 랑시에르의 텍스트를 질서정연한 연대기적 방식으로 다루지 않는다. 이 책의 여러 논의들은 랑시에르의 저술 전반을 광범위하게 다루지만, 그중에서도 특히 정치와 철학, 글쓰기, 평등의 질문을 다루는 글들에 초점을 맞춘다. 나는 주로 랑시에르의 잘 알려진 저작들을 다루겠지만, 때로는 덜 알려지거나 근래에야 영어로 번역된 저작들도 강조하게 될 것이다.[22] 영어권의 랑시에르에 대한 2차 문헌은 아직 걸음마 단계에 있

---

22) 랑시에르의 문학과 영화에 대한 저술들은 따로 자세하게 다루지 않을 것이다. 물론 **감각적인 것의 나눔**(le partage du sensible)이라는 개념이 랑시에르의 저작들에서 핵심에 자리하고 있지만—그런 이유에서 이 책의 곳곳에서 이 개념을 언급하고 있지만—나는 랑시에르가 예술과 미학에 대해 어떻게 기여했는가를 직접적으로 다루지 않을 것이다. 결정적인 요지를 말하자면, 랑시에르는 '미학[감성학]'(aesthetics)을 정치로부터 분리된 범주로 여기지 않는다. 그

으나, 그럼에도 불구하고 의심의 여지 없이 엄밀하고도 풍성하다. 다양한 학문 분야에 걸쳐 랑시에르의 저술에 관한 중요한 대화들이 활발히 이뤄지고 있다. 이 책은 그 대화들에 동참하는 한편, 앞으로의 대화를 보다 구체화할 수 있도록 도움을 주고자 한다. 랑시에르의 '교훈' 중 일부는 랑시에르가 아닌 다른 저자들에 의해서 열거되었다. 그러므로 『랑시에르의 교훈』은 랑시에르뿐만 아니라 이 사상가들에 관한 책이기도 하다.

이 서론의 나머지 부분에서는 랑시에르의 주요 개념 몇 가지를 소개하려고 한다. 이 개념들은 랑시에르의 저술에 대한 나의 특수한 전유 방식에서 가장 중요하고 현저한 지위를 갖는다. 아마도 '토대 다지기'는 이 소개 작업을 묘사하기에는 적절하지 않은 조악한 은유다. 이 책에는 하나의 체계를 건설하려는 의도가 없는 만큼, 어떠한 토대도 필요하지 않다. 이 책은 체계를 짓는 대신에 일정한 경로를 따라 랑시에르의 저작을 읽어 나간다. 독자들은 그 도상에서 수많은 종별적인 정치적 순간들과 개별 사상가들을 맞닥뜨리게 될 것이다. 그래서 차라리 나는 이 작업을 '여행 준비'라는 은유로 표현하고 싶다. 서론의 끝에 실린 각 장의 요약은 여행자를 위한 도로 지도로 간주해도 좋을 것이다. 랑시에르의 주요 개념과 주제를 소개하는 서론의 각 절들은, 앞으로의 여행에 요긴한 필수품을 독자들에게 건넨다. 물, 스낵, 옷가지, 커피, 음악, 여벌의 신발 같은 여행자의 가방에 들어가야 할 필수품들을 말이다. 이 작업은 이후의 논의에서 개념을 보

가 말했듯이, "정치는 지각의 장으로부터 배제되어 왔던 것을 보이게 만들며, 들리지 않았던 것을 들리게끔 만드는 감성학이다"(Rancière 2004b: 226; Rancière 2005a; 또한 Ferris 2009 를 보라). 다비데 파네지아의 작업은 정치이론에서 이 주장이 갖는 의미를 해명하고자 노력하는 본보기적 저술이라고 할 수 있다(Panagia 2006; Panagia 2009. 후자의 책은 위의 문장을 첫 번째 각주에서 인용한다, 165).

다 상세하게 발전시키고 텍스트를 더욱 꼼꼼하게 읽기 위해 필요한 예비
단계라고 할 수 있다. 이를 통해 독자들은 랑시에르의 저술에 내가 어떻게
접근하는지를 맛보는 한편으로, [랑시에르와 동시대 정치에 대한] 나의 개
입이 어떤 특징을 가지고 있는지 짐작할 수 있을 것이다.

주체들

> 부분들[당파들]^{parties}은 잘못^{wrong}의 선언 이전에는 존재하지 않는다.
> (Rancière 1999: 39[『불화』 77쪽])

> 주체는 외부자^{outsider}이거나, 혹은 그보다 사이-존재$^{in-between}$이다.
> (Rancière 1995c: 67[『정치적인 것의 가장자리에서』 119쪽])

랑시에르가 정치에 관해 쓴 도발적이고 간략하지만 논쟁적인 모든 글귀
중에서, 위의 첫 번째 인용문만큼 나를 전율시킨 것은 없다. 또한 이 인용
문만큼 랑시에르가 정치이론 분야에서 갖는 중요성에 대한 나의 이해에
큰 영향을 미친 글귀도 없다. 이 인용문은 랑시에르의 전형적인 스타일을
보여 준다. 랑시에르 스스로는 자신의 접근 방식을 "논쟁적"^{polemical}인 것
이라고 부른다. 4장에서 나는 랑시에르에게 **논쟁적**이라는 말이 갖는 의미
를 논하고, 그것을 비판의 개념과 관련짓는다. 그러나 여기서는 랑시에르
에게 논쟁적이라는 말이 논적을 향한 장황한 인신공격을 의미하는 게 아
님을 분명히 하는 것이 중요하다.[23] 스타일상으로 볼 때 랑시에르에게 논

---

23) 그러므로 랑시에르적 의미의 '논쟁'(polemic) 혹은 '논쟁화'(polemicization)는 푸코의 '논쟁

쟁적으로 글을 쓴다는 것은, 간결한 공식의 형태로 도발적으로 글을 쓴다는 것을 의미한다. 그의 가장 결정적인 개념에 대한 대부분의 주장은, [영어본 기준으로] 열한 개의 단어로 이루어진 첫 번째 인용문처럼, 짧막한 주장의 형태로 파악될 수 있다. 그리고 이 글귀는 랑시에르의 사유에서 절대적으로 핵심적인 몇 가지 요소를 담고 있다. 우선 이 문장은 "부분들[당파들]"parties, 즉 민주주의적 주체, 정치의 주체—이 범주는 뒤에서 자세히 다루게 될 것이다—를 언급한다. 이 부분들은 "선언"declaration을 공표하는데, 이는 랑시에르의 사유에서 언어의 중심성을 보여 주는 지점이다. 그들이 선언하는 것은 "잘못"wrong인데, 랑시에르는 같은 페이지에서 잘못이란 "모든 정치의 기원적 구조에 속한다"고 쓰고 있다(Rancière 1999: 39[『불화』 77쪽]).[24] "잘못을 선언한다"라는 것은 정치 자체의 본질적인 작업이다. 이렇게 내가 정치의 요소를 특정했으니만큼, 누군가는 이 요소들을 "**주체들은 정치적으로 행위한다**"subjects act politically라는 간단한 공식으로 손쉽게 결합할 수 있으리라 생각할지 모른다. 즉, 민주주의적 주체는 잘못을 선언함으로써 정치를 발생시킨다고, 정치는 이 주체의 행위로 인해서 발생한다고 말이다. 이는 간단한 공식처럼 보인다. 하지만 랑시에르의 첫 번째 인용문은 이 등식의 균형을 완전히 무너뜨린다.

가'(polemicist)에 대한 논의와는 매우 다르다. 푸코의 논쟁가는 자신의 입장을 특권화하고 대화를 거부하며 자신의 입장에 대한 질문자들의 권리를 부정한다(Foucault 1997: 109). 랑시에르와 푸코는 우위(mastery)를 거부한다는 점을 공통점으로 한다. 푸코는 논쟁에 대한 논의를 통해 우위를 비판했다. 랑시에르는 결코 논쟁가가 누구인가를 특정하지 않으면서 **논쟁**(polemic)이라는 단어를 푸코와는 꽤 다르게 사용한다. 4장에서 이 문제를 더 자세히 다룬다.

24) [옮긴이 주] 국역본에서는 해당 구절이 누락되어 있다. 해당 구절의 프랑스어 원문을 그대로 옮기면 다음과 같다. "Il appartient à la structure originelle de toute politique"(Rancière 1995a: 63).

랑시에르는 정치행위의 여러 요소(주체들, 행위, 그리고 정치)를 꽤 다른 방식으로 결합시킨다. 왜냐하면 그는 위 공식의 축을 완전히 탈구시켜 버리는 시간적 차원을 도입하기 때문이다. 랑시에르에게는 정치적 행위를 출현시키는—정치적 순간을 창조하는—민주주의적 주체란 존재할 수 없다. 왜냐하면 위 인용문이 주장하는 바가 특히 정치 이전에는 그러한 주체가 존재하지 않는다는 것이기 때문이다. "잘못의 선언"—이는 랑시에르의 개념틀 안에서 정치의 다른 이름이기도 하다—이 정치의 주체, 즉 "부분들[당파들]"을 발생시킨다. 그러나 여기서 우리는 즉시 질문을 던져야 할지 모른다. 선언할 수 있는 주체가 없는 선언이 어떻게 있을 수 있는가? 3장은 이 질문에 답변하고 있는데, 어떤 의미에서는 랑시에르에 대한 나의 모든 해석이 이 요점을 핵심으로 하고 있다. 여기서는 다만 단순하게 보이는 랑시에르의 주장이 갖는 역설적 성격에 주목하고 싶다. 그의 저작의 다른 수많은 논의에서와 마찬가지로 랑시에르는 이 짧막한 문장에서 도저히 불가능해 보이는 주장을 제시하고 있다. 나는 그럼에도 불구하고 그가 단지 불가능한 주장을 제시하고 있는 것만은 아니라는 점을 강조하고 싶다. 그는 불가능한 것에 대한 요구, 혹은 불가능한 것의 주장 a claim for, or of, the impossible을 제시하고 있다.

또한 대부분의 랑시에르의 주장과 마찬가지로, 이 진술의 '불가능성'과 그것이 갖는 의미심장함은 모두 특수한 맥락 안에서 형성된 것이다—이 경우에는 근대정치사상에 대한 전통적 접근 방법이라는 맥락인데, 이 맥락 안에서 정치는 언제나 주체를 출발점으로 삼는다. 예컨대 자유주의 이론은 자연 상태로 되돌아감으로써 논의를 시작하는데, 이는 주체에 대한 특수한 해명을 제공하고 자연 상태 안에서 그 주체가 갖는 특징을 기술하기 위함이다. 이 모든 것을 통해서 우리는 이후에 아마도 그러한 주체의 행위에 기초한 정치(와 합법적인 권력)의 기원을 설명하게 될 것이다. 전통적인 맑스주의적 논의도 이와 아주 유사한 구조로 작동한다. 여기서 정치의 원천-지점이자 토대가 되는 것은 노동하는 동물로서의 인간, 혹은 노동자이다(Marx 1988). 이는 더 구조적이며 덜 인간주의적인 맑스주의적 논의에서도 마찬가지다. 구조주의적-비인간주의적 맑스주의에서는 맑스주의적 사회변동의 정치적 동인을 프롤레타리아의 인식론적 우위에 두고 있는 만큼, 여기서도 행위의 기초는 여전히 주체가 된다. 우리가 정치에 대한 덜 정통적인 설명으로 눈길을 돌린다면, 아니 그보다 아예 근대로부터 현대로 눈길을 돌린다면, 우리는 주체를 탈중심화하거나 해체하려는 모든 시도와 함께 이른바 주체의 중심성이 약화되고 있다는 사실을 목격하게 될 것이다. 그럼에도 불구하고 오늘날의 정치에 대한 소위 후기구조주의적 논의들 중 상당수는 여전히 랑시에르가 주체를 "사이-존재"in-between라고 부르면서 제안한 불가능성의 가능성을 받아들이길 거부한다. 비록 주체가 담론이나 권력, 혹은 후기근대성의 조건에 의해 탈-중심화되었을지라도, 여전히 많은 이들은 미셸 푸코가 정치적 행위의 중심에 주체를 놓았다고 이해한다. 후기 푸코에 대한 이러한 해석에서[25] 우리는 주체에 의한 주체 비판을 보게 된다. 이러한 공식에서 비록 주체는 새로이 창조하기보다 저항하지만, 정치는 여전히 주체를 그 출발점으로 한다. 우리는 이러한 논리를 공동의 행위action in concert로서의 정치라는, 한나

---

25) 랑시에르는 푸코와 마찬가지로 '다르게 생각하기'(think otherwise)라는 문제에 헌신한다. 푸코는 랑시에르가 찬성조로 인용하는 몇 안 되는 사상가이자, 랑시에르가 직접 자신의 작업과의 연관성과 그에 대한 의존성을 인정하는 거의 유일한 사상가이다. 그러므로 푸코의 사례는 다른 사상가들과의 연관성을 거부하는 랑시에르의 일반적인 경향에서 중요한 예외가 된다고 하겠다(Rancière 2011a: 158; Rancière 2011b: 30).

아렌트의 정치 이해로까지 연장해 볼 수 있다. 그녀의 설명은 행위하는 주체들을 다중화시키지만, [여전히] 그러한 부분들[당파들]은 정치에 앞서, 정치의 가능 조건으로서 존재하는 것처럼 보인다.

따라서 "부분들은 잘못의 선언 이전에는 존재하지 않는다"라는 주장을 통해 랑시에르가 의도한 것이 무엇이건 간에, 그 주장은 분명히 정치에 대한 전통적 논의와 대립하고 충돌하는 것이다. 랑시에르는 정치의 의미를 무조건적이고 완전하게 주체와 무관한 것으로 제시하려 하지는 않는다. 왜냐하면 랑시에르의 설명에서 정치의 주체, 즉 데모스는 근절할 수 없는 요소이기 때문이다. 하지만 랑시에르는 가장 선차적인 것으로서의 주체, 정치에 선행하는 것으로서의 주체를 거부하고자 했다. 주체가 정치에 선행하지 않는다는 이러한 주장, 아니 차라리 역으로 정치가 주체의 존재를 발생시킨다는 주장—이러한 주장은 또한 민주주의와 자유주의를 서로 갈라놓는 주장이기도 하다. 이러한 갈라놓음은, 주어진 자유주의적 주체로부터 출발하지 않는 별개의 에너지로서 민주주의와 민주적인 것을 (그리고 민주주의에 적합한 정치를) 다시 사유하고 다시 상상해 냄으로써 확고하게 성취된다. "부분들은 정치에 앞서 존재하지 않는다"라는 랑시에르의 주장은, 토머스 홉스의 것이 됐건, 존 로크의 것이 됐건, 그 20세기적 변형으로서 존 롤스의 것이 됐건, 자연 상태에 대한 모든 서사를 해체하고 전복시키는 주장이다.

우리는 인간 주체의 어떠한 본질적인 특징으로부터도 정치를 도출해 낼 수 없다. 차라리 우리는 주체를 발생시키는 난입적인 위력으로서 정치를 파악해야만 한다. 랑시에르의 주체는 단순히 '탈중심화'decentered되어 있을 뿐만 아니라, 근본적으로 탈구되어dislocated 있다. 실로, 이 절을 시작하는 인용문에서 랑시에르가 제기한 주장을 감안할 때, 우리는 그가 주체에 대한 하나의 종별적인 개념화를 제공한다고 이해하기보다는, 주체에 대한 이론을 시작부터 거부한다고 해석하는 것이 더 바람직할 것이다. 정치적 주체에 대한 논의에서뿐만이 아니라 다른 모든 개념화 작업에서도, 랑시에르는 자신의 논쟁적 개입에 존재정치론적^{ontopolitical} 깊이를 더한다는 발상을 거부한다. 랑시에르는 모든 존재론을 거부한다.

존재론

> [우리는] 존재의 이론으로부터 정치를 이해하기 위한 어떠한 것도 연역해 낼 수 없다. (Rancière 2009b: 117)

> 요즘 [정치이론의] 유행은 당신이 정치의 원리를 존재론적 원리로까지 소급해 보지 않는다면, 정치에 대하여 사유할 수 없을 것이라고 말한다. … 내가 가정하는 바는, 이러한 요구조건이 정치의 해소(dissolution)를 초래한다는 것이다. (Rancière 2011c: 12)

나는 랑시에르의 정치적 사유에서 핵심적인 축을 이루는 것이 정통 맑스주의적 접근 방식과 자유주의적 논의로부터의 결별이자, 정치를 윤리학 및 윤리적 전회와 결합시키려는 시도로부터의 근본적인 결별임을 이미 지적한 바 있다.[26] 그러나 이 중 어떤 것도 랑시에르의 저술을 필연적으

---

26) 랑시에르는 '윤리적 전회'(ethical turn)라는 말을 통해 미학과 정치의 처방에서 공히 나타나는 하나의 현상을 가리키고 있다. 그는 이를 정치철학에서의 '정치적인 것의 회귀'에 상응하는 것으로 보고 있다. 이러한 관점에서 볼 때 윤리적 전회는 도덕적 판단이 정치적 행위를 결정하도록 허용하는 것과는 별로 관련이 없다. 오히려 "윤리가 [지배적 담론으로] 군림[하는

로 유일무이하게 만들지 않는다. 왜냐하면 정치에 대한 다수의 다원주의적, 탈정초주의적, 급진민주주의적 접근 방식 역시 비슷한 유형의 거부나 비판에 기대고 있기 때문이다. 그리고 랑시에르의 민주주의 정치관은 다양한 수준에서—때로 매우 강력한 방식으로—이러한 정치이론과 공명하고 있다. 랑시에르는 자신의 논의와 다른 동시대 이론가들 간의 어떠한 연결고리도 용납하지 않는 경향이 있다. 따라서 랑시에르 연구자가 랑시에르의 작업과 다른 이들의 작업과의 관련성을 밝히려 할 경우, 그는 (랑시에르로부터 혹은 랑시에르주의자들로부터) 상당한 저항에 부딪힐 것이다. 이 책 곳곳에서 때때로 나는 [랑시에르와 다른 저자와의] 가능한 연결 지점을 검토할 것이며, 또한 이러한 관련성을 인정하려고 하지 않는 랑시에르의 태도를 평가해 볼 것이다. 랑시에르는 자신의 접근 방식을 독특하고 전적으로 유일무이한 것으로 제시하려는 경향이 있다. 나는 이러한 랑시에르의 태도에 언제나 동의하지는 않는다. 그러한 입장은 사실이라기보다는 수사에 가까운 것일 수도 있으리라 본다. 그럼에도 불구하고 이 절의 서두를 장식하는 인용문에서 랑시에르는 그의 사유에 있어 단연 핵심으로 드러날 주장을 제시하고 있다. 이 주장은 정치에 대한 동시대의 다양한 여타 논의로부터 그가 두고 있는 거리를 분명히 표지한다. 사실상 존재론이라는 쟁점은 랑시에르의 정치적 사유에 동감하거나 호의적일 수 있

현상]은 … 정치적인 실천들과 예술적 실천들의 종별성이 용해되는 식별불가역(indistinct sphere)의 구성을 나타낼 뿐만 아니라" 존재와 당위의 전통적인 도덕적 구분이 사라지는 식별불가역의 구성을 의미한다(Rancière 2006a: 2). 랑시에르는 이 용어를 특히 리오타르의 작업에서의 타자와 예외성의 '무한화'(infiniticization) 개념과 연관시킨다(Rancière 2011c: 11; 또한 Lyotard 1990 참조). 결국 존재론과 마찬가지로, '윤리적 전회'는 불일치(dissensus)로서의 정치가 가진 종별성을 해소해 버린다.

는 많은 독자들——랑시에르의 저술이 매력적이고 설득력이 있다고 여기며 그의 정치에 대한 창조적 사유에 매력을 느낀 독자들——에게 장애물로 작용한다.

그러한 장애물은 윌리엄 코널리의 주장을 살펴봄으로써 아마도 가장 잘 분석될 수 있을 것이다.[27] 코널리는 1980년대 후반에 존재론에 대한 중요한 주장을 제기했고, 그의 논점은 이후 코널리 본인과 여타의 연구자들에 의해 여러 번에 걸쳐 재정비되고 다듬어졌다. 1987년에 코널리는 어떤 정치 개념의 기저에 깔린 '사회적 존재론'social ontology을 환기하지 않고 정치를 개념화하는 것은 불가능하다고 주장했다. 그는 사회적 존재론을 "인간과 그 자신과의 관계, 인간과 그 타자와의 관계, 인간과 세계와의 관계에 대한 근본적인 이해 방식의 집합"으로 정의한다(Connolly 1987: 9). 누구도 존재론적 차원과의 관련 속에서 정치를 사유해 보지 않고서는 정치를 이론화할 수 없으며, 정치를 철저하게 사유할 수도 없다. 정치에 대한 사유는 두 영역[정치이론과 존재론] 사이를 오가면서 존재론에 호소하는 만큼, 일련의 존재론적 개입을 필요로 할 수밖에 없다. 이후 코널리는 '존재정치론적 해석'ontopolitical interpretation이라는 관념을 소개하면서 자신의 접근 방법을 가다듬는다. 존재정치론적 해석은 모든 정치적 해석(모든 해

---

27) 내가 코널리의 주장에 초점을 맞춘 이유는 수년간 그가 존재론에 대해 한결같은 논점을 고수하고 있고, 그의 입장과 랑시에르의 입장이 명백한 대조를 이루고 있기 때문이다. 스티븐 화이트는 약한 존재론(weak ontology)이라는 특수하고도 미묘한 견해를 옹호하면서, 나름대로 존재론에 대한 기획을 발전시키고 고수해 왔다(White 1997; 2000; 2005). 따라서 화이트는 랑시에르와 달리 정치이론이 존재론적 관여로부터 벗어날 수 없다는 코널리의 지적에 동의한다. 여기서 나는 화이트의 논의(그리고 그가 만든 강한 존재론과 약한 존재론 사이의 구분)에 연관된 미묘한 문제들을 다루지 않는다. 왜냐하면 나의 목표는 랑시에르의 존재론에 대한 강력한 거부를 더욱 현저하게 드러내는 것이기 때문이다.

석)이 고대 그리스어에서 '존재'를 의미하는 **온토스**ontos의 차원을 가진다는 제거불가능한 사실에 주목한다. 따라서 존재정치론적 해석은 단순히 정치적 해석의 한 유형을 지칭하는 것이 아니다(Connolly 1995: 16). 코널리에게 문제는 정치적인 것에 대한 연구에 존재론적 차원을 포함시켜야 하느냐 마느냐가 아니다. 간단히 말해 이것은 우리가 선택할 수 있는 문제가 아니다. 존재론적 차원은 필수적이며 제거불가능하다. 패첸 마켈이 말하고 있듯이, "존재론적 고려에 대한 일정한 주목은" 구체적인 정치적 맥락에 대한 모든 탐구들에 있어 "필수적 구성요소"를 이룬다(Markell 2006: 30; White 2000을 보라; 또한 Chambers and Carver 2008 참조). 따라서 정치이론에서의 다양한 논의가 가지고 있는 진정한 차이는 존재정치론적 작업들과 비-존재정치론적 작업들 사이에 있는 것이 아니라, "정치적 논의에서 '존재론적 차원'을 억압하는" 사람들과 "'존재론적 차원'에 분명한 방식으로 참여하는" 사람들 사이에 있다(Connolly 1995: 9). 이 주장은 다음과 같은 결정적인 관점을 만들어 낸다. 즉 존재론을 거부하면서 정치를 이론화하는 사람들은, 실은 그저 자신의 작업이 필연적으로 산출해 낼 수밖에 없는 존재론적 차원을 감추고 있는 것에 불과하다.[28] 다시 말해 존재론은 불가피하다.

이 절의 두 번째 인용문에서 그가 분명히 하고 있듯이, 랑시에르는 이

---

28) 요한나 옥살라는 자신의 푸코 해석에서(코널리의 작업에서도 푸코에 대한 논의는 핵심을 이룬다) 이 요점과 관계되어 있으면서도 이를 보완하는 논점을 제기한다. "존재론이란 정치를 망각해 온 정치이다"(Oksala 2010: 445). 그녀의 해석에 따르면, 푸코는 정치가 존재론으로부터 연역될 수 없다는 점, 차라리 "사물들의 존재론적 질서가 정치적 투쟁의 산물"이라는 점을 보여 준다(Oksala 2010: 464). 이 때문에 옥살라는 완전히 다른 관점에서 존재정치론적인 것(the ontopolitical)의 불가피성을 인정한다.

러한 주장들을 이해하지 못한 것이 아니다. 이 인용문에서 그는 (코널리와 다른 많은 저자들의) '존재론'에 대한 초점이 정치에 대한 논의를 더욱 심화시키거나 충분하게 만들기보다는 정치의 해소dissolution라는 그 반대의 결과를 초래할 것이라고 시사하고 있다. 랑시에르는 정치존재론자들의 손아귀 안에서 존재론이 정치의 역할을 대신하게 되고, 정치가 할 일을 대신 수행하게 될 것이라고 우려한다. 그는 하트와 네그리의 저작으로부터 명백한 사례를 찾고 있다. 랑시에르는 [정치를] 약화시키는 그들의 정치적 존재론에 대해 다음과 같이 해설하고 있다. "다중은 제국을 폭파시켜 버릴 제국의 진정한 내용이다. 공산주의는 승리할 것이다. 왜냐하면 그것이 존재의 법칙이기 때문이다. 존재는 공산주의이다." 우리는 여기서 정치적 사건의 역사적 실례들을 분석하는 대신, "형이상학적 목적지"를 가지게 된다(Rancière 2011c: 12). 코널리가 정치에 대한 모든 해석에서 존재정치론적인 것의 불가결함을 보았다면, 랑시에르는 현행의 정치가 갖는 종별성을 사유하기 위한 필요조건이 존재론에 대한 철두철미한 거부라고 보았다. 코널리가 모든 정치의 바탕에 깔린 존재론적 차원에 대한 진솔하고 불가결한 표현이라고 본 것을, 랑시에르는 정치를 존재론적 혼합물 속으로 해소해 버리는 것으로 이해한다.[29]

---

29) 이는 결국 내가 랑시에르의 접근 방법과 코널리 및 다른 학자들의 접근 방법 간에 존재하는 근본적인 교착 상태로 이해하는 것에 이르게 된다. 그러나 여기서 강조해야만 할 것은, 나는 랑시에르의 존재론에 대한 독특한 입장을 명확하게 하고 강조하려는 단순하고 제한된 목적을 위해서 코널리와 랑시에르의 접근 방식을 대조하고 있다는 점이다. 따라서 나는 이 두 사상가에 대한 텍스트 내부적 논의를 통해 "현대정치이론에서 존재론에 대한 오로지 두 가지 입장만이 존재한다"라고 주장할 의도가 없다. 오히려 존재론에 대한 논쟁은 양극적이라기보다는 다극적이라고 보는 것이 훨씬 타당할 것이다. 랑시에르가 일축해 버린 하트와 네그리의 입장은 (형이상학과 존재론에 가담하는) 정치적으로 다툴 수 있는(contestable) 실존적 신념을 만들어 내려는 코널리 자신의 작업보다는(Connolly 1999: 8; Connolly 2010: 168), 코

우리는 랑시에르를 따라 심지어 다음과 같이 말할 수 있을 것이다. 우리가 정치를 올바르게 사유하기 위해서는, 그리고 역사 안에서 정치를 파악하기 위해서는 (그리고 정치를 치안으로부터 구분하기 위해서는), 반드시—역사 안에서의 정치를 설명하기 위해 존재론으로부터 정치를 연역하는 것을 거부함으로써—탈존재론적인 접근 방법을 취해야 한다고 말이다. 브램 아이븐은 유용하게도 이를 "존재론에 대한 회피[abstention]"라고 불렀다(Ieven 2009). 왜냐하면 존재론에 대항해 비-존재론적 입장을 취하는 유일한 방법은 존재론을 회피하는 것뿐이기 때문이다. 랑시에르는 이러한 탈-존재론적인 접근 방법, 즉 존재론에 대한 회피를 그의 논쟁적인 정치적 공식과 수많은 메타이론적 언급을 통해서 반복한다. 우선 랑시에르의 정치에 대한 논쟁적 공식에서 나타나는 그의 노골적이고 간결하면서도 논쟁적인 스타일은, 정치 개념에 대해 토대를 마련하려는 어떠한 시도도 거부한다. 또한 자신의 메타이론적 언급에서 랑시에르는 존재론의 모든 것에 대한 거리두기를 자신이 동원할 수 있는 가장 분명한 언어로 표현하고 있다. 위 인용문이 보여 주고 있듯이 그의 언어는 단호하다. 그리고 바로 이 특수한 지점—존재론화에 대한 거부, 모든 존재론에 대한 거부—이야말로 랑시에르의 정치에 대한 접근 방식을 변별적일 뿐만 아니

널리가 '무거운 존재론'(heavy ontology)이라고 불렀던 것에 훨씬 가까워 보인다(Connolly 2010: 126). 사실 코널리는—'근본적인 것은 없다'(Nothing is Fundamental)라는 제목의 장에서—자신의 존재**정치론적**인 것의 의미를 존재**논리론적**인 전통과 대조한다. 코널리는 존재론에 대한 자신의 접근 방법이 랑시에르의 [존재론에 대한] 비판의 대상이 되리라고 인정하지 않을 것으로 보인다. 여기에는 최소한 세 가지 중요한 입장—무거운 존재론, 존재정치론적 해석, 그리고 모든 존재론에 대한 랑시에르의 거부—이 존재한다. 그럼에도 불구하고 존재론의 불가피성에 대한 코널리의 주장과 모든 존재론을 거부하는 랑시에르의 주장 간의 극명한 차이는, 존재론에 대한 랑시에르의 전반적 접근 방식의 윤곽과 쟁점을 그려 내고자 했던 나의 목적에 충실히 부합한다.

라 심지어 유일무이한 것으로 표지하는 것일지 모른다. 벤자민 아디티가 최근에 지적했듯이, 서로 경쟁하는 (그리고 때로 서로 강하게 충돌하는) 다양한 탈정초주의적 현대정치이론의 지류들은 모두 (코널리가) 존재정치론적 차원(이라고 부른 것)에 어떤 형태로건 관여한다. 여기서 오직 랑시에르만은 예외이다. 랑시에르는 자신의 작업이 가진 존재론적 차원이나 가정을 설명하거나 마지못해 인정하는 대신, 지속적으로 필요할 때마다 존재론적인 것에 저항하고 그것을 거부하며 반박한다(Arditi 2011).

존재론에 대한 랑시에르의 입장을 다루면서 내가 드러내고자 하는 것은 랑시에르가 수사적으로 강조하는 것처럼 그의 주장이 갖는 유일무이성이 아니다. 내가 강조하고 싶은 것은 존재론에 대한 입장이 랑시에르의 더욱 광범위한 작업에 대해 갖는 **중심성**이다. 랑시에르가 존재론에 저항할 때, 그가 단순히 자신의 작업에 대한 특수한 범주화 방식에 저항하는 것은 아니다. 만약 이렇게 이해한다면 우리는 랑시에르의 존재론에 대한 저항이 갖는 의미를 결코 제대로 파악할 수 없다. 존재론에 대한 거부는 랑시에르의 많은 다른 주장(표면적으로는 존재론에 관한 주장들과 전혀 상관이 없어 보이는 주장들)에 있어서도 본질적인 것이다. 즉 정치, 평등, 그리고 언어에 대한 랑시에르의 종별적인 주장 중 다수는 존재론에 대한 거부를 전제하며 그러한 거부에 의존한다. 앞에서 다룬 그의 주체에 대한 논의가 바로 그러한 사례다. 랑시에르에게 정치활동을 기초하거나 조건 짓는 주체의 존재론적 기반이란 존재하지 않는다. 오히려 정치활동이, 그리고 오로지 정치활동만이 우리가 어떻게 주체를 이해해야 하는가를 보여줄 수 있다. 주체화subjectivation에 대한 랑시에르의 진술을 특수한 정치적 기획을 수립하기 위한 철학적 기반으로 이해하려는 모든 시도는, 정초할 어떠한 기반도 존재하지 않는다는—그곳에는 그곳이 없다there is no there there

는—그의 주장 앞에서 좌절된다.[30] 이는 랑시에르의 정치에 대한 접근 방식에 아무런 기반도 없다고 말하는 것이 아니다. 이는 오히려 그러한 기반이 언제나 정치적이거나 역사적이거나 맥락적이라는 점을—결코 존재론적이지 않다는 것을—시사하는 것이다. 이러한 요점을 고수하는 것은 랑시에르의 입장을 더 잘 이해할 수 있게 해준다. 주체화가 언제나 탈정체화이며 탈정체화일 수밖에 없다고 랑시에르가 주장할 때, 이러한 그의 선언은 오직 반ₓ존재론이라는 맥락 안에서만 더 잘 이해될 수 있다 (Rancière 1999: 36[『불화』 73쪽]). 주체화는 존재에 그 기초를 두지 않는다. 정치적 주체는 정치의 담지자가 될 수 없다. 왜냐하면 그 주체는 정치의 방식으로만, 정치를 통해서만, 그리고 앞에서 표명된 바와 같이 정치 이후에만 출현할 수 있기 때문이다.

랑시에르는 존재론에 반대하는 급진적 입장을 취한다. 이는 랑시에르의 특수한 주장을 존재론화함으로써 그의 작업을 전유하려는 시도 역시도 좌절시킨다. 그의 존재론에 대한 부정은 그의 해석자들에게 일정한 기준을 제시한다. 왜냐하면 랑시에르는 당신이 자신의 저작에 대한 형편없는 해석의 방식으로만 그것을 '존재론화'할 수 있을 것이라고 암암리에 시사하기 때문이다. 이러한 방식으로 그는 의도적이든 아니든 자신의 작업에 대한 존재론적 해석의 가능성을 폐제하고자 노력한다. 이 논점에 대한 그의 매우 비타협적인 태도는 독자들이 랑시에르의 입장으로부터 갈라서도록 강요한다. 따라서 랑시에르의 존재론에 대한 거부는 그의 급진적 교

---

30) 3장은 랑시에르의 **주체화** 개념을 더 깊이 탐구할 뿐만 아니라, 영어권에서의 이 개념의 용법과 의미에 대한 더욱 완전한 논의를 제공함으로써, 랑시에르의 프랑스어 개념에 대한 번역 문제에 천착한다.

육학의 또 다른 차원을 표현한다. 왜냐하면 랑시에르는 랑시에르와 갈라서지 않고 '랑시에르를 따르는 것'을 불가능하게끔 만들기 때문이다. 아이 븐이 강조하듯이, 존재론에 대한 회피는 랑시에르 자신에게도 그 나름대로 문제를 초래하는 역설적인 움직임이다(Ieven 2009: 61). 랑시에르의 정치에 대한 사유를 확장하거나 더 발전시키기 위한—랑시에르의 정치에 대한 사유를 다른 맥락에서 고려하거나, 그것의 변별적인 차원을 정교화하려는—노력은 랑시에르 자신이 허용하는 정도 이상으로 존재정치론적 해석에 관여할 필요가 있을 것이다. 나는 2장에서 다양한 방식으로 그러한 종류의 랑시에르 해석을 시도했던 저자들을 검토하면서, 이러한 현상을 더 자세히 논의할 것이다.

다만 이 지점에서는 랑시에르 본인이 존재론을 거부하는 자신의 입장을 매우 강조했다는 점에 주목하고자 한다. 랑시에르에 따르면 정치는 존재론으로부터 연역될 수 없으며, '존재론의 수행'을 고수하면 정치는 사라지고 말 것이다. 그는 이러한 주장을 줄기차게 반복적으로 제기한다. 더 나아가—랑시에르에게 존재론적 차원에 관여하는 것 말고는 선택의 여지가 없다는 것을 보여 줌으로써—코널리의 논점을 고수하려는 많은 시도에 맞서, 랑시에르는 결코 자신의 뜻을 굽히지 않는다. 여기서 나는 정치의 존재론화에 대한 랑시에르의 거부가 갖는 완고한 성격이 그의 작업이 갖는 또 다른 절대적으로 결정적인 차원, 즉 역사성historicity에 대한 그의 근본적인 헌신을 가리킨다는 점을 강조하고자 한다. 랑시에르에게 정치란 정치적 순간, 정치적 사건에 불과하다. 정치는 역사 안에서 발생하며, 자신의 역사적 차원 안에서 언제나 이해되어야만 한다. 우리는 아마 정치의 역사성이야말로 정치가 존재론으로 소급될 수 없는 또 다른 이유라고 말할 수 있을 것이다. 랑시에르가 언제나 존재론을 부정한다면, 이는 그가 항상 역사가 갖는 어떤 선차성을 긍정하기 때문이다. 또한 그가 존재론을 부정하는 것은 결국 역사적 사건의 우발성^{happening} 때문이기도 하다. 랑시에르는 우리가 우발적인 역사적 사건을 목격하기 위해 마땅히 경각심을 가져야 한다고 말한다. 우리가 이러한 주장을 따른다면, 존재론에 대한 우리의 거부는 그에 수반되는 역사로의 전회를 필요로 하게 될 것이다.

역사

> 정치는 언제나 역사적 짜임^{historical configurations} 안에 자리한다. (Rancière 2009d: 287)

> 역사적 연구 방법은 분명 유의미하다. 나는 역사적 연구 방법이 무의미하다고 말하는 것이 아니다. 역사적 연구 방법은 당신이 이 장소에 자리 잡아야만 한다는 것을 의미한다. 왜냐하면 이 [연구의] 대상은 사회적 역사이기 때문이다. (Rancière and Dasgupta 2008: 72)

이 표제 아래에서 우선적으로 중요하게 다룰 '역사'는 랑시에르의 저작이 밟아 온 출판 및 영역 과정의 역사—독자적이고 의미심장한 경로를 따라 온 역사—다. 나는 이러한 역사를 10년 단위의 5개 시기(1960년대, 1970년대, 1980년대, 1990년대, 2000년대)로 나눔으로써 의미를 부여하고자 한다. 그리고 랑시에르 저작의 출판과 영역의 역사를 "**프랑스어로 먼저 출간된 저작일수록, 영어로는 더 늦게 번역된다**"라는 공식을 따르는 일종의 함수 곡선으로 묘사할 것이다. 다시 말하자면 어느 정도의 단순화를 통해 우리는 지난 50년 동안 출간된 출판물과 영역본의 지도를 다음과 같이 그려 볼 수 있을 것이다.

- 1960년대에 출간된 랑시에르의 한 에세이는, 그것이 랑시에르의 전 저작에서 갖는 핵심적인 중요성에도 불구하고, 아직도 영어로 제대로 번역되지 못했다.[31]
- 1974년에 출간된 랑시에르의 첫 번째 책은, 이 책을 통해 랑시에르가 스승 알튀세르와 결정적이고 최종적으로 결별했다는 점에서 중요하다. 그러나 이 책은 2011년 말에 와서야 겨우 영역되어 출간된다. 앞에서 언급한 『논리적 반란』에 실린 랑시에르의 수많은 저술은 이제 막 영역본이 출간되고 있는 실정이다. 2011년 영역본의 첫 번째 묶음이 출간된 데 이어 2012년에 2권이 출간될 예정이다.
- 1980년대에 출간된 랑시에르의 저작은, (비록 이 시기의 먼저 나온 저술이 오랫동안 번역되지 않은 채 남아 있었지만) 같은 시기에 매우 들쭉날쭉하게, 종종 매우 투박하게 영어로 옮겨졌다. 프랑스어로 1981년에 출간된 『프롤레타리아의 밤』*La nuit des prolétaires*은 1989년에 영역본이 나왔다(새 영역본은 2012년에 막 출간됐다). 1983년에 프랑스어로 출간된 『철학자와 그의 빈자貧者들』*Le philosophe et ses pauvres*은 1990년대 중반 영역

---

31) 영역본에서는 제외되어 버린 랑시에르의 기고문을 포함하고 있는 『자본을 읽자』(*Lire le Capital*)의 독특한 출판의 역사에 대한 좀더 완전한 설명은 4장을 보라. 4장은 이 텍스트에 대한 세밀한 분석과 함께 랑시에르의 전 저작에서 이 글이 가지는 의미를 논의한다. 랑시에르의 단독 에세이의 영역본은 1970년대에 다양한 저널에서 몇 개의 조각으로 나뉘어져 처음 등장했다. 이 에세이의 완역본은 1989년이 되어서야 나타났지만, 이 완역본 역시도 지금은 절판되어 찾기 힘든, 거의 읽히지도 않고 알려지지도 않은 판본으로 출판되었을 따름이다. 이 때문에 나는 이 책이 아직 제대로 번역되지 않았다고 이 글에서 주장하고 있다. 이 에세이는 랑시에르의 영어권 독자들 중 대다수에게 여전히 쉽게 접근할 수 없기 때문이다.

본 출간이 예고되었으나, 2004년이 돼서야 독자들을 만날 수 있었다. 그리고 마지막으로 1987년에 프랑스어로 출간된 『무지한 스승』 *Le maître ignorant*은 불과 4년 뒤에 영어로 번역됐다. 물론 이 시기의 많은 텍스트가 현재까지도 번역되지 않은 채 남아 있다.

- 1990년대에는 훨씬 많은 랑시에르의 출판물이 영어로 번역되었으며, 이는 모두 프랑스어판의 출간 후 5년 이내에 이루어졌다. 몇몇 번역본은 이보다 늦게 등장하기도 했지만, 요점은 1990년대에 들어 랑시에르의 저술이 영어로 빈번하게 등장하기 시작했다는 것이다. 이 시기에 출간된 영역본은 프랑스어로 최근에 출간된 판본을 대본으로 했다. 따라서 1990년대는 영역본이 통용되고 최신화되는 그 첫 번째 시기라고 할 수 있다.

- 2000년대에는 랑시에르의 작업 중 대부분이 매우 신속하게 영어로 옮겨진다. 또한 다수의 새로운 텍스트가 직접 영어로 작성되기도 했다.

이를 통해서 분명히 알 수 있듯이, 최근의 연대로 넘어올수록 우리는 영역본이 존재하지 않거나 영역이 매우 지연되던 시기로부터, 빈번하고 빠르게 영역이 이루어지는 시기로 나아가게 된다. 1990년대 이후에는 심지어 훨씬 많은 랑시에르의 저술이 프랑스어 원본의 출간에 바로 뒤이어서 정기적으로 영어권에 소개된다. 시간의 흐름을 따라 그보다 더 최근으로 오면, 랑시에르의 가장 초기 저술로 거슬러 올라가 그것을 영역하려는 움직임이 동시적으로 이뤄진다. 2012년 초에 내가 쓴 글에서처럼, 우리는 결국 랑시에르의 첫 번째 책인 『알튀세르의 교훈』 *Althusser's Lesson*이 이제 막 등장하는 시간에 이를 때까지 충분히 거슬러 올라가게 된다. 예측은 나의 전문 분야가 아니지만, 이러한 양상이 계속된다면 우리는 랑시에르가 참여한 『자본을 읽자』$^{Reading\ Capital}$의 새 번역본을 2010년대가 지나가기 전에 만날 것이라 기대할 수 있다.[32]

지금 이 모든 것이 중요한 이유는, 한편으로는 단순하게도 이러한 사실이 랑시에르에 대한 나의 해석을 영국과 북미에서의 그의 수용 과정이라는 맥락 내에 위치시켜 주기 때문이다. 또 다른 한편으로는 이러한 사실이 내가 여기서 그려 보겠다고 약속한 지도에 자세한 윤곽을 더하는 데 도움을 주기 때문이다. 그러나 이러한 출판의 역사는 하나의 장이자 화제, 주제로서의 '역사'와 랑시에르 간의 관계를 이해하는 데 있어서 특별한 의미를 가진다. 랑시에르는 1990년대의 다수의 저술, 이른바 '정치에 대한' 저술을 통해 처음으로 (그리고 크게) 논란을 일으켰다. 물론 이 텍스트들은 다른 정치적, 지적 맥락으로 더 쉽게 옮겨질 수 있는데, 왜냐하면 이 시기의 작업에서 랑시에르는 정치철학의 전통과 동시대의 정치에 개입하고 있기 때문이다. 이 저작에는, 이제는 많은 사람이 랑시에르의 스타일이자 트레이드마크라고 생각하는, 간략하고 때로는 추상적이며 대체로는 논쟁적인 공식이 담겨 있다. 그러한 공식 덕분에 이 저작은 인용하거나 도발적인 방식으로 사용하기 쉽고, 다양한 개별 맥락으로 재전유하기도 쉽다.

이와는 완전히 대조적으로 1970년대와 1980년대의 랑시에르의 저술들은 어떤 의미에서 '역사적인' 저작이라고 할 수 있다. 그리고 이 저작은 그것들이 속한 종별적인 역사적 맥락뿐만 아니라 프랑스의 특수한 상황에 깊숙이 뿌리내리고 있다. 다시 말해 이 시기 랑시에르의 저작은 문서고로부터 직접 출현한 것이었다. 랑시에르는 때때로 문서고에 얽매이지 않

---

32) [옮긴이 주] 체임버스의 예상은 적중했다. 2016년 랑시에르를 비롯한 다른 제자들의 기고문을 포함한 『자본을 읽자』의 새로운 영역본이 출간됐다(Althusser et al. 2016).

고 발언하기도 했지만, 대개는 종별적인 프랑스의 정치적 맥락을 향해 발언했다. 따라서 랑시에르가 역사에 대해 주장하는 바를 파악하기 위해선, 그의 주장들이 가진 역사적 맥락을 살펴볼 필요가 있다. 여기서 나는 정치사상사 연구에 흔히 사용하는 해석학적 방법을 랑시에르의 사유에 적용하려는 의도가 없다는 점을 명백히 해야겠다.[33] 그럼에도 불구하고 랑시에르를 그가 속한 맥락 속에 위치 지우고자 노력한다면, 우리는 랑시에르의 민주주의 정치관을 이해하기 위한 결정적인 관점을 얻을 수 있을 것이다. 랑시에르의 저술에 대한—때때로 그 자신의 논의까지 포함하는—수많은 논의에서 나타나는 한 가지 문제점은, 그 논의들이 어떤 장소와도 관련되지 않은 것처럼, 어느 곳에도 뿌리내리고 있지 않은 것처럼 보인다는 데 있다. 랑시에르는 논쟁가polemicist이다. 그는 도발하기 위해서 글을 쓰며, 특히 민주주의와 정치에 대한 저술을 통해 급진적 공식을 만들어 낸다. 그는 종종 난데없는 것처럼 보이는 대담하고 놀라운 주장을 제기한다. 그러한 갑작스러움 때문에 이러한 주장들이 독자들에게 강력한 충격을 줄 수 있다. 그러나 랑시에르의 저작에 개입하는 일은 그러한 공식을 반복하는 것 이상이 될 필요가 있다. 우리는 랑시에르에 대한 글을 쓰면서 단지 랑시에르의 저작이 원래 가지고 있는 논쟁적 위력에만 모든 걸 맡길 수 없

---

33) [옮긴이 주] 여기서 말하는 "정치사상사 연구에 흔히 사용하는 해석학적 방법"이란 퀜틴 스키너와 케임브리지 학파의 접근 방법을 가리킨다. 스키너는 어떤 단어가 가진 어의와 용법은 언제나 역사적으로 변화하기 때문에, 플라톤이나 마키아벨리가 쓴 역사적 텍스트를 동시대인의 저술처럼 읽어서는 저자의 참된 의도를 이해할 수 없다고 주장한다. 스키너는 어떤 저자가 어떤 의도로 하나의 용어를 사용했고, 그것으로 무엇을 의미했는가를 이해하기 위해서는, 글이 쓰인 당시 시점의 역사적·문화적 맥락을 되도록 자세하게 복구하는 것이 필요하다고 주장한다. 스키너가 강조하는 텍스트 해석의 방법에 대해서는 스키너(Skinner 2002[『역사를 읽는 방법』]) 참조.

다.[34] 여기서 나의 목표는 랑시에르가 이미 말한 것을 반복하는 것이 아니다. 오히려 목표는 랑시에르의 텍스트에 대한 나 나름대로의 개입을 시도

34) 영국과 북미의 독자들에게 랑시에르가 왜 그토록 복잡하고 어렵게 수용되어 왔는지를 이해하는 한 가지 방법은 다음과 같은 사실을 강조하는 것이다. 랑시에르는 많은 정치이론가들이 하는 것과 같은 방식의 논증(arguments)을 제시하지 않았고, 따라서 랑시에르의 저술은 영미권의 독자들이 가지고 있던 독서습관에 때때로 잘 부합하지 않았다. 전통적인 방식으로 이해할 때, 하나의 논증은 그것을 유효화하기 위한 기준들의 집합을 전제한다. 그러나 랑시에르는 정치가 어떠한 종류의 미리 만들어진 기준들도 폐지하고 거부하는 것이라고 주장한다. 이러한 의미에서 우리는 '논증 짓기'(argumentation)를 치안의 과정이라고 부를 수 있을 것이다. 반면 논쟁화(polemicization)는 정치의 과정이다. 논쟁술(polemics)은 논증의 대안적 양식이다. 논쟁술은 개입하고 단언하고 저항하지만, 정치적 논증을 정당화할 수 있는 조건들의 선차적 질서를 전제하지 않으면서 그렇게 한다. 따라서 논쟁술 자체는 '몫을 획득하기[참여하기]'(part-taking)의 한 형태이다. 이러한 맥락에서 나는 우선 랑시에르의 논쟁술과 그의 저술들이—우리가 논증을 구성하는 것이 무엇인지에 대한 우리의 관점을 좀더 확장하려고 한다면—더 일반적인 의미에서 그 나름의 논증을 제공하고 있는 것으로 이해할 수 있다고 강조하고 싶다. 그럼에도 불구하고, 나의 목표는 랑시에르의 논쟁적 개입을 재창조하는 것—그 개입들이 갖는 불확실한 성격을 고려해 볼 때, 이 기획은 어떤 경우에도 실패할 것이다—이 아니기 때문에, 나의 스타일은 랑시에르의 스타일과는 구별된다. 랑시에르와 같은 스타일로 랑시에르에 관해 글을 쓰려는 시도들은 종종 독자들이 랑시에르의 작업과 조우하는 것을 방해해 왔다. 실로 그들의 스타일은 랑시에르 본인의 스타일보다도 더한 고립과 소외로 귀결된다. 랑시에르의 스타일을 모방하는 것은 랑시에르의 사유가 더욱 광범위한 독자들을 만나는 것을 방해할 뿐이다. 나는 랑시에르와 같은 방식으로 논쟁화를 추구하지 않기 때문에, 때때로 나의 접근 방식은 랑시에르의 접근 방식과 심지어 모순되는 것처럼 보일 수도 있다. 나는 랑시에르 자신이 거부했던 주장을 종종 제기하며, 때로는 심지어 [그에 대한] 해설과 주해에도 개입한다. 나의 목표는 랑시에르의 논쟁술에 활기를 불어넣고, 그것을 해명하고, 그것을 나 자신의 목적을 위해 변형시키는 것이다. 나의 청중은 랑시에르의 청중과는 다른 사람들이다. 랑시에르의 저술들은 이미 주어진 학문 분야에 대해서 발언하지 않는다. 오히려 그의 저술은 학제 간의 경계에 저항하고 있으며, 심지어 그러한 경계를 아마 폭파시키려고 할 것이다. 그의 작업은 반(反)-학제(Mowitt 1992) 혹은 또 대안적-학제(Bowman 2008b)를 향해 나아간다. 나 역시 광범위한 진정한 간학제적 독자들을 향해 발언하길 원한다. 그러나 동시에 나는 정치이론 연구자들과 독자들을 향해서, 그들을 위해서 글을 쓴다. 이 책에서 내가 내기를 걸고자 하는 것은 나 자신의 논증적인 문체와 랑시에르의 논쟁술 간의 우발적 긴장이 생산적인 것이 될 수 있으며, 따라서 이 생산적 긴장이 상당한 성과를 올릴 수 있을 것이라는 믿음이다. 나는 대화와 이해, 불일치와 오해(meséntente) 모두를 활성화시키길 희망한다.

하면서 그의 주장을 확장시키는 것이다. 나의 목표는 또한 랑시에르의 사유가 더욱 광범위하고 강력하게 독자들의 공감을 얻을 수 있도록 나 자신의 [논쟁적] 개입을 무대에 올리는 것이다.

　랑시에르를 해석하는 데 있어 맥락이 중요하다는 것은 바로 이러한 의미에서다. 내가 볼 때 랑시에르와 관련된 2차 문헌 중 어떤 것도 크리스틴 로스^{Kristin Ross}의 『68년 5월과 그 이후의 삶』^{May '68 and Its Afterlives}만큼 그의 정치 이해를 잘 조명한 책은 없다. 나는 랑시에르에 대한 책의 순위를 매기거나 2차 문헌을 (예컨대 이것은 읽고, 저것은 읽지 말라는 식으로) 걸러내고자 하는 것이 아니다. 나는 그러한 일에 대해 대체로 관심이 없다. 로스의 책을 평가하는 것은 순위 매기기와 전혀 상관이 없다. 왜냐하면 그녀의 텍스트는 애초에 랑시에르에 대한 책이 아니며 그러한 문헌의 일부를 이루는 책도 아니기 때문이다. 로스의 책은 어떤 수준에서는 그저 1968년 5월에 대한 역사적 기록이다. 그러나 이 책은 2차적인 수준에서 더욱 의미심장한 작업을 수행한다. 이 책은 1968년 5월의 해석을 둘러싼 논쟁, 즉 1970년대에 처음 생겨나 21세기까지 진전되어 온 논쟁에 개입한다. 로스는 단순히 '5월'의 역사적 의미를 '올바르게 이해하고자' 하는 것이 아니다. 차라리 그녀는 오랜 시간 뿌리내려 온 지배적 서사에 이의를 제기하기 위하여, 1968년 5월에 대한 정치적이고 이론적인 주장을 제기한다. 또한 로스가 옹호하고자 하는 1968년 5월의 의미는, 그것이 랑시에르의 정치 논의를 철저하게 보여 주는 만큼이나 그러한 논의에 의존하고 있다. 로스가 옹호하는 1968년 5월의 주제 중 거의 대부분은 랑시에르의 정치 논의에서도 중심적 주제를 이룬다. 예컨대 우위^{mastery}에 대한 도전, 질서의 파열, 평등 전제에 기초한 평등의 입증, 전문가에 대한 거부, 탈정체화로서 정치적 주체화, 그리고 무엇보다도 역사의 어떤 우발성^{happening}, 어떤 사건-성$^{\text{event-ness}}$ 등등(Ross 2002: 6, 15, 46, 51).

무엇보다도 로스는 프랑스에서 지난 수십 년에 걸쳐 부상한 1968년 5월의 지배적인 해석 방식에 저항하고자 한다. 이 해석 방식은 최근 수십 년 동안 프랑스에서 지배적인 것으로 부상했다. 즉 그녀는 "5월에는 아무 일도 일어나지 않았"으며 그 사건은 비사건^{nonevent}이었다는 주장에 반대한다(Ross 2002: 6, 67).[35] 그녀는 정치에 대한 랑시에르의 발상을 (때로는 명시적으로, 그러나 빈번하게는 암시적으로) 환기시킴으로써 이러한 해석에 도전한다. 한 명의 역사가로서 로스는 역사를 논쟁화하지 않는다. 그녀는 대신 자신의 더욱 광범위한 논증이 역사적 서사를 통해 그 전모를 드러내도록 한다. 하지만 그 책 전반에 걸친 로스의 논증은 그녀가 일찍이 제시한 진술을 통해, 더 논쟁적인 형태를 취하는 단언적 주장을 통해서도 전달될 수 있다. 1968년 5월에는 아무 일도 일어나지 않았으며 거기엔 사건-성$^{\text{event-ness}}$도 없었고 역사 안에 자리한 정치도 없었다고 계속해서 말하는 자들에게 맞서서, 로스는 다음과 같이 주장한다. "5월, 모든 것은 **정치적**

---

35) 랑시에르는 정치란 매우 드물고 산발적이며 순간적이고 예기치 못한 사건이라고 말한다(Rancière 1999: 17[『불화』 46쪽]). 2장에서 이를 자세히 논한다. 정치의 희소성에 대한 강조는 "아무 일도 일어나지 않았다"라는 주장으로 이어지는 팽배한 회의주의와 짝을 이룬다. 프랑스와 그 밖의 많은 지역에서 "아무 일도 일어나지 않았다"라는 진술은 1968년 5월에 대한 지배적인 해석이 되었다. 이 해석에 따르면 그 사건은 심지어 사건조차도 아니었다. 우리는 1968년 5월에 대해 무엇을 말해야 하는가? 1968년 5월에는 아무 일도 일어나지 않았다(Ross 2002: 66). 랑시에르의 정치관을 고수한다는 것은, "아무 일도 일어나지 않았다"라는 주장 안에서 (물론 그것이 정치는 아니지만) 무언가 또 다른 매우 중요한 일이 일어나고 있다는 발상에 관여하는 것을 의미한다. 아무 일도 일어나지 않았다는 주장은 단순히 아무것도 바뀌지 않았다고 **말하는** 데서 그치는 것이 아니라, 이러한 아무것도 아님을 **상연하려는**(enact) 노력이며, 모든 것을 나름의 고유한 자리에 다시 돌려놓으려는 노력이다. 몇몇 논평자들은 이미 이와 유사하게 2011년 1월과 아랍의 봄에 대해서도 "아무 일도 일어나지 않았던" 사건으로서 해석하기 위한 토대를 준비하고 있다. 이러한 맥락에서 1968년 5월에 대한 로스의 설명은 유익한 경고로 이해될 수 있다.

으로 발생했다──물론 여기서 우리가 '정치'라는 말로 이해하는 것은 당시에 '라 폴리티크 데 폴리티시앙'la politique des politiciens(전문화된 정치나 선거 정치)이라고 불리던 것과는 거의 또는 전혀 무관하다는 조건하에서 그렇다 (Ross 2002: 15. 강조는 인용자). 로스는 "아무 일도 일어나지 않았다"라는 주장이 치안화policing의 한 형태라는 점을 보여 주기 위해 랑시에르의 주장을 대놓고 활용한다. 그녀는 알튀세르의 호명interpellation 장면에 대한 랑시에르의 잘 알려진 재해석을 인용한다. 호명 장면으로부터 랑시에르는 알튀세르가 만들어 내왔던 것과는 전혀 다른 의미를 도출해 낸다. 랑시에르는 다음과 같이 쓰고 있다. "치안police은 거기에 아무것도 볼 것이 없다고, 아무 일도 일어나지 않았다고, 그냥 이동하고 통행하는 것 외에 달리 할 것이 없다고 말한다. 그들은 통행의 공간은 그저 통행의 공간일 뿐이라고 말한다"(Rancière 2001: par. 22[『정치적인 것의 가장자리에서』224쪽]. Ross 2002: 22에서 재인용). 로스는 5월을 하나의 비사건으로 만들려 하는, 1968년 5월에 대한 특유하고 강력한 치안화에 저항하기 위해 랑시에르의 정치 논의를 활용한다. 그녀는 정치의 장을 만들어 내기 위해 논쟁을 재개한다. 이를 통하여 로스의 역사학적 작업은 랑시에르의 정치적 사유에 대해 가장 설득력 있는 설명과 묘사를 보여 주며, 동시에 랑시에르의 사상을 해명하고 거기에 맥락을 부여한다.

그러나 랑시에르의 작업은 1968년 5월이 됐건 다른 어떤 사건이 됐건 간에 일련의 역사적 사건에 대한 입장 표명이나 반성으로 환원될 수 없다. 로스의 작업에 주목하고 랑시에르의 사유에서 1968년 5월의 중요성을 강조하면서 내가 드러내려는 논점은 이보다는 제한적인 것이다. 나는 때때로 랑시에르가 글을 집필하는 장소를 가리키고자 했으며, 그의 개념적 작업과 1968년의 역사적 사건 사이에 존재하는 잠정적인 연결고리를 이끌어 내고자 했다. 따라서 이 책의 각 장*은 1968년 5월의 슬로건들을 제사epigraph로 활용한다. 이는 그저 1968년의 사건에 대해 말하기 위해서가 아니다. 이 제사들은 각 장의 논의와 사건 간에 존재하는 연결의 흔적을 보여 준다. 랑시에르는 정치란 역사 안에서만 자리할 수 있으며 역사적 방법이란 "당신이 이 장소에 자리 잡아야만 한다는 것" 그 이상도 이하도 아니라고 말한 바 있다. 더 넓은 의미에서 나의 시도는 위에서 인용한 랑시에르의 주장을 심각하게 여기려는 하나의 노력이다. 랑시에르는 비록 자신의 장소를 드러내지 않는 방식으로 글을 썼을지라도, 그는 언제나 어떤 장소에 자리 잡은 채 글을 집필했다. 논쟁적 글쓰기를 위해 문서고를 활용하면서, 랑시에르는 다시 한번 통상적인 범주와 개념에 대해 변별적인 접근 방법을 취한다. '역사'라는 범주와 관련해서 본다면 랑시에르는 결코 정치사상의 역사를 연구하는 것이 아님이 명백하다. 그가 분석철학자나 자유주의 이론가들이 종종 그러듯이 역사를 '추상화'하지 않는다는 점 역시 명백해 보인다. 이와 동시에 문서고에 대한 랑시에르의 관여와 그로부터 그가 이끌어 낸 풍성한 자료를 감안해 본다면, 랑시에르의 '사건'에 대한 이해는 들뢰즈적인 접근 방법과도 구별되는 것으로 남아 있다.[36]

우리가 역사로 눈을 돌릴 때, 역사 안에서 우리가 궁극적으로 보게 되는 것은 정치의 순간(혹은 정치의 잠재적 순간 또는 정치의 저지된 순간)이다. 랑시에르에 따르면 이러한 순간은 그 근본적인 차이에도 불구하고 언제나 평등의 논리와 불평등의 논리라는 두 가지 논리의 만남으로 특징지

---

36) 랑시에르의 역사와 사건에 대한 이러한 방식의 사유는 푸코가 자신의 저작을 이해했던 방식과 상당한 공통점을 갖고 있다(Huffer 2009: xi를 보라). 푸코는 자신의 저작을 문서고로부터 출현했다가 스스로 폭발하면서 사라지는 '대상-사건'(object-events)으로 이해했다.

어질 수 있다. 랑시에르가 아래의 인용문에서 제시하고 있듯이, 우리는 오직 역사 안에서만 평등을 불평등과 엮어 주는 매듭을 위치시킬 수 있다. 이것의 함의로는 랑시에르의 접근 방식이 요청하는 역사에 대한 경각심과 주의 깊음, 그리고 반시간성과 역사성에 대한 헌신을 꼽을 수 있을 것이다. 역사를 다루는 이러한 태도로 우리는 랑시에르가 평등이라고 부르는 것을 시작하고 그것에 도달할 수 있다. 랑시에르가 반복적으로 주장하는 것처럼, 우리는 평등을 그저 주어진 것으로서가 아니라──물론 어떤 의미에서도 존재론적인 것으로서가 아니라──역사적인 입증$^{historical\ verification}$으로서 이해해야 한다. 또한 역사에 대해 경각심을 갖고 접근한다는 것은, 랑시에르가 변별적인 방식으로 평등이라는 문제에 접근한다는 것을 의미한다. 랑시에르는 평등의 입증과 증명^{demonstration}을 이해하기 위해서는 평등을 방법론적 가이드라인으로 가정해야 한다고 주장한다. 나는 앞으로 랑시에르의 이러한 주장을 살펴볼 것이다.

평등

평등의 입증은, 평등을 불평등과 엮어 주는 매듭을 움켜쥐는 작업이다. (Rancière 2009d: 280)

만약 평등이 공리적인 것이고 이미 주어진 것이라면, 이 공리는 원리상 전적으로 결정되지 않은 것임이 명백하다──즉 평등의 공리는 결정된 정치적 장의 구성에 선행하는 것임이 명백하다. 왜냐하면 먼저 평등의 공리가 정치적 장의 구성을 가능하게 하는 것이기 때문이다. (Rancière et al. 2000: 6)

'평등'이라는 개념만큼 정치에 대한 랑시에르의 논의와 자유주의의 논의가 가진 차이점을 결정적으로 드러내는 것은 없다. **평등**은 랑시에르의 사유를 자유주의로부터 구분하는 것을 도와주는 핵심 개념이다. 그 이유는 바로 정치에 대한 양자의 접근 방식이 모두 평등을 중심적이고 근본적인 위치에 두고 있기 때문이다. 사실 자유주의에 있어 평등은 매우 중요하다. 따라서 비자유주의적인 정치적 전망을 옹호하는 저자들조차도 자유주의적인 평등 개념을 표현하는 한 자유주의적 전통 안에서 중요한 역할을 수행할 수밖에 없다. 물론 나는 분명히 홉스를 염두에 두고 있다. 홉스는 자신의 일생에 걸쳐 군주제를 옹호했으며, 자신의 저작에서도 정치에 대한 권위주의적 전망을 옹호했다. 그러나 홉스[의 이론]도 평등에 관한 논의에서 출발하는 까닭에, 그의 이론은 자유주의적 전통에서 근본적 역할을 수행하게 됐다. 의심할 여지없이 홉스는 정치사상의 역사 전체를 통틀어 평등을 옹호하는 가장 분명하고 직접적인 논증을 제시했다. 그는 자연 상태에서 모든 남성과 여성이 평등하다고 주장하는데, 이는 자연 상태의 인간들 가운데 심지어 가장 약한 자조차도 가장 강한 자를 죽일 수 있는 힘 정도는 가지고 있기 때문이다(Hobbes 1994: ch. XIII[『리바이어던』 1권 13장]).

홉스 이후의 자유주의 전통 안에서 평등은 근본적이면서도 상당히 유별난 역할을 수행해 왔다. 평등은 가장 직접적인 의미에서 자유주의에 근본적인 것이다. 자유와 짝을 이루는 평등은 자유주의의 출발점이다. 자유주의적 주체들은 모두 **정의상**^{by definition} 자유롭고 평등하다. 인간 존재자를 그 또는 그녀가 가진 가장 근본적인 역량과 특성 안에서 고려한다는 것은, 인간 존재자를 모두 평등하게 여긴다는 것을 의미하며, 다른 모든 것들은 이 출발점으로부터 따라 나오는 것이다. 우리는 이것의 가장 강력한 형태를 다음과 같은 로크의 주장이 가진 선형적인 논리에서 확인할 수 있다. 로크는 『통치론』 제2론의 두 번째 페이지에서 독자들에게 다음과 같은 유명한 말을 전하고 있다. "우리가 정치적 권력을 올바르게 이해하고 그 기원으로부터 정치적 권력을 도출해 내기 위해선, 모든 인간들이 자연적으로 어떤 상태에 있는가를 고려해야 한다." 그리고 이 상태란 자유와 평등의 상태다(Locke 1988: 266[『통치론』 11쪽]). 그러나 나는 자유주의에서 평등이 갖는 기능이 유별나다고 말했는데, 왜냐하면 홉스의 매우 재치 있는 평등에 대한 논증 이후, 자유주의 전통에서는 평등에 대한 이러한 주장을 옹호하기 위한 논증이 대체로 이루어지지 않았기 때문이다.[37] 평등은 소여ᵃ given이자 출발점이며, 자유주의의 실체적인 필요조건이다. 그럼에도 불구하고 자유주의는 평등을 옹호하는 데 많은 시간을 할애하지 않았다. 자유주의는 심지어 평등을 언급하는 일조차 소홀했다.

　이 요점은 평등에 대한 어떠한 논증도 실제로 제시하지 않았던 롤스의 저술에서 가장 분명하게 드러난다. 예컨대 『정의론』Theory of Justice의 첫 번째 페이지에서 롤스는 "각각의 사람은 전체로서의 사회의 복리라는 명분으로도 무효화시킬 수 없는 정의에 기초한 불가침성을 가진다"고 단순히 써 두었을 뿐이다(Rawls 1971: 3). 롤스에게 평등은 이러한 '불가침성'에

---

37) 우리는 어떤 의미에서는 홉스가 자유주의 전통에서 평등에 관한 논증을 직접 제시한 처음이자 마지막 사상가라고까지 이야기할 수 있을지 모른다. 홉스와 마찬가지로 로크 역시 자연 상태에서의 인간 존재를 자유롭고 평등한 존재로 묘사하지만, 크고 강한 자의 머리에 큰 바위를 떨어뜨리는 작고 연약한 자에 대한 홉스의 힘 있는 묘사에 비하면 로크의 평등에 대한 주장—인간은 모두 같은 '지위'를 가진 종들이며, 신은 한 인간을 다른 인간들보다 위에 두지 않았다—은 많이 흐릿하게 보인다. 로크는 심지어 제2론의 후반 논의에서 평등을 옹호하는 그 자신의 논증 중 일부를 반복하기까지 한다(Locke 1988: 304[『통치론』 56~57쪽]. 더 심도 있는 논의를 위해선 Carver 2006; Carver 2004: ch.7을 참조하라).

사로잡혀 있다. 우리는 모두 서로에게 불가침한 존재인 한에서만 평등하다. 롤스는—그가 반복적으로 주장하고 있듯이—인간이 존재 자체로 자유롭고 평등하다는 것을 이해해야 한다고 분명히 말한다. 그러나 롤스는 언제나 이러한 가정으로부터 자신에게 문제가 되는 질문으로 즉각적으로, 차라리 신속하게 옮겨 간다. 그는 『정치적 자유주의』*Political Liberalism*의 두 번째 페이지에서 그 질문을 다음과 같이 제기한다. "그러한 곳에서 자유롭고 평등한 시민들의 정의롭고 안정적인 사회가 과연 어떻게 지속될 수 있는가?"(Rawls 1993: 4).

자유주의에 있어 평등은 그 단어의 가장 완전한 의미에서 하나의 토대 ground로 이해될 수 있다. 즉 자유주의적 정치이론은 평등을 그저 출발점으로 삼을 뿐, 평등에 관한 논증을 출발점으로 삼는 것이 아니다. 따라서 평등은 단순히 이론의 기반이 된다는 의미에서뿐만이 아니라, 전혀 의문시되지 않는다는 의미에서도 토대가 된다. 평등은 어떤 방식으로건 처음부터 '거기 있는' 것으로 가정된다. 평등은 자유주의의 가능 조건이지만, 자유주의 이론은 평등을 확립할est ablish 수 없다. 자유주의 이론은 그 시작을 위해서 평등을 필요로 한다. 그렇기 때문에 자유주의 이론을 시작시키기 위한 유일한 방법은 평등을 확립하는 대신 평등의 조건을 창조하는 것이다. 이론에 외부적인 토대로서의 평등이라는 발상은 자연 상태나 그 유사한 장치(평등은 이론에서 근본적이고 필수적인 요소지만 어디까지나 그 이론의 바깥에 있는 한에서 그렇다고 설명하는 장치)의 역할을 설명하는 데 도움을 준다. 평등은 자연 상태에서 도출된다. 우리는 평등을 자연 상태의 인간 존재자가 가지는 특징으로 설명하면서 평등의 자리를 마련해 주거나(홉스와 로크), 아니면 원초적 입장과 같은 철학적 장치, 즉 평등을 전제하는 하나의 장치와 함께 자연 상태의 모델을 만들어 낸다(롤스). 그러나 이와 동시에 평등은 자연 상태에 한정된 것이자 정치로부터 배제된 것으로 남는다. 자유주의 이론에서 평등은 정치를 위한 철학적 토대가 된다. 하지만 실상 자유주의 정치는 평등에 관한 것이 아니다. 자유주의에서 평등은 결정적인 정치 문제가 아니다. 따라서 롤스가 평등에 대해 논할 때 그는 정치적으로 어떤 것이 진행되는지 결코 말하지 않는다. 그는 그저 무엇이 정치적 자유주의를 가능하게 하는지 말할 뿐이다. 평등은 정의론이나 제한정부를 위한 주어진 토대로서 기능한다. 왜냐하면 평등은 인간 존재자의 특징으로서 자유주의의 개념틀 안에 내장되어 있기 때문이다. 이는 (철학적 의미나 혹은 존재론적 의미에서) 평등을 실체적인 것으로 만들지만, 또한 (정치적인 적대와 갈등—정치의 본성—이라는 의미에서) 평등을 전적으로 비실재적인 것으로 만든다.[38]

우리는 평등에 대한 자유주의적 이해와 접근 방식을 살펴보았다. 이러한 스케치는 랑시에르의 논의에 대한—평등 논의와 그의 전반적 기획 모두에 대한—좀더 뚜렷한 해명을 가능하게 한다. 자유주의에서처럼 평등은 랑시에르의 작업에서도 핵심에 자리하며, 그의 저술을 통해 반복적으로 환기된다. 그러나 어떻게 평등에 도달할 수 있고, 어떻게 평등이 작동하는가라는 질문에 랑시에르는 전적으로 비자유주의적인 답변을 제공한다. 그는 평등에 대해 상상가능한 거의 모든 다른 접근 방법을 거부한다. 따라서 평등은 무언가의 기초나 토대가 아니며, 어떤 실체나 목표도 아니다. 또한 정치는 평등으로 인해 발생하는 것이 아니며, 정치는 평등의

---

38) 이러한 사유의 전개 방식을 파악하는 또 다른 방법은 평등을 자유주의적 공상(liberal conceit)으로 묘사하는 것이다. 자유주의 이론은 고정점이자 소여인 평등과 함께 작동하지만, 자유주의자들조차도 세계가 평등보다는 근본적이고 거의 포괄적인 불평등으로 표지되어 있음을 알고 있다.

성취를 모색할 수도 없고 모색하지도 않는다. 랑시에르가 평등을 존재론화하려는 발상을 거부하는 것은 놀랍지 않다. 하지만 우리는 여기서 존재론에 대한 그의 저항이 얼마나 철저한가를 볼 수 있을 것이다. 우리는 자율적 개인들로서 평등을 경험하지 않는다. 평등은 정치적 공동체의 실체적인 성취도 아니다. 또한 우리는 평등을 결코 측정할 수 없다. 이는 놀랍지는 않지만 여전히 중요한 요지이다.

랑시에르의 관점에서 우리는 "평등이란 무엇인가?"라는 질문 자체가 잘못 제기되었으며 오도되었다고 말할 수 있다. 왜냐하면 이 질문은 "~은 무엇인가?"라는 형태(고대 그리스어로는 ti estin)를 가지고 있고, 그 까닭에 이미 존재론적인 태도를 취하고 있기 때문이다. 우리가 평등을 추상적인 철학적 언어로 공식화하는 것을 완전히 거부할 때, 랑시에르의 평등에 대한 이해 방식은 더욱 잘 포착될 수 있다. 랑시에르에게 평등은 논쟁적인 용어이지 분석적인 개념이 아니다.[39] 그렇다면 랑시에르의 사유 안에서 평등의 의미, 구조, 기능의 삼각형을 구축하는 데 도움을 줄 공식이 여기 있다. 〈우리는 평등을 가정한다assume. 우리는 평등을 입증한다verify. 평등은 하나의 공리axiom로 기능한다. 평등은 **증명된다**is demonstrated.〉 다른 곳에서와 마찬가지로 랑시에르는 이 절의 두 번째 인용문에서 평등을 **공리적인 것**axiomatic으로 묘사한다. 평등은 우리가 가정하는 공리이며, 이 공리는 실천을 통해 입증될 수 있다. 그러나 이 가정은 자유주의적 의미에서의 실체적 토대가 아니라, 어떤 논리적 증명에서 '소여'given라는 형태를 결코 취할 수 없는 하나의 전제presupposition이다(Wittgenstein 1972[『확실성에 관하여』] 참조). 또한 평등의 입증 혹은 증명은 실체적으로 파악될 수 없다. 우

---

39) 나는 이 공식을 익명의 논평자에게 빚지고 있다.

리는 평등을 증언할 수는 있지만, 우리의 손에 평등을 소유하거나 평등을 정확하게 가리킬 수는 없다. 랑시에르에게 평등이란 그러한 종류의 것이 아니다.

평등은 무엇보다도 하나의 논리다.[40] 평등이 하나의 논리라는 사실은, 평등이 실체화되지 않고서도 어떻게 가정되고 입증될 수 있는지를 설명해 준다. 즉 가정과 입증의 순간은 평등의 논리가 작동할 때에 발생한다. 평등의 논리는 결코 고립된 상태에서 순수한 형태로 작동하는 것이 아니다. 오히려 평등의 논리는 불평등의 논리와의 긴장 속에서 작동한다. 정치란 오로지 이 두 논리가 만날 때, 오로지 이 두 논리가 서로 갈등을 빚을 때 발생한다. 이것이 바로 첫 번째 인용문에서 랑시에르가 "평등은 평등과 불평등을 엮어 주는 매듭을 움켜쥐는 과정을 통해 입증된다"라고 주장하면서 의미한 바이다. 평등과 불평등은 언제나 서로에게 매듭으로 엮여 있다. 평등은 자신만의 공간에 거주하거나 자신만의 공간을 창조하지 않는다. 순수한 평등이 지배하는 영역은 존재하지 않는다. 대신에 평등은 오로지 불평등의 공간—랑시에르가 '치안질서'라고 부른 공간—을 오염시킬 수 있을 뿐이다. 치안질서는 지배와 위계의 질서이다. 치안질서는 불평등의 논리라는 나름의 전제에 따라 작동한다. 정치는 치안질서가 자신에게 이질적인heterogeneous 평등의 논리에 의해 방해를 받을 때 발생한다. 이것은 평등을 '1회적 행위'one-off act로 만드는 것이다. 또한 이것은 왜 평등이 결코 제도화될 수 없는지를 설명해 준다. "평등이 사회적 혹은 국가적 조직 안에서 자리를 얻으려 하는 순간, 평등은 자신의 대립물로 변화된다"

---

40) 랑시에르의 전체 작업에서 (분석철학과는 꽤 다른 방식으로 사유되는) 논리가 갖는 중요성에 대해선 탠크(Tanke 2011:9)를 보라.

(Rancière 1999: 34[『불화』69쪽]).

랑시에르의 논의 안에서 평등이란 언제나 지능의 평등the equality of intelligence이자 누구나anyone와 모두everyone의 평등이다. 평등 전제에 대한 랑시에르 자신의 설명은 다음과 같다. 그것은 "모든 이들이 다른 모든 이들과 마찬가지로 지능을 갖추고 있으며, 이미 행해진 것과는 다른 일을 적이도 하나는 할 수 있다는 미친 전제mad presupposition"를 말한다(Rancière 2010a: 2. 강조는 인용자). 여기서의 강조는 매우 중요하다. 평등은 합리적 소여나 논리적 소여가 아니라, 하나의 '미친 전제'이다. 우리는 소여로서의 평등을 출발점으로 삼지 않는다. 차라리 우리는 공리적인 것으로서의 평등에 도달하기 위해 도약한다. 이러한 묘사에서 우리는 평등의 지극히 민주주의적인 형태를 볼 수 있다. 여기서 평등은 일정한 조건하에서 일정한 개인이 갖는 특징이 아니다. 평등은 누구라도 적용되어야 하는 하나의 가정이다. 랑시에르의 평등의 정치는 항상 누구라도anyone at all의 정치이며, 누구나anyone와 모두everyone의 정치이자, 누구이든 간에the anyone whatsoever의 정치이다―이 문구는 랑시에르가 자신의 저술에서 아주 빈번하게 교환가능한 방식으로 사용하는 것들이다.[41]

---

41) '누구나'와 '모두'에 대한 랑시에르의 강조는 추상화를 향한 운동이나 일반화의 경향으로 오해해서는 안 된다. 랑시에르는 개인들을 롤스적 의미에서 대체가능한 것으로 이해하지 않는다. 롤스에 따르면 우리는 원초적 입장에서 실제 개인들을 필요로 하지 않는다. 그저 그들의 총칭적인 '대표들'(representatives)이면 충분하다. 랑시에르에게 '누구나'는 언제나 구체적인 누군가(someone)를 의미한다. 내가 랑시에르를 이해하기로는, '누구라도'(anyone at all)를 언급하는 랑시에르의 논점은 일반화에 있는 것이 아니라, 민주화하는(democratize) 것에 있다. 누구나(anyone) 지배의 자격을 갖고 있지만―왜냐하면 민주주의적 지배는 어떠한 자격에도 기초하지 않기 때문이다―언제나 구체적인 누군가(someone)가 지배할 것이다. 또한 누구나가 항상 종별적 개인으로서 누군가라는 사실은 젠더 중립적인 언어 사용이 가진 문제점을 보여 준다. 왜냐하면 복수형으로서 '그들'(they), 혹은 겉으로 보기에는 비젠더화된

이제 우리는 자유주의와 랑시에르의 평등 논의가 갖는 차이점을 이해할 수 있다. 자유주의는 평등에 토대의 지위를 부여하면서 평등을 조직화의 원리이자 실체적 목표로 만든다. 반면에 랑시에르는 평등에 의지한다. 오직 민주주의에 무엇보다도 우선적으로 헌신하는 사람만이 랑시에르처럼 평등에 의지할 수 있다. 랑시에르에게 평등은 질서 짓는 원리^{ordering principle}가 아니라 차라리 탈질서화의 기제^{mechanism of disordering}— 모든 지배 체계를 의문에 부치는 하나의 논리—이다. 평등의 공리적인 발현^{manifestation}은 모든 치안질서, 심지어 평등을 근본적인 것으로 만드는 자유주의적 질서마저도 방해한다. 우리는 랑시에르의 관점에서 자유주의의 역사를 다시 쓸 수 있다. 랑시에르의 관점에서 본다면, 홉스의 평등에 대한 논증으로부터 롤스의 평등에 관한 논증의 결여로 향하는 자유주의의 발전상은, 동의(와 합법적인 권력)에 기초한 정치 체계, 즉 인민들이 자신들에게 주어진 고유한 자리를 점유하도록 만드는 정치 체계를 창조하기 위해 계획된 움직임이라고 이해할 수 있다. 자유주의 이론은 이렇게 치안질서의 특수한 (자유주의적) 형태를 고수한다. 이 과정에서 자유주의 이론은 정치의 실재적 위력을 (통제하거나 제한함으로써) 제거하고자 분투한다. 이러한 의미에서 자유주의는 랑시에르가 '유사정치'^{parapolitics}라고 부른 것에 해당한다. 유사정치란 더욱 포괄적인 질서철학의 한구석에 정치^{la politique}를 격리해 버림으로써, 정치를 제거하려는 시도를 일컫는다.[42]

(젠더 중립성을 고수하려는 노력 속에서) '그 또는 그녀'(he or she)라는 표현들은, 랑시에르가 언제나 지적하듯이 구체적 개인들을 일반화된 개인으로 대체할 위험이 있기 때문이다. 이러한 난점을 해결하기 위해, 나는 앞으로의 급진적 교육학에 대한 논의에서처럼, 상황에 따라 구체적인 '그'와 구체적인 '그녀'를 교대로 사용할 것이다.

42) 나는 이 절의 논의 전반에 걸쳐, '자유주의'와 자유주의 이론에 대한 특수한 해석을 제시하고

1장에서는 이 문제를 더욱 자세하게 다룬다.

랑시에르의 평등에 대한 헌신은 그의 정치에 대한 헌신과 맞물려 작

_____

있다. 이 해석은 평등에 대한 랑시에르적 발상의 윤곽을 명료하게 하는 동시에, 민주주의 정치에 대한 나의 주장이 가진 논점을 명확히 표지하기 위해 구상한 것이다. 우리는 자유주의이 이러한 변형된 판본, 즉 홉스와 로크 등의 17세기 저자들에 대한 자유주의의 이러한 접근 방식을 '원칙적 자유주의'(doctrinal liberalism)라고 부를 수 있을 것이다. 원칙적 자유주의는 광범위하게 인정되는 자유주의에 대한 설명으로서, 정치사상사 과목에서 해마다 주어지는 교훈과도 공명한다. 이는 롤스와 다른 중요한 현대자유주의 이론가들에 의해 제기된 주장과도 긴밀히 연결되어 있다. 그럼에도 불구하고 우리는 홉스나 로크 같은 저자들을 그들의 텍스트를 전유해 온 현대 자유주의 사상가들의 원칙적 자유주의에 반대하여 다시 해석할 수도 있을 것이다. 그러한 해석은 실상 랑시에르의 평등과 민주주의에 대한 사유를 보완하는 것일지도 모른다. 첫째, 우리는 그러한 해석에서 홉스와 로크의 평등에 대한 주장에 담긴 수사적인 위력과 일정 정도의 실천적인 위력을 강조할 수 있을 것이다. 가령 우리는 소위 귀족정과 '출생'의 정치적 역할에 대한 모든 자연화를 붕괴시키는 위력을 강조할 수 있을 것이다. 따라서 홉스와 로크에게 평등은 원칙적 자유주의가 주장하는 것처럼 **실체적인**(substantive) 것이 아니다. 둘째, 평등에 대한 그들의 주장은 궁극적으로 불평등을 합법화하기 위해 설계된 것이다. 왜냐하면 홉스와 로크에게 있어 [자격이 있는] 누군가는 다른 이를 지배하는 것이 합법화될 수 있다는 것이 명백하기 때문이다. 따라서 홉스와 로크에게 평등은 원칙적 자유주의에서 그러한 것만큼 **중심적인 것**이 아니다. 셋째, '지배의 체계를 질문에 부치는 것'으로서 랑시에르적 의미의 정치는, 홉스와 로크가 글을 쓸 당시에, 즉 하나의 교리적 원칙으로서 '자유주의'의 구성 이전에, 그들이 정치적으로 당면했던 것에 더 가까운 것이다. 이는 홉스와 로크의 논증을 원래 자리에 놓고 (실제로 그러했듯이) 그것을 명백한 정치적 개입으로 생각할 때, 그들의 논증이 '자유주의란 무엇이다'라는 방식으로 구성된 자유주의의 '이론'의 탈맥락화된 판본―즉 근대의 원칙적 자유주의―보다 랑시에르적인 것에 가까워지리라는 점을 의미한다. 마지막으로 우리는 1968년 5월이 랑시에르적 의미에서 정치의 난입이었던 것과 마찬가지로 '혁명적 자유주의자들'(revolutionary liberals)―원칙적 자유주의를 통해 이해할 때는 성립불가능한 개념이지만 그럼에도 역사적으로는 틀림없는 용어―에 의해 주도된 1848년 유럽에서의 사건 역시 정치의 난입이었다는 사실을 추가할 수 있을 것이다. 물론 이러한 방식으로 해석할 때, 홉스와 로크는 그저 단순하게 현재의 교리적 원칙의 의미에서 자유주의자로 간주될 수 없을 것이다. 이 때문에 나는 홉스와 로크의 역사적 상황에 주목하는 해석, 즉 두 사람에 대한 보다 급진적 해석에 동의한다. 그럼에도 불구하고 여전히 원칙적 자유주의와 랑시에르적 평등관을 대비해서 생각할 필요가 있다고 본다. 원칙적 자유주의의 헤게모니에 비춰 보면 홉스와 로크에 대한 역사적 해석은 소수 의견에 불과하기 때문이다. 이 주제에 대한 집중적인 개입과 깊은 통찰, 그리고 적지 않은 표현을 나는 테럴 카버(Terrell Carver)에게 빚지고 있다.

동한다. 자유주의는 평등을 정치로부터 배제하지만, 랑시에르는 평등이 오직 정치적 순간을 통해서만 출현하는 것이라고 말한다. 그는 다음과 같이 설명한다. "나는 평등을 하나의 전제라고 부른다. 평등은 토대를 정초하는 존재론적 원리가 아니라 **행위로 옮겨졌을 때만 기능하는 하나의 조건으로** 이해해야 한다"(Rancière 2006d: 52[『감성의 분할』71쪽]. 강조는 인용자). 랑시에르는 이러한 주장을 통해서 자신의 민주주의 정치에 대한 이해 방식과 자유주의가 선호하는 접근 방식 사이에 존재하는 틈을 더 벌려 나간다. 그에게 평등은 정치의 맥락 안에서만—결국 이것이 의미하는 바로서 역사의 맥락 안에서만—의미를 가질 수 있기 때문이다. 여기서 다시 한번 로스의 논점이 랑시에르의 원리를 해명하는 데 도움을 줄 수 있을 것이다. 로스는 1968년 5월에 대한 특수한 해석 방식을 격렬하게 옹호한 바 있다. 로스는 1968년 5월을 그저 자유를 위한 주장의 협소한 집합으로 이해하려는 포스트-68년의 해석 방식에 반대한다. 이러한 해석에 반하여 그녀는 1968년 5월의 사건을 평등의 측면에서 가장 잘 이해할 수 있을 것이라 시사한다. 그러나 여기서 우리는 평등을 하나의 특수한 방식, 특히 랑시에르적인 방식으로 이해해야 한다. "내가 말하는 평등은 객관적 의미에서 지위나 수입, 기능의 평등을 말하는 것이 아니다. 그것은 계약이나 개혁의 '평등'한 메커니즘으로 이해할 수도 없다. 나는 평등을 하나의 명확한 요구나 프로그램으로 제시한 것도 아니다. 차라리 내가 말한 평등은 투쟁의 과정에서 출현하며, 주체적으로 입증되는 어떤 것이자, 지금 여기에서 그것이 무엇이며 무엇이 아닌지가 선언되고 경험되는 어떤 것이다"(Ross 2002: 73~74). 그리고 로스는 여기서 "출현하는" 것이 "지적인 대결과 노동자들의 투쟁을" 연결하는 핵심적 관념이라고 강조한다. 즉 노동자와 학생들은 1968년 5월 그날그날 현장에서의 활동을 통해 정치의 새로운 무대를 만들어 냈던 것이다. 이것이야말로 "행위의 핵심적 부분"을 이루는 평등의 입증이다(Ross 2002:74).

그리하여 평등에 대한 이러한 특수한 이해 방식은 내가 앞서 논의한 세 개념[존재론, 역사, 주체] 모두를 연결해 준다. 우리는 평등을 존재론적 토대로 이해할 수 없다. 우리는 평등을 존재론화하려는 시도에 적극적으로 저항해야 한다. 이는 평등이 정치의 역사적 우발성 안에서만 이해될 수 있다는 것을 의미한다. 평등은 주체의 속성도 아니다. 자유주의에서와 달리, 랑시에르에게 평등은 정치적 주체의 특징이 아니다. 정치적 주체에 의해 잘못이 선언되는 것이 아니라, 오히려 그러한 선언이 주체를 발생시키는 것처럼, 이와 유사하게 평등의 논리 역시 정치적 주체의 출현을 위한 조건으로 생각될 수 있다. 이 서론에서 나의 논의는 평등 개념과 함께 '랑시에르의 교훈'이라는 더 광범위한 주제를 향하여, 그 주제의 주위를 맴돌며 나아간다. 왜냐하면 랑시에르의 평등에 대한 논의는 교육에 대한 그의 저작에서 최초로 가장 뚜렷하게 모습을 드러내기 때문이다.

랑시에르는 19세기부터 현재에 이르는 주류적이고 지배적인 교육이론을 비판한다. 랑시에르의 비판은 항상 그러한 교육이론이 전제하고 입증하는 것이 불평등의 원리와 논리라는 점에 핵심을 두고 있다. 전통적으로 이해해 온 교사의 역할은 학생들에게 설명하고 해설하고, 교훈을 말해 주며 텍스트의 의미를 보여 주는 것이다. "설명, 혹은 교육적 실천의 통상적인 관행은 무엇보다도 불평등을 드러내는 것이었다"(Rancière 2011b: 40). 스승이 스승인 까닭은, 학생들이 스스로 이해할 수 없다고 가정된 텍스트를 설명할 수 있기 때문이다. 따라서 이러한 전통적인 의미의 가르침은, 학생과 교사 사이의 지능의 불평등을 증명하는demonstrate 동시에 전제한다presume(Rancière 2011b: 40; Rancière 1991: xvi). 전통적인 가르침이 수립한 이러한 전체적 구조를 랑시에르는 학생의 무능력을 기반으로 해서 세워진 하나의 질서로서 '설명자의 질서'the explicative order라고 부른다. 설명 explanation은 설명자의 질서의 핵심에 자리한다. 이후에 랑시에르가 정치의 일상적 활동을 치안의 실천이라고 다시 정의한 것과 마찬가지로, 그는 오래전에 설명을 바보 만들기stultification로 다시 정의했다. 이 주장은 기초적이지만 설득력 있는 관찰을 바탕으로 하고 있다. "누군가에게 무언가를 설명하는 일은, 무엇보다도 먼저 그에게 그것을 스스로는 이해할 수 없다는 점을 보여 주는 일이다"(Rancière 1991: 6[『무지한 스승』 19쪽]). 교사가 입을 열기도 전에, 설명자의 질서를 통해 교사는 스승[주인]master으로, 학생이 혼자서 이해할 수 없는 것을 이해하도록 도와주는 사람으로 설정된다.

조제프 자코토Joseph Jacotot로부터 대담하게 빌려 온 랑시에르의 급진적 교육학은 설명자의 질서를 전복하고자 한다. 이 새로운 교육학은 설명자의 질서의 주된 가정을 역전하는 것에 입각한다. 만약 학생이 그 스스로 완벽하게 이해할 수 있다면 어찌 하겠는가? 만약 학생이 스승/주인의 설명 없이 텍스트를 읽을 수 있다면 어찌 하겠는가? 지능의 평등 원리란 설명자의 질서를 해체하고 새로운 급진적 교육학을 정초하는 것이다. 학생이 책을 집어 스스로 그것을 읽을 때 (심지어 자코토의 교수 실험의 사례처럼 그 책이 학생의 모국어로 쓰이지 않은 경우에도) 학생은 평등의 방법을 활용하고 있는 것이다. 책이 가진 의미를 설명해 주는 다른 누군가의 도움 없이도 책을 읽을 수 있는 모든 이들의 역량, 이것이 평등의 힘이며, 이것이 평등의 모든 것이다.

그렇다면 바보를 만들지 않고 가르친다는 것은 무엇을 의미하는가? 랑시에르적 교육이론의 간판 아래 어떻게 '교훈' 같은 것이 존재할 수 있는가? 그리고 궁극적으로 이러한 작업에 '랑시에르의 교훈'이라는 표제를 붙이는 것은 도대체 무엇을 의미하는가? 이러한 질문에 대답하기 위해선, 랑시에르가 교사나 가르침이라는 발상 자체를 포기하지 않았다는 점에 주목할 필요가 있다. 조금 놀랍게도 랑시에르는 스승이나 우위^{mastery}를 위한 자리를 인정하기까지 한다. 랑시에르는 지능의 평등 원리를 고수한다. 이는 가르침이 교사의 지성과 학생의 무지라는 전제하에서 작동하지 않는다는 것을 의미한다. 우리는 학생에게 지성이 있다고 전제하며, 이러한 전제는 우리의 가르침에 있어 기반을 이룬다. 혹은 좀더 논쟁적으로 말하자면 우리는 교사의 무지를 가정한다. 자코토에 대한 책인『무지한 스승』에서 랑시에르는 현행의 교수법에 대한 비판을 의도한 것이 아니라 (그랬다면 이 책의 제목은 '바보를 만드는 스승'이 됐을 것이다), 하나의 가능성을 의도한 것이다. 자코토는 자신이 알지 못한다는 사실에도 불구하고 가르치는 교사들—혹은 자신이 알지 못하는 것처럼 가르치는 교사들—의 가능성을 보여 준다. 그럼에도 불구하고 교사는 가르쳐야만 하며, 랑시에르의 급진적 교육학에서도 우위가 갖는 역할이 있다. 왜냐하면 교사는 학생들이 배울 수 있는 환경과 맥락, 구조를 만들어 내면서, 자신의 학생들에게 의지의 우위를 강요하는 사람이기 때문이다.

그러므로 우리는 랑시에르가 우리가 모르는 무언가를 안다고 가정한 채 그의 가르침에 다가가서는 안 된다. 우리는 랑시에르가 얼마나 뛰어난 지성을 가졌는지 살펴보기 위해서, 혹은 우리가 스스로 이해할 수 없는 텍스트나 저작에 대한 설명을 얻기 위해서 랑시에르를 읽어서는 안 된다. 차라리 우리는 지능의 평등 원리 아래서 움직여야 한다. 물론 이것은 우리가 배울 것이 하나도 없다는 의미는 아니다. 랑시에르의 '교훈'이란 무지한 스승의 교훈이며, 바로 거기에 근본적인 중요성이 자리하고 있다. 이 책은 독자들이 랑시에르의 가르침을 파악할 수 있는 구조와 맥락을 제공한다.

또한 이 책은 나의 [논쟁적/정치적] 개입을 무대에 올리며, 내 나름의 특수한 주장을 전개할 것이다. 따라서 내가 '랑시에르의 교훈'이라고 부르는 것은 랑시에르의 저작과 결정적인 연결 지점을 유지하고 있긴 하지만, 또한 그것을 넘어서는 것이기도 하다. 다음 절에서 나는 이 책의 구조에 대한 예비적 개요를 제시하고자 한다.

GPS의 좌표

지구적위치화체계Global Positioning System, 즉 GPS는 전통적 방식의 지도와 비교했을 때 수많은 상대적 장점을 가지고 있다. 하지만 여기서 나의 목적—독자들을 안내하고 각 장의 논의가 따르게 될 경로에 대한 분명한 이해를 돕기 위해 이 책의 기본적인 구조를 기술하려는—과 비유에 비춰 볼 때 가장 주요한 차이가 있다. 그 차이란 GPS 지도가 [전통적 방식의 지도와 달리] 공간적 차원을 넘어선다는 데 있다. GPS는 위치 정보는 물론이고 시간 정보까지 제공한다. 나는 서론에서 계속해서 반복하게 될 요점을 이 글의 시작에서부터 강조했다. 랑시에르의 저술은 모두 결정적인 시간적 차원을 가지고 있다. 그의 사유를 정태적이고 형식적으로 만드는 것, 즉 그의 사유로부터 시간적 차원을 박탈하는 것은 그의 주장을 왜곡하고, 그것이 가진 논쟁적이고 정치적인 위력을 약화시킨다. 그러므로 이 서론에서도 마찬가지지만 이 책 전반에 걸쳐, 나는 랑시에르 사유의 청사진을 그려 내는 것을 일관성 있게 거부한다. 나는 그의 저작을 정태적인 것 혹은 움직이지 않는 것으로 만들려는 시도에 항상 저항한다. 그 대신 다양한 쟁점에 대한 역동적인 해석을 동원할 것이다. 또한 랑시에르의 텍스트를 선택적으로 전유하고 창조적으로 해석하는 방식을 통해, 그러한 쟁점에 개입할 것이다. 그러므로 이 책의 각 장에 담긴 논의는 (바보 만들기가 될) 해설로서의 교훈이 아니라, 다른 가능성을 향한 열려 있음으로서의—잠재적인 해방으로서의—교훈에 초점을 맞춘다. [이 책에 등장하는] 발상, 작가들, 주장, 그리고 동시대의 정치적 질문에 대한 종별적인 개입은 랑시에르의 저술로부터 항상 어떤 방식으로든 자극받고 영감을 얻은 것이다. 하지만 그러한 개입 자체는 랑시에르의 것이 아니라 나의 것이다. 그러므로 이 책은 나의 특수한 문제 상황에 대한 일련의 구체적인 개입에 토대를 두고 있다. 앞에서 논의한 바와 같이 랑시에르에게 역사란 "당신이 이 장소에 자리 잡아야만 한다"는 것을 의미한다. 이 책의 각 장에 담긴 논의는 랑시에르에 대한 해석이 갖는 급진적 시간성에 지속적으로 주의를 기울인다. 그러나 한편으로 각 장의 논의는 그 나름의 시간적 표지들을 고수한다. 그 논의에서 나는 포괄적인 '정치이론'에 대해 말하지 않는다. 포괄적 정치이론은 다른 저자들의 역할로 남겨 두고자 한다. 이 책의 논의는 그 논의가 이루어지는 시간과 장소, 역사적 순간에 호소한다. 비록 거의 언제나 랑시에르의 저술을 통해서이긴 하지만 말이다.

1장에서는 랑시에르의 수많은 해석자들이 그러했던 것처럼 '정치'에 대한 논의를 출발점으로 삼을 것이다. 랑시에르는 정치를 급진적으로 다시 사유하고, 그와 동시에 우리가 통상적으로 정치라고 부르는 것을 '치안'이라고 다시 정의함으로써, 수많은 독자들, 특히 정치이론 연구자들을 자극하고 도발해 왔다. 1장에서는 랑시에르의 정치관에 대해 우리가 말하고 싶은 것이 무엇이건 간에, 그의 설명을 정치를 순수한 것으로 만들고자 하는 모델 안에 끌어들여서는 안 된다고 주장한다. 랑시에르의 논쟁적인 정치적 작업에 대한 가장 뛰어난 해설 중 일부마저도 순수한 정치라는 관념에 대한 그의 일관되고 섬세하지만 헌신적인 저항의 성격을 포착하는 데 실패해 왔다. 그가 (치안과 대조를 이루는 것으로) 정치에 대한 유일무이한 정의를 제공했기 때문에, 많은 동시대의 연구자들은 랑시에르를 아렌트적인 사상가로 해석하고자 하는 유혹을 느껴 왔다. 이는 사회적인 것과 경제적인 것으로부터 정치를 보호하려던 아렌트와 같은 방식으로, '치안'과는 구분되는 '정치적인 것'의 유일무이한 공간을 개척하고 그것을 보존하려는 시도로서 랑시에르의 정치관을 이해한다는 의미에서다. 따라서 이 장은 특히 아렌트와 랑시에르를 유사한 학자로 해석하는 최근의 중요한 몇몇 텍스트를 검토하면서, 아렌트에 대한 방대한 문헌 중 일부에 [논쟁적으로] 개입한다. 랑시에르와 아렌트를 뒤섞어 버리는 사상가들은 통상적으로 랑시에르의 기획을 아렌트의 것 안에 욱여넣는 경향이 있다. 나는 그들이 이러한 접근을 취하면서 민주주의 정치에 대한 랑시에르의 가장 날카로운 직관 중 일부를 묵살하거나 무효로 만들게 된다고 지적한다. 궁극적으로는―아렌트와 랑시에르의 사유가 많은 점에서 상보적이라 할지라도―랑시에르를 아렌트적으로 해석하면, 정치에 대한 랑시에르의 가장 근본적인 요점, 즉 정치는 결코 순수할 수 없다는 그의 요점을 놓치게 된다는 점을 보일 것이다.

비순수한 정치에 대한 랑시에르의 고집은 수많은 중요한 함의를 가진다. 이러한 함의들은 이 책의 논의 안에서 드러나게 될 것이다. 첫째, 비순수한 정치의 개념은 랑시에르의 발상에 대한 아렌트적 해석뿐만 아니라 그에 대한 변증법적 해석 역시 좌절시키는 것이다. 이 장에서 나는 장-필리프 데랑티Jean-Philippe Deranty의 주장을 논박한다. 데랑티는 영어권에 랑시에르의 정치이론을 소개해 온 가장 중요한 해설자다. 나는 랑시에르의 정치관을 변증법적 모델에 동화시키려는 데랑티의 해석 경향에 반대한다. 우선 나는 랑시에르에 동의하며 정치에는 어떠한 토대도 없다고 주장한다. 이어서 데랑티에 반대하며 정치politics와 치안police이 '정치적인 것'the political이라는 제3의 영역에서 만나지 않는다고 주장한다. 오히려 불평등의 치안질서와 평등의 정치질서 간의 조우는 오로지 그러한 조우가 발생할 수 있는 유일한 장소, 즉 치안질서의 영역에서 발생한다. 이는 랑시에르의 정치에 대한 설명을 체계화하거나 순수화하려는 시도와는 대조적으로, 민주주의 정치란 언제나 치안질서에 결부되어 있어야 하는 것임을 보여 준다. 바로 이러한 이유에서 랑시에르의 민주주의 정치에 대한 사유는 독자들이 '치안' 개념에 더 주목해 줄 것을 요구한다.

따라서 2장 '치안'은 정치에 대한 랑시에르의 잘 알려진 저술과 다른 방향으로—이 경우에는 정반대 방향으로—접근한다. 대부분의 동시대 정치이론 연구자들은 정치에 대한 랑시에르의 새롭고 급진적인 접근 방식에 매료된 나머지 그의 정치와 치안의 근본적인 구분으로부터 정치 문제로 즉시 눈을 돌려 버린다. 물론 이를 통해 그들은 이러한 구분을 가능하게 하는 정치의 이론을 더욱 면밀하게 탐구할 수 있게 된다. 그러나 랑시에르에게는—그 자신이 그렇게 말하고, 내가 위에서 강조한 것처럼—정치이론이 없기 때문에, 그의 정치에 대한 진술을 차곡차곡 쌓아올림으로써 하나의 이론을 수립하기를 기도하는 것에는 별로 큰 의의가 없다. 랑시에르는 자신이 정치에 대해 말한 것들이 정치를 존재론화하려는 시도에 속하지 않는다고 말한다. 대신에 그는 치안/정치의 구분을 동시대의 정치적 토론과 역사적인 정치적 토론에 논쟁적으로 개입하기 위한 수단으로 사용한다. 또한 그는 치안/정치의 구분을 정치철학의 역사에 대한 우리의 이해를 다시 정향하기 위한 방법으로 활용한다. 따라서 2장은 랑시에르의 더 넓은 민주주의 정치 개념에 근본적인 것으로 드러날 용어를 보여 주는 기초적인 작업을 수행한다. 그러나 랑시에르에 대한 나의 해석은 그러한 용어를 정치이론의 새로운 모델에서 기반이 될 확립된 개념 혹은 분석적 개념으로 전환하는 것을 거부한다. 대신에 2장에서 나는 '치안의 정치'라고 부르는 것에 초점을 맞춘다. '치안의 정치'라는 문구는 랑시에르가 치안이라는 말로 의미한 바뿐만 아니라, 그가 정치에 비판적으로 개입하기 위해 [치안과 정치의] 구분을 어떻게 동원하는지를 이해하는 데에도 도움을 준다.

따라서 2장은 '치안의 정치'라는 문구를 읽는 세 가지 다른 방식을 상세하게 논의한다. 첫째, '치안의 정치'는 랑시에르가 오늘날의 소위 "정치의 목가적인 상태[:] 합의제 민주주의"를 묘사하기 위해 사용하는 문구의 의미를 분석하고 밝혀내는 것을 가능케 한다(Rancière 1999: 95[『불화』 155쪽]). 게이브리얼 로크힐이 유용하게 정리하고 있듯이, 합의는 "권리를 한 공동체의 아르케$^{arch\bar{e}}$로 설정하는 특수한 방식"을 말한다(Rockhill 2006: 83). 내가 자유주의적 합의(정치의 원리로서 권리)라고 묘사한 것들의 승리는, 랑시에르가 토머스 제퍼슨$^{Thomas\ Jefferson}$을 따라 민주주의에 요구되는 "투철한 경각심"$^{militant\ vigilance}$의 상실이라고 불렀던 것으로 귀결된다(Rancière 1999: 97). 치안/정치의 구분으로 무장한 랑시에르는—내가 지적한 바와 같이, 미국 자유주의와 같은 논리, 즉 이익집단 다원주의의 논리와 같은 것에 따라 움직이는—합의제 민주주의가 전혀 정치적이지 않으며, 오히려 치안화의 모델임을 증명할 수 있다. 합의제 민주주의는 정치의 완전한 제거, 즉 랑시에르의 민주주의 정치관의 핵심을 이루는 갈등, 불화, 파열의 진압에 기초하고 있다. 차라리 합의제 민주주의는 단지 하나의 새로운 '치안질서'—불평등의 체계를 제도화하고 예시하는 지배의 위계적 체제—를 시행하는 것일 뿐이다. 따라서 치안의 정치는 무엇보다도 우선 하나의 비판이론이다. 이어서 나는 랑시에르의 사유를 자신의 아나키즘적 정치 기획을 위해 전유한 토드 메이의 해석(May 2008)에 광범위하지만 제한적인 방식으로 개입한다. 메이는 '치안의 정치'라는 문구를 무의미하게 만드는 방식으로 치안을 이해한다. 그러나 나는 메이의 해석에 다음과 같은 문제점을 지적한다. 메이는 (치안을 단 한 번에 최종적으로 소탕해 버리는) 순수 정치로서 아나키즘을 옹호하면서, 랑시에르의 치안 개념을 오독하고 있을 뿐만 아니라, (랑시에르의 의미에서) 완전하게 민주주의적인 것에 미치지 못하는 정치관을 상정하는 상황에 처하게 된다. '치안의 정치'는 우리로 하여금 순수 정치의 유토피아적 모델이 가진 부적절성[비고유성]^{impropriety}을 파악할 수 있도록 돕는다. 마지막으로 나는 '치안의 정치'에 대한 논의가 항상 정치와 치안의 상호교차를 강조하고, 순수 정치라는 관념을 명확히 거부하고 있음을 지적한다. 이를 통해 치안의 정치는 우리로 하여금 랑시에르의 급진 민주주의 이론을 주목하게끔 만든다.

3장 '문학성'^{literarity}은 시작$^{the\ beginning}$으로 되돌아간다. 왜냐하면 정치와 철학에 대한 랑시에르의 가장 중요한 텍스트가 시작되는 바로 그 장소에서 이 장의 논의를 시작하기 때문이다. 1995년의 책 『불화』$^{La\ mésentente}$(영역본은 *Disagreement*[1999])에서 랑시에르는 아리스토텔레스의 『정치학』의 한 구절로부터 논의를 시작하고 있다. 해당 구절은 정치적 동물로서의 인간에 대한 아리스토텔레스의 논의를 보여 준다. 전통적인 해석에 따르면, 아리스토텔레스는 정치이론의 기초를 인간학에 두었다. 아리스토텔레스에게 인간^{anthrōpos}은 단순한 목소리^{phōnē}만을 가진 동물과 달리 합리적인 언어능력^{logos}을 가진 피조물이다. 로고스는 인간에게 정치활동의 정수인 숙고와 판단의 힘을 부여함으로써 인간을 정치적 동물로 만든다. 따라서 소위 최초의 정치학자로 불리는 아리스토텔레스는 자신의 정치이론을 언어——유일하게 정치에 적합한 피조물인 인간 존재자가 소유하고 행사할 도구——에 대한 특수한 이론의 기초 위에 둔다. 그러나 랑시에르적 정치는 『정치학』 도입부의 이 유명한 대목을 다시 해석함으로써, 아리스토텔레스에 대한 이견[불화]^{disagreement}을 자신의 출발점으로 삼는다. 랑시에르는 어떻게 우리가 단순한 목소리를 가진 동물과 로고스를 가진 인간 존재자를 구분할 수 있는가를 묻는다. 포네/로고스의 구별은 (많은 아리스토텔레스의 독자들이 생각하듯이) 본성^{nature}에 의해 주어진 것인가, 아니면 오히려 바로 정치 그 자체가 우리로 하여금 포네와 로고스, 정치적인 것과 비정치적인 것을 구분하는 선을 그리는 것을 가능하게 하는가? 만약 랑시에르의 정치에 대한 접근 방식이 언제나 주장하듯이 이 질문에 대한 답이 후자라면, 우리는 언어와 주체의 관계에 대한 전적으로 다른 이해 방식에 도달하게 된다. 앞에서 논의한 바와 같이, 정치적 주체는 언어에 선행할 수 없고, 언어를 도구로 사용할 수도 없다. 오히려 정치적 주체는 언어와 정치 안에서, 언어와 정치를 통해서만 출현할 수 있다. 정치적 잘못을 선언하기 위해 언어를 사용하는 미리 주어진 주체$^{pre-given\ subject}$란 존재하지 않는다. 왜냐하면 우리에게 말을 할 수 있는 주체는 잘못 이전에 존재하지 않기 때문이다. 민주주의적 주체성은 민주주의적 정치를 통해서만 출현하며, 그 역이 아니다. 그러므로 언어는 더 이상 인간의 사용을 위한 대상으로 생각될 수 없다. 차라리 언어는 정치적 동물인 인간이 그것을 통해 출현하고 그것 안에서 결정화되는 매개체^{medium}로서 이해되어야 한다.

이러한 주장을 제기하면서 많은 부분에서 나는 랑시에르의 언어에 관련된 주장을 분명히 한다. 이뿐만 아니라 이 주장을 통해 그로부터 랑시에르의 주장이 출현하게 될 언어를 분명하게 만드는 작업도 수행하고 있다. 첫째, 3장의 논의는 어떻게 그리고 왜 『불화』의 영역본이, 일련의 실수 혹은 의문스러운 번역어 선택을 통해서, 랑시에르가 원래 프랑스어에서 말한 것과는 정확히 반대되는 내용을 말하는 것처럼 보이게끔 만드는 심각한 오역을 처음부터 저지르고 있는지를 설명한다. 유명한 아리스토텔레스의 구절에 대한 랑시에르의 해석은 그의 책에서 출발점으로 기능하는 것은 물론, 정치에 관한 그의 핵심적 논지 중 하나를 이룬다. 3장 도입부에서의 논의를 통해 나는 영역본의 문제를 요약하고 바로잡음으로써 랑시에르의 아리스토텔레스 해석을 읽어 내기 위한 영어 번역어들을 재정립하고자 한다. 둘째, 나는 랑시에르의 주체화 논의에 관련된 이론적 맥락의 일부를 제공한다. 주체 형성 과정에 대한 논의는 랑시에르의 민주주의 정치관의 핵심에 자리하고 있지만, 영역본의 번역 문제는 여기서 다시한 번 그 의미에 더 많은 주의를 기울여 작업할 필요가 있는 개념들의 집합을 불분명하고 혼란스럽게 만든다.

언어에 대한 작업을 통해 나는 랑시에르의 정치에 대한 사유에 있어 언어가 가지는 역할(과 그것이 좀더 형식적이고 존재론적인 언어이론과 맺고 있는 관계)에 대한 나의 주장을 제시할 수 있었다. 3장의 논의는 랑시에르가 정치나 민주주의에 관해 말한 것에만 주목하지 않으면서, 랑시에르의 급진적인 민주주의 정치관을 해명하고자 했다. 그러한 접근 방식은 정치에 대한 랑시에르의 몇 가지 핵심적 진술을 일반화(존재론화)하지 않도록 해준다. 3장의 논의는 언어에 대한 질문을 경유하여 랑시에르를 다시 읽고자 한다. 하지만 그와 동시에 랑시에르의 '언어철학'에 대해서 논의한다는 발상이나, 랑시에르의 작업이 언어철학의 모델로서 이해될 수 있다는 발상에 적극적으로 저항한다. 다른 개념과 마찬가지로 언어는 랑시에르의 존재론을 구성하지 않는다. 그러나 언어는 랑시에르의 사유에 있어 다른 방식으로는 관찰하기 힘든 결정적인 양상을 드러낸다. 따라서 나는 언어철학 일반에 대해 랑시에르가 어떤 기여를 했는지를 요약하며 결론을 내기보다, 태평양 연안 북동부의 이주민 육류포장 노동자들에 대한 폴 아포스톨리디스의 최근 작업(Apostolidis 2005; 2010)에 관한 개입적인—내가 막 랑시에르로부터 읽어 낸 언어와 민주주의적 주체성에 대한 논의를 활용하고, 또한 이 논의를 노동자들의 노동조합 활동으로부터 출현하는 민주주의 정치의 잠재적인 순간을 고찰하는 데 동원하는—논의로 이 장을 마칠 것이다. 아포스톨리디스의 이주민 조합 노동자들에 대한 설명을 민주주의적 주체성의 출현을 위한 논쟁적 장면으로 사유함으로써, 랑시에르의 민주주의 정치에 대한 발상을 작동하게 할 것이다.

네 번째 장이자 이 책의 마지막 장인 '비판'에서는 랑시에르의 맨 처음 경력으로 돌아가 그가 제기하고, 이후에 포기했다가 다시 제기하지만 결코 확실한 대답은 없었던 질문, 즉 비판이론의 질문을 다시 던질 것이다. 랑시에르의 첫 번째 저서는 악명이 높다. 랑시에르는 1965년 루이 알튀세르와 그의 고등사범학교^{École Normale Supérieure} 제자들 4명의 공동 작업이던 『자본을 읽자』에서 도입 부분의 글을 작성했다. 이 책의 제목은 분명히 유명하지만, 나는 이 책에 실린 랑시에르의 기고문이 적어도 두 가지 이유에서 "악명이 높다"고 말했다. 첫 번째 이유는 이 책의 이탈리아어 번역본과 이후에 출간된 영역본이 랑시에르와 에스타블레^{Roger Establet}, 마슈레가 기여한 부분을 탈락시켰고, 책의 순서를 재배치했기 때문이다. 이러한 과정과 그에 뒤이은 텍스트 수용의 역사를 통해 『자본을 읽자』는 단독 저자 알튀세르의 책이 되어 버렸다. 두 번째 이유는 랑시에르가 이 책에 참여한 거의 직후에 1968년 5월의 사건이 있었고, 뒤이어 결정적으로 그가 스승 알튀세르와 갈라서게 됐기 때문이다. 알튀세르적 접근 방식을 거의 전적으로 거부하면서 랑시에르는 『자본을 읽자』에 대한 자신의 참여를 암묵적으로 부인한 바 있다.

그러나 4장의 논의에서 드러내고 있듯이, 랑시에르는 그가 상당한 길이(거의 책 한 권 분량)의 에세이로 처음 다루었던 주제, 즉 '비판의 개념'이라는 주제를 결코 폐기하지 않았다. 4장의 논의는 그의 경력 전반에 걸쳐 나타나는 비판에 대한 이론 혹은 비판이론에 대한 세 번의 문제 제기를 살피고 있다. 그것들은 각각 (1)『자본을 읽자』의 초기 에세이, (2)『불화』의 후반부에서 제기된 주장, (3) 비판적 사유에 대한 더 최근의 에세이(Rancière 2007a)가 될 것이다. 때로는 랑시에르와 함께 때로는 랑시에르에 반대하여 작업하면서, 그러나 언제나 그와의 대화 안에 머무르면서, 나는 '전도의 논리the logic of inversion에 따라 작동하는 비판이론'이라는 관념을 발전시킨다. 또한 '전도의 논리'라는 관념을 통해 오늘날 동시대 이론에서 아주 잘 확립되어 일반적으로 받아들여지는 비판이론의 발상에 반대하는 주장을 펼친다. 비판이론을 탈물신화demystification의 실천으로 여기는 일반적인 이해 방식 안에 깔려 있는 것이 이러한 전도의 논리다. 거짓된 현상의 배후에 참된 본질이 숨어 있음을 시사하는 전도의 논리는 현상과 본질의 전통적인 구분에 의존하고 있다. 이러한 이해에 따르면, 비판이론의 과제는 일종의 전도가 되어 버린다. 비판이론의 기능은 배후의 진실—외부의 은폐로 가려진 진실—을 드러내는 것이기 때문이다.

비판이론을 새롭고 지속가능한 좌표로 옮기기 위한 예비적인 시도로서, 나는 우리가 이러한 전도의 논리를 전적으로 다시 고찰할 필요가 있다고 역설한다. 더 나아가 새로운 비판적 장치는 반드시 이와는 다른 논리에 의거해 작동해야 한다고 지적한다. 나는 '전도의 논리'(와 그것을 지탱해 주는 본질/외양의 형이상학)를 거부한다. 랑시에르는 비판적 사유의 전통이 그 시작에서부터 잘못 받아들여졌다는 점을, "기계에는 어떠한 비밀도 숨겨져 있지 않다"(Rancière 2007c: 15)라는 점을 감질나도록 암시하면서,

그러한 비판적 장치를 발전시키기 위한 방향을 제시하고 있다. 나는 비판이론의 일신된 의미를, 즉 전도의 논리를 거부하는 변별적인 비판적 장치를 어렴풋하게나마 그려 보면서, 랑시에르가 수행한 작업으로부터 한 발 더 나아갈 것이다. 이러한 접근은 평등을 공리적인 것으로 여기고 그러한 공리적인 평등의 입증을 모색하는 만큼, (비록 랑시에르 자신의 것은 아니라 하더라도) 랑시에르적인 비판이론이 될 것이다.

이 책은 랑시에르의 '너무 많은 하나'one too many[하나 더 많음un-en-trop][43]라는 개념에 대한 수행적performative 묘사로서 기능하는 후기afterword와 함께 끝을 맺는다. 한편으로 이 후기는 랑시에르 자신의 주장으로부터 아주 의미심장하게 벗어난다는 의미에서 너무 많은 하나의 장이 될 위협적인 조짐을 보인다. 랑시에르는 데모스를 '너무 많은 하나'라고 부른 적이 있다. 그러므로 후기는 민주주의의 중요한 차원을 표현하는 셈이다(Rancière 1999: 118[『불화』 184쪽]). 또한 민주주의와 마찬가지로 이 후기는 계산 착오miscount를 수반한다. 후기는 그 이름으로 보나 내용으로 보나 결론

---

43) [옮긴이 주] 『불화』의 국역본은 un-en-trp을 '하나 더 많음'으로 옮기고 있다. 반면 영역본에서는 이 용어를 'one-too-many'(너무 많은 하나)로 옮겼고, 체임버스 역시 영역본의 번역어를 그대로 채택하고 있다. 나는 대체로 『불화』의 국역본이 영역본보다 훨씬 섬세하고 정확한 번역본이라고 생각하지만, 이 경우에 한해서는 국역본보다 영역본의 선택이 더 설득력이 있다고 생각한다. 영어에서 'one too many'는 "I had one drink too many"(내가 너무 많이 술을 마셨네) 같은 일상적인 표현에도 사용된다. '너무 많은 하나'라는 표현에는 단순히 '하나 더 많아진다'라는 의미를 넘어서, 그 하나의 더함이 기존의 균형이나 질서를 깨뜨리기까지 한다는 의미가 담겨 있다. 이러한 의미를 살리려면 '하나 더 많음'보다 '너무 많은 하나'라는 번역어가 더 적절하다고 생각한다. 이 표현은 『정치적인 것의 가장자리에서』에서도 다시 쓰이는데, 여기서 랑시에르는 '너무 많은 하나'가 데모스를 구성한다고 쓰고 있다(Rancière 2005b: 94). 안타깝게도 이 구절이 등장하는 「교정된 민주주의」(Democracy Corrected)라는 에세이는 초판에만 실렸다가 개정판에서는 탈락했기 때문에, 제2판을 옮긴 국역본에서는 해당 구절을 찾아볼 수 없다.

conclusion과는 다르다. 이 후기에서는 퀴어이론에 대한 특수한 이해 방식과 랑시에르의 정치적 사유 사이에 있는 상보성을 입증하려고 한다. 따라서 차라리 이 후기는 나 자신의 논쟁적 주장을 포함한다고 할 수 있다. 나는 퀴어정치, 퀴어이론, 퀴어운동의 일정한 의미를 표명하고 옹호하기 위해, 민주주의 정치에 대한 랑시에르의 사유를 동원할 것이다. 이는 퀴어정치나 퀴어이론에 대해서 어떠한 호의적 논평도 내놓은 적이 없는 랑시에르와 정면으로 대립한다는 것을 의미한다. 퀴어이론에 대한 랑시에르의 많지 않은 언급이 모두 부정적이었다는 사실에도 불구하고, 나는 랑시에르의 민주주의에 대한 접근 방식과 성적 정체성에 대한 퀴어이론의 접근 방식이 서로에게 가르침을 줄 수 있다고 주장한다. 랑시에르가 하나의 분야로서 '퀴어이론'에 대해 무슨 말을 해왔건 간에, 랑시에르의 민주주의에 대한 비자유주의적 설명은 철두철미하게 퀴어적이다.

나는 랑시에르가 말하는 민주주의의 '계산착오'라는 발상이 민주주의 정치의 퀴어화로 이해될 수 있다고 주장하고자 한다. 왜냐하면 바로 '셈해지지 않은 것, 셈에 들어가지 않는 자들에 대한 셈'le compte des incomptés 을 주변화된 것 혹은 배제된 것으로 환원해 버리는 일에 대한 랑시에르의 거부가 퀴어정치를 생산하기 때문이다. 이 주장을 발전시키기 위해 결정적으로 나는 랑시에르의 자유주의에 대한 거부에 주목한다. 랑시에르는 자신의 정치가 '피해자 지목하기'victimization에 대한 자유주의적 이론과 화해할 수 있다는 발상, 또한 그러한 자유주의 이론에 편입될 수 있다는 발상을 거부했다. 이와 동시에 퀴어이론(혹은 퀴어의 관계적, 비본질적 정체성)의 관념 자체는 결코 단순하게 배제될 수 없는 (배제의 문제에 대한 정치적 답변은 포함일 수밖에 없을 것이라는 식으로 '배제될' [수 없는]) '퀴어'나 '이해불가능한 것'the unintelligible의 범주에 대한 사유에 의존한다. 규범에 의해 주변화된 것은, 차라리 규범의 작동에 있어 필수적이다. 한편으로 (규범이 작동하기 위한 결정적인 부분이므로) 주변은 규범에 이미 포함되어 있다. 하지만 다른 한편으로는 (규범의 붕괴 없이는 절대 중심으로 진입할 수 없으므로) 주변은 규범에 절대 포함될 수 없는 것이기도 하다. 나는 이해불가능한 것, 혹은 더 나은 방식으로 말하면 **이해불가능성**unintelligibility의 정치가 퀴어민주주의 정치라고 주장한다.

이 책의 이러한 마지막 주장은 이 책의 최종적인 주장이 아니라, 단지 '또 하나의 주장'에 불과하다. 그리고 바로 이러한 이유에서 나는 여러 다른 주장 중에서 이 주장을 숫자를 매긴 다른 장(이나 결론)에서가 아니라 후기의 논의에서 제시하는 것이다. 요컨대 이 책에는 어떠한 텔로스도 없다. 이 책 각 장의 논의가 따르는 경로는 독자들이 랑시에르의 저작이 가진 진리에 도달할 수 있을 것처럼 **호도하기**lead up보다는, 랑시에르의 저작을 **통과하도록** 이끈다lead through. 이러한 이유에서 나는 이 책의 마지막 부분에서 랑시에르의 문제보다는 나 자신의 고민을 다룰 것이다. 따라서 '통과하기'through는 랑시에르의 저작을 가로지르는 수평적 경로를 가리킬 뿐 아니라, 어떤 면에서는 랑시에르의 '또 다른 측면'—과연 랑시에르 자신은 그곳을 여행하는 데 관심이 있었을지 없었을지 알 수 없는 장소—에 대한 도달을 가리킨다(Rancière 2003b). 여기에 대해선 다음과 같은 표현이 적절하리라 본다. 이 책의 비非랑시에르적 혹은 반反랑시에르적 결말은 나름의 방식으로 이 책이 증명하고자 하는 것, 즉 랑시에르의 교훈을 가장 훌륭하게 표현하는 것이다.

1장 _ 정치
"민주주의는 거리에 있다"

랑시에르가 처음 정치이론 연구자들의 주목을 끌고 그들의 상상력에 활기를 불어넣었던 것은 1990년대에 발표한 몇 편의 저작을 통해서였다. 그의 글들은 정치를 독특하게 개념화했으며, 정치철학의 역사적 전통에 이의를 제기했다. 무엇보다도 그의 글은 정치에 대한 급진적이고 새로운 정의를 제시했다. 프랑스어본 『불화』*La mésentente*는 1995년, 즉 랑시에르의 첫 번째 저서가 출간된 지 꼭 30년이 되는 해에 발표됐다. 이 책은 4년 뒤 영역본이 '불화'*Disagreement*라는 제목으로 출간되면서 영국과 미국의 정치이론 분야에서 폭넓게 읽히는 랑시에르의 첫 번째 저작이 되었다(Rancière 1999).[1]
지금도 마찬가지지만 정치이론 연구자들에게 『불화』가 가진 호소력은 물

---

1) 이 장에서는 랑시에르와 정치에 대한 수많은 초기 연구물을 인용하고 있다. 하지만 랑시에르에 관한 몇몇 중요한 논문(예컨대 Dillon 2003a; McClure 2003; Mufti 2003; Palladino and Moreira 2006)은 안타깝게도 이 장의 논의에서 다루지 못했다. 이 글을 집필하고 있을 당시에 랑시에르의 저작에 대한 학술 저널의 특집호나 2차 문헌을 포함하는 다수의 연구물이 갓 출판되거나 곧 출판될 예정이었다. 여기서 이 문헌을 모두 인용하고 다루는 것이 불가능했다는 점은 말할 필요도 없으리라. 그러나 이 책의 많은 곳에서 나는 독자들에게 랑시에르에 대한 주요 저술들 중 일부를 소개하고 있다. 여기에는 May 2008; 2010a; Davis 2010; Tanke 2011; Deranty ed. 2010; Bowman and Stamp eds. 2011이 포함되어 있다.

론 랑시에르가 그 책을 통해 정치의 의미를 다시 서술하려 했다는 데 있었다. 정치의 의미를 다시 서술함으로써, 랑시에르는 [정치이론 연구자들의] 사유와 논쟁을 촉발시키는 데 성공했다. 독자들은 정치에 대한 랑시에르의 새로운 발상에 고무되기도 하고 불쾌감을 느끼기도 했다. 정치를 다시 사유하는 랑시에르의 작업은 정치에 대한 새로운 접근 방법을 모색하는 연구자들에게 호소했다. 그의 작업은 롤스적 절차주의나 하버마스적 숙의민주주의의 추상성을 피하고자 하면서도, 포스트구조주의의 식상한 철학적 상투어를 반복하는 것 역시 거부하는 이들에게 특히 호소력이 있었다. 그의 정치철학에 대한 접근 방식이 가진 힘과 잠재력은 정치를 새로이 고찰하고자 하는—아직 탐구되지 않은 각도$^{an as-yet-unexplored-angle}$에서 정치에 대한 질문에 도달하고자 하는—그의 능력과 의지에 자리하고 있다. 이를 통해 랑시에르는 정치이론 연구자들에게 정치를 사유하기 위한 새로운 재료와 자원을 제공한다. 이것이 가능한 까닭은 그가 단순히 '정치가 무엇을 의미하는가'를 다시 정의하는 데 그치지 않고 '정치가 무엇을 수행하는가'를 다시 정의했기 때문이다. 내가 논점을 이러한 방식으로 서술하는 이유가 있다. 왜냐하면 랑시에르에게 정치의 질문이란 단순히 정치를 어떻게 정의하는가의 문제가 아니고, 서문에서 지적한 바와 같이 결코 존재론의 문제도 아니기 때문이다. 정치는 언제나 중단^{interruptions}, 개입^{interventions}, 혹은 효력^{effects}을 수반한다. 정치는 그저 존재하는 무언가가 아니다. 정치는 무언가를 파열시키는 것이다$^{politics is not; politics disrupts}$ [2].

---

2) [한국어판을 위해 추가된 주] 이 구절은 의역될 수밖에 없었는데, 한국어에는 영어의 be 동사나 프랑스어의 être 동사와 용법이 같은 동사가 존재하지 않기 때문이다. 영어와 프랑스어의 문장은 모두 '존재'(being)의 상태를 지시하는 동사를 핵심적인 축으로 하고 있다. 위 본문에서 주장하는 바는 '정치'란 결코 그러한 존재의 상태에 참여하지 않는다는 것[몫을 가지지 않는다

정치에 대한 이러한 접근 방식에는 의미심장하고도 때때로 우려할 만한 함축적 의미가 담겨 있다. 첫째, 이것은 정치이론 연구자들이 연구 중인 주제와 그들의 주장 중 상당수가—랑시에르의 새로운 정의에 따르면—정치와 관련이 없음을 의미한다. 둘째, 이것은 랑시에르가 스스로 결론 내린 바와 같이, 정치철학의 고대적 기획이 소크라테스와 스트라우스 (Strauss 1959)가 이해한 것과 같은 가장 탁월하고 고귀한 활동이 아님을 의미한다. 이와는 상당히 대조적으로 랑시에르는 "나는 정치철학자가 아니다"라고 직접적으로 선언한다(Rancière 2003a). 그가 이렇게 말하는 설득력 있는 이유가 있다. 그의 용어법에서 '정치철학'이라는 개념은 매우 특수한 의미를 가지고 있다. 랑시에르는 정치철학을 철학이라는 더 넓은 분야의 한 분과 내지 철학의 '자연스러운 한 부분'으로서 이해하려는 발상을 거부한다(Rancière 1999). 랑시에르는 정치철학의 기획이 갖는 **텔로스**란 **바로 정치의 제거**라고 주장하는 데까지 나아간다.[3] 랑시에르에 따르면

는 것]이다.

3) 이는 나의 랑시에르 해석이 알랭 바디우의 사유와 만나는 수많은 지점들 중 그 첫 번째에 해당한다. 바디우와 랑시에르는 모두 '정치철학'을 혹독하게 비판한다. 랑시에르의 정치철학 비판은 정치와 철학 사이의 근본적인 갈등을 반영하는 것이다(랑시에르는 이 갈등에서 정치의 편에 선다). 반면 바디우에게 '정치철학'의 문제란 정치와 관련해 철학의 적절한 역할이 잘못 이해된 것에 있다(Badiou 2005: 118). 이 장의 후반부에서 이른바 '정치적 차이'(political difference)의 문제를 논의하면서, 우리는 랑시에르와 바디우가 라 폴리티크(la politique)[정치]에 부여하고 있는 유사하지만 서로 구분되는 특별한 지위들에 대한 분석으로 논의를 확장해 볼 수도 있을 것이다. 이 논점과 관련해 마카트의 책이 바디우에 대해 서술한 부분을 살펴보면 매우 유용할 것이다. 마카트의 연구는 정치적 차이에 대한 더욱 광범위한 연구물이다. 특히 랑시에르와 바디우가 모두 '정치'(politics)에 대한 '정치적인 것'(the political)의 우위를 '역전'시키고 있다는 그의 주장을 보라(Marchart 2007: 119~120). 바디우와 랑시에르 사이에 존재하는 일반적 유사성과 근본적 차이에 대한 더 심도 있는 탐구는 이 장의 논의의 범위를 지나치게 벗어나는 것이다. 그러나 나는 마카트의 분석을 (물론 『메타정치』*Metapolitics*에 실린 바디우의 랑시에르에 대한 논의와 함께) 나의 주해와 결합하는 것이, 랑시에르와 바디우에 대한

거의 대부분의 주요 정치철학자들에게서 이 주장이 성립할 수 있다. 플라톤에서부터 아리스토텔레스에 이르기까지, 또한 맑스에서 아렌트에 이르기까지, 정치철학자들은 정치의 반反-아르케적 탈질서an-archic disorder를 철학자의 위계적 질서로 대체하려고 노력해왔다(Rancière 1974b; 2007c).[4] 랑시에르의 해석자들이 적절히 지적하고 있듯이, 이들 모두는 '랑시에르가 정치라고 부르는 것'과 '우리가 오랫동안 정치라고 불러왔지만 랑시에르가 치안la police으로 다시 명명한 것' 사이의 관계를 어떻게 이해해야 하는가의 문제를 제기한다(Thomson 2003; Valentine 2005). 랑시에르가 일상적인 정치활동을 모조리 '치안'이라는 범주로 다시 정의하면서 지나친 일반화를 감행한다는 점을 고려한다면, 우리는 그를 일종의 유사-아렌트나 일종의 유사-헤겔로 읽고 싶은 유혹에 빠지기 쉽다.

우선 첫 번째 경우처럼 랑시에르를 유사-아렌트적 사상가로 읽는다고 생각해 보자. 정치의 종별성specificity에 도달하고자 하는 랑시에르의 노력을 감안해 본다면, 얼핏 그는 정치의 종별적인 영역을 한정하고 있는 동

향후의 연구가 출현할 수 있는 무대를 마련하는 데 유용하리라는 점을 지적하고 싶다. 바디우와 랑시에르에 대해선 또한 토드 메이와 니나 파워의 글을 참고할 만하다(May 2010b; Power 2009). 그러나 민주주의 정치를 다시 사유하기 위해 랑시에르의 사상을 동원하려는 나의 기획을 고려한다면, 바디우에 대한 토론이 나의 기획에 더 이상의 도움을 주지 못할 거라는 결론에 이르렀다. 나는 여기서 바디우가 직접 한 말을 근거로 제시하려고 한다. 랑시에르와 함께했던 작업에서와는 대조적으로, 바디우는 지능의 평등에 대한 랑시에르의 헌신에 대해 다음과 같이 말한다. "나는 내 가설이, 간단히 말해, 귀족정치(aristocracy)라고 믿는다"(Badiou 2009: 37). 랑시에르적 접근 방법에 있어 바디우의 플라톤주의는 언제나 증오의 대상이다.

4) 랑시에르에 따르면, 정치는 '정치의 반(反)-아르케적 탈질서'(an-archic disorder of politics)라는 방식으로 항상 탈-질서화의 원리(dis-ordering principle)와 결합되어 있다. 이러한 랑시에르의 정치관은 아나키즘 정치이론(political theory of anarchism)──탈-질서화의 원리를 존재론화하여 정치이론의 토대로 사용하고자 하는 이론──과는 명확하게 구분되어야 한다. 2장에서는 좀더 선명하게 둘 사이의 차이점들을 해명한다.

시에, 그러한 정치의 영역으로부터 모든 비정치적이거나 반정치적인 현상을 물리치려 시도하는 것처럼 보일 수 있다. 따라서 랑시에르는 아렌트가 우리에게 노동labor/작업work/행위action의 범주를 제공했던 것과 마찬가지로, 치안police/정치politics의 범주를 제공하는 것으로 여기기 쉽다. 아렌트와 마찬가지로 랑시에르도 정치의 더욱 순수한 개념을 찾으려는 시도로 이해될 것이다—이는 랑시에르를 "'순수한 정치'pure politics의 지지자"라고 보는 지젝의 비판(Žižek 2006: 75[『감성의 분할』107쪽])과 완벽하게 맞아 떨어지는 해석이다. 그렇다면 아렌트가 사회적인 것the social의 침투로부터 행위의 영역을 보호하고자 하는 것처럼, 랑시에르도 정치를 점령해 들어오는 치안질서의 확장에 저항하고자 하는 것이리라. 사실 이제까지 정치에 대한 아렌트의/아렌트적인 접근 방법을 연구하는 많은 저자들은—가끔은 아렌트와 랑시에르를 동일하게 취급하면서(Beltrán 2009; Halpern 2011), 또 가끔은 둘 사이의 일정한 차이를 지적하면서(Schaap 2011; Honig 2003)—랑시에르의 사유를 그들의 [아렌트적] 기획 안에 욱여넣어 왔다. 이 책의 첫 장에서 내가 내세우는 목표 중 하나는 랑시에르의 정치에 대한 사유와, 정치에 대한 아렌트주의적인 접근 방법들의 일정한 유형 사이에 존재하는 근본적이고 제거불가능한 차이점을 명확히 하는 데 있다. 나는 이러한 주장을 통해 아렌트에 대한 비판을 제기하거나 암시하고자 하는 것이 결코 아니다. 나는 아렌트적인 정치이론이 가진 현저한 특징이나 아렌트의 텍스트가 가지고 있는 풍성함보다, 랑시에르의 정치적 사유가 아렌트주의의 일반적인 개념적 틀 안에서 논의될 수 있다고 보는 통상적인 가정에 더 관심이 있다. [물론 두 사상가 사이에는 많은 유사점이 있다.] 두 사상가 모두 정치를 새롭고 창조적이고 경이롭고 예기치 못한 것으로서 이해한다. 또한 두 사람 모두 일종의 분석적인 정의하기 작업

analytic definitional work을 비판의 도구로서 활용한다. 즉 그들은 사태를 다시 정의함으로써 사태의 일상적인 관념에 도전한다. 그러나 랑시에르를 아렌트주의자로 이해하려는 유혹은—나에게 이는 정치에 대한 랑시에르의 발상을 순수하고 잘 보존된 정치 영역을 만들어 내려는 시도로 이해하려는 경향을 의미한다—랑시에르의 독자들을 오도할 우려가 있다. 랑시에르가 스스로 정치는 결코 순수한 것일 수 없다고 매우 직접적으로 주장하고 있음에도, 독자들로 하여금 랑시에르의 정치 개념을 순수한 것으로 이해하게끔 만드는 것이다(Rancière 2011c: 3).

대부분의 독자들에게 랑시에르의 정치 개념은 다른 개념으로부터 동떨어져 사유의 바다를 지나치게 자유롭게 떠다니는 듯한 느낌을 준다. 따라서 독자들은 그의 정치적 사유를 어딘가에 정박시키고자 하기 마련이다. 랑시에르에 대한 아렌트주의적 해석은 이 문제를 해결하기 위해 너무 많은 것들을 희생하게 만든다. 랑시에르의 정치 개념을 정박시키는 또 다른 방법은 그것을 더 넓은 개념적 어휘의 틀 안에 고정시키는 것이다. 이는 아렌트주의보다는 독일 관념론에 더 가까운 전략이다. 이 전략은 치안/정치 대립의 균형을 맞추거나 그 대립의 토대를 마련하기 위해 제3의 개념을 도입하기 때문이다. 따라서 여기서 우리는 아렌트적인 순수 정치의 공간과는 다른, 랑시에르의 칸트적 변형(여기서는 제3의 개념이 치안/정치의 형식적인 가능 조건으로 기능한다) 혹은 랑시에르의 헤겔적 변형(여기서는 정치와 치안의 대면을 위한, 즉 역사를 결정하는 종합을 위한 무대가 마련된다)을 얻게 된다. 즉 제3의 개념은 정치와 치안 사이를 매개하는 공간을 제공함으로써 랑시에르의 정치 개념을 안정화하고 고정시키고자 한다.

이 장에서는 우선 랑시에르에 대한 가장 뛰어난 해석자들조차 (종종은 랑시에르 자신의 글에서 나온 단서를 가지고) 이렇게 현혹되기 쉬운 해석 방식을 따라왔다는 점을 간략하게나마 보여 줄 것이다. 그들은 랑시에르의 작업을 순수 정치에 대한 이론을 지지하는 것으로 받아들이거나, 랑시에르의 주장을 정치와 치안의 관계를 어떻게든 매개하게 될 제3의 개념으로 보충해 왔다. 하지만 나는 정치이론에 대한 랑시에르의 잠재적 기여가 그의 사상의 아렌트적이거나 관념론적인 특징들에 있지 않다고 계속해서 주장한다. 아마도 랑시에르는 다른 무엇보다 순수 정치라는 관념 그 자체를 거부할 것이다. 정치는 엄밀하게 말해 결코 순수할 수 없는 것이다(그리고 바로 이러한 이유로 정치는 '정확성'을 갖고 측정되거나 예측될 수 있는 무언가가 아니다). (아렌트를 포함한) 정치철학의 전체 전통에 대한 랑시에르의 비판은 정치의 순수성이나 정치의 순수화에 대한 그의 저항을 핵심으로 한다. 1장의 논의에서는 랑시에르의 주장을 (명시적으로건 암묵적으로건) 순수 정치의 사유 안에다 욱여넣으려는 접근 방식을 나 자신의 해석 방법과 대조한다. 나는 이러한 논의를 통해 나 자신의 랑시에르 해석을 더욱 날카롭게 드러낼 것이다.

그러나 나는 이러한 해석 상의 갈등이 그 시작에서부터 정치적 문제를 제기하고 있다는 점을 명확히 하고 싶다. [정치의] 비순수성에 대한 강조가 매우 중요한 이유는 랑시에르에게 정치란 바로 비순수성의 행위이자, 순수화에 저항하는 과정이기 때문이다. 즉 자신에게 아무것도 대체보충할 것이 없다고 말하는 사회질서에 맞서서, 정치는 대체보충supplement을 가능하게끔 만든다(뒤의 논의에서 이 문제를 더 자세히 다룬다). 정치는 사회질서가 볼 수 없게 하려는 것들을 볼 수 있게 만든다. 그리고 이러한 정치는 이미 주어진 것들의 질서에 단순히 무언가를 '추가하는' 방식으로 이뤄지지 않는다. 차라리 정치의 논리란 주어진 것들의 순수성을 허무는 것이다. 이러한 의미에서 정치를 '비순수한' 것으로 생각한다는 것은 한편으로는 어떠한 순수 정치의 모델도 (그것이 아나키즘적 모델이건 헤겔주의적 모델이건, 또 다른 무슨 모델이건 간에) 거부한다는 것이며, 다른 한편으로는 정치라는 것이 타자를 완전히 이해하고 완전하게 사회질서 안으로 편입시키는 방식과 유사하게 전개될 수 없다는 점을 분명히 하는 것이다. 3장에서 더욱 자세히 다루게 될 랑시에르의 표현을 빌리면, 우리는 정치를 가능하게 하는 동시에 정치의 폐쇄를 저지하는 '말들의 과잉'an excess of words에 항상 종속되어 있다.

나는 이러한 결론을 뒷받침하기 위해, 랑시에르를 그의 비판자들뿐만 아니라 그에 대한 외견상의 지지자들과도 대립시켜 해석한다. 나는 어디까지나 랑시에르의 작업에서 **정치**la politique와 **치안**la police의 관계에 대한 미묘하고 불안정한 개념화 과정을 강조하고자 한다. 이러한 방식의 이해는 랑시에르의 영역본(과 또한 내가 앞으로 설명하게 될 것처럼, 흥미롭게도 영어로 쓴 랑시에르의 저술을 다시 프랑스어로 옮긴 판본)에 대한 진지한 맥락주의적 검토를 요구한다. 번역상의 미묘한 문제들은 랑시에르의 정치적 사유를 어떻게 이해하는가에도 중요하고도 실체적인 영향을 미친다. 나는 정치와 치안이 서로를 배제하는 분리되고 봉인된 영역을 지칭하는 것이 아니라고 주장할 것이다. 또한 둘 사이의 관계가 제3의 개념에 의해 매개되거나, 기반 지워지거나, 지양될 수 없다는 점을 강조할 것이다. 랑시에르의 정치적 저작에 등장하는 개념들은 다중적인 것이며, 또한 **다중화되는** 것이기도 하다. 그 개념들은 결코 두 개(동일자/타자)의 항이나 세 개(정/반/합)의 항으로 환원될 수 없다. 왜냐하면 이 개념들의 비순수성은 언제나 그러한 환원에 저항하기 때문이다. 실로 정치를 순수한 것으로 만들려는 (심지어 랑시에르의 연구자들에 의한) 시도를 끊임없이 좌절시키는 것은 그의 사유가 가진 이러한 비순수한 차원이다. 아마도 정치이론 연구자들은 바로 이 차원으로부터 오늘의 정치를 새롭게 사유하기 위한 가장 훌륭한 자원을 발견하게 될 것이다.

정치의 용법

정치와 정치철학에 대한 랑시에르의 가장 직접적인 저술인 『불화』는——이 책은 1990년대 초에 프랑스어로 저술되었지만, 서론에서 설명한 것처럼 그의 이전 저작에 비해 아주 신속하게 영어로 옮겨졌다——적어도 두 가지 이유에서 정치이론 연구자들의 즉각적인 관심을 끌게 됐다. 첫째, 랑시에르는 대부분의 정치이론 연구자들에게 있어 근본적인 질문을 스스로와 독자들에게 제기했다. 그는 『불화』의 서문에서 다음과 같은 질문을 고안했다. "정치라는 이름 아래 종별적으로specifically 생각될 수 있는 것은 무엇인가?"(Rancière 1999: xiii[『불화』 21쪽]. 강조는 인용자). 랑시에르는 앞서의 질문에 대한 응답이 어떤 구분을 우리에게 "강제한다"라고 주장한다. 즉, 우리는 정치를 "정치의 이름 아래 일상적으로 행해지는 것으로부터 구분해야 하며, 이러한 구분을 위해서 나[랑시에르]는 치안화policing라는 개념을 따로 제안하고자 한다"(Rancière 1999: xiii[『불화』 21쪽]). 이 것은 랑시에르가 우리의 관심을 끄는 두 번째이자 가장 강력한 이유이며, 정치이론 연구자들에게 어쩌면 더 중요한 논점이 될 것이다. 랑시에르가 "정치의 이름 아래 일상적으로 행해지는 것"이라고 말함으로써 의미한 것은 의회 내지 국회의 행위로부터 법원의 판결, 정치인들의 작업, 관료들의 모든 활동에까지 이른다. 랑시에르는 단순히 이 모든 것을 비정치의 이름으로 다시 명명한 것에서 멈추지 않는다. 그는 이러한 활동들에 얼핏 듣기에는 경멸하는 것처럼 느껴지는 치안화라는 명칭을 붙였다. 랑시에르의 정치적 사유에 대한 초기의 주석은 많은 경우 그의 정치에 대한 변별적 정의에 사로잡혀 그의 치안 개념에 대해서는 상대적으로 별다른 주의를 기울이지 않았다. 랑시에르의 치안 개념에 대해서는 2장에서 더 자세하고 복합적인 해석을 제공할 것이다. 다만 여기서는 몇 가지 논점을 밝히는 것이 필요할 것으로 생각된다.

랑시에르는 치안^{police}이라는 단어가 순찰차를 타고 다니거나 거리를 거니는 제복 입은 경찰관들이라는 관념을 연상시킨다는 점을 인정한다. 그럼에도 불구하고 그는 치안 개념이 "경찰봉을 휘두르는 것과 같은 법과 질서의 강제력"으로부터 분석적으로 구분되어야 한다고 말하면서, 치안 개념의 의미를 분명히 하고 있다(Rancière 1999: 28[『불화』 61쪽]). 랑시에르는 '치안'^{police}, '치안화'^{policing}, '치안질서'$^{police\ order}$와 같은 단어를 모든 위계질서를 지칭하기 위해 사용한다. 따라서 그는 치안이라는 말을—프랑스어에서는 그렇지 않지만, 영어에서의 'police'라는 단어가 이미 암시하고 있듯이—정책 입안$^{policy-making}$과 경제적, 문화적 배치의 광범위한 집합체 모두를 지칭하는 더욱 폭넓은 개념으로 사용한다. 자신의 치안$^{la\ police}$ 개념이 얼마나 포괄적인지 역설하기 위해, 랑시에르는 (그답지 않게 예외적으로) 이 개념의 용법과 푸코의 작업 간의 연결고리를 강조한다. 푸코는 다음과 같이 주장한 바 있다. 첫째, 어떠한 치안질서라도 그것이 인간 존재자들 사이의 위계적 관계들을 결정하는 만큼, "치안은 모든 것들을 포함한다". 둘째, 치안질서가 "인간과 사물" 간의 관계를 설정하는 만큼, 그것은 또한 하나의 물질적 질서를 구성한다(Foucault 2002a).

이 [푸코와의] 연결고리는 랑시에르가 치안$^{la\ police}$ 개념을 통해 사회의 수직적^{vertical} 구조를—사회적 전체를 구성하는 다양한 부분들의 분할과 배분을──암시한다는 점을 분명하게 해준다.[5] 치안질서는 단순히 (법이나 원리가 가진) 힘들의 추상적 질서가 아니다. 치안질서는 "행위의 양식들, 존재의 양식들, 말하기의 양식들의 나눔을 결정하는 **신체들의 질서**이며, 그러한 질서에서 신체들은 각자의 이름에 따라 일정한 장소와 임무를 할당받은 것으로 이해된다. 즉 치안질서는 볼 수 있는 것들과 말할 수 있는 것들의 질서이다"(Rancière 1999: 29[『불화』 63쪽]. 강조는 인용자). 이 핵심적인 단락을 통해 랑시에르는 그의 이후 저작에서 중심적인 것이 될 치안의 개념을 상세히 설명한다. 왜냐하면 "볼 수 있는 것들과 말할 수 있는 것들의 질서"라는 말은 통상적으로 "감각적인 것의 나눔(배분/분할)" the distribution/partition of the sensible 으로 번역되는 핵심적 개념인 르 파르타주 뒤 상시블le partage du sensible을 설명해 줄 뿐만 아니라, 공유sharing와 분절division의 의미 역시 내포하고 있기 때문이다(Panagia 2010).[6] 치안화는 사회질서의 다양한 부분들을 분할하고 연결하는 방식이자, 그것들을 볼 수 있게 만들거나 볼 수 없게 만드는 방식이다.

「정치에 대한 열 가지 테제」에서 랑시에르는 "공동체의 부분들을 셈하는 두 가지 방식이 있다"고 지적한다. 첫 번째 셈법은 그가 **치안**이라고

---

5) 나는 사회질서란 위계와 지배의 질서로서 사유되어야 한다는 랑시에르의 주장을 **수직적**(vertical) 구조라는 말로 표현했다(Bennett 2010을 보라). 우리는 과연 '치안질서'가 **모든** 사회질서를 포괄하는지, 또 과연 그 개념이 자발적이고 **수평적인**(horizontal) 배치까지 포함할 수 있을 정도로 충분히 포괄적인지 의문을 가질 수 있을 것이다. 랑시에르는 이 쟁점들을 전혀 다루지 않는다. 그에게 사회질서는 언제나 위계적으로 구조 지어지는 것이다. 그러나 여전히 랑시에르의 개념 체계 안에서도, 사회질서의 수평적 차원은 정치에 의해 만들어진다고 말할 수 있을 것이다.

6) 2장에서 **감각적인 것의 나눔**(le partage du sensible)에 대해 더욱 상세한 이론적 개입을 이어 갈 것이다. 이 표현의 번역어 선택에 관한 좀더 복합적인 논의에 대해서는 2장의 각주 4번을 보라.

부르는 것으로, 그는 다음과 같이 그것을 묘사한다. 치안은 "경험적인 부분들—사회적 신체를 구성하는 출생과 다양한 기능, 장소, 이해의 차이들로 정의되는 현행의 집단들—만을 셈한다"(Rancière 2001: par. 19[『정치적인 것의 가장자리에서』 221쪽]). 여기서 「열 가지 테제」의 영어 번역은 바로 다음의 문장(다른 셈법에 대한 설명)으로 이어진다. 그러나 마리아 뮐레가 잘 지적하고 있듯이, 프랑스어 원문에서 랑시에르는 치안에 대한 설명에 다음과 같은 말을 덧붙이고 있다. "여기에서는 모든 대체보충이 배제된다"à l'exclusion de tout supplément(Rancière 1998a: 176. Muhle 2007: 4 참조. 또한 Rancière 2010b: 36[『정치적인 것의 가장자리에서』 221쪽]을 보라).[7] 그렇다면 치안은 단순히 사회질서를 구성하는 현행의 집단들에 대한 셈법만이 아닐 것이다. 그것은 또한 그 질서에 대한 어떠한 대체보충의 가능성도 배제하는 셈법이다. 치안에는 더 이상 셈할 것이 아무것도 없다. 치안은 반드시 모든 것을 셈해야 한다. 뮐레는 영어 번역본이 누락한 이 부분이 실은 랑시에르의 주장에서 '핵심적인 부분'이라고 주장하는데, 왜냐하면 "정치가 수행하는 일이란 바로 그러한 대체보충을 가능하게 만드는 것이기 때문이다"(Muhle 2007: 4). 나는 그녀의 이러한 지적에 동의한다. 치안의 셈법은 시작에서부터 어떠한 잔여도 배제해야만 하는 것이라고 주장하면서, 랑시에르는 '치안화'가 감각의 영역을 나누는 특수한 방식을 지칭한다는 점을 다시금 확인시켜 준다. 여기서 논의되는 구절은 랑시에르의 일곱 번째 테제 바로 앞에서 등장한다. 랑시에르는 "치안은 공백과 대체보충의 부재를 원리로 하는 감각적인 것의 나눔이다"라고 쓰고 있다(Rancière

---

7) [옮긴이 주] 물론 영역본이 아니라 프랑스어 원문을 직접 참조하고 있는 국역본은 이 문장을 누락하지 않았다.

2001: par. 19[『정치적인 것의 가장자리에서』 221쪽]. 강조는 인용자). 치안질
서는 신체들을 잔여 없이, 그리고 배제 없이 나눈다("여기에서는 모든 대체
보충이 배제된다"). 치안에서는 셈해지지 않은 것이란 없고, 어떤 것도 셈
의 과정에서 누락되거나 외부적인 것으로 남겨지지 않는다.

어떤 질서의 부분들을 "셈하는 두 번째 방법"은 정치에 대한 랑시에
르의 정의definition를 보여 준다. 랑시에르는 우리의 일상어가 '정치'라는 이
름으로 부르는 대부분의 일상적 사태를 '치안'이라는 이름 아래 재범주화
한 뒤, 정치를 치안질서의 파열disruption로 정의한다. 치안질서는 위계적 질
서이며, 불평등의 가정(불평등은 사회질서 안에서 지배를 정당화하는 바로
그 차이에 기반을 둔다)을 그 질서의 암묵적인 토대로 삼는다. 반면 정치의
논리는 특수한 방식으로 이해된 평등의 전제에 바탕을 둔다(평등의 전제
는 서론에서 논의한 바 있다). 이러한 의미에서 정치는 치안질서의 순조로
운 흐름에 도전하고 그것을 파열시키고 방해하는 것이다. 랑시에르의 일
곱 번째 테제를 빌려와 간단하게 말하자면, "정치는 종별적으로specifically
치안과 대립한다"(Rancière 2001: par. 19[『정치적인 것의 가장자리에서』
221쪽]). 그러므로 정치란 불일치dissensus이다. 정치란 오로지 정치의 순간
이후에만 도래하는 정치적 주체, 즉 오로지 정치의 행위를 통해서만 출현할
수 있는 주체에 의한, 주어진 지배질서(치안질서)의 파열이다. 랑시에르가
정치la politique라는 말로 의미했던 것이 무엇이고, 어떻게 그러한 정치가 치
안la police과 연결되며, 어떻게 그것이 정치이론의 관점에서 이해될 수 있는
지, 이후의 논의에서 더욱 상세하게 다룰 것이다. 그러나 먼저 이 논의를
잠시 중단하고 랑시에르의 최초의 정의가 즉각적으로 요청하고 있는 질
문으로 돌아가고자 한다. 랑시에르가 정치를 유일무이한 방식으로 정의
했다면, 우리는 그렇게 정의된 정치 개념을 갖고 어떤 일을 수행할 수 있

는가?

이 질문은 랑시에르의 정치에 대한 논쟁적인 정의를 정치적으로나 이론적으로 어떻게 활용할 것인가를 묻고 있다. 생각의 편의를 위해서 가능한 답변을 조금은 단순화시켜서 살펴보도록 하자. 이 문제에 대한 일반적인 접근 태도는 크게 세 가지로 구분될 수 있다.

1. 랑시에르가 정의한 정치 개념을 비판을 위한 도구로 사용한다. 즉 랑시에르의 정치 개념을 자신의 논쟁적 목적을 위한 수단으로 사용한다.

2. 랑시에르가 정의한 정치 개념을 존재론화한다. 즉 랑시에르의 정치 개념을 존재론적 토대로 활용하여, 그 토대 위에 포괄적인 이론을 구축한다.

3. 랑시에르가 정의한 정치 개념을 기존의 정치이론에 편입시킨다. 다시 말해 랑시에르의 정치 개념을 더 잘 알려진 이론적 틀 안에 욱여넣는다. 이 전략에는 잠재적으로 거의 무한한 수의 변형들이 가능하다. 그러나 여기서는 랑시에르의 해석에서 두드러지게 나타나는 아래의 세 가지 판본만을 다룰 것이다.
   a) 아나키즘 이론
   b) 아렌트적 정치
   c) 인정의 정치

첫 번째 선택지는 랑시에르의 정치 개념을 수사적이고 논쟁적인 무기로 사용하는 것이다. 때때로 랑시에르 본인의 저술이 이 전략에 설득력을 부여한다. 뿐만 아니라 랑시에르에 대한 가장 탁월한 해설자 몇몇 사람도 이 전략을 호소력 있는 것으로 받아들인다. 이 전략은 랑시에르가 새롭게 정의한 정치 개념을 작동시키기 위해 그의 간결한 주장을 출발점으로 삼는다. 그리하여 이 전략은 랑시에르의 정치 개념을 푸코가 말한 지식의 활용 방법과 유사한 방식으로 활용한다. 지식^{knowledge}은 "단절^{cutting}을 위해" 활용된다고 푸코는 말했다(Foucault 1984: 88). 이러한 전략을 수행한다는 것은 랑시에르의 새롭게 정의된 정치 개념을 받아들이고 그것을 비판의 도구로 작동하게 만드는 것을 의미한다. 의심할 여지 없이 랑시에르 스스로도 『불화』의 후반부에서 신자유주의적 합의제 모델이 '치안질서'에 다름 아님을 보여 주면서, 이러한 방식으로 자신이 정의한 정치 개념을 활용한 적이 있다. 이러한 접근 방법은 랑시에르가 정의한 정치 개념을 정치적-이론적 주장의 도구로 만든다. 그러나 이 접근 방법에는 그가 정의한 정치 개념이 어떻게 부정적 기능 이상의 것을 수행할 수 있는지가 불명확하게 남아 있다. 이는 푸코의 작업에 제기된 것과 같은 질문들을 다시 소환할 것이다. "당신이 기대고 있는 규범적 토대들은 무엇인가?" "이렇게 정의된 개념은 현행의 정치를 위한 어떤 긍정적 기초를 제공하는가?"[8]

두 번째 선택지는 랑시에르가 정의한 정치 개념을 존재론화하는 것이다. 만약 당신이 '규범적 토대'에 대한 불만을 설득력 있고 의미 있는 비판으로 여긴다면, 당신에게 이 전략은 특히나 매혹적으로 다가올 것이다.

---

8) 2장과 4장에서는 이러한 '규범적 토대'류의 주장을 더 명확히 반박하고 거부할 것이다. 내가 볼 때 이 주장은 푸코에게도 랑시에르에게도 전혀 해당될 수 없는 비판이다. 4장에서는 '랑시에르의 이론이 비판이론을 새롭게 사유하는 데 어떻게 기여하는가'라는 더욱 중요한 쟁점과 관련해서, 나의 랑시에르 해석을 더 확장시켜 볼 것이다. 다만 이 장에서 내가 말하고자 하는 요점은 많이 제한적이다. 정치에 대한 랑시에르의 정의를 (비판의 **도구로서**) 논쟁을 위한 수단으로만 활용하는 것은 그의 기획을 상당히 협소하게 해석하는 것이고, 그의 작업이 가진 전반적인 의의를 제한하는 것이다. 랑시에르가 정의한 정치 개념을 '사용'하는 첫 번째 방식은 물론 '비판적 작업'인 것은 분명하다. 하지만 이는 발전된 비판이론의 발상으로부터 구분되어야만 할 상대적으로 협소한 의미의 비판적 작업일 것이다.

이 선택지를 활용한다는 것은 랑시에르가 정의한 정치 개념을 [곧바로] 작동시키기보다는, [그러한 정치 개념을 토대로 해서] 완전한 대안적 정치이론을 점진적으로 개발하는 것을 의미한다. 이 전략은 토대에 대한 요구에 직접적으로 응답한다. 왜냐하면 이 전략은 정치에 관한 랑시에르의 주장을 존재론적 기반으로 전환시키기 때문이다. 그러나 서론에서 살펴본 존재론에 대한 랑시에르의 비판을 감안한다면, 이 접근 방법이 갖는 한계는 명백하다. 이 접근 방법은 그 시작에서부터 랑시에르의 주요한 '규칙' 중 하나—존재론에 대한 의존을 금지하는 규칙—를 어기게 된다. 왜냐하면 이미 살펴본 바와 같이, 랑시에르의 전술은 언제나 **탈존재론화**하는 것인 데 반해, 랑시에르가 정의한 정치 개념을 기반으로 완전한 정치이론을 구성하려는 시도는 항상 **존재론적인** 접근이 될 것이기 때문이다. 이 접근 방법은 랑시에르의 정치 개념의 원리 위에 새로운 이론을 세울 것이다. 그러나 랑시에르는 단순히 이러한 접근 방법으로부터 멀리 벗어나는 것에서 그치지 않는다. 그는 다른 사상가들로부터 이러한 존재론적 논리를 발견했을 때는 물론이고, 자신의 사유를 전유하고 있는 논의로부터 이러한 논리를 발견했을 때도 그에 대해 반복적으로 저항해 왔다. 물론 랑시에르가 강력한 거부반응을 보인다고 해도, 해석자들이 랑시에르의 정치 개념을 존재론적 토대로 활용하는 것을 막지는 못할 것이다. 그러나 이 전략을 취하기 위해서는 랑시에르의 사유로부터 벗어나야 할 뿐만 아니라, 랑시에르의 입장을 완전한 대척점에 서서 반박해야 한다. 어쩌면 이 선택지가 앞으로의 랑시에르의 해설가들이 따르는 길이 될지도 모른다. 그러나 여기서 나는 이 전략을 따르지 않을 것이다.

　　랑시에르가 정의한 급진적인 정치 개념을 갖고 무엇을 할 것인지에 대한 세 번째이자 가장 의미심장한 선택지는 현존하는 정치이론이나 더 넓은 이론적 틀 안에 랑시에르의 정치 개념을 '편입'시키는 것이다. 이는 랑시에르의 정치적 저작에 진지하게 개입했던 철학자들과 정치이론 연구자들이 종종 선호해 온 접근 방법이다. 이러한 편입 전략은 토드 메이의 『자크 랑시에르의 정치사상』_The Political Thought of Jacques Rancière_에서 분명하게 활용되었다. 이 책은 랑시에르에 대한 영어권의 2차 문헌 목록에서 가장 윗줄에 들어갈 가능성이 높은 중요한 책이다(May 2008; 또한 Davis 2010; Tanke 2011을 보라). 메이의 책 제목은 얼핏 (존재론화를 추구하는) 두 번째의 선택지를 시사하는 것처럼 보인다. 즉 그의 책이 정치나 평등 등에 대한 랑시에르의 사유를 기반으로 해서 랑시에르의 '정치사상'을 체계적으로 정립하려는 시도일 것이라는 인상을 준다. 그러나 이 저서의 제목에도 불구하고 메이의 의도가 반드시 랑시에르의 유일무이한 정치사상을 발전시키는 데 있었던 것은 아니다. 그 대신 이 책은 랑시에르의 주장—특히 평등과 민주주의에 대한—을 현존하는 아나키스트 정치이론을 정교하게 만들기 위한 주요한 자원으로 활용한다(May 1994; 2008; 2009; 2010a). 내가 볼 때, 랑시에르의 사유를 전유하고 아나키스트 정치의 목적 안에 그것을 위치 지으려는 메이의 노력은 그로 하여금 (아나키스트적) 순수 정치의 전망을 옹호할 수 있게 만들어 준다. 2장에서는 메이의 중요한 저서에 대한 더욱 섬세한 개입을 통해 이러한 주장을 계속 이어 갈 것이다. 이를 위해 나는 메이의 작업을 랑시에르의 정치와 치안 개념에 대한 나의 접근 방법과 대조한다.

　1장에서는 메이의 주장을 일단 제쳐두고 '편입' 전략의 두 가지 또 다른 중요한 변형을 검토할 것이다. 랑시에르의 저술을 더 넓은 사유 체계 안에 편입시키려는 전략은 랑시에르의 정치 개념을 '순수 정치'의 전망으로 환원시키는 경향이 있다. 일반적으로 말해 나는 이러한 경향을 우려하고 있다. 첫 번째 편입 전략은 특히 랑시에르를 아렌트의 정치이론과 유사하게 해석하거나, 랑시에르를 아렌트의 정치이론의 관점으로 설명하고자 하는 연구자들의 작업에서 나타난다. 두 번째 편입 전략은 랑시에르의 두 핵심 용어(정치/치안)를 안정화시킬 수 있는 제3의 개념을 도입함으로써 이 두 개념을 명확히 하려는 시도에서 확인된다. 이 두 가지 해석 방식 모두 랑시에르의 정치에 대한 설명을 지나치게 정적으로 만들고, 지나치게 탈역사화시키며, 일반적인 의미에서 (문법적으로 의심스러운 표현이지만) '지나치게 순수하게' 만든다. 랑시에르의 정치적 사유에 대한 나의 대안적 접근 방법은 다음과 같은 일련의 주장으로부터 출현한다. 이 일련의 주장들은 별개의 것이지만, 서로 긴밀하게 연결되어 있다. 우선 나는 랑시에르와 함께 정치란 결코 순수한 것일 수 없다고 주장한다. 내가 드러내고자 하는 논점은, 랑시에르의 정치에 대한 사유가 언제나 역사 안에서의 정치에 대한 사유라는 점이다. 나는 치안[la police]과 정치[la politique]의 관계에 대한 랑시에르의 관점이 어떠한 존재론으로도 기초 지워질 수 없으며, 어떠한 제3의 개념을 통해서도 매개될 수 없다고 주장한다. (마지막 절에서) 나는 민주주의 정치가 언제나 그리고 오로지 치안질서 안에서만 일어난다고 주장한다.

순수 정치

나는 랑시에르의 작업이 아렌트적 이론 틀 안에 빈번하게 편입되어 왔다고 단언한다. 또한—이러한 경향에 대한 응답으로—랑시에르의 주장을 아렌트의 주장으로부터 분리해 내려고 시도한다. 이러한 작업을 통해 나는 특수하고 제한적인 주장을 제기하고 있다. 나의 논점을 명확히 하는 데

패첸 마켈Patchen Markell의 작업이 유용할 것이다. 마켈은 다음과 같이 말한 다. "만약 [아렌트의] 『인간의 조건』에 대한 표준적 해석 같은 것이 있다면, 그 해석은 분리separation라는 주제를 중심으로 형성되어 왔다고 말하는 것 이 적절할 것이다. 우리 모두가 알고 있는 것처럼 이 책의 핵심은 부적절 하게 혼동되어 왔던 사태들을 분리해 내는 것이다"(Markell 2011: 20; 또 한 Holman 2011을 보라). 마켈은 이러한 표준적 해석을 아렌트의 가장 유 명한 책[『인간의 조건』을 말한다]에 대한 '영토적'territorial 해석이라고 칭한 다. 왜냐하면 이 해석은 인간 활동을 적절한 범주로 "분류하는" 것을 강조 하기 때문이다(Markell 2011: 16). 나는 여기에 다음과 같이 덧붙이고 싶 다. 아렌트에 대한 영토적 해석은 범주와 활동에 대한 부적절한 혼동을 극 복하고자 시도하면서, (아렌트 자신의 이론 안에서, 혹은 영토적 해석자들이 확립하려는 정치의 개념 안에서) 순수 정치의 개념에 도달하려 한다고 말이 다. 내가 거부하는 것은 바로 이러한 영토적 설명과, 영토적 설명이 관여 하고 있는 순수 정치의 개념이다. 논점을 더 분명히 하자면, 나는 랑시에 르의 정치적 저술을 아렌트에 대한 '표준적' 해석 안에 욱여넣으려는 시도 에 저항하고자 한다. 물론 나는 영토적 해석만이 아렌트에게 가능한 유일 한 해석이라고 시사하는 것은 아니다. 마켈이 이러한 표준적 해석의 개략 을 분명하게 밝혔던 것 역시도, 결국은 무엇보다 아렌트에 대한 마켈 자신 의 대안적 해석을 제시하기 위함이었다(Markell 2011: 11). 또한 나는 랑 시에르의 '비순수한 정치'에 대한 나의 논의와 마켈이 발전시킨 『인간의 조건』에 대한 대안적 해석 사이에서 상당수의 중요한 연결 지점을 볼 수 있었다.[9] 따라서 나의 요점은 좀더 제한적인 것이다. 왜냐하면 마켈이 지

---

9) 그러한 연결 지점 중에서 한 가지 예를 들어 보기로 하자. 마켈은 『인간의 조건』에 대한 영토적

적하듯이 아렌트에 대한 표준적 설명은 실은 영토적 해석이기 때문이다. 이러한 이유 때문에 랑시에르를 아렌트와 유사하게 해석하거나 아렌트를 기준으로 그를 해석하려는 경향은 랑시에르의 작업을 영토적으로 해석하려는 유혹에 쉽게 빠질 수 있다. 다시 말해 랑시에르를 아렌트적 체계 안에 편입시키는 전략은, 독자로 하여금 랑시에르를 순수 정치의 이론가로 읽어 내도록 현혹한다. 랑시에르 본인은 분명히 순수 정치를 거부하고 있음에도 말이다.

랑시에르의 정치 사유를 아렌트적 구조 안에 편입시킨 사례들 중에서도 가장 대표적인 것은 아마도 2009년 『정치이론』*Political Theory* 지에 실렸던 크리스티나 벨트란의 논문일 것이다. 우선 이 논문은 2006년 미국 전역에서 펼쳐진 이민자들의 광범위한 항의와 시위에 대한 하나의 해석을 제시하고 있다. 이 사건에 대한 좌우 평론가들의 찬사와 비난을 가로지르며, 벨트란은 이러한 항의가 갖는 종별적으로 정치적인 성격을 특히 강조한다(Beltrán 2009: 597). 그녀는 이를 입증하기 위해 아렌트의 정치이론을 활용하는데, 아렌트의 정치이론은 그녀로 하여금 시위대(이 집단은 합법적·불법적 이민자들과 그들의 수많은 협력자들을 포함한다)가 창시*initiation*의 힘을, 즉 새롭고 창조적인 정치적 위력을 출현시켰다는 점을 드러낼 수 있게 해주었기 때문이다. 그렇다면 이러한 항의란 아렌트적 의미에서 새롭고 예기치 못한 것을 만들어 내는 '개시의'*inaugural* 행위라고 할 수 있다. 시위대는 '단순하게' 항의하는 자들로 그친 것이 아니었다. 벨트란의 설명

해석이 "작업(work)에 대한 철학적 설명"과 "현상 그 자체" 사이의 혼동을 불러일으킨다는 점을 지적한다(Markell 2011: 35). 나는 이러한 주장으로부터 정치철학의 전통에 대한 랑시에르의 비판과 공명하는 지점을 발견할 수 있었다. 다음 장과 4장에서는 정치철학의 전통에 대한 랑시에르의 비판을 논의한다.

에 따르면, 그들은 분명하게 정치적 행위자로서의 어떤 위력과 함께 출현한 것이다.

1장의 도입부에서 지적한 것처럼, 새로움으로서의(놀라움으로서의) 정치, 새로운 것의 창조로서의―이전까지 겉으로 보기엔 아무것도 없던 곳에서 정치의 무대를 만들어 내는 것으로서의―정치에 대한 아렌트적 설명은, 랑시에르의 정치적 사유와 다양한 방식으로 공명하고 있다. 그렇다면 적어도 이러한 최소한의 범위에서, 2006년 미국에서의 시위에 대한 벨트란의 아렌트적 설명과 랑시에르의 정치에 대한 접근 방법 사이에는 친화성이 있다고 할 수 있다. 그러나 벨트란은 자신의 논의를 보강하기 위해 랑시에르를 직접적으로 언급함으로써 이 최소한의 친화성보다 한 걸음 더 실체적으로 나아가고 있다. 논문의 중간쯤에 위치한 한 문장에서 결정적으로 벨트란은 『인간의 조건』의 '새로운 시작'new beginnings에 대한 아렌트의 설명을 『불화』에서의 랑시에르의 불일치dissensus에 대한 사유로 전환시키고 있다(Beltrán 2009: 604). 벨트란은 공동의 정치적 행위에 대한 아렌트적 이론 틀이 계산착오miscount에 대한 랑시에르의 개념을 포괄할 수 있을 것이라고 시사한다.

이어 벨트란은 대강 랑시에르를 내버려 두고 아렌트의 다른 텍스트에 대한 더욱 자세한 해설로 돌아간다. 그녀는 이 논문의 짧막한 결론 부분에서 랑시에르를 꼭 한 번 더 언급할 뿐이다. 그러므로 벨트란은 랑시에르에 대한 그녀 나름의 해석을 제시하는 것이 아니며, 랑시에르의 사유와 아렌트의 사유 사이에 양립가능성이 있다는 주장을 펼치는 것도 아니라고 할 수 있다. 또한 바로 이러한 이유에서, 나는 여기서 랑시에르에 대한 벨트란의 해석을 비판하려는 의도는 없다. 그녀의 논문에서 랑시에르를 언급하고 있는 겨우 몇몇 대목을 가지고, 그것들을 완전한 하나의 해석인 것처럼 다룬다면 불공평한 일일 것이기 때문이다. 그럼에도 불구하고 랑시에르에 대한 벨트란의 서술에는 징후적이고 의미심장한 면이 있다. 왜냐하면 그녀는 상대적으로 덜 알려진 정치에 대한 랑시에르의 작업을 [잘 알려진] 아렌트의 정치이론의 개념 체계 안에 별다른 문제의식 없이 욱여넣고 있기 때문이다. 여기서 롤스를 제외한 거의 모든 20세기 이론가들 중에 아렌트의 정치이론에 대한 책이 지난 25년간의 정치이론 분야에서 가장 많이 출판됐었다는 사실은 강조할 만한 가치가 있다. 다시 말해 벨트란의 논문은 랑시에르의 저술에 대한 별다른 중요한 주장을 펼치고 있지 않음에도 불구하고, 너무도 손쉽게 아렌트 사유의 틀 안에 랑시에르를 편입시켜 버린다. 이는 랑시에르를 아렌트주의의 일종으로 이해하고자 하는 유혹을 부추기는 효과를 초래한다. 나의 의도는 여기서 벨트란의 논문을 비판하는 데 있지 않다. 그녀의 글을 [랑시에르를 아렌트적으로 읽고자 하는] 매우 광범위한 경향을 잘 시사하는 한 사례로 이해하고자 하는 것이다(또한 Halpern 2011을 보라).

랑시에르에 대한 벨트란의 태도는, 아마도 아렌트에 대한 또 다른 탁월한 해설자인 보니 호니그의 랑시에르 해석으로부터 큰 영향을 받았을 것이다. 사실 벨트란은 2006년의 시위자들이 단순히 인정을 요구하거나 어떤 권리들을 보장받길 요청한 것이 아니라, 민주주의적인 **획득하기**[taking]의 행위에 참여한 것이라는 점을 보여 주기 위해 랑시에르를 활용한다(Beltrán 2009: 598). "획득하기로서의 권리"[rights as takings]라는 발상을 호니그보다 더 발전시킨 사람은 없으며, 호니그는 특히 랑시에르로부터 논의를 빌려와 그러한 발전을 이끌어 냈다. 그러나 벨트란과 달리 호니그는 랑시에르에 대한 그녀 나름의 해석—랑시에르의 작업이 암시한 바는 있지만 절대 명시적으로 설명한 적이 없는 '획득하기'라는 발상을 추출하여 발전시킨—을 제공한다. 그리고 그녀는 랑시에르의 정치적 주장을 (아렌트적인 것이건 다른 어떤 것이건 간에) 좀더 포괄적인 이론적 구조 안에 편입시키려 시도하지 않는다. 그녀는 민주주의와 이방성foreignness에 대한 자신의 더욱 포괄적인 개념 체계 안에서 랑시에르의 작업을 매우 조심스럽게 활용한다. 이런 측면에서 호니그의 작업은 본보기가 될 만하다. 왜냐하면 그녀는 랑시에르의 작업을 현대 정치이론의 다른 흐름으로부터 뚜렷이 구분되는 것으로 남아 있도록 해주기 때문이다. 호니그의 목표는 [기존] 사상가들의 이론을 발전시키는 것이 아니라, [그녀 나름대로] 민주주의 정치에 대한 매우 종별적이고—동시에 이론적으로 풍성하고 정통하며—상당히 구체적인 주장을 제기하는 것이다. 이러한 방식으로 그녀는 랑시에르와 다수의 또 다른 사상가들을 자신의 목적을 달성하기 위해 끌어들인다. 하지만 동시에 그녀는 이 사상가들 간의 차이점 역시 신중하게 다룬다. 따라서 호니그의 주장은 벨트란과 설득력 있는 대조를 이룬다고 할 것이다. 호니그의 랑시에르에 대한 간명한 해석은, 랑시에르의 사유를 다른 사상가의 체계 안에 욱여넣음으로써 그 가능성을 제한하기보다, 그녀의 독자들을 위해 랑시에르의 사유[가 가진 가능성을] 열어 놓는다.[10]

아마도 아렌트와 랑시에르 사이의 관계를 가장 철저하고도 섬세하게 다루고 있는 글은 앤드루 샤프의 논문일 것이다(Schaap 2011). 그 글에서 샤프는 아렌트의 『전체주의의 기원』*The Origins of Totalitarianism*에 나타난 '권리들을 가질 권리'the rights to have right 개념(Arendt 2004: 376[『전체주의의 기

---

10) 또한 호니그가 랑시에르에게서 가장 많이 도움을 얻은 텍스트인 『민주주의와 이방인』(*Democracy and the Foreigner*, Honig 2001)이, 그녀가 아렌트에 가장 적게 의지하는 텍스트이기도 하다는 사실은 언급할 만한 가치가 있을 것이다.

원』1권 533쪽]; Rancière 2003d; 또한 Ingram 2008을 보라; Zivi 2012 참조)에 대한 랑시에르의 해석을 검토하고 있다. 나는 여기서 더 자세하게 샤프의 논문을 요약하거나 그의 논증을 되풀이할 생각은 없다. 그 이유는 단순한데, 그의 논지가 나의 것과 매우 유사하기 때문이다. 샤프는 랑시에르가 자신의 주장을 논쟁적으로 만들기 위해 때때로 아렌트를 의도적으로 오독하고 있음을 보여 준다(Schaap 2011: 33). 동시에 샤프는 정치의 순수성에 대한 문제 제기가 아렌트에 대한 랑시에르의 비판에서 핵심적인 부분이라는 점을 성공적으로 지적하고 있다(Schaap 2011: 32, 43). 샤프의 논문은 아렌트의 작업에 대한 랑시에르의 해석에 초점을 두고 아렌트와 랑시에르의 관계 문제에 천착하고 있다. 이를 통해 샤프는 여기서 내가 추구하고 있는 목표 중에서 중요한 몇 가지를 달성한다. 첫째, 샤프는 랑시에르의 정치의 개념을 아렌트적 체계 안에 욱여넣으려는 움직임을 분명하게 거부한다. 둘째, 샤프는 정치의 순수성이라는 문제가 랑시에르와 아렌트 사이의 논쟁에서 핵심적인 주제라는 것을 보여 준다. 랑시에르는 종종 정치를 순수한 것으로 사유한다고 오해를 받아 왔다. 다시 말해 랑시에르는 정치를 어떤 형태로건 전적으로 독자적이고 특별한 것으로 이해한다고, 소위 정치의 '영역'을 다른 질서 및 행위의 영역보다 우위에 있는 것으로 이해한다고 오해를 받아 왔다. 이와 관련해 나는 벨트란 등이 보여 주는 랑시에르에 대한 접근 방법이 이러한 오해를 부추기고 있다는 점을 발견했다. 그러므로 샤프의 작업은 매우 중요하다. 왜냐하면 그의 작업은 랑시에르의 텍스트 안으로 더 깊이 들어갈수록, 랑시에르가 순수한 정치의 영역이라는 아렌트적 발상을 거부하고 있다는 사실이 더욱 명확해질 것임을 보여 주고 있기 때문이다. 궁극적으로 나는 아렌트에 대한 랑시에르의 논쟁적인 거부로부터 더 나아가 '비순수성의 정치'라는 개념을 발전시키고자 한다.

아렌트와 랑시에르에 대한 다양한 논의들은, 이들의 작업 사이의 일반적 관계를 조명하는 데 어느 정도 도움을 준다. 이들의 일반적 관계에 대한 논의는 정치이론 분야에서 형성되기 시작했다. 또한 그 논의들은 이들의 사상을 '함께' 사유하려고 하는 경향의 일단을 보여 준다. 그러나 그러한 사유의 경향이 랑시에르를 아렌트의 이론적 틀 안에 편입시키는 문제적인 형태를 띠고 있건, 두 사상가 간의 차이점을 명확하게 드러내고 있건 간에, 그 논의들은 여전히 랑시에르를 해석하는 일반적 경향으로부터 벗어나지 않는다. 이 일반적 경향 안에서 랑시에르는 아렌트와 적어도 상호보완적인 관계에 있는 것으로 받아들여진다. 나는 벨트란의 접근 방법과, 호니그 및 샤프의 작업 방식 사이의 차이점을 강조해 왔다. 하지만 후자에 해당하는 호니그와 샤프의 연구 역시 일부 독자들로 하여금 아렌트와 랑시에르 간의 차이점을 보지 못하도록 현혹하는 것일 수 있다. 그들은 아렌트와 랑시에르를 [둘의 차이점을 더 분명하게 드러내려는 목적보다] 자신들의 독특한 정치관을 이끌어 내기 위한 목적으로 활용하고 있기 때문이다. 나는 아렌트와 랑시에르를 다루는 다양한 접근 방법을 구분하여 유형화해 왔고, 이들 간의 차이점을 존중하려고 한다. 하지만 이 모든 접근 방법들에는 공통점이 있다. 이 모두는 포괄적인 아렌트주의 정치의 접근 방법을 취하고 있으며, 이들의 아렌트주의적 접근 방법은 랑시에르로부터의 정치적 통찰까지도 그 안에 포함해 버린다. 이는 랑시에르가 정치에 대해서 어떠한 논의를 펼치건 간에, 그의 정치적 논의와 아렌트의 이론이 전반적으로 양립가능하다는 일반적인 견해를 강화시킨다. 또한 아렌트에 대한 표준적 설명이 영토적인 것이라는 점을 감안한다면, 랑시에르를 아렌트와 유사한 것으로 해석하겠다는 생각은 독자들을 잘못된 방향으로,

즉 순수 정치의 방향으로 오도하기 십상이다.

　이것이 내가 랑시에르를 아렌트로부터 떼어 놓아야 한다고 강력하게 주장하는 이유이자, "'순수한' 정치란 존재하지 않는다"라는 랑시에르의 주장을 내 논증의 토대로 강조하는 이유이다(Rancière 2011c: 3). 나는 임의적으로 이 두 주제를 연결한 것이 아니다. 왜냐하면 랑시에르는 자신의 작업이 아렌트에 대한 전통적인 해석으로부터 상당한 거리를 두고 있음을 명확히 밝히고 있는 한 대담에서, 동시에 비순수한 정치에 관한 결정적이고 직접적인 주장을 펼치고 있기 때문이다. "나[랑시에르]는 종별적인 정치 영역이나 종별적인 정치적 삶의 방식이 있다는 아렌트적 발상에 대한 비판으로서 「정치에 대한 열 가지 테제」를 썼다"(Rancière 2011c: 3). 그렇다면 정치를 비순수한 것으로 사유한다는 말은 무엇을 뜻하는가? 첫째, 나는 만약 정치가 아무런 토대^{ground}도 가지지 않는다면, 그것은 자기-정초적$^{self\text{-}grounding}$일 수도 없다는 점을 시사하고자 한다. 랑시에르는 "정치는 고유한^{proper} 장소를 가지지 않을 뿐만 아니라, 어떠한 '자연적인' 주체도 갖지 않는다"고 설명한다(Rancière 2001: par. 25[『정치적인 것의 가장자리에서』 227쪽]). 그렇다면 우리는 정치란 단지 순수하지 않은 것일 뿐만 아니라, 더 나아가 비순수함을 생산해 내는 것이라고 말해야 할 것이다. 랑시에르는 이러한 논점을 다음과 같이 다양한 방식으로 공식화한다. 정치란 불일치^{dissensus}이다(Rancière 2001: par. 24[『정치적인 것의 가장자리에서』 226쪽]; Rancière 2011c). 정치란 둘로의 쪼개짐이다(Rancière 2006c: 61[『민주주의는 왜 증오의 대상인가』 133쪽]). 정치란 아르케^{archē} 논리의 파열이다(Rancière 2001: par. 8[『정치적인 것의 가장자리에서』 212쪽]). 정치란 탈정체화^{disidentification}의 형태로 이뤄지는 주체화^{subjectivation}이다(Rancière 1999: 37[『불화』 73쪽]; Rancière 2007d: 559~560; Rancière 1995c). 또한 정치와 치안 사이의 관계에 대해 랑시에르는 매우 한결같은 주장을 펼친다. "정치와 치안의 대립은, 정치가 '고유한'proper 대상을 갖지 않으며 정치의 모든 대상은 치안의 대상과 뒤섞여 있다는 진술과 양립한다"(Rancière 2011c: 5. 강조는 인용자). 정치는 치안으로부터 분리될 수 없으며, 정치는 오로지 이렇게 '뒤섞인'blended 형태로만 등장한다. 그러나 정치가 단지 그 자체로 비순수한 것일 뿐만 아니라 비순수함을 생산해 내는 것이기도 하기 때문에, 이 '뒤섞인' 형태는 결코 혼종성이나 서로 다른 부분들의 단순융합과 혼동되어서는 안 된다. 정치를 치안과 뒤섞으면서도 랑시에르는 둘을 하나로 완전히 병합하는 것을 거부한다. 그가 말하는 뒤섞임은 언제나 타자화othering이기도 하다.

"정치는 결코 순수할 수 없다"라는 명제로 결론을 내리는 것은 얼핏 매우 간단한 일처럼 보인다. 많은 랑시에르의 해설가들이 올바르게 이와 같은 결론을 내려 왔다(Muhle 2007; Panagia 2010; Rockhill 2006). 그러나 정치의 비순수성에 대한 주장은 이 간단한 결론이 시사하는 바보다 훨씬 복잡한 것이다. 왜냐하면 비순수성이란 정의상by definition 결코 단순한 것일 수 없기 때문이다. 또한 정치의 비순수성은 랑시에르의 사유에서 하나의 역설을 만들어 낸다. 한편으로 정치란 결코 순수할 수 없는 것이다. 다른 한편으로 정치는 치안질서를 교란시키는 것으로, 그 질서에 어떤 방식으로든 '타자'로 남아 있어야 한다. 이것이 바로 '뒤섞임'이 결코 병합이 아닌 이유이다. 정치의 파열적 위력이 보존되기 위해서는 정치는 어떤 방식으로건 그것이 파열시킬 치안질서의 외부에 남아 있어야 한다. 하지만 순수한 외부성으로서의 정치는 정치를 가능하게 하는 데 필수적인 "이질적인 것의 만남"the meeting of the heterogeneous을 가로막게 된다(Rancière 1999: 32[『불화』 66쪽]). 그러므로 정치는 치안질서의 타자여야 하지만, 결코 순수한 타자여서도 안 된다. 이러한 역설에 대처하기 위한 열쇠는, 굳이 이 역설을 극복하려 하지 않는 것에 있다. 랑시에르의 이론은 역설을 제거하거나 해소하는 대신, 차라리 그러한 역설을 사유하는 것으로, 즉 역설의 풍미를 정확히 포착하고, 역설의 위력을 동원하는 것으로 이해해야 한다. 이러한 유형의 역설적 주장을 옹호한다는 것은 순수한 정치라는 발상에 대한 거부——랑시에르가 반복적으로 제시하고, 내가 이 절에서 옹호해 온 바로 그 거부——를 출발점으로 삼는다는 것을 의미한다. 그러나 여기에 머무르는 것은 불가능하다. 더 나아가 우리는 치안과 정치의 관계를 포착해야만 할 것이다. 우리는 둘의 관계를 가능한 한 정확히 이해할 필요가 있으며, 동시에 그러한 관계가 결코 수학적 정밀성에 의해서 종별화될 수 없는 것이라고 주장해야만 한다. 랑시에르의 사유에서 매우 핵심적인 치안과 정치의 관계라는 쟁점에 관해, 영어권의 논평자들 중 누구도 장-필리프 데랑티Jean-Philippe Deranty보다 더 잘 설명해 온 사람은 없었다. 그리고 데랑티는 자신의 랑시에르의 해석에서 세 번째 편입 전략의 가장 분명한 예를 보여 준다.

3항 모델

데랑티는 랑시에르의 정치사상을 포괄적으로 개관하는 수많은 논문을 (영어로) 저술해 왔다. 그는 특히 랑시에르의 작업을 인정의 정치the politics of recognition라는 맥락에서 가장 잘 이해할 수 있다고 주장하면서, 랑시에르의 주장을 악셀 호네트Axel Honneth의 작업과 직접적으로 비교하고 있다 (Deranty 2003a). 나는 어지간하면 (나의 특수한 주장의 맥락에서 벗어난) 데랑티의 보다 일반적인 주장을 지나치게 상세하게 다루지 않고자 한다.

그러나 나는 랑시에르를 인정의 정치의 전통과 연결시키려는 데랑티의 욕망에 의해, 그의 해석이 의심의 여지없이 굴절되고 있다고 지적할 것이다. 틀림없이 헤겔은 가장 탁월한 인정의 이론가이자 변증법적 사유 전통에서 가장 중요한 인물이다(그리고 공교롭게도 헤겔은 데랑티가 자신의 작업에서 가장 집중적으로 다루고 있는 또 다른 사상가이다). 비록 데랑티가 랑시에르의 사유를 변증법적인 것으로 환원시키고 있지는 않지만, 데랑티는 여전히 랑시에르의 정치 개념을 변증법적 체계 안에서 이해하고 있다. 예컨대 그는 랑시에르적 정치에 의해 중단되는 "평등과 불평등 사이의 변증법"에 대해 언급한다(Deranty 2003a: 153). 따라서 데랑티의 해석적 맥락은 '편입 전략'의 한 변형으로 이해될 수 있다. 그는 랑시에르의 작업을 헤겔적-변증법적 사유의 긴 역사와 연결되어 있는, 이미 확립된 '인정의 정치'라는 전통 안에 '편입'시키고 있다.

　나는 데랑티의 논의가 가진 이러한 광범위한 맥락으로부터 일반화를 시도하지 않을 것이다. 그 대신 정치와 치안의 관계를 어떻게 이해해야 하는지에 대한 데랑티의 강력하고도 중요한 주장에 특히 초점을 맞추려고 한다. 데랑티가 랑시에르의 정치 논의에 대해 급진적인 재평가를 제안하고 있다는 점—이는 랑시에르를 주목하기 시작한 대부분의 정치이론 연구자들을 고무시킨 바로 그 쟁점이다—을 고려할 때, 나는 정치와 치안의 관계에 대한 데랑티의 주장이 영어권의 랑시에르 연구에 더 큰 영향을 미치지 않았다는 사실이 다소 놀라웠다. 데랑티는 그의 논문의 끝부분(과 각주)에서, 내가 생각하기에 좀더 앞의 논의에 배치되었으면 좋았을 몇 가지 사실들을 언급하고 있다. 데랑티가 설명한 것처럼, 랑시에르는 1982년 2월 장-뤽 낭시와 필립 라쿠라바르트가 주최한 세미나에 초청받았다. 이 세미나에서 낭시와 라쿠라바르트는 '라 폴리티크'la politique와 '르 폴리티크'

$^{le\ politique}$ 사이의 차이를 강조했다(Deranty 2003b: fn. 27; Lacoue-Labarthe and Nancy 1997).[11] 이 두 용어의 구분은 데랑티의 랑시에르 해석에서 가장 핵심을 이루는 것이다. 뒤에서 이를 상세히 논의할 것이다.

그러나 데랑티의 특수한 해석을 본격적으로 파고들어 가기에 앞서 일단은 한 발 물러서서 보는 것이 신중할 것이다. 현대 정치이론 분야에는 한편으로는 '정치'^{politics} 혹은 '정책'^{policy}(즉 라 폴리티크)과 다른 한편으로는 '정치적인 것'$^{the\ political}$과 같은 무언가(즉 르 폴리티크) 사이의 차이를 주장하는 풍성하고도 변화무쌍한 전통이 존재한다. 2007년에 출간된 자신의 책 『포스트-정초주의 정치사상: 낭시와 르포르, 바디우, 라클라우에서의 정치적 차이』$^{Post-Foundational\ Political\ Thought:\ Political\ Difference\ in\ Nancy,\ Lefort,\ Badiou\ and\ Laclau}$에서 올리버 마카트는 리쾨르로부터 출발해 아렌트, 슈미트, 무프를 거쳐—곁길로는 윌린$^{Sheldon\ Wolin}$, 사르토리$^{Giovanni\ Sartori}$ 및 다른 사상가들을 지나—낭시와 라쿠라바르트에 이르는, 그가 '정치적 차이'$^{political\ difference}$라고 부르는 것에 대한 어쩌면 가장 신뢰할 만한 역사적 서사를 제공하고 있다. 의미심장하게도 마카트는 최근 이 책의 수정증보판을 독일어로 출간했다(Marchart 2010). 최근 출간된 독일어 판본은 초판에 비해 더 많은 사상가들을 다루고 있으며, 랑시에르에 대한 상당히 짤막하지만 직접적인 논의를 포함하고 있다. 이 독일어 수정증보판은 조금 더 뒤의 논의에

---

11) 나와 마찬가지로 프랑스어가 모국어가 아닌 독자들을 위해 몇 가지 기초적인 사항을 언급해 두고자 한다. 프랑스어에서 라 폴리티크(la politique)와 르 폴리티크(le politique)의 '구분'은 무엇보다 여성형과 남성형의 구분에 다름 아니다. 따라서 '성별이 없는' 영어로 이를 번역했을 때 이 차이는 없어져 버린다. 통상적인 프랑스어 용법에서 라 폴리티크는 (예컨대 영어에서 '사내정치'department politics라는 말처럼) 일상적으로 일어나는 정치적인 일을 의미하는 것인 반면, 르 폴리티크는 더 광범위하고 더 체계적이며, 더 철학적인 무언가를 가리킨다.

서 다루고자 한다. 여기서는 일단 더 많은 독자들이 읽고, 접근성이 더 높은 2007년의 영어 판본으로 내 논평의 대상을 제한하고자 한다. 이 책에서 마카트는 20세기 정치이론 전반에 나타난 정치[politics]와 정치적인 것[the political] 간의 차이를 추적하는 것을 과제로 삼고 있다. 마카트는 자신의 작업을 일종의 종합적인 해설로 이해하고 있으며, 따라서 그의 책은 대륙 사상의 '거물들' 대부분에 대해 상세한 논평을 제시하고 있다. 따라서 그가 랑시에르를 언급하고 있는 부분은, 그러한 언급의 빈도가 매우 '드물다'는 이유 때문에 중요하다. 마카트가 애초에 제시한 정치/정치적인 것 사이의 차이를 인식한 사상가들의 목록에는 랑시에르의 이름이 등장한다. 하지만 이 책은 랑시에르의 어떠한 저술에 대해서도 직접적으로 논의하지 않는다(Marchart 2007: 7). 사실상 랑시에르는 이 책의 거의 종반부에 이르기까지 실질적인 주목을 받지 못한다. 이 책에서 랑시에르를 언급하고 있는 부분은 빈약하다. 하지만 그럼에도 불구하고 이 책의 랑시에르에 대한 언급은 매우 의미심장한 것이다.

서장에서 마카트는 '정치적 차이'를 사실상 라 폴리티크와 르 폴리티크 간의 차이로 정의했다. 그렇다면 랑시에르는 이러한 정치적 차이에 대하여 어떠한 일반적 이해를 보여 주는가? 첫 번째 언급에서 마카트는 인상적이긴 하지만 자신의 책에서는 그렇게 분명히 드러나지 않는 논점을 시사하고 있다. 그는 다음과 같이 썼다. "랑시에르가 라 폴리티크라고 부르는 것은 … 다른 사람들이 정치적인 것[the political]이라고 부르는 것에 해당한다." 또한 랑시에르에게 라 폴리티크는 치안[police]으로서의 정치[politics]와 구분되는 것이다(Marchart 2007: 120). 그러나 여기서의 영어 표현 '정치적인 것'[the political]은 프랑스어에서 르 폴리티크에 대응하는 번역어이다. 따라서 마카트에 따르면, '정치적인 것'[the political]에 대응하는 의미로 다른 사람들이라면 르 폴리티크라는 단어를 사용했을 바로 그 순간에 랑시에르는 라 폴리티크라는 단어를 사용하고 있는 것이다. 이러한 사용 방식은 마카트 자신의 더욱 광범위한 작업('정치적 차이'에 대한 책)의 관점에서 설명될 수 있다. 왜냐하면 이는 랑시에르가 정치와 정치적인 것 간의 차이를 출발점으로 삼지 않거나 혹은 그러한 차이를 주장하지 않았음에도(또한 내가 뒤에서 지적하듯이, 르 폴리티크라는 단어를 직접적으로 사용하지 않았음에도), 여전히 랑시에르가 일정한 방식으로 마카트가 '정치적 차이'라고 부르는 무언가를 발견했음을 보여 주기 때문이다. 다른 사상가들에게 정치적 차이란 르 폴리티크[정치적인 것]와 라 폴리티크[정치]의 차이를 의미하는 반면, 랑시에르에게서 정치적 차이란 라 폴리티크[=정치적인 것?]와 라 폴리스[치안]의 차이를 의미한다. 나는 여기서 마카트가 이 논점을 자세히 다루지 않았음을—랑시에르는 분명히 '정치적 차이'[를 주장하는] 핵심적인 사상가가 아니다—지적해야겠다. 이 때문에 마카트는 랑시에르의 정치적 사유가 가진 다루기 힘들고 비순수한 성격에 더욱 경각심을 가질 수 있었을 것이다. 여기서는 랑시에르의 다루기 힘들고 비순수한 정치적 사유의 발자취를 따라가며 그의 사유를 옹호하고자 시도한다.

그럼에도 불구하고 나의 논지에 비춰 생각해 볼 때, 랑시에르에게 라 폴리티크가 '정치적인 것'the political을 의미한다는 (앞서) 인용된 마카트의 주장은 이상하게 들린다. 정치에 대한 랑시에르의 핵심적 저작(1990년대 이후의 작업)의 영어 번역자들이 라 폴리티크에 대해 '정치적인 것'the political보다는 '정치'politics라는 번역어가 더 적합하다고 보고 있다는 점, 또 그들이 매우 일관되게 라 폴리티크를 정치politics로 옮기고 있다는 점을 고려할 때 특히 그렇다. 다시 말해 랑시에르의 저작을 영역본을 통해 접하는 독자들은 '정치적인 것'the political이라는 단어를 전혀 발견할 수 없을 것이다. 따라서 나는 랑시에르를 전도된 형태로 '정치적 차이'의 모델에 끼워 맞춰 보려고 시도하기보다는, 이 모델의 바깥에 그를 내버려 두는 것이 더 합리적이라고 주장하고 싶다. 마카트가 랑시에르에 대한 언급으로부터 재빨리 다른 주제로 논의를 전환해 버린다는 사실은, 그 역시 랑시에르가 이 모델에 잘 부합하지 않는다는 점을 알고 있었다는 하나의 증거로 이해할 수 있을 것이다.

어쨌든 랑시에르와 정치적 차이에 대한 마카트의 간략한 논평으로부터, 지젝의 랑시에르 해석에 대한 마카트의 논의로 초점을 옮겨 보자. 독자들은 마카트의 논의가 여기서 더 이상해지고 있다는 점을 눈치챌 것이다. 여기서 마카트는 지젝이 랑시에르로부터 '정치적 차이'에 대한 나름의 변형을 발견했다고 말한다. 이를 마카트는 "'라 폴리티크$^{la\ politique}$/폴리스^{police}'와 '르 폴리티크'$^{le\ politique}$의 차이"라고 요약하고 있다(Marchart 2007: 145). 그런데 [지젝이 랑시에르로부터 읽어 낸] 새 공식에는 해결해야 할 문제가 있다. 특히 이 두 번째 공식을 [마카트가 랑시에르로부터 읽어 낸] 이전의 공식과 비교해 봤을 때 더욱 그렇다. 새 공식에서 '정치적인 것'$^{the\ political}$은 치안^{police}과 구분되고 있다. 그러나 이전의 공식이 "라 폴리티크=정치적인 것$^{the\ political}$"이라는 등식을 제시했다면, 새 공식은 다시 "르 폴리티크=정치적인 것$^{the\ political}$"이라는 표준적인 등식으로 되돌아가고 있다. 동시에 두 번째 공식은 라 폴리티크를 치안^{police}의 동의어로 만든다. 나에게 지젝의 주장[12]은 별 설득력이 없는 것으로 생각된다. 왜냐하면 정

---

12) 그리고 이는 마카트가 아니라 지젝의 오독으로 생각된다. 『까다로운 주체』(*The Ticklish Subject*)에서 지젝은 "정치/치안"(la politique/la police)을 "반란의 정치적 양태"가 "교란시키는" 하나의 개체로 다루고 있다(Žižek 1999: 172[『까다로운 주체』 278쪽]).

치에 대한 랑시에르의 프랑스어 저작은 일관되게 라 폴리티크와 라 폴리스la police의 차이에 대해 언급하고 있기 때문이다. 라 폴리티크와 라 폴리스의 차이는 랑시에르의 전 저작을 관통하는 근본적인 추동력임에도 불구하고 지젝은 랑시에르에게 양자가 같은 것을 의미한다고 주장한다. 만약 랑시에르에게 '정치적 차이'라는 것이 있다면, 그것은 당연하게도 랑시에르가 강력하게 강조하는 라 폴리티크[정치]와 라 폴리스[치안] 간의 차이에 있을 것이다. 여기서 다시 한번 우리는 랑시에르에게서 정치politics/정치적인 것the political의 구분을 찾아내려는 기획이 그저 무익한 것이 아닐지 의심해 보게 된다.

그렇다면 아마도 정치와 정치적인 것 간의 차이는 랑시에르[의 저술 안]에서 명확하게 자리 잡고 있지 않은 것이리라. 얼핏 살펴봤을 때, 실로 랑시에르에 대한 어떤 논평자나 번역자도 그의 프랑스어 저작에서 나타나는 라 폴리티크와 르 폴리티크 간의 구분에 주목하지 않는 것 같다.[13] 이를 감안한다면, 데랑티가 랑시에르의 주장으로부터 라 폴리티크와 르 폴리티크 간의 구분을 읽어 낼 뿐만 아니라, 둘의 구분을 자신의 랑시에르 해석의 핵심으로 제시하고 있다는 점은 주목할 만하다. 데랑티는 차라리 전형적이라고 할 만한 방식으로 정치politics와 치안police에 대해 소개하며 랑시에르의 핵심적 개념에 대한 자신의 설명을 구조화한다. 그러나 데랑티는 '정치'politics를 치안la police의 질서를 깨뜨리는 것으로서 정의하면서,

---

13) 가브리엘 로크힐은 『미학의 정치』(*The Politics of Aesthetics*)[프랑스어판 제목은 감각적인 것의 나눔 *Le partage du sensible*]의 역자 서문에서 비록 잠깐이긴 하지만 '정치'(politics)와 '정치적인 것'(the political)의 차이에 대해 언급한다. 그러나 그는 이 개념들에 대응하는 프랑스어 단어들을 언급하지 않는다. 물론 로크힐의 랑시에르 번역도 두 개념을 잘 구분하지 않는다 (Rockhill 2006: 3). 나는 이하의 논의에서 이 요점으로 다시 돌아올 것이다.

직접적으로 정치$^{la\ politique}$라는 단어를 언급하고 있다. 그렇다면 데랑티의 해석에서도 치안$^{la\ police}$과 정치$^{la\ politique}$라는 두 개념이 대립을 이룬다고 할 것이다. 그리고 이 두 개념 간의 대립은 데랑티를 다시 순수한 정치의 딜레마에 봉착하게 만든다. 순전히 반대되는 두 개념 간의 상호작용을 어떻게 이해할 것인가? 데랑티의 대답은 탁월하면서도 독창적이다.

> 라 폴리스$^{la\ police}$[치안]와 라 폴리티크$^{la\ politique}$[정치] 사이의 이러한 긴장은 그들이 매개될 수 있고 매개되어야만 하는 필연적인 장소를 창조한다. 랑시에르는 이 제3의 개념을 르 폴리티크$^{le\ politique}$[정치적인 것]라고 부른다. 르 폴리티크$^{le\ politique}$는 사회적 불평등의 내부에서 작동하는 기저의 평등이, 평등을 위한 투쟁과 요구 속에서 실천적으로 입증되는 장소이다. 그러므로 정치적인 것은 또한 자연적으로 질서 잡힌 것으로 보이던 사회 질서의 잘못^{wrongness}과 '비틀림'^{wrungness}이 입증되는 장소이기도 하다. 르 폴리티크는 잘못$^{the\ tort}$의 희생자들과 잘못을 영속화시키는 자들을 특정한다. 간단하게 말하자면, 르 폴리티크는 언제나 정의^{justice}에 대한 요구이다. 르 폴리티크는 본질적으로 논쟁적이다. (Deranty 2006b: par. 6. 강조는 인용자)

표준적인 해석으로부터 미묘하지만 엄연하게 벗어나면서, 데랑티는 랑시에르의 개념적 틀 안에 두 개의 개념이 아니라, 세 개의 개념이 있다고 말한다. 르 폴리티크, 정치적인 것$^{le\ politique}$이 바로 그 세 번째 개념이다.[14]

---

14) 탠크는 "정치적인 것(le politique)은 계쟁이 일어나는 이러한 제3의 장소이자, 치안과 정치가 만나는 비결정적인 언제나 동요하는 지점이다"라고 말하면서(Tanke 2011: 51. 강조는 인용

이 세 번째 개념은 라 폴리스, 치안^{la police}에 포함된 지배의 논리와 라 폴리티크, 정치^{la politique}에 의해 동원된 평등의 전제가 만나는 장소를 특정하고 가리킨다. 데랑티가 이후의 주석에서 설명하고 있듯이, 이러한 해석은 라쿠라바르트와 낭시의 영향을 받은 정치적인 것^{le politique}과 정치^{la politique} 사이의 구분을 랑시에르가 진지하게 받아들이고 있다고 주장한다. 그러나 별로 놀랍지 않게도 랑시에르는 이 구분을 정반대의 목적은 아니라고 해도 자신만의 변별적인 목적을 위해 동원해 왔다. 낭시에게 르 폴리티크는 근대성 안에서 파괴되거나 상실되어 온 '정치적인 것'^{the political}의 어떤 본질을 시사하는 것이다. 반면 데랑티의 해석에서 랑시에르는 정확히 정치에 대한 반反본질주의적 이해를 가능하게 하기 위한 목적으로 르 폴리티크라는 세 번째 개념을 사용한다(Deranty 2003b: footnote 27).

자신이 제3의 개념이라고 부른 것을 랑시에르의 정치적 사유 안에 도입하면서, 데랑티는 치안^{la police}과 정치^{la politique}의 관계를 어떻게 해석할지에 관해 강력하고 설득력 있는 주장을 제시한다. 그러나 우리는 여전히 이러한 해석이 랑시에르의 텍스트로 뒷받침되고 있는가를 확인할 필요가 있다. 다시 말해 과연 랑시에르의 저술에 정치^{la politique}와 정치적인 것^{le politique}의 구분이 나타나고 있는가? 어쩌면 프랑스어본에 그러한 구분이 정말 존재하는지 모르겠지만, 지금까지 랑시에르의 영역자들은 영역본에서 이두 개념의 구분을 유지한 적이 없다. 『불화』의 영역자인 줄리 로즈^{Julie Rose}는 물론이고, 「정치에 관한 열 가지 테제」^{Dix thèses sur la politique}를 영역한 레이첼 볼비^{Rachel Bowlby}와 다비데 파네지아^{Davide Panagia} 역시 그러한 구분에 대해

자), 데랑티를 전적으로 따르고 있다. 탱크는 이 주장을 뒷받침하기 위해 랑시에르는 물론 누구의 어떠한 텍스트도 인용하지 않는다. 몇 줄 뒤의 문장에서야 데랑티를 인용한다.

언급한 바가 없다. 그들은 르 폴리티크와 라 폴리티크의 차이에 주목하려는 어떠한 노력도 기울인 바가 없다. 랑시에르의 프랑스어 원전들을 살펴봐도 르 폴리티크에 대한 언급은 매우 드물다. 그마저도 라 폴리티크와 르 폴리티크 간의 명시적이거나 의미 있는 구분을 도출할 만한 언급은 전혀 없다. 예컨대「정치에 관한 열 가지 테제」의 모든 테제는 라 폴리티크라는 단어만을 사용해 기술되었으며, 르 폴리티크라는 단어는 전혀 사용되지 않았다(Rancière 1998a 1995a). 이 모든 증거들은 하나의 핵심적 질문으로 이어진다. 과연 [랑시에르 저술들 중] 어딘가에서 그러한 구분을 찾아낼 수 있다면, 우리는 랑시에르의 이론 안에 정말로 정치$^{\text{la politique}}$와 정치적인 것 $^{\text{le politique}}$ 간의 구분이 존재한다고 말할 수 있는가?

지젝의 경우는 [대답이 간단하다]. 우리는 지젝이 랑시에르의 사유를 이미 만들어진 범주 집합에 부합하도록 만들기 위해, 밖에서 찾아낸 [정치와 정치적인 것 사이의] 구분을 랑시에르의 작업에 투영해 버린 것이라고 안심하고 말할 수 있다(Parker 2007: 71 참조). 그러나 데랑티의 경우는 대답이 그렇게 간단하지 않다. 왜냐하면 데랑티의 논의는 '정치적 차이'라는 쟁점에서 출발하는 것이 아니고, 따라서 그러한 '정치적 차이'에 대한 논의에 랑시에르를 끼워 맞추려 할 이유도 없기 때문이다. 오히려 '세 항들'에 대한 데랑티의 주장은 그의 랑시에르 해석으로부터 직접 도출된 것이다. 그러나 정치$^{\text{la politique}}$와 정치적인 것$^{\text{le politique}}$ 간의 강력한 구분을,『불화』나「정치에 관한 열 가지 테제」안에서는 찾을 수 없다면, 데랑티는 도대체 어디서 이 구분을 찾아낸 것인가?

이 질문을 되새기면서 나는 본의 아니게 데랑티가 임의로 이러한 구분들을 만들어 낸 건 아닌지 의심하기 시작했다. 그러나 [결론부터 말하자면] 물론 이 구분은 그가 임의로 만들어 낸 것이 아니다. 아마도 데랑티는

(비록 그가 직접 이 사실을 독자들에게 말해 주진 않지만) 랑시에르가 **영어로**
직접 쓴 몇 편의 저술들로부터 이 구분을 발견했을 가능성이 높아 보인다.
논지를 명확하게 하기 위해 되풀이하자면, 데랑티의 **정치**la politique**와 정치**
적인 것le politique 간의 구분은 랑시에르의 상대적으로 잘 알려진 정치적 저
작들이 아니라, 랑시에르가 영어로 발표한 몇몇 강연 원고들에 근거를 두
고 있다.[15] 1991년 랑시에르는 미국의 한 학회에서 「정치, 정체화, 주체생
산」Politics, Identification, Subjectivization[16]이라는 글을 발표했다. 『정치적인 것의
가장자리에서』Aux bords du politique의 프랑스어본 2판의 서문에서 랑시에르가
말하고 있듯이, 이 행사는 "정체성 문제에 관한 **미국적 논쟁**"에 헌정된 것
이었고, 민족주의와 인종주의의 쟁점들이 중점적으로 다뤄졌다(Rancière
1998a: 13[『정치적인 것의 가장자리에서』 18쪽]. 강조는 인용자).[17] 학회의
주최자들은 각 발표자에게 구체적인 질문들을 던졌고, 랑시에르는 이 질
문들 중 하나에 대한 대답의 형태로 자신의 강연을 구조화하기로 결정했
다. 이 강연에서 그는 자신의 모국어가 아닌 영어로 강의를 해야만 하는
데 대한 염려를 미리 전제한 다음, 바로 두 번째 문단에서 다음과 같이 쓰
고 있다. "나는 우리가 다루도록 요청받은 쟁점들의 목록 중에 세 번째 논
점을 인용한다. '정치적인 것the political이란 무엇인가?'"(Rancière 1995c:

---

15) 혹은 더 정확히 표현하자면, 이 구별은 그 영어 텍스트들에 대한 프랑스어 번역으로부터 나온
  것이다. 이를 이후의 논의에서 더욱 상세히 다룰 것이다.
16) [옮긴이 주] subjectivization은 '주체화'로 옮기는 것이 더 자연스러울 것이다. 하지
  만 3장에서 체임버스는 우리말로 모두 '주체화'로 옮겨지는 영어 단어 subjectivation,
  subjectivization, subjectification을 구분할 필요가 있다고 주장한다. 체임버스의 논지를 존
  중해 옮긴이는 subjectivization은 주체생산, subjectification은 주체형성, subjectivation은
  주체화라고 옮긴다. 물론 이 구분은 이해의 편의를 위해 옮긴이가 임의로 만든 것이다. 자세
  한 논의는 3장 참조.
17) 이 1998a 판본에 대한 모든 번역은 나의 것이다.

63[『정치적인 것의 가장자리에서』112쪽]).[18] 따라서 "정치적인 것"the political에 대해 사유해 보자는 발상은 바깥에서부터, 즉 다문화주의에 관한 미국 중심적인 논쟁이 있던 시기로부터 랑시에르에게 주어진 것이며, 심지어 그에게는 외국어인 영어로 주어진 질문이었다. 랑시에르는 이어서 "정치적인 것이란 무엇인가?"라는 질문에 그 나름의 답변을 제시하는데, 이 답변은 데랑티의 논지에 완벽하게 부합하는 것이다. "정치적인 것이란 이질적인 두 과정들의 마주침이다." 랑시에르는 첫 번째 과정을 '치안'policy이라고 부르고 두 번째 과정을 '평등'equality이라고 부른다(Rancière 1995c: 63[『정치적인 것의 가장자리에서』112쪽]). 10년이 더 지난 후에 데랑티가 되풀이한 것과 같이, 랑시에르는 "우리에게 세 개의 개념이 있다"고 말한다. 그러나 이 시점에서 그 세 개의 개념이란, "치안policy, 해방emancipation, 그리고 정치적인 것the political"이다(Rancière 1995c: 64[『정치적인 것의 가장자리에서』114쪽]; 또한 Deranty 2003b: par. 9 참조). 이어서 랑시에르는 우리가 해방의 과정을 '정치'politics라고 명명할 수 있다고 시사한다. 우리가 만약 '치안'policy을 프랑스어로 다시 라 폴리스라고 옮길 수 있다면,[19] 드

---

18) 프랑스어 번역본은 맨 앞의 두 문단들을 들어내 버리고, 대신 랑시에르가 그 자신과 독자들에게 다음과 같이 질문하는 것으로 시작하고 있다. "우리가 받은 질문은 다음과 같다. 정치적인 것이란 무엇인가?"(Qu'est-ce que *le* politique, nous est-il demande)(Rancière 1998a: 83[『정치적인 것의 가장자리에서』112쪽]).

19) 이렇게 폴리시(policy)를 치안(la police)으로 번역하는 것은 일견 타당해 보인다. 하지만 이는 기술적으로는 오역인데, 왜냐하면 모든 영불사전들이 폴리시의 번역어로 **정치**(la politique)가 더 타당하다고 말하고 있기 때문이다. 여기서 우리는 랑시에르가 실제로는 **영어로만** 유지될 수 있는 구분을 이 강의에서 제안했다는 점을 더욱 명확하게 볼 수 있다. 랑시에르가 영어로 사용하는 구분을[즉 폴리시(policy)와 폴리틱스(politics)의 구분을] 프랑스어로 직역했을 때 우리는 **정치**(la politique)와 **정치**(la politique)의 구분만을 얻게 된다[즉 둘을 구분할 수 없게 된다].

디어 우리는 데랑티가 주장하고 있는 세 개의 개념, 즉 **치안**la police, **정치**la politique, 그리고 **정치적인 것**le politique을 만나게 된다. **정치**la politique란 **치안**la police에 의해 구성된 지배질서와 조우하는 평등의 논리를 의미하는 반면, **정치적인 것**le politique이란 그러한 조우를 위한 토대 내지 공간을 말한다.

그럼에도 불구하고 여기서의 랑시에르의 논지는 분명 명쾌한 것과는 거리가 멀다. 이 때문에 나는 데랑티와 영어 강연자로서의 랑시에르가, 자신의 프랑스어 원전이 제공하는 정치적 사유를 적절하게 포착하고 있는지에 대해 여전히 회의적이다. 랑시에르의 영어 강연을 직접 살펴봄으로써 사안을 복잡하게 만들기 전에 '랑시에르의 정치적 차이' 서사를 어느 정도 가까이서 살펴볼 필요가 있겠다. 첫째, 랑시에르는 다른 곳에서도 정치와 정치적인 것의 차이에 대해 언급했지만, 그러한 언급은 제한된 횟수에 그칠 뿐 아니라 그나마도 원래 영어로 쓰인 텍스트에 국한되어 있다. 2004년 영어로 진행된 또 다른 강의에서 랑시에르는 이전의 강연을 직접 언급한다. "이전의 글에서 나는 정치의 과정과 치안의 과정이 조우하는—그리고 '뒤얽히는'—장소에 '정치적인 것'the political이라는 명칭을 붙이는 것을 제안했었다"(Rancière 2011c: 5). 그러나 이 강의는 더 이상 정치/정치적인 것의 구분을 활용하지 않으며, 더 이상 그러한 3항 모델을 분명하게 유지하지도 않는다. 오히려 이 강의는 정치가 "'고유한'proper 대상을 가지지 않는다"는 논점을 제시하기 위해 이전의 작업을 환기했을 뿐이다(Rancière 2011c: 5). 나는 이 논점을 앞서 논의한 바 있다. 마지막으로 데리다의 사후에 이뤄진 2005년의 강연에서 랑시에르는 다시 한번 '정치적인 것'the political을 언급한다. 그러나 이 텍스트는 사실상 데랑티가 제안하고, 랑시에르의 1991년 텍스트가 뒷받침해 주는 것처럼 보이는 3항 모델로부터 심지어 더 멀리 벗어나 버린다. 이후의 논의에서 이 문제를 더 자세히 다룰 것이다.

랑시에르 스스로가 정치와 치안 간의 조우의 토대를 마련해 줄 제3항으로서 '정치적인 것'the political이라는 관념을 발전시킨 적이 없다는 사실을 감안할 때, 나는 왜 제3항이라는 발상이 데랑티로부터 주목을 받게 된 것인지에 대해 다른 가설을 생각해 보기로 했다. 즉 단순히 랑시에르의 세 번의 짧은 영어 강연 때문이 아니라, 랑시에르가 (혹은 그의 편집자가) 『정치적인 것의 가장자리에서』의 프랑스어본 2판에 그중 첫 번째 강연을 프랑스어로 번역해 포함시키기로 결정했기 때문에, 제3항이라는 발상이 주목을 받게 됐을 것이라고 가정해 볼 것이다. 1991년 강의는 정치la politique와 정치적인 것le politique을 명확하게 구분하기 위한 목적에서 프랑스어로 번역됐다. 더군다나 이 2판에서 편집자는 '정치적 차이'를 강조하기 위해 폴리티크politique에 선행하는 정관사 르le와 라la를 이탤릭체로 표시하기로 결정했다. 여기에 더해 이 유명한 책(1판은 정치를 핵심 주제로 직접 다루고 있는 랑시에르의 초기 에세이 몇 편을 포함하고 있는데, 『불화』는 그 에세이에 직접적으로 기초를 두고 있다)의 2판은 전체적인 구조를 새롭게 구성하며, 1991년의 강의를 새로운 '제1부'의 한가운데에 위치시켰다. 제1부는 '뒤 폴리티크 아 라 폴리티크'Du politique à la politique, 즉 '정치적인 것에서 정치로'라는 제목을 달고 있다. 마지막으로 랑시에르는 2판을 위한 새로운 서문에서 프랑스어 텍스트에서는 처음으로 그리고 (내가 아는 한에서는) 유일하게 라 폴리티크와 르 폴리티크의 구분을 언급하고 있다. 이 모든 것에 비추어 보아도 라 폴리티크와 르 폴리티크의 구분이 랑시에르의 정치에 대한 사유에서 언제나 핵심적인 지위를 차지한다고 보기에는 부족한 면이 있다고 생각했는지, 이 책 뒤표지에 적힌 광고 문구는 르 폴리티크와 라 폴리티크의 차이를 분명히 하는 새로운 서문의 일부를 인용하고 있다. 그 광고 문구에는 다음과 같이 쓰여 있다. "만일 정치적인 것$^{le\ politique}$이 철학적 사유의 대상으로 스스로를 내세운다면, 그것은 의심할 나위 없이 이 중성 형용사가 편리하게 정치$^{la\ politique}$라는 실체의 한 변형을 의미했기 때문이다. 정치$^{la\ politique}$는 일상적인 의미에서 정당들 간의 권력 투쟁과 그러한 권력의 행사를 뜻했다. 정치$^{la\ politique}$가 아니라 정치적인 것$^{le\ politique}$을 말한다는 것은 통치 활동이 아니라 법과 권력, 공동체의 원리들을 가리킨다는 것이다"(Rancière 1998a: 20 [『정치적인 것의 가장자리에서』 14쪽]).[20]

랑시에르의 전 저작에서 『정치적인 것의 가장자리에서』의 2판이 갖는 중요성을 감안할 때, 지난 10년간 랑시에르의 프랑스어 저술을 구독해 온 (데랑티와 같은) 독자가 정치$^{la\ politique}$와 정치적인 것$^{le\ politique}$ 간의 구분이 랑시에르의 정치에 대한 전반적인 사유 안에서 중요한 역할을 수행해 왔다고 쉽사리 가정하는 것은 있을 법한 일이다. 예컨대 마카트는 정치적 차이에 대한 자신의 책의 독일어 수정증보판에서 바로 이 1998년 텍스트에 대한 논의를 추가하면서 랑시에르에 대한 자신의 논의를 분명하게 하고 있다(Marchart 2010). 첫째, 마카트는 랑시에르에게 근본적 '차이'는 확실히 라 폴리티크와 라 폴리스 사이에 있다는, 내가 앞에서 인용한 논점을 명확히 한다. 그는 이어서 "르 폴리티크의 범주는 전적으로 사라지지는 않았다"라고 덧붙인다(Marchart 2010: 180, 번역은 인용자).[21] 그 증거로서, 마카트는 1991년의 (원래는 영어로 발표된) 강연에 대한 1998년의

---

20) 랑시에르가 자신의 핵심 쟁점이 라 폴리티크와 르 폴리티크의 차이라는 것을 명확히 하고 있는 이 글에서조차, 우리는 (마카트가 다른 많은 저자들에게서 발견한) 극명한 '정치적 차이'나 데랑티의 작업이 제시한 것과 같은 세 개의 개념에 대한 명확한 기술 같은 걸 찾을 수 없다.

21) 마카트의 독일어를 번역하는 데 귀중한 도움을 준 앤 캔텔(Anne Kantel)에게 감사를 표하고 싶다.

프랑스어 번역을 인용하는데, 특히 랑시에르가 "세 개의 항"을 나열하고, '정치적인 것'the political이 다른 두 항이 만나는 현장terrain22)이라고 시사하는 부분을 인용하고 있다(Rancière 1995c[1991]: 64; Rancière 1998a: 84[『정치적인 것의 가장자리에서』115쪽]; Marchart 2010: 180). 2003년 데랑티의 논문과는 다르게, 마카트의 최근 저서는 '정치적인 것'에 대한 랑시에르의 논평의 '출처'를 직접적으로 밝히고 있다.23) 그러나 마카트의 독일어 텍스트는 아직 널리 접근가능한 것이 아니다. 이 책은 데랑티의 영어 논문 두 편과 비교해 더 많은 독자들을 만나기는 분명 힘들 것이다. 이러한 이유 때문에 이 세 개의 개념과 관련해서 일정 정도의 의혹이 남아 있다고 할 수 있다. 데랑티의 해석은 여전히 일정한 인력引力을 갖고 있다.

나는 랑시에르의 작업에서 '정치적인 것'이 가지는 의미에 대한 나름의 해석을 제시함으로써 그러한 인력에 저항하고자 한다. 다음 절의 본격적인 해석으로 들어가기 전에 여기서는 한 가지 사실을 강조하고 싶다. 2000년대 랑시에르의 수차례 영어 강연에서 이뤄진 '정치적인 것'에 대한 두 번의 아주 간략한 언급에도 불구하고, 랑시에르의 정치에 대한 절대 다수의 저작에서 이 구분은 전혀 드러나 있지 않다. 1990년대 이래 랑시에르의 정치에 대한 핵심적 작업이 모두 (영어로) 세 개의 개념을 제시했던 1991년 강의 이후에 출간됐다는 점은 의미심장하다. 하지만 랑시에르는

---

22) 랑시에르의 영어 원문(Rancière 1995c)은 '장'(field)라는 단어를 사용했다. 프랑스어 텍스트 (1998a)에서는 현장/지형(terrain)으로 번역되었고, 마카트의 독일어(Marchart 2010)에서도 'Terrain'으로 번역됐다.

23) 마카트는 1998년의 프랑스어 텍스트가 그보다 이른 시기에 발표된 영어 강의의 번역이라는 사실을 언급하지 않는다. 또한 그는 내가 뒤의 논의에서 강조하고 있는 것과는 달리, 1990년 대 랑시에르의 핵심적인 정치적 텍스트들이 르 폴리티크나 제3의 개념을 언급하지 않는다는 사실도 강조하지 않는다.

그러한 용어법을 『불화』—분명하게 정치에 헌정된, 정치철학의 전통에 개입하는 랑시에르의 핵심 저작이다—안에 편입시키지 않았다. 그러므로 나는 랑시에르를 해석하는 데 있어 그의 사유에 근본적인 세 가지 개념이 있다고 가정하는 것에는 매우 문제적인 부분이 있다고 믿는다. 그러한 해석은 어떤 짤막한 강의의 프랑스어 번역본과 어떤 에세이 선집에 달린 8페이지 남짓의 서문을, 랑시에르의 정치에 관한 전 저작을 해석하기 위한 핵심적인 안내서로 활용한다는 것을 의미한다. 랑시에르의 주된 텍스트에서 **정치적인 것**$^{\text{le politique}}$이 **정치**$^{\text{la politique}}$와 **치안**$^{\text{la police}}$을 매개한다는 생각을 뒷받침할 만한 더 이상의 이유 내지 증거가 없다면, 랑시에르의 정치에 대한 주장을 이러한 접근 방법을 중심으로 구조화하는 것은 잘못인 듯하다(랑시에르가 자신의 과거 작업을 이러한 관점을 통해 재해석하려 한다는 것을 증명할 만한 어떠한 증거도 없음은 말할 나위도 없을 것이다. 내가 아는 한 1998년 이후에 **정치**$^{\text{la politique}}$와 **정치적인 것**$^{\text{le politique}}$ 간의 구분을 유지하고 있는 랑시에르의 프랑스어 저술은 하나도 없다). 여기서 나의 목표는 데랑티에 대한 결정적인 반론을 제시하는 것이 아니다. 사실 데랑티의 랑시에르에 대한 접근 방식이 반드시 '잘못된 것'이라고 할 수는 없다. 그러나 나는 랑시에르로부터 세 개의 항을 찾아내는 그의 해석 방식이 독자들에게 가질 수 있는 영향에 대해 우려한다. 데랑티의 저술은 특히 랑시에르의 프랑스어 저술에 쉽게 접근할 수 없는 독자들에게 일종의 왜곡 효과를 가져올 수 있기 때문이다.

나는 **치안**$^{\text{la police}}$과 **정치**$^{\text{la politique}}$ 간의 갈등의 토대를 제공하는 것으로서, 혹은 둘 사이의 조우의 공간을 제공하는 것으로서 **정치적인 것**$^{\text{le politique}}$이라는 관념을 거부한다. 그러나 제3항에 대한 나의 거부가 그저 텍스트의 생산 및 발표와 관련된 맥락주의적 논증에만 기반을 둔 것이 아니라는 점을 강조하고 싶다. 맥락주의적 작업은 랑시에르의 저술을 조심스럽게 해석해야 할 이유를 제시한다. 게다가 랑시에르의 저작에 제3개념을 도입하려는 시도는 그의 정치 사유가 가진 미묘함과 힘을 설명하는 데 실패하고 있다. 이는 랑시에르의 정치를 3항 모델 안에서 이해함으로써, 사실상 그의 정치[la politique]에 대한 발상이 담고 있는 날카로움을 무디게 만든다. 랑시에르의 정치관이 세 개의 개념을 요구한다고 주장하게 되면 랑시에르의 주장이 가진 논쟁적 힘을 제한해 버리는 것이다. 이러한 해석은 랑시에르를 실제의 그보다 더 헤겔적인 것으로 만든다. 뿐만 아니라 정치적인 것[le politique]을 '정치의 투쟁'이 발생되는 공간으로 만드는 것은 랑시에르를 영토적인 아렌트의 모델에 지나치게 가깝게 밀어붙이는 일이다. 랑시에르를 해석하는 데 있어 이 두 편입 전략은 모두 그의 사유가 가진 결정적 차원을 무시하거나 소거해 버린다. 랑시에르는 '행위의 영역'[a sphere of action]이라는 발상에 저항한다. 또한 정치적인 것[le politique]을 매개적이고 정초적인 개념으로 승격시키는 것은 랑시에르의 정치 개념을 자신의 '고유한' 공간에서 발생해야만 하는 종별적인 유형의 행위에 대한 설명으로 치환해 버릴 위험이 있다(Rancière 2001: par.4[『정치적인 것의 가장자리에서』 209~210쪽]; 또한 Rancière 2011c 참조). 심지어 형식적 논리 구조의 관점에서 봤을 때도 3항 모델은 균형의 결여를 일관되게 옹호하는 사상가—균형보다는 역설 안에서, 그리고 역설을 통해서 사유하는—의 것이라고 하기엔 지나치게 대칭적이고 균형 잡힌 것이다. 세 개의 개념 모델은 랑시에르의 개념을 위한 일련의 고유한 영역을 만들어 낸다. 그러나 원래 랑시에르의 개념은 언제나 고유한 영역이라는 발상을 방해하도록 설계된 것이다.

정치의 이중화 : 치안질서 안에서의 민주주의 정치

랑시에르의 정치에 대한 사유를 3항 모델에 동화시켜 폐쇄해 버리는 것을 방해하기 위해서, 나는 데랑티의 주장을 발전시키는 동시에 특수한 방식으로 구부러뜨리거나 '비틀' 것이다. 데랑티가 강조하듯이, 치안질서와 대면하여 정치가 주장하는 '잘못'wrongness은 또한 '비틀림'wrungness —치안질서와 그것의 불평등 논리를 구부러뜨리거나 비트는 것—이기도 하다. 나는 데랑티가 랑시에르의 작업에서 찾아낸 반反존재론적 비틂이라는 유용한 발상을 데랑티 자신의 랑시에르 해석에 적용하고자 한다. 그리하여 랑시에르의 주장 안에는 서로 구분되는 세 개의 개념이 존재하지 않는다고 주장할 것이다. 만약 랑시에르에게 세 개의 개념이 있다면, 이들 각각은 모두 순수한 개념이 될 것이다. 즉 지배의 영역(치안), 불화의 영역(정치), 그리고 이들이 만나는 장소(정치적인 것)라는 순수한 세 개의 개념 말이다. 그러나 이는 정치의 본질적인 개념인 **정치적인 것**le politique을 존재론적 기초로 내세우는 일이 될 것이다. 데랑티가 강조하고 내가 1장 전반에 걸쳐 꾸준히 주장해 온 바와 같이, 이러한 작업보다 랑시에르의 기획에서 멀리 벗어나는 일은 없을 것이다. 랑시에르와 내가 함께 계속해서 강조해 온 것처럼, 랑시에르는 모든 존재론을 거부한다(Rancière 2011c; Rancière 2009b; Ieven 2009).[24] 그러므로 내가 주장하는 바는 다음과 같다. 세 개의

---

24) 랑시에르는 이 논점을 최근에 3인칭으로 작성한 에세이에서 자세히 설명한다. "오늘날 정치를 개념화하는 대부분의 학자들은, 비록 일반적인 존재론을 바탕으로 하진 않더라도 주체에 관한 일반 이론을 바탕으로 그러한 작업을 수행하고 있다. 그러나 랑시에르는 존재로서의 존재에 관한 이론으로부터, 정치나 예술, 문학을 이해하기 위한 그 어떠한 연역도 할 수 없다고 주장한다. 랑시에르가 이렇게 말하는 이유는 그가 존재로서의 존재가 무엇인지에 대해 아무

개념(치안, 정치, 정치적인 것)이 있는 것이 아니라, 단지 두 개의 개념 중 하나의 이중화^{doubling}가 있다. 방법^{method}에 대한 그의 최근 에세이에서 랑시에르는 '정치 개념의 이중화'를 언급한다(Rancière 2009b: 121). 또한 특히 방법이라는 문제에 헌정되고 정치이론의 질문에 대해 상세하게 토론하고 있는 이 에세이가 정치와 정치적인 것(혹은 라 폴리티크와 르 폴리티크) 간의 차이에 대해 어떤 형태로도 언급하지 않는다는 점은 단순한 우연이 아닌 것처럼 보인다.

정치는 언제나 이미 이중화된다. 정치는 결코 단독적이거나[독특하거나]^{singular} 순수한 것일 수 없는 까닭에 '이중화'된다. 그러한 이중화는 이미 주어진 정치에 대해 발생하는 2차적 과정이 아니라 정치의 가장 우선적인 본질적 특징이라는 점에서 '언제나 이미' [이루어지는 것이다]. 3장에서 논의할 로고스의 경우와 마찬가지로, 정치는 기원적인 오염에 노출되어 있는 것이다. 정치는 그 자신으로부터 분열되어 있으며, 그 시작에서부터 둘로 분열되어 있다(Rancière 1999: 16, 61[『불화』 45쪽, 109쪽]). 따라서 정치는 랑시에르의 사유에서 결코 순수할 수 없는 것이다. 그의 작업에서는 (라 폴리티크/르 폴리티크 간의) 명백한 '정치적 차이'란 존재할 수 없다. 왜냐하면 정치는 스스로를 이중화시키기 때문이다. 정치$^{la\ politique}$와 정치적인 것$^{le\ politique}$ 중 어떤 것도 단독적일^{singular} 수 없다는 점을 고려할 때, 우리는 결코 정치$^{la\ politique}$로부터 정치적인 것$^{le\ politique}$을 분리해 낼 수 없다.$^{25)}$ 나는 이

것도 아는 바가 없기 때문이다. 이것이 바로 랑시에르가 그다지 많지 않은 자신의 가용한 자원에 집중해야 하는 이유다. 그는 어떠한 존재론적 원리로부터도 정치를 연역할 수 없기 때문에, 정치의 한계로부터, 즉 정치의 탄생이나 정치의 사라짐이 무대에 올려진 상황으로부터 정치를 탐구하는 방법을 선택했다"(Rancière 2009b: 117).

25) 만약 영어 번역이 라 폴리티크와 르 폴리티크 간의 미묘한 차이들을 인식하지 못한다면—즉

주장의 압축적인 공식을 전개해 보고 이 공식이 가진 함의 중 일부를 탐구해 볼 것이다.

첫째, 나는 '이중화된 정치'를 어떻게 랑시에르를 번역할 것인가라는 난제—이는 어떻게 랑시에르를 읽을 것인가의 문제이다—에 대한 일종의 해법으로 제시할 것이다. 만약 정치$^{\text{la politique}}$가 단순히 자기 자신이 되는 것에 그칠 수 없다면(결코 순수한 것일 수 없고, 결코 단일한 것일 수 없다면), 우리는 어떻게 정치를 치안질서에 대한 파열적인 타자인 동시에, 어떤 방식으로건 치안질서의 한 부분을 이루는 것으로서 이해할 수 있는가? 정치$^{\text{la politique}}$는 언제나 궁극적으로 치안$^{\text{la police}}$에 대립하는 것이며, 치안을 변형시키는 것이다. 그러나 정치$^{\text{la politique}}$가 단순히 자기 자신이 될 수 없기 때문에, 정치는 치안에 전적으로 외부적인 것으로 이해될 수 없다. 정치적인 것$^{\text{le politique}}$을 제3의 개념으로 파악하면서, 사실 데랑티의 해석은 이 이중화의 차원을 랑시에르의 작업 안에서 작동시키기 직전까지 다가간다. 그러나 나는 데랑티처럼 제3개념을 도입함으로써 정치$^{\text{la politique}}$의 순수성을 보존하기보다는, 정치의 이중화가 가지는 결정적인 중요성을 고수할 것이다.

랑시에르의 해석에 대한 나의 접근 방식은 정치적인 것$^{\text{le politique}}$을 언급하지 않는 텍스트는 물론이고, 그것을 언급하는 텍스트에까지도 적용 가능하다. 나는 랑시에르의 비순수한 정치라는 발상이, 그가 정치와 치안

번역의 행위가 이 두 개념을 모두 '정치'(politics)라는 하나의 영어 단어로 옮긴다면—어쩌면 영어 번역에서는 이러한 이중화가 사라지게 될지 모른다. 그러나 영역자들이 제3의 개념, 즉 '정치적인 것'(the political)을 만들어 내고 랑시에르가 르 폴리티크라고 쓸 때마다 꼬박꼬박 그것을 '정치적인 것'이라는 단어로 구분해 옮기는 것은 옳지 않다. 이러한 해석은 [정치와 정치적인 것의] 구분에 대한 랑시에르 자신의 언급이 오로지 영어 텍스트에서만 등장한다는 사실로도 뒷받침된다. 그러므로 랑시에르 자신은 데랑티를 따라 세 개의 개념을 만들어 내기보다 라 폴리티크의 이중화를 시사한다고 말할 수 있다.

의 만남을 위한 순수한 공간을 구성할 세 번째 개념을 필요로 하지 않는다는 점을 의미한다고 주장해 왔다. 그럼에도 불구하고, 몇몇 텍스트에서 랑시에르가 정치적political이라는 용어를 도입하고 있으며, 그 용어가 정치politics라는 단어와는 구분되는 기능을 수행하고 있는 것은 명백하다. 그렇다면 어떻게 데랑티의 접근 방식에 의지하지 않고 이러한 정치적인 것의 일시적인 출현을 설명할 수 있는가? 나는 '정치적인 것'the political을 언급하는 랑시에르의 최근 텍스트를 간략하게 해설하면서 이에 대한 대답을 마련할 것이다. 2005년에 랑시에르는 런던의 버크벡칼리지에서 열린 데리다 추모 행사에서 강연을 한 바 있다. 영어로 이뤄진 이 강연에는 '민주주의는 무언가를 의미하는가?'Does Democracy Mean Something?라는 제목이 달려 있다. 이 강연은 정치와 민주주의에 대한 랑시에르의 사유에서 공통적으로 등장하는 수많은 주제를 다루고 있다. 물론 더욱 중요한 사실은 이 강연에서 랑시에르가 정치적political이라는 단어를 미묘하게 다른 방식으로 사용했다는 점이다.

이 에세이에서 랑시에르는 자신이 매우 다양한 맥락에서 활용한 플라톤의 『법률』에 대한 해석을 되풀이한다(Rancière 2006c: 39~40[『민주주의는 왜 증오의 대상인가』 92~95쪽]; 또한 Rancière 1999: 64[『불화』 113쪽] 참조). 『법률』 3권에서 플라톤은 "지배에 필수적인 모든 자격의 목록"을 만든다(Rancière 2010b: 50). 처음 6개의 자격은 모두 지배를 위한 종별적인 아르케를 지시한다. 다시 말해 그것들은 하나의 집단(강자)이 다른 집단(약자)을 지배하는 원리를 다양한 형태로 제시한다. 여기까지 플라톤의 설명에는 놀라울 만한 것이 전혀 없다. 왜냐하면 랑시에르가 말하고 있듯이, "통치는 겉보기에 그것의 아르케에 대한 설명", 즉 "어떻게 누군가는 지배자의 위치를 갖게 되고 다른 이들은 그의 지배를 받게 되는지에 대한" 하나의 정당화를 "요구하기 때문이다"(Rancière 2010b: 51). 그러나 플라톤의 독자들은 목록의 일곱 번째 항목을 확인하면서 놀라움에 직면하게 된다. 여기서 그들은 지배의 마지막 자격이 아무 원리도 아닌 원리임을 발견하게 되기 때문이다. 그 일곱 번째 항목이란 "'제비뽑기', 혹은 민주주의"이다(Rancière 2010b: 51).[26] 이 항목을 목록에 추가하는 것은 일종의 역설을 만들어 낸다. 민주주의는 하나의 아르케가 아니며, 지배의 원리가 아니다. 그것은 단지 지배함 그 자체, **크라토스**^{kratos}, 거의 무작위적인 '우세'^{prevailing}이다. 모든 훌륭한 플라톤주의자들은 아르케의 필연성을 옹호하는 한편으로 이 일곱 번째 자질을 목록에서 제거하고 싶을 것이다. 그러나 랑시에르는 플라톤이 이 일곱 번째 자질을 목록에 남겨 둔 이유가 있으며, 그 이유가 단순히 민주주의가 실존한다는 경험적 사실 때문만이 아니라는 점을 보여 준다. 플라톤이 이 일곱 번째 항목을 목록에 추가해야만 했던 것은 민주주의적인 지배 자격 안에서 아르케의 결여가 나름의 역할을 수행하기 때문이다. 일곱 번째 자격은 다른 "'좋은' 자격들"에 되돌아온다(Rancière 2010b: 51). 랑시에르가 이러한 진술을 통해 의미한 바는 다음과 같다. 지배를 위한 다른 모든 원리들은 지배를 정당화하기 위해 자신들의 아르케를 활용할 수 있다. 하지만 그러한 원리들 자체는 결코 정치적인 지배를 설명할 수 없다.

이 주장을 좀더 다듬어서, 민주주의 외에 다른 지배 자격들은 정치적이지 않다는 랑시에르의 도발적 주장을 설명해 보도록 하자. 지배를 나이에

---

26) 랑시에르의 해석에서 '제비뽑기'는 민주주의 원리들을 이행하거나 민주주의 체제를 유지하기 위한 절차나 기제가 아니라는 점에 주목하자. 민주주의는 하나의 체제가 아니라는 다른 곳에서의 랑시에르의 주장들과 일관되게(Rancière 2006c: 71[『민주주의는 왜 증오의 대상인가』 154쪽]), 그는 여기서 제비뽑기를 민주주의 자체의 또 다른 이름으로서 언급하고 있다.

기초 지우는 것은 우리에게 장로의 통치gerontocracy를 선사한다. 지배를 지식에 기초 지우는 것은 우리에게 인식의 통치epistemocracy를 선사한다. 그러나 이중 어떤 것도 우리에게 정치를 주지는 않는다. "그러나 통치 형태의 목록에서 빠진 것은 정치적 형식이다. 만약 정치적 통치라는 관념에 의미가 있다면, 그것은 [단순한 지배 자격 이상의] 추가적인 무언가를 함축하지 않으면 안 된다"(Rancière 2010b: 51~52). 랑시에르에게 지배함을 정치적인 것으로 만드는 것은, 지배가 대체보충supplement에 가담한다는 점, 즉 지배의 자격 아닌 자격, 지배의 원리 아닌 원리에 가담한다는 점이다. 즉 아르케[지배의 질서를 정당화하는 원리]가 아니라 크라토스[단순한 힘의 우세]에 가담한다는 것이다. 랑시에르는 민주주의란 어떤 아르케에 의해서도 인정되지 않은 데모스[통치의 자격을 갖추지 못한 인민들]의 권력을 가리키는 것이라고 말한다. 더 나아가 여기서 랑시에르는 정치적인 것이란 오로지 민주주의로부터만 출현할 수 있다고 주장한다. 모든 정치는 민주주의 정치다. 왜냐하면 '정치적인 것'the political은 정치la politique가 치안la police과 대면할 때만 출현하기 때문이다. 랑시에르는 이 논점을 다음과 같이 표현한다.

> 권력은 반드시 정치적political이 되어야 한다. 권력이 발생하기 위해서 치안의 논리는 정치의 논리에 의해 뒤틀려 있어야만 한다. 정치란 자격을 갖추지 못한 자들the unqualified의 권력에 의한, 모든 자격들의 대체보충supplement을 의미한다. 우리는 도대체 왜 어떤 인간들이 다른 누군가를 지배해야 하는지의 문제에 대해서는 납득할 만한 아무런 이유도 찾을 수 없다. 이 사실은 지배자의 통치가 이뤄지는 궁극적 토대가 된다. 궁극적으로 지배의 실천은 지배할 이유의 부재에 의존한다. (Rancière 2010b: 53)

따라서 우리는 한 가지 의미에서 데랑티가 전반적으로 옳았다고 말할 수 있다. 즉 정치적인 것^le politique 은 정치를 위한 토대를 제공한다. 그러나 이 '궁극적 토대'는 어떠한 토대도 아닌 토대다. 따라서 정치적인 것^le politique 은 결코 정치와 치안의 조우를 매개하는, 둘에 선행하는 공간으로 생각될 수 없다. 오히려 이와 정반대로, 정치적인 것^the political 은 치안질서 안으로의 정치의 난입을 통해서만 출현할 수 있다. 여기서 랑시에르가 반복적으로—다시 한번 영어로—정치적^political 이라는 단어를 형용사로 사용하고 있음에 주목하자. 그는 '정치적인 것'^the political 을 정치를 가능하게 만드는 근본적이고 존재론적인 범주로서 언급하지 않는다. 오히려 그는 어떻게 정치의 불화가 '정치적 통치'^political government 내지 '정치적 권력'^political power 을 초래하는지를 보여 준다.

이와 같은 방식으로 랑시에르가 활용한 정치적^political 이라는 형용사는 정치의 비순수성을 가리킨다. 정치적인 것^le politique 의 장소를 미리 결정하고자 하는 것은 정치라기보다는 오히려 치안이다. "치안의 논리는 정치적인 것의 영역의 범위를 제한하는 데 있다." 그리고 그것은 "정치적인 것^the political 의 순수성^purity 이라는 이름으로" 그러한 일을 수행한다. 이러한 순수성의 개념에 반대해 랑시에르는 비순수성^impurity 의 민주주의 정치를 요청한다. "민주주의의 논리는 … 정치적인 것^the political 의 경계를 흐리고 전치시키는 데 존재한다"(Rancière 2010b: 54). 내가 ('정치적인 것'^the political 의 범주와 구분하기 위해) 정치성^politicalness 이라는 말로 부르기를 선호하는 것에 대한 이 설명은 나의 논지와 많은 부분에서 함께 작동한다. 왜냐하면 우리는 여기서 '정치적인 것'이 하나의 경계 지은 공간을 명명하게 한다는 바로 그 발상을 볼 수 있기 때문이다. 이러한 발상은 치안의 논리에 속하는 것이거나 적어도 치안의 논리에 가담하는 것이다. 결국 공간을 경계 짓는다는 것은 치안화가 수행하는 일이기 때문이다. 반면 민주주의의 논리는 그러한 치안의 경계를 동요시키는 것이며, 그러한 동요는 종종 이전에는 정치적으로 보이지 않던 것에서 '무언가 정치적인 것'을 찾거나 만들어 냄으로써 이루어진다. 민주주의의 논리는 비자격을 자격으로 만들고 비정치적인 것을 정치적인 무언가로 만든다. 요컨대, 민주주의의 논리는 **정치화한다**politicize.

이 모든 것은 **정치성**politicalness이라는 단어가 랑시에르가 개념화하거나 정의하려는 제3의 개념이 아님을 보여 준다. 달리 말하면 '정치적인 것' the political은 **치안**la police과 **정치**la politique 같은 용어와는 달리 그의 개념적 어휘나 비판적 장치의 일부를 이루지 않는다. 오히려 정치성은 불화의 투쟁이 가진 한 차원으로 더욱 잘 묘사될 수 있다. 정치성은 감각적인 것의 나눔의 일정한 양상이며, 갈등의 결과이지 정치의 이론적 조건은 아니다. 이를 언급하면서 나는 데랑티에 대한 나의 비판을 더욱 날카롭게 하고자 한다. **정치적인 것**le politique을 정치가 발생하기 전에 선행하는 제한된 공간으로 해석하는 것의 문제는, 단지 이러한 해석이 **정치**politics와 **정치성**politicalness의 관계를 거꾸로 이해하게 된다는 것에서 (그리고 '정치성'이 그 자체로 계쟁 contestation의 대상임을 파악하는 데 실패하게 되는 것에서) 그치지 않는다. 여기에 더해 데랑티는 **정치적인 것**le politique을 매개적인 공간으로 해석하면서, 랑시에르 자신이 정치철학의 전통 안에서 비판하고 있는 바를 랑시에르의 '정치적인 것'the political이라는 단어의 용법에 덧씌워 버린다.[27]

---

27) 데리다에 대한 랑시에르의 에세이에 주목할 필요가 있음을 지적해 주고, **정치적**(political)이라는 개념이 무엇인지, 그것이 언제 어디서 랑시에르의 저술에 등장하는지에 대한 질문에 내가 대답할 수 있도록 독려해 준 패첸 마켈에게 감사를 표하고 싶다. 그러나 이 문단의 주장은 그에게 더 많은 빚을 지고 있다.

이러한 해석은 '이중화된 정치'에 대한 나의 더 광범위한 주장으로 돌아가게끔 해준다. 왜냐하면 우리는 (정치와 치안의 대면을 위한 선행 무대를 제공하기보다는 오히려) 정치^la politique와 치안^la police의 대면으로부터 출현하는 정치적인 것^le politique이라는 관념을 통해서 이러한 정치의 이중화를 살펴볼 수 있기 때문이다. 이러한 맥락에서 나는 이중화된 정치에 대한 주장이 (해석학적 논쟁이나 의미론의 수준에서 비롯되었다고 할지라도, 또한 그러한 수준이 우리가 이러한 주장을 시작할 수 있는 위치라고 할지라도) 해석학적 논쟁이나 의미론의 수준에 제한될 수 없다고 주장하고 싶다. 이중화된 정치의 개념은 해석학적 문제를 해결할 뿐만 아니라 랑시에르의 정치 개념을—내가 1장의 서두에서 말한 바와 같이 정치가 무엇을 의미하는지뿐만 아니라 정치가 무엇을 수행하는지를—유용하게 조명한다. 랑시에르는 낭시와 다른 저자들처럼 '정치적인 것'^the political을 정치^politics로부터 분리하고자 하지 않는다. 그는 '정치적인 것'을 정치보다 더 기원적이고 근본적인 것으로 제시하고자 하지도 않는다(Marchart 2010: 178 참조). 아마도 랑시에르가 일찍이 '조우의 장'^the field of encounter이라는 문구를 직접 영어로 사용했다는 사실에서 힘을 얻었을 데랑티는 너무 성급하게 정치적인 것^le politique을 정치와 치안이 만나기 위한 '필연적 장소'로 가정해 버렸다. 랑시에르의 사유에 대한 그러한 묘사는, 데랑티가 바로 다음 문단에서 다루고 있는 랑시에르의 주장이 가진 '반^反존재론적' 특징을 충분히 효과적으로 전달하지 못한다(Deranty 2003b: par. 7). 내가 지적한 바와 같이, 랑시에르 자신이 정치적^political이라는 용어를 도입하고 있는 곳에서조차, 그는 전혀 정치적인 것^le politique과 정치^la politique의 급진적 차이 내지 이분법을 제

---

28) 이러한 이유로 랑시에르의 정치에 대한 1990년대 중반의 저작을 모두 다시 번역할 필요는 없

안하지 않는다.[28] 더 나아가 랑시에르의 영역 텍스트에서 나타나는 '정치'라는 개념의 잠재적 애매성은 랑시에르 자신이 영어로 고수한 정치의 비순수성의 일단을 보여 준다(Rancière 2011c: 2; 또한 Rancière 2009c 참조). 만약 랑시에르에게 '정치적 차이'라고 말할 수 있는 것이 하나라도 있다면, 그것은 아마도 스스로를 언제나 이미 비순수한 것으로 만드는 이러한 정치의 이중화 그 자체라고 할 수 있을 것이다.

정치적인 것[le politique]과 정치[la politique]의 차이에 대한 데랑티의 주목은 치안[la police]과 정치[la politique]의 매개[mediation]라는 문제가 제3의 개념에 의해 초월되거나 지양될 수 있는 것이 아님을 보여 준다. 데랑티는 정치적인 것[le politique]에 의해 제공되는 "매개"가 "종합으로 생각되어서는 안 되는데, 왜냐하면 잘못[the tort]의 논리[불화를 출현시키는 '잘못'의 논리]는 명백히 비변증법적이기 때문"이라고 말하면서, 그 자신 역시 이러한 입장을 고수한다

을 것이다. 즉 영역본들을 블룸적인 방식에 따라 다시 쓸 필요는 없다[옮긴이 주: 여기서 '블룸적인 방식'은 플라톤의 『국가』를 그리스어 원문으로부터 영어로 최대한 직역하여 옮기고자 했던 정치학자 앨런 블룸(Allan Bloom, 1930~1992)의 접근 방식을 말한다. 블룸은 자신이 번역한 『국가』의 영역본(Plato 1991)에 자신의 직역 원칙을 옹호하는 장문의 글을 포함시켰다]. 우리가 라 폴리티크가 등장할 때마다 매번 '정치'(politics)로 옮기고, 르 폴리티크는 모두 '정치적인 것'(the political)이라고 옮길 필요는 없다. (그리고 데랑티 자신이 라 폴리티크를 종종 '정치적인 것'(the political)이라고 언급했다는 사실은 의심할 여지 없이 이러한 기획을 궁지에 빠뜨리는 것이다.) 랑시에르 자신은 그 텍스트들을 집필할 당시 그러한 차이를 거의 혹은 전혀 염두에 두지 않았다. 그러나 그가 지금에 와서 이 두 개념 간의 차이를 만들어 내고자 한다 하더라도, 랑시에르의 프랑스어를 세 개의 영어 개념들(치안, 정치, 정치적인 것)의 일관된 체계로 대체하지 않은 영역자들은 여전히 옳을 것이다. 『불화』와 「10가지 테제」의 현행 영역본은 영어권 독자들에게 르 폴리티크와 라 폴리티크의 잠재적 구분을 드러내지 못하고 있다. 하지만 이것은 바로잡아야 할 실패가 아니다. 랑시에르를 누구보다도 섬세하고 능숙하게 읽어 내고 있는 다비데 파네지아 역시 「10가지 테제」에 대한 자신의 재번역에서 라 폴리티크와 르 폴리티크의 차이에 대해 전혀 주목하지 않는다(Bowlby and Panagia 2001). 아마도 랑시에르의 작업에 대한 앞으로의 번역에서는, 라 폴리티크와 르 폴리티크를 (최소한 괄호 안에서라도) 프랑스어로 그대로 남겨 두는 것이 더 현명한 선택이 될지 모른다.

(Deranty 2003b: 144). 나의 해석은 정치$^{la\ politique}$와 정치적인 것$^{le\ politique}$의 차이에 대한 데랑티의 관찰을, 제3개념의 도입으로부터 벗어나 두 핵심 개념 중 하나의 이중화로 변화시켰다. 이를 통해 나는 랑시에르가 정치에 대해 해온 설명의 비순수성을 유지하는 동시에, 랑시에르의 작업이 가진 역설적 논리를 옹호한다. 이 해석은 또한 랑시에르의 사유가 갖는 비변증법적 특징에 대해 데랑티 자신이 강조한 바를 뒷받침한다. (정치$^{la\ politique}$와 정치적인 것$^{le\ politique}$ 모두의 흔적을 자기 내부에 가지며) 자기로부터 분열되어 있는 정치^{politics}는 결코 순수한 것일 수 없다. 나는 여기서 데랑티와 함께, 또한 그에 대항하여 주장하고 있다. 나는 랑시에르의 개념을 변증법적 방식으로 이해하는 것은 나쁜 오해를 낳을 것이라는 점에서 데랑티에게 동의한다. 하지만 데랑티와 달리, 랑시에르 안에서 세 개의 개념을 실체화하는 것을 거부함으로써 이러한 오해로부터 가장 잘 벗어날 수 있다고 생각한다. 이는 다음과 같은 더 일반적인 요점에 도달한다. 단순히 비변증법적인 입장을 주장함으로써 변증법을 피하기란 언제나 어렵다. 변증법에 대한 모든 반대는 항상 그러한 '반대'가 변증법적 종합으로 가는 부정적 계기로 전환될 수 있다는 점에서, 변증법적 논리에 포획된 채로 남아 있다. 따라서 데랑티의 랑시에르 해석과 관련해 나의 목표는, 랑시에르의 사유에 대한 변증법적 묘사를 피하기 위한 더욱 결연한 노력을 그 핵심축으로 한다.$^{29)}$

---

29) 이런 맥락에서 니체를 통해 비변증법적 대립을 표명하려는 들뢰즈의 기획은 본보기가 될 것이다. 물론 데리다의 전체적인 기획도 다양한 방식으로 비변증법적 차이, 즉 차이(差移, différance)에 대한 사유에 관여하고 있다(Deleuze 1983[『니체와 철학』]; Derrida 1982). 랑시에르의 많은 해석자들은 자신의 작업에서 랑시에르의 '변증법적 사유'라는 쟁점을 직접 다루거나(Thomson 2003), 랑시에르에게 변증법을 적용하거나(Žižek 1999[『까다로운 주체』]), 혹

내가 증명한 바와 같이 제3의 개념 모델은 정치를 순수화하는 경향이 있다. 게다가 그러한 접근법은 **정치와 치안**이 **치안질서 자체** 안에서 만난다는, 랑시에르 자신이 빈번하게 제시한 결정적 논점을 상당히 노골적으로 무시하고 있는 것처럼 보인다. [랑시에르의] 정치는 그것이 발생할 수 있는 유일한 장소인 사회구성체 안에서만, 치안질서의 공간 안에서만 발생한다. 그리고 정치의 공간적-시간적 위치에 관련된 바로 그 사실 때문에—정치는 치안질서의 체계들 안에서 치안질서의 체계에 대립하기 때문에—정치는 이중화되어야만 한다. 오로지 정치의 비순수한 형태만이 이러한 일을 수행할 수 있다. 지젝은 랑시에르의 사유를 '순수 정치'의 범주 안에 부합하도록 만들고자 한다(Žižek 2006: 75[『감성의 분할』 107쪽]). 왜냐하면 지젝은 랑시에르를 발리바르와 바디우 같은 다른 '포스트-알튀세르주의자들'과 한통속으로 다루고 싶어 하기 때문이다. 동시에 지젝 그 자신은 그들로부터 구분되기를 바란다. 그러나 내가 논의한 바와 같이, 랑시에르는 이러한 '순수 정치'의 범주에 잘 부합하지 않는다. 지젝은 랑시에르를 순수 정치의 범주에 끼워 맞추려고 노력하면서, 랑시에르의 사유의 특징을 잘못 규정하게 된다. 랑시에르는 이보다 더 직설적일 수 없게 "'순수한' 정치란 없다"고 말한다(Rancière 2011c: 3). 이 주장은 왜 랑시에

은 나름의 변증법적 논리를 따라 해석한 랑시에르의 정치관을 보여 준다(May 2008). 하지만 여기서 나의 종별적인 주장이 가진 목적에 비춰 볼 때, '변증법'의 질문은 본질적인 것이 아니다. 왜냐하면 궁극적으로 문제가 되는 것은 정치가 순수한 것이 될 수 있는지, 아니면 정치는 언제나 정치와 (정치 자체의 이중화를 통해) 정치의 비순수한 타자를 만들어 내는 것인지의 여부이기 때문이다. 변증법적 지양은 순수화된 결과를 만들어 낸다. 따라서 랑시에르에 대한 변증법적 접근 방식은, 마찬가지로 많은 문제점을 가진 순수화된 정치의 **텔로스**에 도달하게 된다. 여기서 나의 주장은 명확성을 기하기 위해 웬만하면 변증법의 언어를 피하고자 한다. 2장에서는 이 주장을 다른 측면에서 다룰 것이다.

르가 단순한 '포스트-알튀세르주의자'가 아닌지를 보여 준다. 랑시에르의 주장은 그저 지젝의 규정을 거부하는 데 그치지 않는다. 이 주장은 (정치란 기존의 어떠한 치안질서에도 난입하는 것이라는) 랑시에르의 정치 개념의 의미와 중요성을 파악해 보임으로써, 우리가 정치와 치안의 상호적으로 긴밀하게 연결된 본성을 이해해야 함을 보여 준다.

정치의 순수성을 제안하는 것으로 자신을 (잘못) 이해하는 비판자들에게 대응하고 있는 결정적인 글에서, 랑시에르는 다음과 같이 쓰고 있다 (그리고 나는 대괄호 안에 논평을 달았다). "정치는 치안의 외부에 있는 장소에서 발생하는 것이 아니다. … 치안 외부의 장소는 존재하지 않는다. [따라서 정치와 치안이 만나는 제3의 장소는 필요하지 않다. 모든 '만남'은 치안질서 안에서의 갈등이다.] 그러나 치안이 할당하는 '장소'를 갖고 행위하는 서로 갈등하는 방식이 존재한다. 즉 장소들을 재배치하고 재형태화하거나 재이중화^{redoubling}시키는, 서로 갈등하는 방식이 존재한다"(Rancière 2011c: 6. 강조는 인용자). 나는 랑시에르의 '재이중화'라는 표현에 강조 표시를 했는데, 왜냐하면 이 단어 자체가, 어떻게 그의 정치에 대한 발상을 이해할 것인가에 대한 나의 더욱 광범위한 주장과 직접적으로 연결되는, 이중의 이중화이기 때문이다. 정치가 비순수한 동시에 비변증법적인 것으로 남아 있기 위해서는(정치의 비순수성은 단순히 지양의 과정을 통한 제거를 기다리는 것일 수 없다), 정치는 반드시 항상 이러한 방식으로 "재이중화되어야 한다."[30]

이러한 해석——정치$^{la\ politique}$를 이중화된 것으로 해석하는 동시에, 민

---

[30] 비순수한 정치와 관련해, 폴 리쾨르에 대한 데이비드 캐플런의 작업에 등장하는 '비순수한 민주주의'(impure democracy) 개념을 보라(Kaplan 2008: 207; 또한 Marchart 2007 참조).

주주의 정치 안에서 정치의 이중화를 옹호하는 해석—은 정치의 비순수성impurity 및 정치와 치안 사이의 고유한 대립inherent opposition을 조명해 준다. 따라서 앞에서 내가 글자 그대로 보여 준 바와 같이, 만약 르 폴리티크가—혹은 더 나은 표현으로, 정치성politicalness이—랑시에르의 이론 안에서 하나의 역할을 수행한다면, 그 역할이란 결코 정치를 위한 공간을 제공하는 토대가 될 수 없다. [랑시에르 저술의] 다른 곳에서와 마찬가지로 우리는 여기서 어떤 존재론도 찾을 수 없다. 랑시에르는 정치가 고유한proper 공간을 가진다는 발상과, 정치가 발생하기 위한 공간을 제공하는 정치적인 것the political이라는 개념 모두를 직접적으로 거부한다. "정치의 예외성은 종별적인 장소를 갖지 않는다. 정치는 사회적 쟁점과 치안의 문제 등을 재서술하고 다시 무대에 올림으로써 치안의 공간 안에서 '발생한다' [다시금 강조하자면, 제3의 공간은 필요하지 않다]"(Rancière 2011c: 8). 정치la politique 와 치안la police 간의 조우는 결코 결정적이거나 최종적인 것일 수 없으며, 결코 역사의 완전히 새로운 '무대'를 창조하지 않는다. 그것은 언제나 우리가 살아가고 있는 치안질서 자체의 재교섭이다(Thomson 2003: 6).

결국 민주주의 정치에는 이러한 방식으로 치안질서와 교섭하는 것 외에 다른 선택지가 없다. 민주주의 정치는 이와는 다른 방식으로 이뤄질 수 없다. 랑시에르의 작업 안에서 우리가 알고 있고 알아 왔던 일상적 형태의 정치에 대한 급진적 대안을 본 (혹은 랑시에르의 작업에 그러한 대안을 투사한) 독자들은 이 결론이 전적으로 불만족스러움을 발견하게 될 것이다. 나는 랑시에르의 많은 독자들이 정통 맑스주의의 일정한 판본이 언젠가 제공했던 것을 다시 제공하고 있는 것으로 랑시에르의 논의를 이해하려 한다고 추정한다. 즉 '유토피아적'이라는 라벨을 제거한 유토피아주의, 즉 우리의 정치적 국면에서 우리 앞에 놓인 것들과 전적으로 다른 정치의 판본을 제공한다고—한마디로 '희망'이라는 것을 제공한다고 말이다(May 2010b). 나는 정치에 있어 희망이 갖는 중요성에 공감한다(4장에서 이 논점을 이어간다). 하지만 나는 랑시에르에 대한 그러한 해석으로부터 출현하는 특수한 유형의 희망, 즉 순수한 희망, 민주주의의 반^{反}지배성 unruliness에 더럽혀지지 않은 희망에 대해 우려한다. 이러한 해석만큼 랑시에르의 민주주의에 대한 전망으로부터 동떨어진 발상은 없다. 그에게는 바로 반지배성이야말로 민주주의가 제공하는 것이다. 그러나 반지배성이 민주주의가 제공하는 것의 전부는 아닌데, 왜냐하면 우리는 민주주의의 반지배성 안에 '말들의 과잉'the excess of words을 통한 평등의 입증verification을 위치시킬 수 있기 때문이다(Rancière 2009b: 114).[31] 진정한 희망은 정치가 우리를 구원할 것이라는 희망이 아니다. 진정한 희망은 민주주의 정치가 존재하는 것what is을 변화시키고, 주어진 것what is given을 변화시킬 것이라는 희

---

31) 3장에서는 랑시에르의 '말들의 과잉' 개념에 대해 심층적으로 논의한다. 이 논의는 랑시에르의 저술에서 이 문구가 언제 등장했는가와 관련된 계보학, 그리고 '말들의 과잉' 개념과 '문학성'(literarity) 개념과의 관계에 대한 주장을 포괄한다. 일단 여기서는 '말들의 과잉'이 랑시에르에게 그저 추상화나 완곡어법이 아니라는 것 정도만을 언급해야겠다. 이 문구는 랑시에르가 그의 많은 저작에 걸쳐 제시하고 있는 두 개의 서로 구분되지만 연관된 주장들을 지시한다. 첫 번째는 말들의 과잉을 제거하려는 (담론들을 규제하고 시인들과 소피스트들을 추방하려는 플라톤의 시도로까지 거슬러 올라가는) 정치철학자들의 반복적 시도에 대한 일반적 주장이다. 그리고 두 번째는 종별적인 역사적 주장이다. 이 두 번째 의미에서의 '말들의 과잉'은 18세기에 일련의 민주주의 혁명에 의해 만들어진 현상을 지칭하는데, 이러한 말들의 과잉에 의해 이름들은 어떤 장소에 자기를 고정시키는 자격도 없이 증식한다. 그렇게 민주주의는 반지배성(unruliness)을 제공한다. 왜냐하면 민주주의 안에서 이름들은 그들을 고정된 정체성에 묶어 두는 (인식론적인 것이 됐건 정치적인 것이 됐건) 어떠한 권위도 없이 돌아다니기 때문이다. 그러므로 '말들의 과잉'은 정치의 비순수성—소위 시민으로서 셈해지는 누구나(anyone)와 모두(everyone)의 비고유성[부적절성](impropriety), '시민' 자체를 하나의 고유한 자격으로서 셈해 온 것의 비고유성—을 표현하는 또 다른 방식을 제공한다. 이 주는 익명의 논평자에게 크게 빚을 지고 있다.

망이다.

　이러한 이유에서, 우리가―그러한 이름을 붙이는 것에 대한 랑시에르의 저항에도 불구하고―'랑시에르의 정치이론'이라고 부르는 것은 반드시 정치이론의 특수한 유형이어야만 한다. 평등과 인민에 대한 급진적 관여가 갖는 특징에도 '불구하고'가 아니라 바로 이러한 특징 '때문에', 랑시에르의 사유는 '정치'나 정치적인 것에 대한 완숙한 '이론'이 될 수 없다. 서론에서 논의한 바와 같이, 랑시에르는 자신에게 정치에 대한 이론이 없으며 그러한 이론을 내놓거나 발전시키려는 의도도 없다고 강력히 못 박았다(Rancière 2009b: 114).[32] 이러한 주장은 랑시에르의 정치적 사유가 정치란 무엇이어야 한다거나, 정치가 무엇이 되어야 하는가에 관한 모든 순수하고 형식적인 논의의 궤도에 저항하고 있음을 명백하게 보여 준다. 그러나 그렇다고 랑시에르가 '정치의 이론을 만드는 것' 이외의 다른 작업을 하기로 작정한 것은 아니다. 랑시에르가 정치의 이론을 거부하는 이유는 민주주의 정치가 결코 순수한 정치일 수 없기 때문이다.[33] 정치가 순수하지 않다고 주장하는 것은 물론 규범적 토대를 제시한다거나 역사적 과정을 예측하는 형식적 정치이론을 제시한다는 발상을 거부하는 것이다. 랑시에르가 말하듯이, "나는 우리가 어떻게 사유하고 행위해야 하는가에

---

32) 『철학자와 그의 빈자들』(*The Philosopher and His Poor*)의 영역본 후기에서 랑시에르는 그 자신의 '정치이론'을 언급하고 있다. 내가 아는 한, 이는 랑시에르가 '정치이론'이라는 단어를 긍정적으로 사용하는 유일한 곳이다. 물론 여기서도 그는 자신의 '정치이론'이 "이 단어로 일반적으로 이해되는 바와는 상당히 동떨어져 있다"라고 말하며 문제를 상당히 복잡하게 만들고 있다(Rancière 2004b: 225).

33) 이는 또한 소위 민주주의적 기획이 순수하게 자기참조적이 되는 순간―즉 투쟁하는 자들에게만 관심을 기울이고 투쟁 자체에는 관심을 주지 않는 순간―이 왜 랑시에르적 의미에서 더 이상 '정치적'이지 않은지를 설명해 준다(Thomson 2003: 17).

대해 말하고픈 용의가 없다"(Rancière 2011c: 15). 그러나 나는 랑시에르가 결코 더 넓은 의미로 이해된 '정치이론'까지 거부한다고 생각하지 않는다. 왜냐하면 정치의 비순수성에 대한 관여는 또 다른 임무, 즉 다음과 같은 질문에 대한 관여이기도 하기 때문이다. "우리는 어떻게 정치를 재발명할 것인가?"(Rancière 1995c: 70[『정치적인 것의 가장자리에서』 125쪽]).

정치의 랑시에르적 재발명은 정치의 비순수성에 관여하는 것으로 남아 있어야 한다. 그것은 정치에 고유한 장소를 제공하려는 유혹에 일관되게 저항해야 한다. 무엇보다도 랑시에르에게 정치의 재발명은 지배와 불평등의 장소를 향한 시선을 결코 거두어서는 안 되며, 그 장소를 이해하는 데 결코 실패해서도 안 되는 것이다. 왜냐하면 이 장소야말로 정치의 드문 순간들을 위한 장소이기도 하기 때문이다. 정치는 치안의 바로 그 현장terrain에서 발생한다. 그러므로 정치의 재발명은 평등의 토대나 자유롭고 자율적인 개인을 특징짓는 조건으로부터 출발하는 것이 아니다. 차라리 정치는 위계와 불평등, 모든 사회질서의 구조적 지배로부터 출발한다. 정치에 대한 새로운 사유는 오직 치안la police을 출발점으로 삼아서만 시작될 수 있다.

2장 _ 치안
"바리케이드는 거리는 막지만 길을 열어 준다"

1장은 민주주의 정치가 치안질서를 대신하거나 제거할 수 없다는 논쟁적인 주장으로 결론 내려졌다. 다시 말하자면 1장의 결론은 정치란 결코 순수할 수 없다는 것이었다. 차라리 정치란 비순수성의 행위$^{an\ act\ of\ impurity}$로서 치안질서에 묶여 있으면서도 치안질서와의 갈등에 개입해야 하는 것이다. 정치는 오직 치안질서를 재교섭하고^{renegotiate} 다시 짜는^{reconfigure} 일을 할 수 있을 뿐이다. 정치가 불평등하고 위계적인 사회질서와의 불일치^{dissensus}에 언제나 연루되어 있다는 사실은, 치안$^{la\ police}$ 개념이 어쩌면 랑시에르의 더욱 포괄적인 이론에서 생각보다 훨씬 중요한 의의를 가질 수도 있다는 것을 의미한다. 따라서 2장에서는 랑시에르의 치안 개념을 좀더 면밀하게 분석해 보고자 한다. 2장은 치안 개념이 민주주의 정치에 대한 랑시에르의 사유에서뿐만 아니라 그의 더욱 광범위한 저술에서도 핵심적인 지위를 차지한다고 주장한다. 랑시에르의 정치에 대한 설명을 정치적인 것의 보다 순수한 모델을 만들어 내는 시도로, 혹은 정치를 위해 보장된 공간을 개척하려는 시도로 이해하려는 해석에 대한 대안은, 바로 그의 정치에 대한 주장을 항상 치안에 대한 논의의 맥락 안에서 해석하는 것이 될 것이다. 동시에 이는 치안질서의 의의와 그 귀결에 대한 랑시에르의 주장을 보다 진지하게 받아들인다는 것을 의미한다. 또한 이는 '치안질서'가 단순히—때때로 전혀—비난을 위한 개념이 아니라는 점을 강조한다는 것을 의미한다. 2장에서는 치안이 정치의 문제라는 의미에서—치안이 정치의 일부(이며 그저 정치의 타자가 아니)라는 의미에서—**치안의 정치**a politics of the police라는 주제를 드러내 보일 것이다.

치안 개념이 왜 이렇게 중요한가를 이해하기 위해선, 그의 스승이었던 알튀세르가 사회구성체social formation라고 부르고, 맑스가 단순하게 '사회'society라고 부르던 것에 대한 랑시에르의 이해 방식을 보다 완전하게 파악할 필요가 있다. 장-필리프 데랑티는 이러한 맥락에서 다음과 같이 중요한 논평을 하고 있다. "랑시에르는 모든 사물을 그것들의 고유한 장소에 언제나 귀속되게 만드는 중력의 질서이자 아리스토텔레스적 자연의 일종으로서 사회라는 은유를 빌려 왔다"(Deranty 2003b: par. 30). 자연에 의해 정해진 사회, 혹은 중력과 같은 법칙의 지배를 받는 사회라는 발상은 대부분의 독자들에게 오히려 반민주적이라는 인상을 줄 것이다. 실로 사회가 법칙과 같은 질서를 가지고 있다는 발상은, 귀족주의 내지 엘리트주의의 정치적 존재론의 입장을 취하고 있는 것처럼 생각된다. 이는 서론에서 간략히 묘사한 랑시에르의 급진적 평등관과 양립할 수 없는 존재론적 입장이다. 물론 나는 랑시에르의 방법이 어떤 유형의 존재론을 지지하면서 다른 유형의 존재론에 반대하는 것이 아니라, 모든 존재론을 거부하는 것임을 이미 지적한 바 있다. 그리고 존재론에 대한 그의 거부는 데랑티로부터 인용한 앞의 구절을 어떻게 해석해야 할지에 대한 단서를 제공한다. 데랑티의 다음과 같은 통찰은 날카로운 것이다. 랑시에르는 사회를 하나의 사회질서로서, 즉 위계적으로 구조화된 전체로서 묘사한다.

그러나 랑시에르는 아리스토텔레스적 존재론을 그대로 받아들이지 않는다. 차라리 그는 아리스토텔레스적 존재론으로부터 하나의 은유를 빌려 온 것이다. 나는 랑시에르를 해석하는 데 있어 이 은유에 대한 특수한 이해 방식을 고수하고자 한다. 왜냐하면 비록 랑시에르가 아리스토텔레스적 은유를 때때로 언급한다고 할지라도, 그럴 때마다 그는 그것이 은유임을 확실히 하고 있기 때문이다. 물론 치안질서의 위계에 복무하는 이들은 이 은유를 글자 그대로 해석하고, 주어진 치안질서의 불평등을 자연화하고 싶어 할 것이다. 하지만 '평등의 전제'the presupposition of equality에 관한 랑시에르의 주장에 대한 보충으로서, 우리는 치안질서가 불평등의 가정an assumption of inequality을 토대로 만들어진 것이라고 주장할 수 있다. 불평등의 가정에 존재 자체가 달려 있는 '바보를 만드는 자들'stultifiers은 자신들의 우월한 지력을 반복적으로 증명함demonstrating으로써 이러한 불평등을 '입증하고자'verify 할 것이다. 그들이 반복적으로 제시한 불평등의 전제는 사회질서가 실은 언제나 지배domination를 그 특징으로 한다는 점을 보여 준다.

그러나 이러한 주장은 결코 지배를 자연스러운 것으로 보는 발상에 복무하는 것이 아니다. 다시 말해, 이 주장은 사회구성체 안에서 우리가 보고 있는 불평등이 아르케라는 지배를 정당화하는 원리에 의해 기입되어 있다는 발상에 복무하는 것이 아니다. 랑시에르는 치안질서를 구조화하는 불평등에 맞서서, 지능의 평등the equality of intelligences을 입증verification함으로써 치안질서의 잘못wrong은 언제든지 폭로될 것이라고 항상 주장할 것이다. 요컨대 불평등에는 어떠한 자연스러움도 없다. 즉 아리스토텔레스의 은유에도 불구하고 불평등은 중력과 같은 것이 아니다. 랑시에르 자신이 말하고 있는 바와 같이 "오직 관행[협약]convention만이 사회질서에 군림할 수 있다"(Rancière 1991: 78[『무지한 스승』 150쪽]). 따라서 사회질서를 '준準-자연적 질서'라고 부르기 위해서는, 데랑티처럼 '준-'이라는 부분에 엄청난 비중을 두고 이를 반복적으로 강조할 필요가 있다. 사회질서는 스스로를 자연스러운 것으로 제시하면서 중력의 은유에 의지해 왔다. 그러나 사회질서는 자연스러운 것이 아니다. 그러므로 우리는 다음과 같이 말할 수 있다. 사회질서는 항상 이미 자연화되어 있는 것이지만, 이러한 자연화 작업, 즉 관행적인 것에 불과한 사회질서를 자연스러운 것으로 제시하는 작업은 치안^{the police}의 작업이자 치안화^{policing}의 작업에 해당한다. 랑시에르의 정치에 대한 전망은 그가 치안질서라고 부른 자연화되고 위계화된 사회질서의 틀 안에서만 이해될 수 있다.

치안질서는 그 안에서 우리 모두가 살아가는 사회질서 그 자체라고 할 수 있다. 우리는 매일 치안질서와 마주친다. 이는 정치와 치안 사이의 결정적인 거리를 보여 준다. 왜냐하면 랑시에르에게 정치란 결코 흔하게 혹은 일상적으로 발생하는 사건이 아니기 때문이다. 랑시에르의 유명한 (악명 높은) 말처럼, "정치는 언제나 발생하는 일이 아니다. 실로 정치는 매우 적게 혹은 드물게 발생한다"(Rancière 1999: 17[『불화』 46쪽]). 정치가 매우 드물게 발생한다는 사실은, 우리에게 '어떻게 치안의 작동을 이해해야 하는가'라는 질문에 응답할 것을 요청한다. 이는 우리로 하여금 '치안질서'가 어떻게 기능하며 그것이 랑시에르의 이론에서 어떠한 역할을 하는지, 또한 랑시에르의 정치적 사유와 그의 더 일반적인 '교훈'과 관련해 치안 개념이 왜 쟁점이 되는가를 묻도록 이끈다.

2장은 위 질문에 대한 서로 구별되면서도 때때로 중첩되기도 하는 세 개의 답변을 살펴본다. 2장의 첫 번째 절에서 나는, 랑시에르가 신자유주의적 합의제 모델(이익집단 자유주의)을 '치안의 질서'^{orders of the police}로 다시 정의하면서 '치안'^{the police} 개념을 처음 도입했다는 점을 지적한다. 치안 개념은 정치에 대한 새로운 발상을 명확하게 제시할 수 있는 공간을 랑시에르에게 제공했다. 여기서 정치는 치안과 완전하고도 확고하게 대립을 이루는 것으로 제시됐다. 이러한 방식으로 치안은 비판을 위한 도구이자 정치를 돋보이게 하는 들러리처럼 기능해 왔다. 그러나 랑시에르의 전체적인 정치적-이론 틀 안에서 치안이 갖는 명백한 중심성에도 불구하고, 랑시에르는 치안 개념을 도입하면서 이 개념을 그저 낮은 수준에서 이론화하는 데 만족하는 것처럼 보인다. 더군다나 랑시에르는 우리가 통상적으로 정치라고 받아들이는 것들의 대부분이 이렇게 이론적으로 조야한 치안 개념에 의해 다시 정의될 수 있다는 사실에 별로 문제의식을 갖지 않는 것처럼 보인다. 물론 랑시에르가 말하듯이, 이는 그저 정치가 그 희소성 때문에 더 특별하다는 것을 의미할지도 모른다. 그러나 이 장에서 나는 다음과 같이 묻고 싶다. "만약 정치가 매우 드물게만 일어난다면, 그리고 우리가 살고 있는 세계가 언제나 치안질서의 세계일 수밖에 없다면, 우리는 치안질서의 본성과 범위, 구조(그리고 구조적 약점)에 대해 엄격하고도 비판적으로 사유할 필요가 있지 않은가?"

두 번째 답변은 '치안'을 정치를 돋보이게 하는 들러리의 역할에서 벗어나 정치의 마니교적 '타자'[마니교의 이분법적 세계관에서 반드시 제거되어야 할 악]가 되도록 만든다. 우리는 토드 메이의 작업에서 이 답변이 취할 수 있는 한 가지 형태를 볼 수 있다. 랑시에르에 대한 메이의 책은 아나키즘의 논의를 발전시킨다. 메이에 따르면 아나키즘적 정치는 유일하게 참된 민주주의 정치이자, 위계와 지배의 사회질서(즉 치안질서)에 맞서 랑시에르적인 평등의 입증verification에 완전히 헌신하는 유일한 정치이다.[1]

---

1) 이 장에서는 랑시에르에 대한 메이의 핵심적 저작(May 2008)에 대한 섬세한 개입을 무대에 올리면서 그의 저작을 면밀하게 읽어 볼 것이다. 하지만 랑시에르에 대한 메이의 다른 저술(May

자신의 주장을 뒷받침하기 위해서 메이는 치안질서에 대한 특수한 설명을 제시해야만 한다. 왜냐하면 그의 아나키즘적 정치는 치안의 완전한 소멸을 추구하기 때문이다. 나는 메이가 이를 통해 치안의 이론에 대해 의미심장한 기여를 했다고 생각한다. 왜냐하면 적어도 랑시에르의 정치이론에서 '치안' 개념은 여전히 이론적으로 조야한 수준으로 남아 있기 때문이다. 메이의 논의에서 '치안' 개념은 더욱 현저한 중요성을 가지게 되는데, 왜냐하면 치안 개념은 정치에 의해 패퇴되어야 할 적enemy으로서의 역할을 수행하기 때문이다.

2장의 마지막 절은 나의 세 번째 답변을 다룬다. 나는 랑시에르의 '치안' 개념을 숙고하고 증대시키고 재정향하기 위해, 이 장의 다양한 논지들과 공조한다. 나의 답변은 부분적으로 메이의 아나키즘적 기획에 대한 비판에 기반을 두고 있다. 이는 랑시에르가 민주주의 정치에 대해 가장 미묘한 통찰을 제공하고 있는 바로 그 지점에서, 메이의 아나키즘에 대한 관여가 메이로 하여금 랑시에르의 주장과 갈라서도록 요구하기 때문이다. 메이는 치안을 정치로 대체하고자 한다. 그러므로 그에 따르면 정치는 반드시 치안을 파괴해야 한다. 다시 말해 메이는 랑시에르의 정치적 사유에 있어서 핵심적인 것으로 드러난 비고유성[부적절성]impropriety의 요소를 수용하지만, 랑시에르가 그것과 함께 추구하는 비순수한 정치impure politics—정치를 순수한 것으로 만들어 내려는 모든 철학적 기획에 대한 거부—에 대해서는 일관되게 충실하지 못하다. 메이는 정치를 치안의 제거와 연결시킴으로써, 순수한 정치가 뒷문으로 들어오게 허용한다. 왜냐하면 치안질

2010a; May 2010b)과 아나키즘에 대한 저술(May 1994) 역시 메이의 기획에서 매우 중요하다. 따라서 이러한 저작 역시도 2장에서 중요하게 다룰 것이다.

서를 제외하고 정치를 오염시킬 수 있는 것은 없기 때문이다. 그러므로 2장은 메이의 아나키즘으로부터 랑시에르가 헌신하고 있는 민주주의의 재표명으로 이행할 것을 요청한다. 랑시에르의 '민주주의'는 그가 독자들에게 빈번하게 상기시키고 있듯이 하나의 체제가 아니다. 그가 논쟁적으로 설명하는 것처럼, "우리는 민주주의 안에서 살고 있지 않다"(Rancière 2006c: 73[『민주주의는 왜 증오의 대상인가』 156쪽]). 그러므로 랑시에르에게 영향을 받은 민주주의 이론은—민주주의에 대한 '랑시에르적' 이론으로 남아 있거나 그렇지 않거나 간에—모든 치안질서의 격퇴나 거부가 아니라, 치안질서에 대한 연구와 씨름에 의존한다. 이는 치안[la police]이 '중립적'인 개념이며, 어떤 치안질서는 다른 치안질서들에 비해 나은 것이라는 랑시에르의 도발적이지만 불분명할 정도로 간결한 논평들을 더 발전시킬 것을 요구한다.

신자유주의적 합의제 정치를 다시 정의하기: 치안

랑시에르의 정치에 대한 정의는 어쩌면 혁신적일지도 모르고, 어쩌면 그저 유별난 것인지도 모른다. 그가 새로이 정의한 정치 개념은 이제 영미권의 현대 정치이론 분야에 잘 알려져 있다. 이를 이유로 랑시에르의 '치안' 혹은 '치안질서' 같은 개념 역시 정치이론 분야에서 어느 정도 통용되고 있다. 이 둘이 함께 어울리는 것은, 물론 랑시에르가 우리가 정치라고 여기는 것의 대부분을 다시 정의하면서 이들을 치안[la police]이라는 포괄적인 범주 아래 다시 위치 짓고 있기 때문이다. 이 핵심적인 움직임은 영어권에서 가장 잘 알려진 랑시에르의 텍스트인 『불화』에서 일찍부터 나타났다. 거기서 그는 다음과 같이 쓰고 있다. "정치는 일반적으로 집단들의 총화와 동의가 달성되는 절차들의 집합으로 이해된다. … [그것은] 권력의 조직화, 장소와 역할의 나눔, 이 나눔을 정당화하는 체계들을 [지시한다]." 이어서 그는 이러한 체계에 완전히 다른 이름을 적용하고 싶다고 상당히 단호하게 서술하고 있다. "나는 이것을 치안 the police이라고 부르자고 제안한다"(Rancière 1999: 28[『불화』 61쪽]). 여기서 벌어진 역전이 충분히 요란스럽게 완수되지 않았다고 생각했는지, 랑시에르는 서문에서 "보통은 정치라는 이름으로 일컬어지는 것"에 대해 "치안화 policing라는 개념을 제안할 것"이라고 미리 선언해 버렸다(Rancière 1999: xiii[『불화』 21쪽]).

우리가 일상적으로 정치라고 부르는 거의 모든 것을 이렇게 독자적으로 다시 정의하는 일, 즉 이렇게 광범위한 현상을 '치안'이라는 범주로 다시 명명하는 일은, 정치를 새롭게 사유하기 위한 공간을 선명하게 열어 놓는다. 그렇다면 랑시에르의 정치이론에 대한 대부분의 논의가 곧바로 그의 정치에 대한 정의로 주제를 옮겨 가는 것이 그리 놀라운 일은 아닐 것이다. 그는 정치를 치안화의 모든 것과 대립하는 논리로서, 치안질서의 지배 논리를 평등의 정치적 가정에 대면시킴으로써 치안질서를 파열시키고 재배열하는 논리로서 정의했다(Rancière 1999: 29[『불화』 63쪽]). 그러나 랑시에르에 대한 해설은 정치를 정의하는 문제로 너무 성급하게 이동함으로써, 치안 개념을 정치에 대한 보다 중요한 주장을 돋보이게 하기 위한 들러리 정도로 다루는 데 그치고 있다(예를 들어 Panagia 2006; Dillon 2003a). [하지만] 『불화』에서 랑시에르는 정치 개념을 본격적으로 논의하기 전에, 치안의 의미를 살펴보는 데도 상당한 시간을 들였다.

내가 틀림없다고 믿는 바는 다음과 같다. 랑시에르의 텍스트에서 [치안의 의미를 설명하고 있는] 대목에 대한 면밀한 주목은, 그의 정치 개념에 대한 우리의 이해를 미묘하지만 의미심장하게 다시 방향 지을 것이다. 정치에 대한 랑시에르의 주장이 가진 형식상의 선명성은 특히 독자들로 하여금 랑시에르의 사유가 가진 독특성[단독성]^{singularity}을 과대평가하게 만드는 경향이 있다. 마치 이전에는 랑시에르가 정의한 것과 같은 정치 개념을 전혀 보지 못한 것처럼 말이다. 아마도 랑시에르는 독자들이 자신의 정치 개념을 '독자적인' 것으로 이해하도록 장려할 것이다. 그러나 이러한 접근 방식이 그의 정치 개념을 우리가 거주하고 있는 정치 세계에 별로 적실성이 없는 것으로 만들 위험도 있다. 거칠게 말하자면, 우리가 랑시에르로부터 얻을 수 있는 모든 것이 (역사적인 혁명의 순간으로 너무도 손쉽게 압축될 수 있는) 드물고도 아름다운 정치적 순간들에만 그친다면, 우리는 어떻게 치안질서의 영역 안에서 우리의 사유와 행동을 이끌어 가야 하는가? 이 질문은 우리의 모든 행위가 치안질서의 영역 내에서 이루어진다는 사실을 감안한다면 특히나 심각한 문제가 된다. 다시 말해 랑시에르의 치안 개념과 정치 개념을 더욱 심각하게 받아들인다면, 우리는 또한 정치의 공간이 아니라 치안질서 안에서 살고 있다는 점을 인정해야만 하지 않는가? 1장에서 보다 자세히 보인 바와 같이, 아렌트의 경우와는 달리 랑시에르에게 있어 정치란 하나의 공간이 아니다. 정치는 스스로에게 이질적인 장 안에서 발생하는 파열적인 위력이다. 우리는 랑시에르의 '정치적인 것' 안에서 살거나 그 안에서 살기를 갈망할 수 없다. 왜냐하면 랑시에르는 우리가 거주할 어떠한 장소도 제공하고 있지 않기 때문이다. 우리가 [거주하는] 장소는 치안$^{la\ police}$의 영역이다. 그러므로 우리에게는 랑시에르의 치안질서관을 더욱 진지하게 다루는 것이 현명한 일이다.

　　랑시에르의 '치안질서'에 비판적으로 주목하는 작업은, 종종 '치안'이라는 관념을 그저 창의적인 재명명 작업에 다름 아닌 것으로 환원시킴으로써 회피되어 왔다. '랑시에르의 치안=우리의 정치'라는 등식이 '랑시에르의 정치'라는 새로운 용어를 위한 공간을 만들어 낸다는 것은 의심할 여지가 없다. [이를 감안한다면] 독자들이 랑시에르의 정치가 무엇이며 어떻게 작동하는지를 신속하게 확인하길 원한다 하더라도, [그러한 태도를] 비난하기란 힘들다. 또한 일상적인 정치를 '치안'이라는 새로운 용어로 포착하려는 랑시에르의 수사적인 움직임은 그에게 강력한 비판의 도구를 제공한다(이는 2장과 다른 장의 논의에서 살펴볼 것이다). 그럼에도 불구하고 치안을 단순하게 '정규적인' 정치를 대체하는 개념으로 여기는 것은 잘못된 태도이다. [이러한 태도는 일상적 정치를 치안으로 이해하게 될 때] 무엇이 **변화하게 되는가**를 우리가 이해하지 못하도록 방해한다. 예컨대 랑시에르가 투표와 같은 활동을 치안질서의 틀 안에서 재해석할 때 무엇이 변화하게 되는가? 또한 [이 태도는] 치안으로부터 정치로 너무 성급하게 화제를 돌려 버림으로써, 치안^{la police} 개념이 만들어 내는 랑시에르와 다른 사상가 간의 중요한 연결 지점을 보지 못하게 만든다.

다시 말해 랑시에르의 치안에 대한 접근 방식을 [그 개념이 속한] 맥락에 따라 고려한다면, 치안 개념은 북미 독자들이 생각하는 것처럼 그렇게 낯설거나 유별난 것이 아닐 수 있다. 우리는 치안^{la police}을 거리의 경찰관보다 광범위하면서도 역사적으로나 정치적으로 더욱 중요한 무언가로서 이해하려는 많은 저술들이 이미 존재함에 주목할 필요가 있다. 이 지점에서 랑시에르는 그답지 않게 이러한 저술의 역사와 [이러한 저술을 남긴] 다른 사상가들을 나름대로 계승하고 있음을 보여 준다. 일반적으로 랑시에르는 자신의 저술에서 다른 사상가들(특히 현대 프랑스 사상가들)을 인용하는 것을 주도면밀하게 회피한다. 또한 자신의 사유를 (대개는 그보다 유명한) 다른 프랑스 이론가들과 연관시키려는 시도에 대해서도 격렬하게 저항한다. 그럼에도 불구하고 랑시에르는 치안의 개념에 관한 한, 가장 유명한 프랑스 사상가 중 한 사람인 미셸 푸코와의 관련성을 인정하고 있다. 푸코의 작업은 '치안'이 인간 존재자들 간의 모든 수직적 관계를 포함하며, 또한──인간과 세계를 연결하는──물질적 관계들 역시 구성한다는 점을 보여 준다(Foucault 2002a).

랑시에르는 『불화』에서 치안$^{la\ police}$이라는 용어를 소개한 다음, 이어서 치안 개념이 "몇 가지 문제를 제기한다"고 인정한다. 그때 그는 이러한 맥락을 염두에 두고 있었을 것이다. 여기서 랑시에르는 우선 그의 '치안질서'에 대한 자신의 관점을 경찰관이나 수사관의 현장 활동과는 구분해서 생각해야 한다고 주장한다. 그러나 랑시에르는 이러한 구분을 만들어 내는 것을 치안을 임의적으로 정의하는 문제로 여겨서는 안 된다고 강조한다. 왜냐하면 오히려 "[치안에 대한] 협소한 정의가 우연적인 것으로 간주될 수 있"기 때문이다(Rancière 1999: 28[『불화』 61쪽]). 푸코의 작업 덕분에 우리는 이 요점에 대해서 잘 알고 있다. 17세기와 18세기의 '국가 이성'$^{reason\ of\ state}$에 관한 푸코의 강의는 "비열한 경찰$^{the\ petty\ police}$도 공동체 안에서 신체들을 분배함으로써 실재하는 현실을 배열하는 보다 일반적인 질서의 특수한 형태"라는 점을 보여 준다(Rancière 1999: 28[『불화』 61~62쪽]; Foucault 2002a를 보라; 또한 May 2008: 41; Muhle 2007 참조[2]). 그러므로 치안화^{policing}라는 용어는 하나의 사회구성체를 구조화하고 질서화하

---

2) 내가 아는 한, 메이와 뮐레는 랑시에르의 '치안'(the police) 개념과 푸코의 통치성(govern-mentality) 논의 간의 연결가능성을 지목한 거의 유일한 논평자들이라 할 수 있다. 메이는 이 연결가능성을 지적하면서도, 자신의 랑시에르 해석에서 큰 비중을 두지 않는다. 반면 뮐레는 메이에 비해 둘의 연결 지점을 강조하며, 그것이 갖는 중요성을 더 정교하게 보여 준다. 그리고 그녀의 아직 출간되지 않은 논문은 나의 주장을 이끌어 내기 위한 매우 중요한 자원이 되어 주었다.

는 것과 관련된 현상의 광범위한 집합을 명명하는 데 사용될 수 있다. 치안은 사람과 사물에게 장소와 역할을 분배한다는 의미에서, 현실을 배열한다.

푸코와의 연관성 및 푸코와 관련해 제시된 주장은 모두 이 시점에서 매우 중요하다. 1장에서 짤막하게 다루었듯이, 랑시에르의 '치안질서' 개념은 감각적인 것의 나눔[le partage du sensible]이라는 더 포괄적인 개념으로부터 분리하여 생각할 수 없다.[3] 이 다의적인 문구는 한편으로는 세계를 분유하고[dividing up] 질서화하고[ordering] 구조화한다는[structuring] 의미를 갖고 있으며, 다른 한편으로는 연결[connection]과 연합[linkages], 공유[sharing]라는 의미도 갖고 있다. 랑시에르는 감각적인 것의 나눔을 볼 수 있는 것과 말할 수 있는 것들의 질서를 구성하는 "지각의 양식을 결정하는" 것으로서 묘사한다. 우리가 조우하는 세계의 모든 짜임들[configurations]은 감각 영역의 선차적인 나눔(즉 배분[distribution]/분할[partition]/공유[sharing])에 의존한다.[4] 그러한 나눔은 그

---

3) [옮긴이 주] 국역본에서는 '르 파르타주 뒤 상시블'(le partage du sensible)을 주로 '감각적인 것의 나눔'으로 옮긴다. 반면 영역본에서는 같은 개념을 주로 '감각가능한 것의 배분/분할/공유'(the distribution/partition/sharing of the *sensible*)로 옮기고 있다. 이 책에서 옮긴이는 국역본에서 통용되고 있는 '감각적인 것의 나눔'을 주된 역어로 선택하되, 문맥상 필요한 경우 영어 번역어를 함께 옮기도록 하겠다. 체임버스는 각주 4번에서 이 개념의 영어 번역어와 관련된 논란을 언급하고 있다.

4) 올리버 데이비스(Oliver Davis)는 랑시에르의 다른 영역본들과 달리 '르 파르타주 뒤 상시블'을 감각가능한 것(the sensible)보다는 **감각적인 것**(the sensory)의 나눔[분할(partition) 혹은 배분(distribution)]이라고 주장한다. 데이비스는 랑시에르가 모든 사태가 감각에 이용가능한 것은 아니라는 점을 지적하기 위해 '르 파르타주 뒤 상시블'(le partage du sensible)이라는 문구를 사용했다고 주장한다. 다시 말해 선차적인 파르타주(partage[나눔])가 감각 영역을 분리하고 가르며 공유한다. 감각에 이용가능한 것들은 이 파르타주(partage[나눔])에 의해 제한되기 때문에, 우리는 감각**가능한** 영역(the sensible realm) ─ 감각(sensation)이 발생할 수 있는 영역 ─ 을 강조한다. 그러나 데이비스는 "논리적으로 봤을 때, 이렇게 감각을 제한하는 작업은 르 파르타주 뒤 상시블이라는 표현과 그것이 지시하는 발상 안에서, 명사 르 파르타주(le partage[나눔])(혹은 동사 파르타제partager[나누다])에 의해 이미 수행된 것"이라고 주장한다. "그러므로 '감각'(the sensory) 대신 '감각가능한 것'(the sensible)이라는 번역어를 택하는 것

세계 안의 존재자들에게 '몫'과 장소, 공간을 나눠 주는 것이다. 랑시에르는 자신의 결정적인 공식에서 다음과 같이 쓰고 있다. "감각적인 것의 나눔은 세계와 '세계'를 쪼개기cutting-up이다"(Rancière 2001: par. 20[『정치적인 것의 가장자리에서』222쪽]). 나는 이를 감각적인 것의 나눔을 표현하는 결정적인 방식이라고 부르는데, 왜냐하면 랑시에르는 이 간결한 문장에서 나눔partage에서 절대적으로 본질적인 요소 두 가지를 결합시키고 있기 때문이다. 첫째, '쪼개기'라는 관념은 분리하는 동시에 연결하는 (세계의) 분할이 갖는 다중적인 의미를 지시한다. 분할을 수행한다는 것은 하나의 구역을 다른 것들로부터 분리하는 것을 의미하지만, 이전에 없던 새로운 공간을 만들어 낸다는 것 역시 의미한다. 분할은 무언가를 배제하지만, 동시에 참여의 새로운 형태를 가능하게끔 한다. 둘째, 이 진술에서의 '쪼개기'는 감각과 감각적인 것('세계')에 대한 주목을 요청한다. 무엇이 보일 수 있고 들릴 수 있는가를 결정하는 것이 바로 이러한 쪼갬이다. 감각적인 것의 나눔은 이해가능성과 무엇'인 바'의 일정한 유형을 결정한다. 왜냐하면 그러한 유형은 나눔에 의해서 가독적인legible 것이 되기 때문이다.[5]

은 이미 나눠진 것을 다시 나누는 중복이다"(Davis 2010: 180). 나는 데이비스의 주장이 설득력이 있다고 생각한다. 그러나 나는 데이비스가 피하고자 하는 불필요한 반복, 즉 "나누어진 의미의 나눔"이라는 식의 표현이 어쩌면 랑시에르가 자신의 역설적 문제 안에서 포용하고자 한 것은 아닐지 의심하고 있다(Davis 2010: 179, Rancière et al 2009: 159를 인용). 어쨌든 나는 번역상의 논란에 지나친 비중을 두는 것보다(명확하게 하나의 번역어를 다른 번역어들을 대신해 선택하는 것보다) 혹은 종종 간단히 프랑스어 문구를 그대로 사용하는 것보다, 다양한 영어 개념들(파르타주(partage[나눔])의 번역어로 분배(distribution), 공유(sharing), 분할(partition), 절단(cutting), 그리고 상시블(sensible)의 번역어로 감각적인 것(the sensory)과 감각가능한 것(the sensible))을 번갈아 활용하는 방식을 택할 것이다. 분명 '르 파르타주 뒤 상시블'은 아주 미묘하고 다가적(多價的)인 표현이어서 어떤 단일한 번역도 완벽하게 '옳은' 것일 수는 없다.

5) 후기에서 이 요점을 더 자세히 다룬다. 특히 퀴어정치(queer politics)라는 종별적인 예시를 활용해 이 논점을 다룰 것이다.

1장에서 간략하게 지적했듯이, 치안은 감각적인 것의 나눔의 종별적인 유형이다. '치안'을 이러한 방식으로 이해한다는 것은 일반적인 수준에서 [랑시에르의] '치안질서'the police order가 '비열한 경찰'the petty police 보다 일반적인 현상을 지칭한다는 점을 인식하는 것일 뿐만 아니라, '치안질서'가 단순한 지배나 불평등으로 환원될 수 없다는 점을 인식한다는 것을 의미한다. 랑시에르의 치안la police 이해에 대한 모든 논의는, 치안질서를 경찰관이 행사하는 강제력 내지 폭력과 구별하는 것에서부터 출발할 필요가 있다. 그러므로 탱크가 치안 개념에 대한 소개를 다음과 같은 말로 시작한 것은 물론 옳다. "랑시에르적 의미에서의 '치안'이란 파업 노동자들이나 시위하는 학생들의 머리를 가격하는 곤봉 든 경찰관을 가리키는 것이 아니다"(Tanke 2011: 45). 사실 탱크의 이와 같은 서술은 1장에서 내가 인용한 랑시에르의 말에 대한 거의 직접적인 인용이다. "치안은 일반적으로 … 곤봉을 휘두르는 것과 같은 법의 강제력을 … 환기시킨다"(Rancière 1999: 28[『불화』 61쪽]). 요컨대 우리는 치안la police을 결코 우리가 '경찰' the police이라고 부르는 사람들의 행위로 환원해서는 안 된다. 그러나 탱크의 주석은 내가 동의하기 힘든 서술로 이어진다. 그는 치안을 "어떤 사회가 감각적인 것의 나눔을 집행하는enforce 수단"이라고 부른다(Tanke 2011: 45. 강조는 인용자). 2장에서는 치안 개념에 대한 좀더 포괄적인 주장을 펼치면서, 왜 내가 탱크의 특수한 치안 해석에 동의하지 않는지를 드러낼 것이다. '치안'은 특수한 나눔이 행해진 다음에 오는, 따라서 그러한 나눔을 유지하도록 만드는 어떤 권력을 가리키는 이름이 아니다. 오히려 '치안'은 감각적인 것의 나눔(아래에서 내가 논의하고 있는 바와 같이, 나눔의 특수하고 변별적인 유형)이다. 랑시에르의 반시간적인untimely 설명에서 나눔과 그 집행을 가르는 분명한 경계는 존재하지 않는다. 랑시에르는 더 많은 치안 공무원들의 현존과 활동은 치안질서의 강점이 아니라 약점을 나타내는 표지라고 주장한다(Rancière 1999: 28[『불화』 62쪽]). 어떤 신체들을 보이게 만들고 다른 신체들은 보이지 않게 만드는 것은, 바로 그러한 가시적인 신체와 비가시적인 신체 간의 일련의 구분을 유지하는(집행하는) 일이기도 하다. 따라서 치안에 도전한다는 것은 단지 주어진 나눔의 집행 과정을 허물어뜨리는 것이 아니라, 새로운 나눔을 창조하기 위해 급진적으로 치안을 파열시키는 것을 의미한다. 다비데 파네지아Davide Panagia는 랑시에르의 사유가 가진 이러한 미묘한 논점을 다음과 같이 유려하게 설명하고 있다. "랑시에르의 치안관[경찰관]the police officer은 사물들의 순환을 떠받치고 촉진시키면서, (그러한 순환을 가능하게 만드는) 지각의 체제와 감각적인 것의 나눔을 구성하는 유기적 조화organic correspondences의 지속을 보증한다"(Panagia 2009: 121. 강조는 인용자; Watkins 2010을 보라).

그러므로 치안화는 그저 경찰관들의 행위나 단순한 권력의 집합이 아니다. 그것은 신체들의 나눔이다(Rancière 1999: 28[『불화』 63쪽9). 2장의 제사로 사용된 1968년 5월의 슬로건은 치안화(와 치안화에 대항한 싸움)가 순환 흐름의 중지halting와 개시opening 모두에 의존한다는 사실을 잘 포착하고 있다. 바로 이러한 의미에서 치안은 감각적인 것의 나눔(분할/배분/공유), 즉 르 파르타주 뒤 상시블le partage du sensible이다. 또한 치안은 나눔의 그저 특수한 한 가지 유형이 아니라 유일무이한 유형이다. 나는 공동체의 부분들을 셈하는(설명하는) 두 가지 방식이 있다는 랑시에르의 주장을 다시 한번 살펴봄으로써, 치안질서라는 유일무이한 나눔이 갖는 핵심적 중요성을 자세히 설명하고자 한다. "우리는 첫 번째 방식을 치안이라고 부를 것이다. [그것은] 오로지 경험적 부분들—사회체를 구성하는 출생에 있어서의 차이, 기능, 위치, 이해의 차이로 정의되는 현행의 집단들—만을 어떠한 대체보충도 없이 셈한다"(Rancière 2001: par. 19[『정치적인 것의 가장 자리에서』221쪽]). 그러므로 두 번째 셈의 방식인 정치는 치안이 언제나 배제하고자 하는 대체보충을 가능하게 만들고 대체보충을 출현시키려고 시도한다. 따라서 치안질서는 단순히 감각적인 것의 나눔$^{le\ partage\ du\ sensible}$의 한 유형이 아니다. 왜냐하면 우리가 '치안적 나눔'$^{police\ partage}$이라고 부르는 것은 모든 것을 셈하고 포함하고자 하기 때문이다. 치안질서는 어떠한 잔여도 허용하지 않으며, 어떠한 대체보충의 가능성도 배제하는 감각적인 것의 나눔$^{le\ partage\ du\ sensible}$이다. 정치가 만들어 내는 불일치^{dissensus}란 아무것도 없다고 여겨진 곳에 대체보충을 도입하는 일과 분리해서 생각할 수 없다.

그러나 랑시에르에 따르면, 이는 치안질서를 마치 억압적 국가질서를 결정하는 원리인 것처럼 전체화하는 것과는 거리가 멀다. 따라서 랑시에 르가 치안질서 개념이 알튀세르의 '국가장치'$^{state\ apparatus}$ 개념과 혼동되어서는 안 된다고 주장할 때, 그가 제공하고 있는 다른 지적 맥락은 매우 중요하다(Rancière 1999: 29[『불화』62쪽]; Althusser 1971).[6] 국가장치는 사회와 대립하는 것으로서의 국가라는 발상으로부터 자유로울 수 없다고 랑시에르는 말한다. 그의 관점에서 볼 때 국가는 정치와 치안의 혼동에 의존하는 개념이다. 또한 치안을 억압적 강제력으로 이해하는 것은 랑시에르가 '치안질서' 개념을 통해 결정적으로 부인하고 있는 요점을 놓치는 것이기도 하다. 랑시에르의 독자로서 우리는 치안의 대척점에 있는 정치를 찬양하려는 경향이 있다. 따라서 우리는 정치를 찬양하는 와중에, 치안의

---

6) '국가장치'(state apparatus)는 분명 알튀세르의 개념이지만, 랑시에르는 여기서 알튀세르로부터의 인용을 누락(혹은 거부)하고 있다. 반면 「정치에 대한 열 가지 테제」에서 랑시에르는 치안의 주요한 기능이 주체를 호명하는 것이라는 발상을 거부한다는 맥락에서, 알튀세르를 인용하고 있다(Rancière 2001: par. 22[『정치적인 것의 가장자리에서』223~224쪽]).

모든 것을 억압이나 폭력이라고 일축하거나 폄하해 버리기 쉽다. 랑시에르는 독자들에게 그러한 잘못된 해석을 피해야 한다고 경고한다. 그러나 나는 우리가 랑시에르의 경고에 충분히 주의를 기울였는지 확신할 수 없다. 아마도 이 요점에 대한 랑시에르의 경고사항은 열거할 가치가 있을 것이다.

1. 치안은 중립적인 개념이며, 경멸의 뜻을 담은 용어가 아니다. (1999: 29[『불화』62쪽])
2. 치안은 억압으로 환원될 수 없고 심지어 '생명에 대한 통제'로도 환원될 수 없다. (2001: par. 19[『정치적인 것의 가장자리에서』221쪽])
3. 치안은 균일화의 기제가 아니다. 모든 치안질서가 똑같은 것은 아니다. (1999: 30[『불화』64쪽])
4. "치안질서에는 더 나쁜 것도 있고 더 좋은 것도 있다." (1999: 30~31[『불화』64쪽])
5. 치안질서는 아마도 민주주의 정치가 출현할 수 있는 어느 정도의 공간을 제공할 것이다. (2006c: 72[『민주주의는 왜 증오의 대상인가』154쪽])[7]

이 경고사항의 목록은 랑시에르의 치안 이해뿐만 아니라 그의 정치

---

[7] 4장에서는 치안에 대한 도전이 표준적인 전도(inversion)의 비판적 논리에 의존하지 않는다는 점을 지적한다. 이를 위해 랑시에르의 다섯 개의 경고사항을 누적적으로 취하여 더욱 섬세한 주장을 펼칠 것이다. 치안질서의 파르타주 뒤 상시블(partage du sensible)[감각적인 것의 나눔]에 저항하기 위해서는 전도(inversion)가 아니라, 내부적 파열(internal disruption), 즉 불일치(dissensus)가 필요하다.

적-이론적 작업에서 치안이 갖는 역할, 그리고 현대정치에 대한 더욱 포괄적인 사유에 있어서 치안이 갖는 중요성을 설명하고 심화시킬 수 있는 광범위한 탐구 영역을 열어 보이고 있다. 나는 이러한 차원을 이후에 다시 논의할 것이다. 일단 이 절에서는 랑시에르의 **치안**ᵃ police을 정치와 대립하는 평형추에 다름 아닌 것으로 이해하는 접근 방식의 한계를 지적함으로써 논지를 정리하려고 한다. 만약 우리가 치안을 랑시에르 사유에서 그저 첫 번째 공준ᵃ mere first postulate 혹은 **주어진 필수요소**ᵃ given necessary로 환원하는 것을 거부한다면, 우리에게는 일련의 다른 질문이 제기된다. 그중에서도 가장 중요한 질문은 다음과 같다. 도대체 치안 개념은 어떠한 작업을 수행하는가? 나는 1990년대 중반 랑시에르 저술의 맥락에서 치안 개념이 어떤 **정치적 비판**ᵃ political critique을 종별화시키고 그러한 비판에 **중점을 두기 위해 활용되었다**고 주장한다. 여기서 나는 '정치적 비판'이라는 말을 일상언어의 의미로 사용하고 있다. 즉 여기서의 정치적 비판은 정치 체제의 형태와 지도자들의 행위, 혹은 정치 과정의 작동기제에 도전하는 것을 의미한다. 이는 '치안의 정치'the politics of the police라는 문구에 대한 하나의 가능한 해석을 시사한다. 랑시에르의 치안 개념은 자신이 글을 발표하던 종별적인 정치적 상황 하에서 특수한 목적에 봉사하는데, 바로 거기에 치안의 **정치**가 있다. 달리 말하면, 랑시에르의 '치안' 개념의 용법은 특수한 정치적 맥락을 향한 발언으로 의의를 갖는다고 할 수 있다. 랑시에르가 자신의 경력에서 최근에야 **치안** 개념을 도입했으며 그 개념을 상대적으로 신속하게 포기했다는 점을 고려할 때, 이러한 주장은 더욱 폭넓은 설득력을 갖는다.[8]

---

8) 랑시에르가 40여 년이 넘는 저술 활동을 통해 보여 준 그의 사유의 상대적 일관성을 고려할 때 이 사실은 의미심장해 보인다. 랑시에르의 핵심적 개념 중 다수는 그의 문서고 관련 초기 저

[그러나] 랑시에르가 특수한 역사적-정치적 국면에서 치안이라는 용어를 제안했다는 사실이 과연 중요한가? 나는 이러한 타이밍이 단지 우연의 일치가 아니라고 본다. 왜냐하면 치안이라는 용어는 종종 합의제 정치, 혹은 '포스트-민주주의'post-democracy라고 부르는 것에 대한 랑시에르의 비판과 동시에 등장하기 때문이다. 토드 메이가 유용하게 표현한 바와 같이 랑시에르의 합의제 민주주의——랑시에르는 이를 "모순되는 용어의 결합"이라고 부른다(Rancière 1999: 95[『불화』 155쪽])——에 대한 비판은 신자유주의에 대한 급진적 도전을 함축한다(May 2008: 146).

우리가 알고 있듯, '이익집단'과 그들 간에 이뤄지는 상호작용은 오늘날의 자유주의 내지 신자유주의 정치의 기본적인 구성 요소를 이룬다. 그러나 랑시에르에게 오늘날 '이익집단 정치'의 핵심이라고 불리는 '이해갈등'이란 치안질서의 본보기가 되는 것이다. 왜냐하면 이해갈등은 전적으로 치안화의 문제이기 때문이다. 랑시에르가 정치라고 부르는 것은 이익의 조정과는 무관하다. "정치적 계쟁political dispute이란 이미 구성된 인구의 부분들 간에 벌어지는 이해갈등과는 다른 것이다"(Rancière 1999: 100[『불화』 161쪽]). 신자유주의적 이익집단 정치는 특수한 치안질서를 구

작에서부터, 1990년대의 정치와 철학에 관한 저술을 거쳐, 지난 10년간의 미학의 정치에 관한 작업에 이르기까지 그와 함께해왔다. '치안'(the police)이라는 단어가 1992년에 처음 출간된 에세이 선집 『정치적인 것의 가장자리에서』에서는 등장하지 않으며, 2005년에 처음 출간된 『민주주의에 대한 증오』(2005b)에서도 거의 등장하지 않는다는 점은 인상적이다. 랑시에르는 1990년대 중반에 출판된 두 가지 주요한 정치적 작업——『불화』(1995)와 「정치에 대한 열 가지 테제」(1997)——에서만 '치안' 개념에 대해 진지한 주의를 기울이고 있다. 혹자는 치안질서를 더 넓은 차원에서 파악하고 있는 이후 저작에서 감각적인 것의 나눔(le partage du sensible)이 치안(la police) 개념을 대체하는 것이라고 주장할 수 있을 것이다. 그러나 이는 외려 '치안'(the police) 개념이 1990년대 중반 랑시에르의 정치적 개입을 위한 특수한 목적에 사용된 것이라는 견해를 강화시켜 줄 뿐이다.

성하고 기초한다. 그러나 여기서 논의를 멈춘다면, 랑시에르의 비판이 가진 위력을 놓치게 될 것이다. 랑시에르는 동시대의 정치 체제를 그저 (그것을 '치안'이라고 부름으로써) 명명하는 데 만족하지 않는다. 신자유주의 혹은 합의제 민주주의는, 주어진 치안질서와 민주주의 정치에 잠재된 파열적인 위력 사이의 특수한 배열arrangement을 표현한다. 다시 말해 신자유주의는 단순히 정치가 아닌 것에 그치지 않는다. 더 나아가 신자유주의는 정치의 종언을 모색한다. 랑시에르는 합의제 민주주의의 이러한 현대적 형태를 '포스트-민주주의'라고 부르며, 이러한 정의를 자신의 [신자유주의] 비판을 위한 도구로 삼는다. 그는 포스트민주주의를 다음과 같이 정의한다.

> 포스트민주주의는 데모스 이후의 민주주의이다. 포스트민주주의는 인민들의 출현[외양]appearance, 계산착오, 계쟁을 제거한다. 따라서 포스트민주주의란 국가의 작동 기제의 전적인 상호작용으로, 사회적 에너지와 이익의 조합으로 환원가능하게 된 민주주의 통치의 실천이자 개념적 정당화이다. (Rancière 1999: 102 [『불화』 163쪽])

아래에서 더 자세히 논의하겠지만 랑시에르의 민주주의에 대한 이해는 근본적인 파열적 갈등, 즉 불일치dissensus와 언제나 밀접히 관련된 것으로 남아 있다. 이와 대조적으로 '합의제 민주주의'는 불화의 이러한 요소를 폄하하고 동화시키고, 가능한 한 제거하는 데 관여한다. 합의제 민주주의는 모든 갈등을 협상의 형태로 전환시키고자 한다. 따라서 합의제 민주주의란 민주주의의 종언, "한마디로 말해, 정치의 사라짐[소멸]disappearance이다"(Rancière 1999: 102 [『불화』 164쪽]; May 2008: 146을 보라).

'치안' 개념은 합의제 민주주의를 비판하기 위한 결정적인 도구를 제공한다. 랑시에르는 '합의'라는 말에 담긴 신자유주의적 상술을 폭로하고 어떻게 합의가 '포스트-민주주의'ᵖᵒˢᵗ⁻ᵈᵉᵐᵒᶜʳᵃᶜʸ라는 유별나고 빈약한 형태로 변환되는지 보여 주기 위해, 치안ˡᵃ ᵖᵒˡⁱᶜᵉ 개념이라는 비판적 렌즈를 활용한다. 여기서 랑시에르의 논쟁술은 "합의제 민주주의에는 어떠한 정치도 포함되어 있지 않으며 그것은 단지 치안일 뿐이다"라고 단순히 선언하는 데 그치지 않는다. 물론 이러한 선언은 참이다. 그러나 랑시에르의 사유에서 이러한 비판은 거의 모든 제도화된 정치 체제에 해당하는 것이다. 그의 비판의 핵심은 합의제 민주주의가 정치의 제거에 관여한다는 데 있다. 합의제 민주주의는 자신을 순수하게 항구적으로 유지하고자 하는 치안질서이며, 그렇게 하나의 치안질서로서 자신의 완성ᵖᵉʳᶠᵉᶜᵗⁱᵒⁿ을 추구하는 치안질서이다. 따라서 플라톤의 이상국가ᵏᵃˡˡⁱᵖᵒˡⁱˢ가 포스트-민주주의인 것과 마찬가지 방식으로, 합의제 민주주의는 포스트-민주주의다. 그것은 단지 치안화로부터 정치를 배제하려는 것이 아니라, 정치를 종결시키려는 것이다. 의심할 여지 없이 합의제 민주주의는 바로 그 '정치의 종언'을 의식적으로 요청하면서 그렇게 한다. 이는 비록 서로 매우 다른 영역에서 작동하고 있음에도 불구하고, 포스트-민주주의가 정치철학과 매우 유사한 방식으로 기능한다는 점을 보여 준다. 랑시에르에게 정치철학은 정치를 치안으로 대체하고자 하는 철학적인ᵖʰⁱˡᵒˢᵒᵖʰⁱᶜᵃˡ 질서화 기획이다. 반면 포스트-민주주의는 그와 똑같은 목표를 추구하는 이른바 '정치적인'ᵖᵒˡⁱᵗⁱᶜᵃˡ 기획이라고 할 수 있다. 양자 모두 '정치'라는 구호 아래 정치를 제거하고자, 정치라는 명칭을 사용하고 있다.⁹⁾

---

9) 그러나 이러한 맥락에서 나는 포스트-민주주의에 대한 랑시에르의 분석을 아르케정치 (archipolitics), 유사정치(parapolitics), 메타정치(metapolitics)와 같은 그의 표현과 뒤섞고자

그렇다면 분명하게 랑시에르의 치안 개념은 그 자신의 정치적 개입을 위하여 작동하는 것이다. 이러한 맥락에서 나는 랑시에르의 가장 직접적으로 '정치적인' 텍스트들(즉 『정치적인 것의 가장자리에서』, 『불화』, 『민주주의에 대한 증오』)이 작동하고 있는 서로 다른 수준을 강조하고 싶다. 예컨대 『불화』는 쉽게 추상적이고 초연한 철학적 작업으로서 받아들여질 수 있다. 궁극적으로 이 책의 서장과 서문은 모두 아리스토텔레스의 인용으로부터 시작된다. 또한 이 책은 촘촘하면서도 철학적으로 그리 날카롭지 않은 논리적 추론의 수준에서 작동한다. 이 책은 정치의 (동시대적 사례가 아니라) 역사적 사례만을 인용하는 것처럼 보이며, 오로지 광범위하고 일반적인 요점을 강조하기 위하여 그렇게 하는 것으로 보인다. 『불화』의 논평자들 대부분은 아마 아렌트의 『인간의 조건』이나 다른 정치이론에서의 작업을 읽을 때와 같은 방식으로, 즉 하나의 철학적 기획으로 혹은 기껏해야 정치적 존재론의 기획으로 이 책을 읽을 것이다. 이러한 접근 방식은 학생들에게 『불화』의 1장과 2장만을 읽기 과제로 할당함으로써 장려될 수 있다(나 역시 유죄다). 아마도 이것이 랑시에르의 정치이론에 대한 대부분의 탐구가, 「정치에 대한 열 가지 테제」에서의 몇 가지 테제들로 보완된 『불화』의 전반부를 중심으로 하는 이유가 될 것이다.

문제는 랑시에르의 정치철학의 기획에 대한 저주에 가까운 비판에도 불구하고, 이러한 접근 방식이 랑시에르를 다시 정치철학자로 만들어 버

하지 않을 것이다. 이들 간의 차이는 매우 중요하다. 왜냐하면 이 차이는 분석 대상과 분석 수준에 있어서의 차이이기 때문이다. (예컨대) 랑시에르의 아르케정치에 대한 분석은 정치철학의 기획에 대한 비판을 제공하는 반면, 그의 포스트-민주주의에 대한 분석은 동시대 정치에 대한 비판을 제공한다. 그러므로 후자는 전자와는 다른 의미에서의 정치적 개입을 구성한다. 뒤의 논의에서 지적하겠지만, 나는 메이가 때때로 이러한 차이를 소거해 버린다고 생각한다.

린다는 데 있다. 어떻게 당신은 정치철학의 함정을 피하면서 정치를 이론화할 수 있는가? 아마도 당신은 정치에 대한 당신의 개념을 동시대의 정치적 상황에 대한 당신의 평가 및 참여와 연결시킴으로써 그렇게 할 것이다. 랑시에르의 정치적 사유를 이해하는 것은 그의 정치적 개입과도 함께 작업하는 것을 전제한다. 만약 우리가 랑시에르에 대한 해석을 더욱 확장시킨다면, 우리는 그러한 개입적 논의가 랑시에르가 정치와 치안에 대한 자신의 개념을 표명하고 있는 바로 그 텍스트 곳곳에 흩어져 있다는 점을 발견할 수 있을 것이다. 예컨대『불화』의 5장──이 장은 내가 방금까지 논의한 포스트-민주주의에 대한 비판을 포함하고 있다──은 랑시에르를 그저 개념의 사상가로 만드는 해석을 곤경에 빠뜨린다. 5장에서 랑시에르는 플라톤이나 맑스가 아니라 '합의제 민주주의'의 동시대적 담론에 개입한다.『정치적인 것의 가장자리에서』와『민주주의에 대한 증오』에 실린 에세이 역시 랑시에르를 그저 한 명의 철학자로 다루려는 시도와 잘 부합하지 않는다. 이 에세이들은 직접적인 정치적 개입이며, 이 두 권의 책에 실린 에세이 중 다수는 대중적인 정기간행물에 이미 발표된 바 있다. 또한 랑시에르 자신도 우리가『불화』를 무엇보다도 하나의 정치적 개입으로 이해하면서 거꾸로 읽어야 할 것이라고 주장했다(Rancière 2003a: par. 4; Thomson 2003: 9를 보라).

그러므로 치안의 정치^{the politics of the police}에 도달하기 위해 우리는 치안의 개념을 더욱 진지하게 다루고 훨씬 더 폭넓게 해석할 필요가 있을 뿐 아니라, 랑시에르의 치안에 대한 사유와 그의 정치적 개입 간의 연결 지점을 이끌어내 볼 필요가 있다. 이 절에서 나는 랑시에르 자신이 활용한 치안 개념의 용법과 그의 합의제 민주주의에 대한 비판을 연결해 보았다. 이제 나는 정치에 대해 치안이 갖는 중요성을 이해하는 또 다른 변별적인 방식을 다뤄 보고자 한다. 다음 절의 논의는 랑시에르의 저술로부터 이끌어 낸 [메이의] 아나키즘 정치를 분석하고 평가한다.

아나키즘의 옹호와 순수 정치로의 후퇴

아마도 이 절의 시작에서부터 모든 혼동의 가능성을 배제할 필요가 있을 것 같다. 여기서 '아나키즘을 옹호'하는 사람은 내가 아니라 『자크 랑시에르의 정치사상』^{The Political Thought of Jacques Rancière}(2008)이라는 책을 쓴 토드 메이이다. 메이의 책은 랑시에르의 작업 안팎에서 생생하고 전투적이며 언제나 새로운 사유를 촉발시키는 일련의 주장을 제시한다. 하지만 이 장을 시작하며 내가 암시했던 것처럼, 그의 책은 다소 이상하게 제목을 붙인 것처럼 보인다. 간단히 말하면, 이 책은 제목과 달리 랑시에르의 '정치사상'의 해명에 착수하기보다는, 아나키즘을 강력히 옹호하기—따라서 이 절의 제목이 되었다—위해 랑시에르의 작업에 대한 특수한 해석을 동원하고자 한다(May 1994를 보라). 따라서 메이의 책이 '랑시에르의 정치사상'에 대한 전반적인 해설을 제공하지 않는다는 나의 주장은 그 자체로는 논쟁적인 것이 아니다. 랑시에르의 사상을 잘 이해하고 있으며 그에 동조적인 미구엘 바터 역시 메이의 책에 대한 논평의 서두에서 같은 점을 지적하고 있다. "실상 이 책은 랑시에르에 대한 깊이 있는 해석이라기보다는, 민주주의 정치가 자유주의나 맑스주의의 전통에 대립하는 아나키즘의 전통에 속한다는 주장에 대한 하나의 **변론**^{plaidoyer}에 가깝다"(Vatter 2008: par. 1).

내가 메이의 책을 다루는 이유는 그의 책이 랑시에르에 대한 [영어권의] 2차 문헌 중 첫 번째로 출간된 책이기 때문이 아니다(그리고 이 책이 수년간 랑시에르에 대한 [영어권의] 유일한 2차 문헌으로 남아 있었기 때문이 아니다). 내가 메이의 논의를 언급하는 이유는 랑시에르에 대한 그의 특수한 접근 방식이 랑시에르의 **치안**^{la police} 개념을 명확히 하는 문제에 있어 매우 유용하다고 생각하기 때문이다. 아나키즘의 목적을 위해 랑시에르의 사유를 전유한 메이는 치안 개념에 대한 아주 단호하고도 변별적인 해석을 필요로 하게 된다. 그리고 이는 그의 주장이 내가 위에서 "치안의 정치"^{the politics of the police}라고 언급한 것을 다루는 데 도움을 줄 수 있다는 점을 의미한다. 메이에 대한 나의 해석을 본격적으로 살펴보기 전에, 일단 내 주장의 요점을 간단히 진술해 두자. 메이는 정치를 행위의 순수한 형태로 '격상시키는' 동시에, 치안을 반^反-정치이자 지배와 불의의 절대적인 억압적 질서로 환원시킨다. 그러나 내가 볼 때, 메이의 시도는 제한적인 정치이론에 기여하는 데 그치면서, '치안'의 비생산적인 개념화로 귀결될 뿐이다.

이러한 결론을 도출하기 위한 논증의 과정은 섬세해야 한다. 왜냐하면 메이는 매우 다양한 측면에서 랑시에르에 대한 본보기적인 해석자처럼 보일 수 있기 때문이다. 메이는 랑시에르를 그저 한 명의 철학자로 다루는 것을 거부하고 있다. 이는 그의 해석에서 가장 찬사를 받을 만한 부분이다. 메이는 랑시에르의 기획이 갖는 정치적 쟁점을 분명하게 인식하고 있으며, 그러한 쟁점을 빈번하게 자신의 독자들에게 상기시키고 있다. 그러나 나의 관점에서 볼 때, 랑시에르의 정치는 메이가 주창하는 정치와는 다르다. 따라서 메이는 자신이 미리 결정해 둔 아나키즘적 결론에 도달하기 위해 종종 랑시에르를 창조적으로 전유하지 않을 수 없게―혹은 종종 랑시에르를 오독하지 않을 수 없게―된다.¹⁰⁾ 메이의 '치안' 개념에 대

---

10) 다시 말해 메이는 랑시에르에 대한 해석을 통해서 아나키즘을 발견한 것이 아니라고 할 수 있다. 이와 정반대로 메이는 랑시에르의 저작들을 읽고 그의 사유를 자신의 아나키즘적 기획

한 논의에서부터 이러한 일탈[창조적 전유 내지 오독]은 시작되는 것처럼 보인다. 앞서 언급한 바와 같이 메이의 치안 개념에 대한 논의는 주목할 만하다. 왜냐하면 메이가 치안 개념에 깊은 주의를 기울이고 있기 때문이다. 메이는 넓은 의미로 이해된 '치안질서'가 1970년대의 푸코의 강의와 관련될 수 있다는 랑시에르의 논점을 강조하면서 논의를 시작한다. 이 강의에서 푸코는 17~18세기 유럽 사상의 개념들에서 그 계보학적 기원을 추적한다. 메이는 랑시에르의 치안 개념의 용법이 푸코와 얼마만큼이나 합치하는가를 보여 주면서도, 랑시에르가 푸코와는 다른 방식으로 치안 개념을 발전시켰다는 점을 지적한다. 그러나 메이는 랑시에르의 개념적 발전을 다룰 때 매우 의미심장한 해석적 선택을 내린다. 이 지점에서 그는 다음과 같이 쓰고 있다. "랑시에르가 정의하듯이 치안화는 서구 정치철학의 내부에 깊숙이 뿌리 내리고 있다"(May 2008: 42). 메이는 랑시에르가 플라톤으로부터 치안화의 첫 번째 출현을 발견했다고 본다. 메이는 치안의 개념을 주로 플라톤적인 질서의 철학에 대한 랑시에르의 해석과 비판을 요약함으로써 설명한다(May 2008: 42~43).

그러나 이는 매우 의문스러운 해석 방식이다. 왜냐하면 랑시에르는 치안 개념을 도입하면서 정치철학의 기획 바깥의 맥락에서 치안을 정의하고 있기 때문이다. 내가 위에서 주장한 바와 같이, 랑시에르에게 치안은 이해가능한 신체들의 질서이자, 사회의 부분들에 대한 분배이자 셈법이다. 치안은 "사회적인 것의 상징적인 구성체"이다(Rancière 2001: par. 19[『정치적인 것의 가장자리에서』 221쪽]). 랑시에르가 『불화』와 「정치에

안에 욱여넣으려 하기 이전부터 이미 아나키즘적 사유에 대한 헌신적이고 강력한 옹호자로 이름이 높았다. 메이(May 1994)와 워드(Ward 1982)를 보라.

대한 열 가지 테제」에서 플라톤적 정치철학과 치안화에 대해 결정적인 주장을 제기하는 데까지 나간 것은 분명한 사실이다. 그러나 여기서도 그가 주장한 바는 플라톤이 치안화의 한 사례라는 것이 아니다. 그의 주장은 플라톤의 **정치철학**이 정치를 치안으로 대체하고자 하며, 플라톤의 철학적 기획이 가진 구조가 치안과 정치를 **동일시하는** 방식으로 작동한다는 것이다. 랑시에르가 이해한 바와 같이, 이러한 치안과 정치의 동일시는 정치의 제거와 동일한 것이다. 따라서 정치철학의 틀 안에서는, 특히 랑시에르가 '아르케정치'archipolitics라고 명명한 플라톤적 기획 안에서는, (메이가 옳게 지적한 바와 같이) 치안이 정치를 대체하게 된다. 그러나 이러한 대체는 철학적 기획의 일부로서—철학적 기획의 내부에서—발생하는 것이다. 어디에서도 랑시에르는 정치의 제거가 치안질서의 구성에 있어 본질적이라고 말하지 않았다. 이러한 사실은 치안에 대한 메이의 정의를 매우 문제적으로 만든다. 메이는 플라톤적인 아르케정치에 대한 비판을 요약한 직후에, 치안에 대해 가장 간결하게 진술한다. 그는 다음과 같이 쓰고 있다. "결국 치안화의 목표는 바로 **정치를 제거하는 것이다**"(May 2008: 43. 강조는 인용자). 따라서 메이의 주장은 치안화를 정의상by definition 정치를 파괴하기 위한 기제로서 이해하게 된다. 이에 비춰 볼 때, 메이가 랑시에르적 정치의 목표는 치안의 제거에 있다고 주장하는 데까지 나가는 것은 놀랍지 않다. 메이에 따르면 정치는 (랑시에르가 명백히 주장하는 것처럼) 치안질서를 파열시키는 것일 뿐만 아니라, 전체로서의 치안질서에 대해 "아니오"라고 말하는 것—이는 랑시에르가 결코 주장한 적이 없다—을 의미한다 (May 2008: 49). 물론 그러한 해석은 자유와 평등이 오로지 인민으로부터 나오며, 통치의 제거 이후에 올 수 있다고 믿는 아나키즘적 기획에 완벽하게 부합한다.

그러나 이러한 주장은 이야기를 너무 앞서간 것이다. 그렇다면 이 쟁점으로부터 잠시 물러서서 '치안질서는 정치의 제거를 추구한다'라는 메이의 주장을 평가해 보도록 하자. 치안화에 대한 메이의 해석은 아르케정치archipolitics에 대한 메이의 이해와 직접적으로 연결되어 있다. 그는 아르케정치를 "치안화의 한 형태"라고 반복적으로 언급한다(예를 들어 May 2008: 43, 45). 즉 아르케정치는 정치를 제거하려는 치안화 노력의 일종이며, 메타정치metapolitics도 마찬가지로 치안화의 또 다른 형태라고 할 수 있다.[11] 그러나 아르케정치와 치안의 관계를 이러한 방식으로 해석하는 것은, 플라톤적 기획에 대한 랑시에르의 비판이 가진 날카로움을 매우 무디게 만드는 일이다. 만약 치안질서가 언제나 어떤 방식으로건 본성상 정치의 제거를 추구하는 것이라면, 플라톤이 특별히 문제가 되거나 흥미로울 이유는 없다. 오히려 [치안질서 자체가 아니라] 정치철학이 정치를 치안으로 대체하고자 한다는 사실이, 플라톤적(그리고 맑스적, 홉스적) 기획을 매우 위험하게 만드는 것이다. 랑시에르가 짜 놓은 틀 안에서 정치철학에 대한 비판은 필수적이다. 왜냐하면 랑시에르는 이러한 [치안에 의한 정치의] 대체 작업에 도전하고 의문을 던지고, 그러한 작업을 중지하도록 요구하기 때문이다. 그러므로 랑시에르의 '정치철학'에 대한 전반적인 접근 방식, 즉 정치를 정치철학의 관점 바깥에서 사유하려는 랑시에르의 시도는, 치안질서the police order를 정치를 대체하려는 내재적 충동을 가진 질서가 아니라 정치로부터 **구분되는** 질서로서 개념화하는 데 의존한다.

메이는 경험적으로 주어진 치안질서와 플라톤적 기획에 동원된 치안

---

11) 랑시에르의 아르케정치(archipolitics), 유사정치(parapolitics), 메타정치(metapolitics)에 관한 더욱 자세한 해설에 대해선 4장의 나의 논의를 보라.

을 구분하는 데 실패하면서, 정치와 치안의 관계를 사태와 반(反)사태의 일종으로 바꿔 버린다. 그의 해석에서 정치와 치안은 어떤 최종적이고 우주전환적인 조우의 시간 외에는 결코 만날 수 없다. 정치와 치안은 궁극적으로 서로의 대척점에 서 있다.[12] 따라서 '치안화의 목표'는 단적으로 말해 정치의 제거에 있다는 것이 메이의 주장이다. 그러나 직설적으로 말하자면 랑시에르는 결코 치안에 대해 메이와 같은 주장을 제기한 적이 없다. 사실 랑시에르는 메이처럼 치안이나 정치의 개념을 순수한 형태로 이해하는 것을 거부한다. 물론 랑시에르는 치안화와 대립하며 그것을 파열시키는 활동으로서 정치의 기본적인 개념을 제시한다. 그러나 랑시에르는 이어서 독자들에게 정치가 불가피하게 치안과 짝지어져 있을 수밖에 없다는 사실을 상기시킨다. 그는 다음과 같이 쓰고 있다. "만약 정치가 치안의 논리에 전적으로 이질적인 논리를 제공하는 것이라면, 우리는 정치가 언제나 치안과 밀접하게 연결되어 있을 것이라는 점 역시 잊어서는 안 된다"(Rancière 1999: 31[『불화』 65쪽]; 또한 Rancière 2001: par. 21[『정치적인 것의 가장자리에서』 223쪽] 참조).[13]

---

12) 지젝은 이러한 변증법적 논리의 역설을 요약하면서, 랑시에르가 변증법적 논리에 포획되었다고 비판한다(뒤에서 다루겠지만 이는 잘못된 비판이다). 그보다 앞서 알렉스 톰슨은 랑시에르의 작업 안의 유사-변증법적 논리에 관해 숙고하면서 더욱 섬세하고 생산적인 결론들에 도달했다. 톰슨(Thomson 2003)과 지젝(Žižek 2006[『감성의 분할』 97~114쪽])을 보라. 또한 발렌타인(Valentine 2005)을 참조하라.

13) 나는 이러한 해석을 메이에 대한 비판으로 제시한다. 하지만 메이 자신은 이 지점에서 아마도 스스럼없이 자신의 입장과 랑시에르의 입장이 가진 차이를 인정할지 모른다. 메이는 정치가 하나의 잘못(wrong), 즉 데랑티가 유용하게도 '존재론적 비틀기'(ontological torsion)라고 부른 것(Deranty 2003a: par. 5)과 함께 시작된다는 랑시에르의 발상으로부터 벗어난다. 메이는 랑시에르와 대립하는 주장을 당당하게 내걸고, 정치가 "필연적으로 적대적인 것은 아니"라고 주장한다(May 2008: 51~52). 메이는 랑시에르와의 차이를 어떤 방식으로든 분명히 해야 한다. 왜냐하면 랑시에르의 정치는 언제나 비순수한 것으로 남아 있어야 하며, 항상 사

이 지점에서 누군가는 내가 메이를 (해석상의 비판이라는 협애한 틀 안에서) 부당하게 다루고 있다는 비판을 가할지 모른다. 혹은 적어도 나의 메이 비판이 다소 현학적이라고 비판을 가할 수 있을 것이다. 하지만 이에 대한 답변으로, 나는 치안 개념에 대한 해석상 차이에 수많은 중요한 쟁점들이 달려 있다고 주장할 것이다. 이 쟁점들은 메이기 민주주의 정치에 대한 아나키즘적 해석을 전개할 때 드러나기 시작한다. 메이가 짜놓은 아나키즘적 틀은 랑시에르의 사유가 가진 매우 복잡하고 미묘하며 성가신 요소 중 일부를 해석할 수 있는 구조를 제공해 준다. 우선 랑시에르는 우리가 일상적으로 생각하던 정치를 치안으로 고쳐 부르면서, 독자들에게 '그의 정치가 언제 혹은 어디서 발생하는가'라는 질문을 환기시킨다. 이 장을 시작하며 내가 지적한 것처럼, 랑시에르는 정치가 '드물게' 발생한다는 사실을 공연하게 인정하면서 이 질문에 답변하고자 한다(Rancière 1999: 17[『불화』46쪽]). 그러나 대부분의 독자들에게, 특히 정치이론 연구자들에게 랑시에르의 답변은, 다음의 두 가지 가능한 답변 중 하나로 보충되지 않는 한, 어쩔 수 없이 불만족스러운 것으로 여겨졌다. (1) 우리는 정치의 희소성에 대한 랑시에르의 답변을 '어떻게 그러한 정치적 순간을 발생하게 할 수 있는가'에 대한 설명으로 보충할 수 있다. (2) 우리는 이 답변에 '언제나 정치적 순간을 구성하는 것은 아닌 현상에, 왜 그리고 어느 범위까

태의 중심에서 발생하는 것이어야 하기 때문이다. 이와 대조적으로, 메이의 아나키즘적 정치는 자족적이고 자기참조적이며 고유한 것이다. 메이는 이러한 차이로부터 랑시에르의 논의를 비틀어야 할 필요성을 본다. 그러나 나는 바로 이 차이로부터, 우리가 메이의 논의를 그저 랑시에르에 대한 하나의 해석으로 보아서는 안 될 이유를 본다. 메이는 이후의 텍스트에서 랑시에르적 정치가 "단순히 자기몰두적인 일(an affair of self-involvement)이 아니"라고 명확하게 진술하고 있다. 그러나 이 구별은 메이의 이전 저술에서는 아주 명확하지 않았다(May 2009: 116).

지 관심을 두어야 하는가'에 대한 자세한 설명을 추가할 수 있다.

메이는 첫 번째 보기를 명백하게 옳은 선택으로 보았던 것 같다. 실로 랑시에르의 저술들은 이 지점에서 아나키즘의 기획과 분명히 공명하고 있다. 랑시에르의 많은 독자들이 정치의 희소성이라는 발상 앞에서 망설이는 반면, 메이는 랑시에르의 논의 안에서 민주주의 정치가 매우 드물게 발생한다는 사실을 긍정적으로 받아들인다. 그 이유는 무엇인가? 정치의 희소성이라는 발상이 아나키즘의 혁명적이고 자족적인 기획에 잘 부합하기 때문이다. 메이는 민주주의 정치를 그에 참여하는 자들의 삶을 고양시키는 과정으로 정의하고자 한다. 바로 이러한 이유 때문에, 즉 민주주의 정치에는 오로지 소수의 역사적 사례만이 존재한다는 사실 때문에, 그리고 민주주의 정치가 매우 드물다는 사실 때문에—이 모든 사실은 민주주의 정치를 더욱 매력적으로 보이게 만든다—민주주의 정치는 잠재적인 정치적 행위자들에게 더욱 매력적으로 보이게 될 것이다. 누구나 아나키스트가 될 수 있거나, 모든 것이 이미 이루어진 바 있다면, 왜 아나키스트가 되어야 하는가? 그러므로 메이는 평등의 능동적인 자기창조를 요청하는—그렇게 함으로써 아마도 도래하게 될 혁명의 가능성을 암시하거나 계획하는—정치적 사유 공간 안에서 작업하기를 원한다.[14] 랑시에르가 정치를 현실적으로 매우 드물게 발생하는 것으로 정의했다는 사실은 메이의 정치적 사유에서 전혀 문제가 되지 않는다. 오히려 이러한 차원은 메이에게 중요한 자산이 된다.

---

14) 메이는 자신의 아나키즘 개념과 '혁명적 아나키즘' 간의 구분을 고수할 것이다. 또한 그는 (내가 봤을 때는 옳다) 랑시에르의 사상이 개혁(reform)과 혁명(revolution) 간의 전통적인 구별을 허물어뜨린다는 점을 지적할 것이다. 나의 요점은 메이의 사유를 혁명적 아나키즘의 전통 안에서 분류하거나, 아나키즘적 사유의 본성에 관한 논쟁에 개입하는 데 있는 것이 아니다.

메이의 해석은 인민의 순수 정치ᵃ ᵖᵘʳᵉ ᵖᵒˡⁱᵗⁱᶜˢ ᵒᶠ ᵗʰᵉ ᵖᵉᵒᵖˡᵉ 로서 민주주의 정치라는 발상을 이끌어 내고, 그렇게 함으로써 민주주의를 아나키즘과 양립가능하게 만든다. 물론 아나키즘적 사유는 통치ᵍᵒᵛᵉʳⁿᵐᵉⁿᵗ와 인민ᵗʰᵉ ᵖᵉᵒᵖˡᵉ 간의 결정적인 구분을 유지하는 데 의존한다.[15] 예컨대 메이는 공산주의 아나키즘에 대한 크로포트킨의 말을 찬성 조로 인용한다. 크로포트킨의 말에 따르면 "[공산주의 아나키즘은] 통치 없는 사회를 상상하게 해주는 삶과 행동의 원리에 주어진 이름"이다(Kropotkin 1995: 233. May 2008: 83 에서 재인용). 이와 같은 구절은 랑시에르의 정치/치안 구분에 대한 메이의 해석을 조명할 수 있게 해준다. 치안은 전통적인 아나키즘적 사유 안에서 통치ᵍᵒᵛᵉʳⁿᵐᵉⁿᵗ에 부여된 자리를 점유하는 한편, 정치는 아나키즘적 행위 ᵃⁿᵃʳᶜʰⁱˢᵗ ᵃᶜᵗⁱᵒⁿ의 역할을 수행한다. 앞에서 요약한 바와 같이 이는 [랑시에르의 논의를] 본질적으로 뒤틀어 버리게 된다. 이 뒤틀림을 통해서 치안은 단

메이에 대한 나의 이견[불화](disagreement)은 자생적이고 자족적인 정치라는 그의 발상을 핵심으로 한다. 정치가 그 자신만을 염려한다는 메이의 발상은, 랑시에르의 민주주의에 대한 더욱 급진적인 발상으로부터 메이의 입장을 더 멀어지게 만드는 것이다(정치에 대한 이러한 설명은 '혁명'에 수반하는 의미를 함축하는 것으로 보인다. 비록 이것이 메이가 자신의 아나키즘적 사상에서 밝힌 입장은 아니라 하더라도 말이다).

15) 메이는 자신의 책 2장—여기서 그는 정치와 치안 개념에 대한 더욱 자세한 설명을 제공하고, 내가 논의하고 있는 거의 대부분의 대목들을 제시한다—을 사우스캐롤라이나주 클렘슨에서 있었던 이야기와 함께 구조화하고 있다. 클렘슨에서는 백인 남학생이 운전한 차에 치여서 젊은 아프리카계 미국인이 사망하는 사건이 있었다. 메이는 그 사건으로 인해 촉발된 시민 동원에 대해 논의한다. 그 사건의 여파로 인해, 메이 자신은 2년간 공동체 조직자로 경찰력과 아프리카계 미국인 공동체 간의 관계를 개선하려는 모임과 함께 일할 기회를 갖게 됐다. 그 모임은 결국 시의회에 두 명의 후보자를 출마시키게 되는데, 두 후보자들 모두 (아프리카계 미국인들로부터의 낮은 득표율과 함께) 낙선의 고배를 마신다. 이 장을 결론지으면서 메이는 이 모임이 경찰력으로부터 일정한 양보들을 이끌어 낼 수 있었다고 지적한다. 그러나 2년간의 활동 결과에 대한 메이 자신의 평가는 단호하다. "클렘슨에서 정치는 일어나지 않았다" (May 2008: 75). 이 사례에 대한 더 자세한 설명은 메이(May 2009)를 보라.

순히 파열하거나 재질서화하는 데 그쳐서는 안 되는 것이 되어 버린다. 치안은 반드시 제거해야 하는 것이다. 아마도 메이의 가장 설득력 있는 논지는 책의 초반에 등장할 것이다. 그 논지는 랑시에르의 치안과 정치 개념에 대한 메이의 첫 번째 주요한 해설, 즉 그가 랑시에르적 정치의 '뿌리'를 이룬다고 보고 있는 아나키즘의 역사에 대해 본격적인 탐구를 진행하기 이전의 논의에서 등장한다. 메이는 (랑시에르가 『불화』에서 그랬던 것처럼) 치안으로부터 정치로 화제를 돌리면서, "정치란 … 어떻게 나눔이 발생하는가의 문제가 아니"라고 주장한다. 이는 충분히 직설적인 주장이다. 즉 정치는 치안이 아니다. 정치는 질서화와 나눔에 관한 것이 아니며, 이미 몫을 가지고 있는 부분들을 셈하는 것에 관한 것이 아니다. 그러나 메이는 이 논리를 다음과 같은 결정적인 움직임을 통해 완성하고 있다. "나눔은 통치가 수행하는 일이지, 인민이 수행하는 일이 아니다"(May 2008: 47. 강조는 인용자; 또한 May 2009: 113 참조). 메이의 최종적인 주장은 아나키즘의 기획에는 완벽히 부합할지 모르지만, 랑시에르의 더욱 광범위한 이론 틀에는 부합하지 않는다. 랑시에르의 관점대로라면, 물론 우리는 인민 역시 나눔을 수행한다고 말해야 할 것이다. 랑시에르는 더 나아가 "치안은 온갖 종류의 좋음들goods을 제공할 수 있다"라고 주장한다(Rancière 1999: 31[『불화』 65쪽]). 랑시에르가 상기시키고 있듯이, 이는 우리가 치안과 정치를 혼동해야 한다고 주장하는 것이 아니다. 랑시에르의 말은 "치안이 인민의 대척점에 있다"라는 메이의 주장 앞에서 우리가 잠시 멈춰서 생각해 볼 필요가 있다는 점을 보여 준다. 왜 메이는 [랑시에르의 주장에 대해] 이렇게 부당한 변경을 감행하는 것인가?

놀랍지 않게도 그 대답은 바로 메이가 아나키즘에 관여하고 있다는 사실에 있을 것이다. 메이가 표명하는 바와 같이 아나키즘은 각각의 영역

[예컨대 통치와 인민]을 근본적으로 구분할 것을 요구한다. 아나키즘적 정치는 언제나 모든 불의의 제거와 모든 위계질서의 파괴에 관여해야만 한다. 이는 또한 아나키즘적 정치가 언제나 실체적 평등을 성취하려는 시도여야 한다는 점을 의미한다. 메이는 아나키즘이 평등에 대해 근본적/급진적으로^{radically} 헌신하고 있다는 점에서 아나키즘이라는 발상을 단호하게 옹호한다. 그러나 이러한 메이의 주장 중 어떤 것도 랑시에르의 정치나 치안 관념에는 부합하지 않는다. 첫째, 랑시에르는 자신의 사유를 아나키즘으로 환원하려는 발상을 적극적으로 거부해 왔다. 랑시에르는 자신의 사유와 아나키즘 이론 간에 있는 '중요한 관점의 차이'를 설명해 왔다(Rancière et al. 2008: 175). 의심할 여지 없이 메이는 랑시에르가 자신의 사유와 아나키즘 전통 사이의 명백한 친연성에 대해 언급하고 있는 구절을 지적할 것이다. 나는 반^{反}-아르케적인 것$^{an-archic}$으로서 민주주의라는 발상이 랑시에르의 정치 사유에서 핵심을 이루는 만큼, 분명 이러한 친연성을 부정하지 않을 것이다. 그럼에도 불구하고 나는 미구엘 바터가 유용하게 만들어 낸 구분을 옹호하고자 한다. 우선 바터는 현대 프랑스 정치사상 내에서 통용되고 있는 아나키^{anarchy}의 일정한 의미와, "고드윈에서부터 크로포트킨에까지 이어지는 고전적 아나키즘"을 구분한다. 전자의 의미에서 "아나키란 지배자와 피지배자 사이의 구분을 뒷받침하는 형이상학적 기초의 부재(즉 지배를 정당화하고자 하는 모든 헤게모니적 원리의 필연적 실패)를 뜻한다"(Vatter 2008: par. 1). 이러한 의미에서의 아나키즘은 랑시에르의 작업에서 의심할 여지 없이 중요한 역할을 수행한다. 내가 지적해 온 것처럼, 문제는 메이가 랑시에르를 고전적 아나키즘 전통의 관점에서 해석하고자 할 때 발생한다.

　나는 아나키즘의 개념적이고 역사적인 질문에 대한 논의를 지나서,

더욱 실체적인 쟁점에 대한 주장을 펼쳐 보고자 한다. 예컨대 앞에서 인용한 바와 같이, 랑시에르는 정치란 언제나 치안과 "긴밀히 연결되어 있다"고 주장한다. 그는 바로 뒤이어 다음과 같이 말한다. "그 이유는 간단하다. 정치는 정치만의 대상이나 쟁점을 갖지 않기 때문이다"(Rancière 1999: 31[『불화』 66쪽]). 이는 결코 다른 곳에서의 주장과 동떨어진 언급이 아니다. 랑시에르는 이후 저술에서 자신의 기획이 가진 쟁점을 분명히 하고자 시도하면서, 이러한 발상을 확장시키고 발전시킨다. 랑시에르는 내가 1장에서 인용한 대목에서 다음과 같이 주장한다. "치안과 정치의 대립은 정치가 어떠한 '고유한'proper 대상도 가지지 않는다는 진술, 정치의 모든 대상은 치안의 대상과 뒤섞여 있다는 진술과 함께 한다"(Rancière 2011c: 5). 랑시에르에게 치안 없이는 어떠한 정치도 있을 수 없다.

이와 대조적으로 메이는 정치를 치안으로부터 분리시키고자 할 뿐만 아니라 완전히 자기참조적인 정치, 평등의 실체적인 토대에 헌신하는 것으로서의 정치를 모색하고자 한다. 랑시에르에게 평등이란 실질적인 토대 같은 것이 아니다. 데랑티는 이를 다음과 같이 간결하게 정리하고 있다. "평등이란 본질이나 가치, 혹은 목표가 아니다"(Deranty 2003b: par. 1). 평등은 입증될verified 수 있는 가정assumption이지만, 랑시에르의 사상에서 어떠한 것의 토대도 되지 않는다. 따라서 랑시에르에게 정치란 평등에 대한 가정의 증명demonstration이다. 정치는 평등의 논리와 지배의 논리가 조우할 때 발생하는 것이자, 오로지 그러한 조우의 순간에만 발생하는 것이다. 이 평등의 전제야말로 이질적인 논리 간의 충돌을 가능하게 한다. 이는 왜 랑시에르의 평등이 실체적인 좋음good이나 이상적인 텔로스로서 이해될 수 없는지를 설명해 준다. 하지만 이는 메이의 주장과는 달리, 정치가 평등 때문에 발생하는 것도, 평등을 성취하는 것도 아니라는 의미이다. 정치는 치안질서에 도전하고^{challenge} 방해하면서^{thwart} 그 질서를 파열시키거나^{disrupt} 전치시키며^{dislocate}, 어쩌면 결국에는 치안질서를 변화시키게 될지도 모른다.[16] 이것이 정치가 수행하는 일의 전부이다.

이미 1장에서 논의했고, 이 장의 마지막 절에서도 이 사안을 다루겠지만, 나는 정치가 행하는 일이 이 정도만 되어도 충분하다고 생각한다. 그러나 메이는 여기에 만족할 수 없었던 것 같다. 메이는 랑시에르를 정의^{justice}의 분배적 이론과 함께 혹은 그에 대항하여 읽기를 고수한다. 때문에 메이는 랑시에르의 규범적 토대에 대해 반복적으로 의문을 던진다(예를 들어 May 2008: 119). 메이는 어떠한 토대도 제공하지 않는 랑시에르의 평등관을 매우 섬세하게 이해하고 있음에도 불구하고, 결국은 평등이 (재구성된) 랑시에르의 사상 안에서 토대의 기능을 수행할 수 있을 것이라 빈번하게 시사한다(May 2008: 118 참조). 더 나아가 메이는 평등이 언젠가는 실체적인 목적으로 달성될 수 있다고 빈번하게 암시한다(May 2008: 75; May 2009: 117).

랑시에르에 대한 면밀한 해석자들이 롤스나 하버마스의 규범적 정치철학의 정초주의적인 접근 방식을 거부하려는 경향이 있다는 점을 고려할 때, 규범적 토대에 대한 지속적인 요구는 메이의 일부 독자들에게 매우 이상하게 여겨질 것이다. 불일치^{dissensus} 로서의 정치, 탈정체화^{disidentification} 로서의 주체화^{subjectivation}, 그리고 정치적 존재론에 대한 거부라는 랑시에르의 발상은 모두 정치이론에 대한 '규범적 토대' 중심의 접근 방식으로부터 동떨어져 있는 것처럼 보인다. 또한 랑시에르가 『불화』에서 "부분들은

---

16) 이 주장은 메이의 책 제목이 가진 또 다른 문제적인 차원을 드러낸다. '자크 랑시에르의 정치사상'에서 '평등의 창조'(creating equality)에 할당된 몫은 없다.

잘못의 선언 이전에는 존재하지 않는다"고 훌륭하게 주장할 때, 그는 정초주의자들의 발밑에서 토대를 빼앗아 버리는 것처럼 보인다. 그리고 이는 내가 다음 장에서 보다 자세히 논의할 요점이다(Rancière 1999: 39[『불화』 77쪽]). 여기서는 일단 규범적 토대에 대한 요청이 랑시에르의 고유한 주장에 속하지 않는다는 점을 지적하는 수준에서 넘어가고자 한다. 오히려 규범적 토대에 대한 요청은 메이 자신의 논리로부터 비롯된 산물이다. 메이의 기획은 그가 "규범적 위력"normative force이라고 부르는 것을 요구하게 된다. 이는 민주주의 정치를 이해하는 그의 유일무이한 방식 때문이다. 메이는 민주주의 정치란 세계와 언제나 어떤 방식으로든 연결되어 있다고 주장하면서도, 극도로 내부지향적이며 자기참조적으로 보이는 정치의 관념을 옹호한다. 즉 메이에게 민주주의란 주로 민주주의적 행위자들에 관한 것을 의미하는 듯 보인다. 정치가 세계를 바꿀 수도 (혹은 바꾸지 못할 수도) 있다. 하지만 메이에 따르면 정치의 의미는 세계로부터가 아니라 행위자들로부터 오는 것이다. 따라서 메이는 정치가 어떤 효과effects를 가져온다 해도, 우리가 "사회적 효과social effects와 정치의 존재 자체를 혼동"하지 말아야 한다고 주장한다. 그는 계속해서 다음과 같이 인상적인 공식을 제시한다.

> 정치는 변화를 가져올 수도 있고 그렇지 않을 수도 있다. 정치의 발생은 그 귀결consequence에 있는 것이 아니라 평등의 전제를 상연하는 데the acting out of a presupposition of equality 있다. (중략) 민주주의 정치는 치안질서가 지지하는 자들에게 미치는 효과나 그들의 행위에 의해 정의되는 것이 아니라, 투쟁하는 자들의 행위actions와 이해understandings에 의해 정의된다. (May 2008: 72. 강조는 인용자; 또한 May 2009: 113 참조)

랑시에르가 제시하는 정치의 사례가 모두 감각 영역의 새로운 분할과 치안질서의 급진적 파열 및 재질서화를 포함한다는 사실에도 불구하고—랑시에르는 "정치의 본질이" 치안질서를 "교란하는 데 있다"고 주장한다(Rancière 2001: par. 21[『정치적인 것의 가장자리에서』 223쪽])—메이는 여기서 민주주의 정치의 궁극적 정의가 행위뿐 아니라 민주주의적 주체의 이해에 기초하고 있다고 주장한다. 나는 이를 정치의 "자기참조적인" self-referential 정의라고 부를 것이다. 메이가 정의한 정치 개념을 이렇게 부르는 까닭은 이 정의가 순환적이기 때문이어서가 아니다. 이 정의가 정치적 효과보다는 또다시 행위자의 문제로서 정치를 다루고 있기 때문이다.

메이의 논증이 갖고 있는 바로 이러한 차원이 규범적 토대를 기반으로 한 증대augmentation를 필요로 하게 하는 것이다. 만약 정치란 것이 행위자들이 투쟁할 때에만 존재하는 것이라면, 이 행위자들을 투쟁에 동원하기 위한 모종의 도구나 동기 혹은 방법이 필요하게 된다. 메이의 논리 안에서 볼 때, 평등에 대한 실체적인 헌신이 그러한 규범적 효력을 발휘한다. 그러나 민주주의 정치를 민주주의적 행위자의 자기이해로부터 비롯되는 것으로 다시 정의하는 것은, 치안을 더 평가절하하게 되는 유별나지만 의미심장한 결과를 가져온다. 만약 정치가 오로지 그 자신만을 참조하는 것이라면, 치안은 정치를 이해하는 데 있어 그저 정치를 돋보이게 하기 위한 들러리 정도의 중요성만 갖게 될 것이다. 또한 메이 역시 정치가 치안질서의 변화에 관한 것이 아니라고 주장할 때 이러한 요점을 강조하고 있다. 여기서 메이는 아나키즘에 대해 논의하면서, 앞에서 언급한 자신의 논지를 되풀이한다. 그는 아나키즘이 통치의 변화나 새로운 형태, 혹은 권력자들의 다른 조합을 추구하는 것이 아니라, 차라리 권력의 극복을 추구하는 것이라고 주장한다. 메이는 우선 콜린 워드를 인용한다. "아나키즘은 …

꼭대기에 다른 사람을 배치하길 원하는 것이 아니다. 아나키즘은 우리가 바닥으로부터 벗어나길 원한다." 그리고 메이는 이어서 다음과 같이 첨언한다. "(민주주의 정치는 치안질서를 변화시키거나 수정하고자 하는 것이 아니라, 치안질서를 허물어뜨리고자 하는 것이라는 랑시에르의 입장과 이러한 진술을 비교해 보라)"(May 2008: 96. Ward 1982: 22를 인용).

얼핏 무고해 보이는 이 괄호 안의 첨언에 대해선 진지한 논평이 필요하다. 첫째, 메이가 언급하는 '랑시에르의 입장'은 실제로는 메이 자신의 텍스트 내부적인 교차 참조이다. 메이의 책(May 2008: 72)에서 정치는 치안질서의 변화를 모색하지 않는다고 말하고 있는 사람은 랑시에르가 아니라 메이 자신이기 때문이다(May 2008: 43 참조). 거기에서나 이 괄호 안의 진술에서나 메이는 랑시에르를 전혀 인용하고 있지 않다. 내가 지적했듯이, 랑시에르의 논의에서 정치는 무언가를 의욕한다든지 하는 고유한 목표를 가지고 있지 않다. 정치는 치안의 대척점에 서 있지만, 언제나 치안과의 관계 안에 있다. 또한 이러한 대립은 치안질서의 파멸이 아니라, 언제나 변형된 치안질서의 형태로 스스로를 발현시킨다. 그러나 둘째로, 내가 여기서 주장하는 것은 물론 메이나 다른 랑시에르의 독자들에게 전혀 놀라운 것이 아니다. 바로 세 쪽 뒤에서 메이는 다음과 같이 쓰고 있다. "민주주의 정치는 … 정의^{justice}의 최종적 상태로 귀결되는 것이 아니라, 아마도 더 나은 조건의 치안질서로 귀결되는 데 그칠지 모른다"(May 2008: 99). 메이의 두 인용문이 보여 주는 차이, 두 인용문 사이의 명백한 모순을 어떻게 설명할 수 있을까? 첫 번째 인용문은 아나키즘적 사유를 요약하는 괄호 속의 논평으로부터 온 것인 반면, 두 번째 인용문은 아나키즘적 목표와의 관련 속에서 랑시에르의 정치 개념을 정리하기 위해 진술된 것이다. 다시 말하자면, 랑시에르를 아나키즘을 위한 자원이자 지지대로 활용하려는 메이의 시도는 랑시에르의 사유에 대한 과장이나 왜곡으로 귀결된다. 그리고 대부분의 랑시에르 독자들에게—메이 책의 다른 인용문에서 드러난 바와 같이, 여기에는 메이 자신까지 포함된다—이러한 과장이나 왜곡은 손쉽게 드러나 버리는 것 같다.

그러나 궁극적으로 메이에 대한 나의 이견[불화]^{disagreement}은 랑시에르에 대한 '올바른' 해석을 지향하고자 노력하는 것을 핵심으로 하지 않는다. 나의 주된 관심은 '어떻게 정치와 치안의 관계를 이해해야 하는가, 즉 민주주의 정치를 설명하기 위해 어떻게 둘의 관계를 파악할 것인가'라는 문제에 있다. 메이는 둘의 관계를 다음과 같이 설명하고 있다. "정치는 치안에 대한 하나의 대안으로서 출현한다. 정치는 반드시 치안질서 내부에서 출현해야만 한다. 왜냐하면 치안질서 밖에서는 정치가 필요하지 않을 것이기 때문이다(치안질서 밖에서는 불평등이 존재하지 않을 것이기 때문이다). 정치는 치안에 개입하지만, 치안에 대항하는 투쟁을 위해 개입하는 것이 아니다. 정치는 무엇보다도 평등의 표현으로서 개입한다"(May 2012: 1). 메이에게 치안질서의 파열과 감각적인 것의 새로운 나눔은 평등의 내적인 창조, 즉 정치의 부차적 작용으로서만 출현할 수 있다. 나에게는 메이의 전반적 해석이 치안질서의 중요성을 심각하게 과소평가하는 것이며, 또한 민주주의 정치가 가진 힘과 중요성을 약화시키는 것이라고 생각된다. 자족적이며 결코 "치안에 기생적이지 않은"(May 2012: 1) 순수 정치의 개념에 대한 메이의 헌신은—뒤의 결론에서 내가 주장하는 바와 같이—민주주의로부터 동떨어진 방향으로 그를 이끈다. 정치의 역설적인 조건으로서 민주주의는 정치의 '타자'인 치안의 종결을 요구하는 것이 아니라, 오히려 치안에 대한 일신된 비판적 개입을 요구한다.

메이의 랑시에르 해석에 대한 비판적 검토로부터 결론을 도출해 보

자. 나는 메이의 해석에서 치안과 정치의 대립이 마니교적 이분법으로 변환된다는 점을 지적하고자 한다. 정치는 어떠한/모든 치안질서로부터도 전적이고 근본적으로 구분되며, 그러한 질서와 대립을 이루는 순수한 위력이 된다. 지젝은 이를 '초정치'^{ultrapolitics}라고 부른다(Žižek 2006: 71, 75[『감성의 분할』101, 104쪽]). 명백하고도 의미심장한 귀결로서, 메이의 논의에서 치안의 개념은 폄하되어 버린다. 치안은 '중립적'인 용어이고 '비난을 위한 용어가 아니'라는 랑시에르의 요지는 메이에게서 철저히 상실된다. 대신 치안은 정치의 사악한 타자로 이해하게 된다. 치안질서는 그저 파괴되어야만 할 것에 다름 아닌 것이다. 치안질서는 불가피하다. 하지만 치안질서는 정확히 미래에 대한 유토피아적이고 아나키스트적인 전망을 고무시키고 동원하기 위해 대타자$^{the\ big\ Other}$의 형태를 취해야 한다. 메이의 해석은 정치의 논리와 치안의 논리가 만날 수 있는 어떠한 지점도 거부한다. 메이의 주장에 따르면 물론 정치는 치안의 대척점에 서 있는 것이다. 그러나 그는 어떻게 정치와 치안이 조우할 수 있는지를 불분명하게 남겨 둔다.[17] 즉 다른 마니교적 견해와 마찬가지로 메이가 만들어 낸 정치/치안의 이분법은 두 영역 간의 활발한 상호 개입을 가로막는다. 둘 사이의 전투가 취할 수 있는 유일한 형태는 아나키즘적 유토피아가 모든 치안질서를 단박에 영원히$^{once\ and\ for\ all}$ 대체하게 될 궁극적인 전투뿐이다. 메이는 랑시에르의 사상에서 정치와 치안이 반드시 만나야 한다는 점을 분명하게

---

17) 지젝은 이러한 조우의 부재를 빌미로 랑시에르를 비판하며, 톰슨은 이를 랑시에르의 이론이 잠재적으로 빠질 수 있는 함정으로 묘사한다(Žižek 2006[『감성의 분할』97~114쪽]; Thomson 2003). 하지만 내가 1장에서 논의한 바와 같이, 주요 해설자들 다수가 랑시에르의 정치는 결코 순수할 수 없다고 직접적으로 주장하고 있음을 지적할 필요가 있다(Muhle 2007; Panagia 2006; Rockhill 2006을 보라).

이해하고 있음에도, 그의 논리는 이러한 잘못된 결론을 향해 간다. 이 절에서 나는 이 문제점을 강조하지 않을 수 없었다. 메이는 민주주의적 불일치[the democratic dissensus]가 두 개의 세계를 창조한다고 주장한다.

> 만약 두 세계가 전적으로 구분되는 것이라면, 만약 그들이 만날 수 있는 어떠한 지점도 없다면, 모든 정치적 투쟁은 사생결단이 될 것이다. 모든 민주주의적 정치투쟁은 오직 하나만이 승리를 누릴 수 있는 경쟁하는 두 전망 사이의 투쟁으로 환원될 것이다. 전적으로 혁명적이지 않았던 민주주의 정치란 존재하지 않게 될 것이다. (May 2008: 112)

그러나 정치와 치안에 대한 메이 자신의 해석에서 바로 이러한 문제점을 확인할 수 있다. 메이의 해석에서 치안은 순수한 지배가 되고 정치는 순수하게 혁명적인 것이 된다. 메이가 이 문제점을 매우 정확하게 표현하고 있는 까닭은 아마도 메이의 랑시에르에 대한 아나키즘적 재해석도 같은 문제에 시달리고 있기 때문일 것이다. 메이는 민주주의 정치가 이러한 방식으로 작동하지 않는다는 점을 인정하지만, 그럼에도 불구하고 그는 세계의 마니교적 분리가 제3항에 의한 일종의 변증법적 매개를 통해 극복될 수 있다고 생각했다. "모든 명목상의 민주주의 사회에는 투쟁하는 자들과 투쟁의 대상이 되는 자들을 엮어 주는 적어도 하나의 공통적인 규범적 요소가 있다. 이 공통적 요소란 바로 평등에 대한 관여[a commitment to equality]이다"(May 2008: 112). 그러므로 정치와 치안에 대한 메이의 오독(둘을 급진적/근본적으로 분리하여 이해하는 오독)은 평등에 대한 오독(평등을 실질적인 토대로 이해하는 오독)으로 보충되어야만 한다. 그러나 내가 1장에서 입증한 바와 같이, 랑시에르 자신의 이론은 제3의 개념을 필요로 하지 않는다. 왜냐하면 랑시에르의 입장에서 보면 정치와 치안이 결코 분리된 세계를 형성하지 않기 때문이다. 그들은 항상 이미 다른 한쪽과 "긴밀히 엮여 있다". 랑시에르는 이 요점을 직접 밝히고 있다. "'순수한' 정치란 없다" (Rancière 2011c: 3).

바로 이 긴밀한 엮임 안에, 정치의 논리와 치안의 논리의 불가피한 만남 안에, 우리는 '치안의 정치'the politics of the police에 대한 생생하고 탁월한 사유를 위치시킬 수 있을 것이다. 2장의 마지막 절에서 나는 치안에 대한 이러한 이해를 옹호하고자 한다. 또한 비순수성impurity과 비고유성[부적절성]impropriety을 견지하는 민주주의 정치에 대한 재평가를 통해, 정치에 대한 메이의 아나키즘적 전망을 비판하고자 한다.

치안질서와 민주주의 정치

이 장에서는 '치안의 정치'the politics of the police라는 문구의 의미를 숙고함으로써, 즉 랑시에르의 광의의 정치 개념에 대해/그 개념을 위해 치안la police이 갖는 함의를 풀어 내고자 함으로써 랑시에르의 '치안' 개념에 대한 나의 분석을 발전시켜 왔다. 랑시에르의 독자들 중 일부는 랑시에르의 사유 안에 존재하는 정치와 치안의 근본적 대립에 주목하면서, 치안의of 정치란 존재할 수 없다고 정당하게 주장할지 모른다. 그들은 아마 "치안의 정치란 하나의 불가능성이 아닌가?"라고 물을 것이다. 서론에서 지적한 바와 같이, 랑시에르는 역설의 사상가이며, 그의 사유는 물론 정치에 대한 역설적인 설명이다. 그러므로 나는 역설을 해소하기 위한 토론이 아니라, 역설을 더욱 심화시키고 발전시키기 위한 토론을 이끌어 내기 위해, '치안의 정치'라는 문구를 일종의 암구호watchword로서 사용했다. 달리 말해 만약 치안의 정치가 불가능하다면, 랑시에르의 독자들에게 던지는 질문은 다음과 같은 것이 될 것이다. 어떻게 우리는 그러한 불가능성을 사유하는가?

랑시에르의 정치 개념에 대한 나의 독법은 정치가 모든 치안질서의 대척점에 서 있는 것이자 그 질서를 방해하는 것에 다름 아니라는 기초적 사실을 출발점으로 삼는다. 간단하고도 중요한 요지로서, 이는 치안이 결코 정치로 이해될 수 없다는 점을 의미한다. 우리가 치안의 행위에 대해 무엇이라고 말하건 간에(그리고 치안질서 내부의 행위를 칭찬할 많은 이유들이 있을 수 있지만), 우리는 그것을 정치라고 부를 수 없다. 나는 정치와 치안 간의 분할선을 통과할 수 없는 것으로 이해해서는 안 된다는 점을 입증하려 하면서, 그러한 해석을 한 단계 멀리 밀어붙였다. 이 분할은 투과가능한 것이어야만 하고, 서로를 향하거나 각자로 회귀하는 일정한 유형의 운동을 허용해야만 한다. 정치는 그것이 결코 순수한 것일 수 없다는 단순한 이유 때문에, 치안의 순수한 타자일 수 없다. 1장에서 나는 랑시에르의 정치적 저술을 이해하기 위한 3항 모델을 공박했다. 이어진 2장에서는 그러한 앞서의 주장과 일관되게 '치안' 개념을 해석하고자 했다. 치안에 의해 정치가 겪는 일종의 오염(그리고 그 역으로서 정치에 의한 치안의 오염)을 고수함으로써만 우리는 제3항의 필요성을 거부할 수 있다. 만약 정치와 치안의 분할선이 횡단불가능한 것이라면, 우리는 하나의 고정된 설명 방식, 즉 제3의 개념의 도입을 통해서만 작동할 수 있는 논의로 귀착하게 된다. 이것이 바로 메이가 은연중에 평등을 존재론화해야만 했던 이유이다. 그는 치안에 대항해 정치의 전투를 개시할 수 있는 규범적 토대 내지 동원력을 필요로 한다.

랑시에르에 대한 메이의 해석은 정치/치안의 구분을 그 극단으로까지 밀어붙인다. 정치가 치안을 제거하기 위한 힘이라고 주장하면서, 메이는 아마 자신도 모르는 새 순수 정치의 전망을 옹호해야 한다고 요구받을 것이다. 여기서 나의 목표는 메이의 주장을 일축하거나 논박하려는 것이 아니었다. 차라리 랑시에르 나름의 범주에 대한 재평가와 재고를 요청하기 위해, 메이의 준*변증법적인 치안/정치 구분에 대한 이론적 개입을 활용하는 것이었다. 앞에서 지적한 바와 같이, 메이의 작업이 랑시에르적 전제에서 출발해 비랑시에르적 결론에 이르게 됐다는 사실은, 랑시에르적 전제에 대한 재탐구로 우리를 이끌 것이다. 나는 여기서 랑시에르의 **치안**^{la} ^{police} 개념을 진지하게 다룸으로써, 또한 그의 치안 개념이 가진 의미와 정치적 쟁점에 대한 더욱 심화된 탐구를 향해 그의 분석을 밀어붙임으로써, 그러한 탐구를 수행하고자 노력해 왔다. 치안의 정치는 제3항이 아니라, 이 처음의 두 항 사이에서 이미 존재해 왔던 운동에 대해 사유하는 방법, 즉 필연적으로 항상 이미 치안질서에 긴밀하게 엮여 있는 랑시에르의 비순수한 정치라는 발상에서 중요한 것이 무엇인가를 숙고하는 방법이다.

이 장을 맺으며 나는 **치안**$^{la\ police}$과 치안의 정치가 가진 또 다른 결정적 차원의 윤곽을 그려 보고자 한다. 그 결정적 차원이란 가장 진부한 의미에서의 '치안의 정치'이다. 나는 메이에 대한 논의에서 출발하여, 치안질서의 변화와 변형, 개선이라는 기본적 의미에서 치안의 정치에 대한 관여와 관심을 요청한다. 알렉스 톰슨이 훌륭하게 서술한 바와 같이 "의심의 여지 없이 치안의 더 나쁜 형태보다 치안의 더 좋은 형태를 발전시키는 것과 관련해 더 많은 할 일이 있다"(Thomson 2003: 11). 우리는 치안을 다루는 데 있어 유토피아적 기각$^{a\ utopian\ dismissal}$이 아니라 민주주의적인 경각심^{a} $^{democratic\ vigilance}$을 필요로 한다. 랑시에르는 "우리는 민주주의 안에서 살 수 없으며, 오히려 그 유일한 대안으로서 치안질서 안에서 살아간다"라는 간결한 주장을 통해 독자들을 도발한다(Rancière 2006c: 73[『민주주의는 왜 증오의 대상인가』 156~157쪽]). 메이는 이러한 주장을 언젠가 도래할 순수한 민주주의에 대한 유토피아적 요청으로서 이해한다. 그는 이 주장을 우리가 살고 있는 세계(하나의 치안질서)에 대한 하나의 비판으로서뿐만이 아니라, 참된 민주주의의 이상에 대한 옹호이자 우리가 살고 있는 이 세계에 대한 폄하로 이해한다. 나는 랑시에르를 메이와는 매우 다르게 이해한다. 나의 관점에서 볼 때, 우리는 민주주의 안에서 살고 있지 않을 뿐만 아니라, 앞으로도 결코 민주주의 안에서 살 수 없다. 이는 우리가 성취해야만 하는 것을 결코 성취할 수 없기 때문이라거나, 우리가 무언가에 실패했기 때문이 아니다. 이는 민주주의가 결코 그 안에서 거주할 수 있는 어떤 것이 아니기 때문이다.[18]

---

18) 나는 우리가 민주주의 안에서 살고 있지 않고, 앞으로도 그럴 수 없다고 주장하면서, 민주주의가 하나의 체제나 권력의 행사가 아니라는 랑시에르의 주장을 진지하게 받아들이며, 그 주장을 확장시키고 있다. 이러한 맥락에서 랑시에르의 민주주의관에 대한 나의 주장은 최근 미국 좌파들의 민주주의 찬양에 대한 조디 딘의 비판에 부분적으로 대응하고 있는 것이다. 그녀가 훌륭하게 말하고 있듯이, "민주주의를 요청하면서, 좌파들은 정치에 필수적인 분열을 강조하는 데 실패한다"(Dean 2009a: 76). 나는 이러한 딘의 주장에 공감한다. 특히 그녀가 숙의민주주의 이론가들이 발전시킨 민주주의 개념을 강력하게 비판하는 데 이 주장을 활용하고 있다는 점에 깊이 공감한다. 딘이 보여 주고 있듯이, 단지 의견의 더 많은 순환으로서 더 많은 민주주의라는 관념은 전적으로 신자유주의와 양립가능하고 그것에 의해 회유가 능한 것이다. 이 모든 것들에도 불구하고, 딘이 논의하는 '민주주의의 호소들'(invocations of democracy)은 랑시에르의 민주주의에 대한 설명과 어떠한 유사점도 없다. 이 책을 통한 나의 주장—랑시에르의 저작을 자유주의와 민주주의 사이의 틈을 벌리는 데 활용하려는 나의 노력—에서 가장 핵심적 동기를 이루는 것은, 딘이 적절하고 강력하게 비판한 민주주의 정치에 대해 하나의 대안적 설명을 제공하는 것이다. 랑시에르는 딘의 책에서 핵심적 역할을 수행하지 않지만, 때때로 딘은 그 책(과 다른 곳)에서 숙의민주주의자들을 비판한 것과 같은 근거를 활용해 랑시에르의 기획을 기각할 수 있다고 시사하고 있다. 바로 이 지점에서 나는 딘의 설명에 동의하지 않는다. 첫째, 무엇보다 랑시에르의 불일치(dissensus)로서의 민주주의라는 설명은 "분열을 강조하는 데 실패"했다고 비판받을 수 없다. 또한 랑시에르 자신의 하버마스적 의사소통과 민주주의 개념에 대한 비판은 딘의 설명과 상호보완적인 것이다. 나의 일반적인 요점은 간단하다. 즉 신자유주의에 대항해 민주주의 정치를 옹호할 수 있는 방

민주주의는 유토피아가 아니다. 이러한 이유로 랑시에르에게 '투쟁' struggle은 전통적 맑스주의와—추정컨대 메이와도—다른 의미를 갖게 된다. 메이에 대해 내가 개입한 해석이 분명히 하고 있는 바와 같이, 메이는 자신의 정치 개념의 핵심에 일정한 의미의 '투쟁'을 위치시키고 있다. 메이는 의미심장하게도 투쟁의 중요성이 그 참여자들이 이해한 투쟁의 의미에 있다고 주장했다. 랑시에르는 노동자들의 파업 사례를 다루면서 거의 정확하게 반대로 말했다. 파업은 메이가 활용하고 있는 의미로서의 '투쟁'의 전형적 사례라고 할 수 있다. 그러나 랑시에르는 파업—자본에 대항해 동원된 노동자들이라는 전통적인 의미에서의 '투쟁'의 일종—의 정치성은 미리 주어진 것이 아니라고 말한다. 랑시에르는 다음과 같이 쓰고 있다. "파업이 더 나은 대우보다 개혁을 요구한다고 해서, 또는 파업이 임금의 부당함보다 권위의 관계를 공격한다고 해서 더 정치적으로 되는 것은 아니다. 파업은 공동체와의 관련 속에서 작업장을 결정하는 관계를 다시 짤 때 정치적인 것이 된다"(Rancière 1999: 32[『불화』 67쪽]). 만약 파업

법이 있다. 둘째, 랑시에르에 대한 딘의 주된 주장은 의문스러운 해석에 기초하고 있다. 그녀는 자신이 랑시에르의 주장이라고 이해하는 두 가지 논점을 거부하고 있다. 첫째, "우리가 포스트-정치적 시간에 살고 있고, 정치는 폐제당했다는 주장은 … 유치한 심술에 불과하다"(Dean 2009b: 23; 또한 Dean 2009a: 12 참조). 둘째, "'오늘날의 국가는 정치를 불가능한 것으로 선언함으로써 스스로를 정당화한다'는 랑시에르의 주장은 9·11 이후의 미국에 적용될 수 없다"(Dean 2009a: 14). 첫 번째 비판의 경우 딘은 랑시에르의 주장이 아니라 오히려 랑시에르가 비판하는 대상을 그에게 귀속시키고 있다. (랑시에르의 개념인) "포스트-민주주의"는 우리가 살고 있는 체제가 아니라, "합의제 민주주의"의 목표를 비판적으로 개념화한 것이다(Rancière 1999: 102[『불화』 163쪽]). 두 번째 비판의 경우, 딘은 1990년대 초반의 프랑스에 대한 랑시에르의 묘사를 인용하고 있으며, 이어서 그것이 2000년대 후반의 미국을 파악하지 못한다고 강하게 주장한다. 그녀의 이러한 주장은 분명한 진실이다. 그러나 나는 이 주장이 그녀가 믿고 있는 것처럼 비판적 위력을 가진 것인지 확신할 수 없다. 딘은 랑시에르의 민주주의 정치라는 발상을 진지하게 고려하지 않음으로써, 자유민주주의적인 '의사소통적 자본주의'에 대항하는 자신의 전투를 위한 잠재적인 동맹군을 잃고 있는 것으로 보인다.

이 더 많은 임금을 요구하는 데 그친다면, 파업은 정치의 순간을 만들어 내지 못한다. 이 경우의 파업은 치안질서 안에서의 협상을 위한 움직임으로—치안의 구조를 어떠한 의미심장한 방식으로도 변화시키지 않고 치안질서의 조건을 개선하려는 시도로—분명하고도 적법하게 이해될 수 있다. 파업은 작업장의 편성 자체를 의문에 부칠 때 비로소 정치적인 것이 될 수 있다. 만약 파업이 불일치[dissensus]의 순간, 감각적인 것의 주어진 나눔(분할/배분)이 파열되는 순간을 표지한다면, 우리는 파업을 정치의 순간으로서 이해할 수 있다. 그러나 이는 노동자 정치에 대한 전통적 논의에서 말하는 것과 달리, 소위 '투쟁'의 존재(혹은 그것의 결핍)가 정치의 가능성을 결정하지 않는다는 점을 의미한다. 이러한 제한적이고 전통적인 의미의 투쟁은 아마 치안질서의 핵심적 요소를 이루는 것일지 모른다.[19)]

랑시에르는 투쟁을 다른 의미로 생각했다. 그는 이 단어를 불일치[dissensus]의 동의어로 사용했다. 따라서 그가 "민주주의가 무엇을 의미하는지를 이해하는 것은, 그 단어 안에서 가장 쟁점이 되는 투쟁에 귀 기울이는 것과 같다"라고 말했을 때(Rancière 2006c: 93[『민주주의는 왜 증오의 대상인가』 190쪽]. 강조는 인용자), 그는 자원에 관한 단순한 분쟁이나 협상보다 급진적이고 더 구성적인 투쟁을 가리키고 있었다. 랑시에르가 이어서 쓰고 있듯이 민주주의적 의미에서 "투쟁"에 귀 기울인다는 것은 "분노와 냉소"뿐만 아니라, 더 중요한 것으로서 "[민주주의라는 단어]가 허락한 의미의 불이행과 역전"에 귀 기울인다는 것을 의미한다(Rancière 2006c:

---

19) 전통적 논의에서 **투쟁**(struggle)이라는 단어에 담긴 함축을 나에게 상기시켜 주고, 그것을 통해 랑시에르의 민주주의 정치관에서 '투쟁'이 가진 중요한 의미를 명확히 하고 다듬을 수 있도록 도와준 데 대해, 나는 벤자민 아디티에게 큰 빚을 지고 있다.

93[『민주주의는 왜 증오의 대상인가』190쪽]). 민주주의의 투쟁은 개념, 장소, 역할―'적절성[고유성]'propriety 그 자체―에 대한 투쟁이다. 바로 이러한 이유에서 랑시에르적 의미에서의 민주주의적 투쟁은, 결코 그 나름의 **텔로스**를 가진 투쟁으로 이해해서는 안 될 것이다. 랑시에르적 의미의 투쟁은 노동자들의 집합적 행위로서의 '투쟁'이라는 전통적인 맑스적 설명으로부터 구분되어야 한다. 그가 파업의 사례에서 명확히 보여 준 바와 같이, 중요한 문제는 개인들이 함께 행동한다는 사실만이 아니다. 중요한 문제는 그들의 함께하는 행동 속에서 무엇이 가장 중요한 쟁점이 되며 무엇이 질문에 부쳐지는가이다. 이러한 투쟁은 참여하는 자들만을 위한 투쟁이 아니다. 이 투쟁은 민주주의에 있어 가장 중요한 투쟁이다.

이렇게 볼 때, 민주주의란 평등을 창조하는 것이 아닐뿐더러, 통치를 제거하는 것도 아니라는 요점을 받아들일 수 있을 것이다. 차라리 민주주의란 "정치의 역설적인 조건이다"(Rancière 2006c: 94[『민주주의는 왜 증오의 대상인가』192쪽]). 앞에서 자세히 살펴본 바와 같이, 역설적 정치란 비순수한 정치이다. 민주주의는 역설적이고도 비순수한 정치이다. "민주주의는 진정 … 정치의 비순수성을 의미한다"(Rancière 2006c: 62[『민주주의는 왜 증오의 대상인가』135쪽]). 이는 왜 민주주의 정치가 필연적으로 '민주주의에 대한 증오'를 만들어 내며, 왜 계속해서 그러한 증오를 만들어 내는지를 설명해 준다(Rancière 2006c: 94[『민주주의는 왜 증오의 대상인가』192쪽]). 랑시에르는 가능한 모든 단어를 동원해 이러한 증오와 싸운다. 그러나 랑시에르가 우리는 민주주의 안에서 살고 있지 않다고 말할 때, 그 주장을 '언젠가' 우리가 민주주의 안에서 거주해야 한다고 주장하는 것으로 이해해서는 안 된다. 간단히 쓰자면, 민주주의는 그 안에서 거주할 수 있는 어떤 것이 아니다. 랑시에르는 말한다. "엄격하게 말하자면, 민주주의 정부[민주주의적 통치]와 같은 것은 없다"(Rancière 2006c: 52[『민주주의는 왜 증오의 대상인가』 116쪽]). 다시 한번 메이는 이를 모든 정부/통치를 거부해야 할 충분한 이유로 받아들일지 모른다. 그러나 나는 이를 민주주의 정치를 더욱 가꿔 나가야 할 이유로 받아들인다. 이 민주주의 정치는 치안질서를 변형시키기 위한 가능성에 늘 수반된다.

　　민주주의 정치는 우리에게 주어진 치안질서를 파열시키는 방식으로 출현한다. 더 나아가 나는 우리가 언제나 치안질서 안에서 살게 될 것이라고 불평 없이 주장한다. 민주주의 정치는 변형을 위한 위력으로서 가꿈과 보살핌, 방향성을 필요로 하는 것임이 드러난다. 그러므로 정치란 절대적으로 필수적^{vital}이다. 그러나 우리는 동시에 "어떤 것도 정치적인 것이 될 수 있"지만 "어떤 것도 그 자체로는 정치적이지 않다"는 점을 잊어서는 안 된다. 정치화는 평등의 논리가 치안의 질서와 만나게 될 때에만 발생한다(Rancière 1999: 32[『불화』 67쪽]). 랑시에르적 도발의 정신에 따라 일종의 생략적 삼단논법과 함께 이 장을 마치도록 하자. 만약 우리 모두가 치안질서하에서 살고 있다면, 그리고 만약 "정치가 치안에 작용하는 것이라면"(Rancière 1999: 33[『불화』 67쪽]), **치안의 정치**[la politique de la police]는 정치이론뿐만 아니라 우리네 일상적 삶의 정치에 있어서도 핵심적인 것임이 틀림없다.

3장 _ 문학성
"모든 곳에 *끄적여라*"

1장과 2장에서는 랑시에르의 저술에서 핵심을 이루는, 비교적 독자들에게 잘 알려진 개념[예컨대 정치와 치안 개념]들을 다루었다. 점차 규모를 키워 가고 있는 랑시에르에 대한 2차 문헌에서도 이 개념들은 광범위하게 다뤄져 왔다. 3장에서는 랑시에르 자신은 물론이고 연구자들도 그리 큰 관심을 주지 않았던 **문학성**^{literarity[la littérarité]} 개념에 주목한다. 그러나 나는 그저 주석을 늘리기 위한 목적에서 [그의 저술 안의] '어떤 틈을 메우려' 하는 것이 아니다. 몇 가지 변별적인 이유에서 나는 '문학성' 개념이 어떻게 언어와 인간 간의 관계를 이해하는 하나의 관점으로 랑시에르의 사유 안에서 결정화^{crystallize}되는지에 주목한다. 랑시에르는 (평등이나 정치, 감각적인 것의 나눔^{le partage du sensible}과 같은 개념을 다루던 때와는 대조적으로) 문학성 개념을 상세하게 논의한 적이 없다. 또한 그는 문학성을 스스로의 기획에서 핵심적인 지위를 가지는 개념으로 제시한 적도 없다. 그럼에도 불구하고 나는 문학성 개념이 랑시에르의 더욱 광범위한 기획을 이해하는 데 도움을 줄 수 있다고 주장한다. 그렇기 때문에 문학성이라는 발상은 [그 개념을 직접적으로 언급하지 않은] 이전의 저술들에서도 발견되며, 따라서 그 저술들을 경유해서 다시 해석되어야 하는 것이다. 간결하게 요점을 말하자면, '말들의 과잉'an excess of words[l'excès des mots]이라는 발상은 랑시에르의 사유에서 불가결한 치안질서 개념에 대항하여, [정치와 치안에 대한 논의에 과도하게 기울어진 2차 문헌의] 균형을 맞추는 역할을 수행한다. 이러한 이유로 '말들의 과잉'은 랑시에르의 철학적 기획에서 핵심을 차지하는 것이다.[1] 무엇보다도 랑시에르의 사상은 항상 질서의 철학과 대립한다. 문학성은 그러한 질서의 철학을 항상 이미 따라다니며 괴롭히는 일종의 위력으로 파악해야만 한다. 철학자들은 항상 문학성을 억누르고자 한다. 하지만 언제나 그들은 문학성을 진압하는 데 실패한다. 이 한 가지 이유만으로도 문학성에 대한, 더욱 심도 있는 분석은 앞서의 정치와 치안에 대한 논의를 보완하는 것일 수 있다. 뿐만 아니라 문학성에 대한 논의는 치안/정치, 민주주의, 평등 등 용어의 의미에 대한 우리의 이해를 의미심장하게 확장시키고, 때때로 근본적으로 달라지게 만들 것이다.

또한 『랑시에르의 교훈』은 문학성으로 주제를 전환하면서 이 책 나름

---

1) 올리버 데이비스는 1970년대에 랑시에르와 공동저자들이 『논리적 반란』(Les révoltes logiques)에서 수행한 작업을 유용하게 요약하고 있다. 그의 요약을 읽어 본다면 랑시에르가 매우 이른 시기에 언어와 말, 논리, 그리고 주장의 논쟁적 의미라는 주제를 향해 분명하게 선회하고 있음을 이해할 수 있을 것이다. (랭보의 시로부터 빌려 온) 이 학술지의 제목의 의미를 성찰하면서 데이비스가 쓰고 있듯이 "'논리적/로고스적'(logique)이라는 말은 자발적 저항의 거침없음을 반영하는 것이라기보다는, 그 저항에 연루되어 있는 말과 언어를 지칭하는 것이다"(Davis 2010: 39~40). 랑시에르 자신은 이 논점을 다음과 같이 간결하게 공식화했다. "반역 (rebellion) 혹은 반란(revolt)으로 불리는 것은 또한 말(speech)과 이유(reasons)의 장면이기도 하다"(Rancière 2011b: 10). 3장의 논의는 언어에 관한 철학적 논쟁의 맥락 안에서 문학성에 관한 논의를 전개한다. 그러나 나는 문학성과 '말들의 과잉'에 대한 질문이, 언어나 담론과 같은 때때로 협소하게 한정되는 개념들을 언제나 넘어서는 것임을 처음부터 강조해야겠다. 랑시에르의 질문은 말할 수 없는 것과 들릴 수 없는 것의 정치이자, 또한 비가시적인 것과 표상될 수 없는 것의 정치이다(Panagia 2006: 88). 이 장에서 나의 논의는 말할 수 없는 것과 들릴 수 없는 것의 정치를 중심 사안으로 다룬다. 하지만 이는 논의의 초점을 그것에 두겠다는 의미일 뿐, 비가시적인 것과 표상될 수 없는 것의 정치를 논의로부터 배제하는 것이 아니다.

대로 전환을 수행한다. 여기서 나는 랑시에르 해석에 일정한 비틂^{torsion}을 가하기 시작하기 때문이다. 데랑티는 비틂(비트는 행위)이라는 단어를 『불화』에서 '잘못'^{wrong}의 개념을 사유하기 위한 은유로 활용한 바 있다. 이러한 데랑티의 은유는 이 글의 목적을 위해 생산적으로 확장될 수 있을 것이다(Chambers and O'Rourke 2009을 보라; 또한 Bowman forthcoming 참조). 고체역학에서 비틂이란 단순한 어그러트림이 아니라, 물체에 그것을 가로지르는 회전력을 작용시킴으로써 나타나는 어그러트림을 묘사하는 것이다. 비틂은 비트는 힘이 대상에 직각으로 작용함으로써 생겨나는 이른바 '전단응력'$^{shear\ stress}$을 초래한다. 나는 랑시에르의 작업에 일정한 비트는 힘을, 즉 (물리학에서 불가역적인 물체의 변형을 의미하는) 전단^{shearing}을 초래하지 않으면서도 물체를 어그러트리고 연장시키는 힘을 작용시켜 보고자 한다. 이 비트는 힘은 소위 '맥락'^{context}과 '질문'^{questions}이라는 두 가지 형태를 띤다. 문학성이라는 개념은 랑시에르의 사상 전반을 효과적으로 해명하게 해주고, 랑시에르의 작업을 생산적인 방식으로 맥락화하는 것을 가능하게 해준다. 비록 랑시에르 자신은 일반적인 맥락화의 기획이나 자신의 작업을 한정하려는 어떠한 시도도 일관되게 거부했지만, 문학성 개념은 유용하고 생산적인 방식의 맥락화를 가능하게 한다(Ross 2009: 28; 또한 Davis 2010 참조). 또한 나는 랑시에르의 작업에 대해 그 자신은 분명 대답하길 원하지 않았을 종별적인 질문을 제기하고자 한다. 달리 말하자면, 나는 그러한 질문에 대한 나름의 대답을 마련하기 위해 그의 작업을 전유하고자 한다. "오늘날 우리는 어떻게 정치와 이론을 사유해야 하는가?"라는 질문과 관련해서 매우 중요하다고 생각되지만 랑시에르 자신은 거의 관심을 보이지 않았던 일련의 광범위한 고려 사항과 염려 들이 있다. 문학성에 대한 주목은 이러한 주제와 관련된 대화의 맥락 안에 랑시에르를 위치시키도록 해줄 것이다.

3장의 논의는 문학성에 대한 랑시에르의 주장을 더욱 포괄적인 역사적, 이론적 맥락 안에 위치시킨다. 첫째, 나는 아리스토텔레스의 유명한 '정치적 동물로서의 인간' 논의에 관한 랑시에르의 잘 알려진 독법을, 언어에 관한 더 광범위한 논쟁이라는 측면에서, 특히 인간과 언어'능력' 간에 상정된 혹은 가정된 관계라는 측면에서 다뤄 볼 것이다. 랑시에르는 아리스토텔레스의 『정치학』의 유명한 구절에 대해 급진적이고 논쟁적인 일련의 주장을 제기한다. 이어서 랑시에르는 재빨리 자신의 '정치'에 관한 더 포괄적인 주장으로 논의를 전환한다. 3장에서 나는 이 전환 앞에 잠시 멈춰 서서, 언어에 대한 더 포괄적이고 철학적인 질문—랑시에르 자신이 가능하다면 피해 왔고, 필요하다면 거부해 왔던 질문(Rancière 2011c: 16)—을 제기한다. 따라서 나는 랑시에르를 아리스토텔레스가 개시한 일련의 거대한 철학적 논쟁 안에 위치시키고자 시도한다. 물론 이는 랑시에르를 그러한 논쟁의 맥락 안에 고정시키고자 하는 것이 아니다. 둘째, 나는 랑시에르를 다른 20세기 프랑스 이론가들과 비교하여 살펴봄으로써 그를 맥락화하고자 한다. 랑시에르의 '주체화'subjectivation 개념을, 푸코의 작업에서 예속적 주체화assujettissement와 주체화subjectivation의 용법에 관한 좀더 포괄적이고 심도 있는 일련의 토론 및 논쟁과의 관계 안에서 조명한다. 여기서 나는 개념을 분명히 정리하기 위한 노력의 일환으로 주로 번역의 문제에 초점을 맞춘다. 셋째, 나는 말과 언어에 대한 랑시에르의 주장을 장-프랑수아 리오타르Jean-François Lyotard의 쟁론le différend 개념의 맥락에서 읽어 냄으로써, 랑시에르를 맥락화하고자 한다. 언어와 담론, 문학성에 대한 랑시에르의 간결하고 논쟁적인 언급에 대한 생산적인 비교와 대조 작업을 위해 리오타르의 명시적인 언어이론을 활용한다.

이러한 맥락화 작업은 언어와 정치의 관계에 대한 일반적 질문을 제기할 수 있게 해준다. 특히 랑시에르의 논의의 맥락화를 통해 언어를 비인간중심주의적non-anthropocentric으로 논의한다는 것이 무엇을 의미하는지, 또 그러한 논의가 정치에 대해 어떤 함축을 가지는지를 묻는 데 랑시에르의 주장을 활용할 수 있게 해준다. 물론 비인간중심주의적으로 언어와 정치 간의 관계를 바라본다는 발상은, 랑시에르에 따르면 결코 존재론에 기초를 두거나 존재론의 내부에 고정될 수 없는 것이다. 앞선 장의 논의에서 이미 지적했던 바와 같이, 랑시에르의 존재론에 대한 거부는 언제나 독자들에게 일정한 부담을 지운다. 왜냐하면 존재론을 거부하는 그의 입장은 독자들로 하여금 랑시에르의 작업을 일정한 방식으로 위반하지 않고서는 그의 논쟁술polemics에서 벗어나기 힘들게 만들기 때문이다. 여기서 나는 랑시에르의 주장을 언어에 관한 논쟁의 맥락에서 재해석하는 한편, 그의 주장에 대해 인간중심주의의 문제를 제기함으로써 하나의 묘책, 즉 랑시에르 자신의 주장을 거부하거나 허물어뜨리지 않고도, 그가 말하는 것 이상의 것을 말할 수 있게 해주는 묘책을 시도했다.[2] 어떻게 우리는 비인간중심주의적이면서도 존재론에 기초를 두지 않는 방식으로 정치를 사유할 수 있는가? 물론 랑시에르는 이와 같은 질문을 던진 적이 없다. 그럼에도 불구하고 이 질문은 랑시에르의 작업에 대한 하나의 독법을 통해 구성될 수 있다. 또한 랑시에르의 저술은 이 질문에 대한 도발적이지만 풍요로운 답변—문학성 개념을 통해 구체화된—을 포함하고 있다.

---

2) 이러한 묘책은 결코 존재론적 접근으로 이해해서는 안 된다. 이 발상은 랑시에르 안의 무언가를 존재론화하고자 하는 것이 아니다. 오히려 이 발상은 랑시에르 자신이 도달하지 않았을 무언가에 도달하고자 하는 것이자, 랑시에르의 주장을 그가 염두에 두지 않은 목적을 향한 운동 안에 놓는 것이다.

랑시에르는 다음과 같이 쓴다. "인간은 정치적 동물political animals이다. 왜냐하면 그들은 문학적 동물literary animals이기 때문이다"(Rancière and Panagia 2000: 115). 이 장은 이 도발적이고 논쟁적인 주장을 해독하고 설명하고 비튼다. '정치적 동물'과 '문학적 동물' 간의 연관성은 오로지 문학성 개념에 의해서만 도출될 수 있다. 이 요점을 증명한다는 것은 랑시에르 기획의 핵심에 있는 문학성의 정치를 드러낸다는 것을 의미한다. 문학성의 정치가 민주주의 정치이며 불일치dissensus의 정치라는 점은 말할 필요도 없을 것이다. 더 나아가, 문학성의 정치는 언어가 가진 구성적인 정치적 중요성에 주목하는 정치, 즉 담론정치discursive politics다. 그러나 이는 숙의민주주의자들이 사용하는 담론적discursive이라는 단어와 같은 의미에서의 담론정치를 말하는 것이 아니다. 자유주의의 제도적 실천을 '규범적으로' 보완하고자 하는 '담론 윤리'discursive ethics적 접근 방식과는 명백히 다르게, 문학성의 정치는 자유주의 정치와 랑시에르의 민주주의 정치 간의 대비를 날카롭게 드러낸다. 어떠한 질서의 철학도 '말들의 과잉'을 억누를 수 없는 것처럼, 문학성은 나름의 방식으로 자유주의를 좌절시킨다. 자유주의는 아무리 노력해도 문학성이 가진 위력을 관리하거나 처리해 버릴 수 없다. 문학성은 민주주의와, 문학성을 제한하고 제약하려는 자유주의적 구조 사이의 간극을 벌린다. 이 모든 이유 때문에 문학성은 나의 더 광범위한 해석과 이 책의 논증 안에서 핵심적인 중요성을 가진다. 문학성은 내가 이미 앞서의 두 장을 통해 제시한 정치와 치안에 관한 주장에 새로운 층위를 더한다. 또한 문학성은 마지막 장의 비판 개념의 논의를 위한 무대를 마련한다.

이 장의 논의는 광범위한 현장들terrains을 가로지르고 있기 때문에, 독자들을 위한 도로지도가 필요할 것이다. 첫 번째 절에서 나는 랑시에르와 그 이전의 많은 이들이 출발점으로 삼았던 지점, 즉 아리스토텔레스의 『정치학』의 유명한 도입부로부터 출발할 것이다. 나는 『불화』의 영역본에서 랑시에르의 아리스토텔레스 해석이 근본적으로 잘못 번역되었다는 점을 보일 것이다. 영역본의 오역은 랑시에르의 가장 중요한 정치적 텍스트의 도입부에 나오는 핵심적 주장을 파악하는 것을 필요 이상으로 어렵게 만든다. 나는 개념들을 분명하게 정리한 다음, 랑시에르의 논쟁적인 아리스토텔레스 해석을 탈구축적 읽기a deconstructive reading로, 즉 아리스토텔레스의 **로고스**를 그 핵심에서부터 오염되어 있는 것으로 다시 묘사하는 탈구축적 읽기로 제시할 것이다. 언어에 대한 이러한 비순수한 개념화로부터는 오로지 비순수한 정치만이 출현할 수 있다. 두 번째 절에서 나는 랑시에르가 어떻게 '정치적 주체가 형성되는 정치적이고 언어적인 과정'—주체화subjectivation—을 이해하는지에 대한 토론으로 주제를 전환시킨다. 여기서 나는 랑시에르를 이 주제와 관련된 푸코의 의미심장한 작업의 맥락 안에서 읽고자 한다. 세 번째 절에서는 비인간중심주의적non-anthropocentric 언어관을 예증하고, 인간중심주의anthropocentrism를 의인주의[의인화]anthropomorphism나 인간학anthropology, 인간주의humanism로부터 구별해 봄으로써, 인간중심주의의 의미를 명확하게 할 것이다. 네 번째 절에서는 랑시에르로부터 리오타르에 대한 해석으로 논의를 전환해 볼 것이다. 여기서 나는 주체와 언어 간의 관계에 대한 비인간중심주의적 이해를 옹호하기 위해 리오타르에 대한 나의 해석을 활용할 것이다. 다섯 번째 절에서는 3장의 핵심 주제인 문학성에 직접적으로 초점을 맞출 것이다. 나는 랑시에르의 문학성에 대한 결정적인 주장을 해명하기 위해, 또한 그의 민주주의 정치관에 있어서 문학성에 관한 주장이 갖는 중요성을 입증하기 위해, 인간중심주의에 대한 나의 이해와 인간중심주의에 대한 리오타르의 도전을 도구로 활용할 것이다. 나는 정치란 말들의 과잉을 요청하고 요구하며, 또한 역설적으로 말들의 과잉을 초래하는 것임을 드러낼 것이다. 여섯 번째이자 마지막 절에서는 문학성과 민주주의 정치에 대한 나의 보다 포괄적인 주장을 해명하기 위해, 내가 "담론의 논쟁적 장면[무대]"a discursive polemical scene이라고 부르는 것의 종별적인 사례를 제시하고자 한다. 문학성은 정치에 부수적인 것이 아니다. 랑시에르에게 '말들의 과잉'은 2차적인 고려 대상이 아니며, 단순히 영화와 문학에 관련된 질문에만 해당되는 사안도 아니다(Rancière 2006b 참조). 오히려 문학성 없이 정치는 존재하지 않는다.

포네[목소리], 로고스[언어]의 기호, 그리고 안트로포스[인간]

랑시에르는 "출발점으로부터 시작"begin at the beginning해 볼 것이라고 독자들에게 말하면서 『불화』의 첫 페이지를 시작한다. 이어서 아리스토텔레스의 『정치학』 I권에 등장하는 '저명한 문장들'을, 즉 아리스토텔레스가 자신의 정치이론을—비록 아리스토텔레스 자신에게도 여전히 어느 정도는 암시적이었다고 하더라도—언어이론의 토대 위에 위치시키고 있는 부분을 상세하게 인용한다. 아리스토텔레스의 말이 랑시에르의 책에서 갖는 중요성을 과소평가하기란 힘들다. 랑시에르는 단순히 아리스토텔레스의 말을 상세히 인용하면서 책을 시작하는 데 그치지 않고(이는 랑시에르에게서 보기 드문 장면이다), 책의 첫 대목을 아리스토텔레스로부터의 인용문에 대한 자세한 해석에 할애하고 있다. 또한 어떤 의미에서 책의 1장 전체가 아리스토텔레스로부터의 인용문에 대한 확장된 해석이라고 할 수 있다. 랑시에르는 아리스토텔레스의 문장에 대한 직접인용으로부터, 아리스토텔레스『정치학』의 더 포괄적인 주장으로, 그리고 이어서 아테네 민주주의의 더 포괄적인 맥락으로 논의를 옮겨 간다. 이 장은 랑시에르의 기획에서 문학성이 갖는 핵심성을 예증함으로써, 나 나름의 특수하고 독자적인 방식으로 랑시에르의 아리스토텔레스 해석을 제시할 것이다.

이러한 목적에 도달하기 위해서, 우선은 랑시에르의 첫 번째 획기적인 작업인『불화』영역본 1장의 도입부에 관해 논쟁적인 주장을 제기하고자 한다. 틀림없이 이 책은 정치에 관한 그의 가장 중요한 저작이며 정치 이론서로서 독자들에게 가장 자주 읽힌(혹은 잘못 읽힌) 책이기도 하다. 그러나 나는 영역본의 첫 대목이 터무니없는 오역이라고 주장하고자 한다. 이 대목 자체가 따라가기 힘들다거나, 논리를 전개하는 논증 방식이 난해하다거나, 혹은 문장의 의미나 함축이 불분명하다고 말하는 것이 아니다. 영역본의 대목을 주의 깊게 읽어 본다면 그것이 그저 터무니없다는 사실이 드러날 것이다. 이 문장들이 읽기 어려운 것은 단순히 난해하기 때문만은 아니다. [터무니없는 오역 탓에] 이 문장들은 완전히 자기모순에 빠져 있다.

이는 랑시에르가 직접 작성한 문장의 문제가 아니라, 영역본의 전반적인 번역 수준의 문제라고 할 수 있다. 특히『불화』의 영역자인 줄리 로즈^{Julie Rose}의 두 번의 편집상의 선택이 보여 주는 묘한 우연에 주목해 볼 필요가 있다. 랑시에르의 주장에서 아리스토텔레스의 인용문이 차지하는 비중과 중요성을 고려할 때,『불화』의 영역본 1쪽의 번역 수준은 다소 실망스럽다. 로즈는 자신이 직접 단 주석의 서두에서 이 책의 모든 번역은 그녀 자신이 한 것이라고 주장한다. 하지만 그녀의 주장과 달리 아리스토텔레스로부터의 인용문은 로즈 본인의 번역이 아닌 것으로 생각된다. 로즈는 아리스토텔레스로부터의 인용문을 랑시에르의 프랑스어 문장이나 아리스토텔레스의 그리스어 원문으로부터 직접 옮기는 대신, 아무런 인용 표시도 없이 싱클레어^{T. A. Sinclair}의 1962년 펭귄출판사판 『정치학』 (Aristotle 1981)을 그대로 사용하고 있다. 이것이 로즈의 첫 번째 편집상의 선택이다. 이는 아무리 좋게 봐도 학문적인 안이함이라고 할 수밖에 없다. 하지만 내가 비판하려는 것은 이 문제가 아니다. 오히려 나의 염려는 싱클레어의 번역이 원문에 충실한 번역과는 거리가 멀다는 점에 있다. 싱클레어본은 다소 시대에 뒤처진 번역이고, 특히 랑시에르가 주장하는 취지에 비춰 본다면 다소 과장된 문체의 장황한 번역이라고 할 수 있다. 싱클레어의 번역은 『불화』의 영역본이 랑시에르의 프랑스어본이 말하고 있는 바로부터 의미심장하게, 종종은 극적으로 벗어나도록 만든다.

이러한 차이는 랑시에르의 주장을 파악하는 것을 더 어렵게 만들며, 더 중요하게는 랑시에르의 아리스토텔레스 해석에 대한 근본적인 오역으로 이어지게 만든다. 실로 로즈가 싱클레어본을 인용한 것은 랑시에르의 주장을 옮기는 데 있어 심각한 문제를 야기한다. 아리스토텔레스는 목소리^{voice}와 말^{speech} 간의 구별 및 둘의 서로 다른 기능을 구체화[종별화]한다. 싱클레어의 아리스토텔레스 번역에서, 목소리는 표현하는^{express} 반면, 말은 지시한다^{indicate}.[3] 하지만 이어지는 문장에서 랑시에르가 지시하다^{indiquer}와 명시하다^{manifester}라는 단어를 사용할 때, 로즈는 두 번째 편집상의 선택을

---

3) 싱클레어의 번역본은 포네와 로고스 간의 구별을 '표현하기'(expressing)와 '지시하기' (indicating)의 구별로 독특하게 옮겼다는 점에서 명확하게 다른 번역본들과 구분된다. 오로지 싱클레어의 번역본만이 포네가 수행하는 일을 묘사하기 위해 '표현하다'(express)라는 단어를 사용한다(Aristotle 1981). 레컴(Harris Rackham), 바커(Ernest Barker), 에버슨(Stephen Everson) 모두 포네의 역할로 '지시하다'(indicate)라는 단어를 골랐다. 하지만 그들은 로고스에 의해 수행된 작업을 서술하는 데서는 선택이 달랐다. 레컴은 '지시하다'(indicate)를 두 번 사용한 반면, 바커는 '선언하다'(declare)를 골랐고, 에버슨은 '제시하다'(set forth)라는 단어를 사용했다(Aristotle 1944; 1958; 1996).

감행한다. 원래 이 구절은 아리스토텔레스의 그리스어 원문을 랑시에르가 직접 프랑스어로 번역하여 인용한 것이다. 랑시에르의 아리스토텔레스 번역은 뒤에서 살펴보기로 하고, 여기서는 일단 영역본에서 독자들이 읽게 될 것에만 초점을 맞춰 이야기하겠다. 로즈는 **지시하다**^{indiquer}와 **명시하다**^{manifester}를 각각 '지시하다'^{indicate}와 '표현하다'^{express}로 옮긴다. 따라서 영역본에서 독자는 우선 아리스토텔레스의 표현하는 목소리와 지시하는 말의 구별을 읽은 다음, 랑시에르가 "표현하는 말과 그저 **지시할 뿐인** 목소리"라고 언급하는 구절을 읽게 된다(Rancière 1999: 2[『불화』 24쪽]). [당연히 이 두 구절은] 터무니없는 모순에 빠져 있다.

　이것이 터무니없는 이유를 분명히 하자. 『불화』의 영역본을 읽으면 랑시에르가 아리스토텔레스를 잘못 해석하고 있을 뿐만 아니라, 아리스토텔레스를 완전히 거꾸로 읽고 있는 것처럼 보인다. (싱클레어의 영역에서) 아리스토텔레스는 목소리가 '표현하고' 말은 '지시한다고' 말하고 있는 데 반해, (로즈의 영역에서) 랑시에르는 목소리가 지시하고 말은 표현한다고 반대로 말하고 있다. 더군다나 맥락상 이 구절에서 랑시에르는 아리스토텔레스에 대한 반박을 제시하는 것이 아니라 명백하게 직접적인 해석─반복하자면 전적으로 비일관되고 비지성적으로 보일 수밖에 없는 해석─을 시도하고 있다. 이 모순은 누구에게나 훤히 보일 정도로 그저 **명백한** 것이다. 영역본의 모순은 전적으로 로즈의 두 번의 편집상의 선택으로부터 기인한 것이다. 로즈는 랑시에르가 아리스토텔레스의 원문을 프랑스어로 어떻게 옮겼는지 고려하지 않음으로써, 랑시에르가 포네/로고스의 구분을 지시하다와 명시하다의 차이와 연결하고 있다는 점을 파악하지 못하게 된다. 또한 로즈는 자신이 싱클레어로부터 빌려 온 영역이 표현하기와 지시하기를 구분하고 있다는 사실 역시 파악하지 못하고 있다. 결국 그녀는 **명시하다**^{manifester}를 '표현하다'^{express}로 옮기기로 선택함으로써 랑시에르의 취지를 완전히 뒤집어 버린다. 로즈의 두 번의 편집상의 결정은 랑시에르가 마치 자신이 상세히 인용한 아리스토텔레스의 구절을 아주 기초적인 수준에서도 이해할 능력이 없는 것처럼 보이게 만드는 이상한 번역문을 빚어낸다.

랑시에르의 주장이 왜 터무니없는 것이 아닌지, 또 그가 실제로 어떻게 아리스토텔레스를 해석하고 있는지를 파악하기 위해서는, 랑시에르의 프랑스어 텍스트로 되돌아갈 필요가 있다. 로즈와 달리 랑시에르는 아리스토텔레스의 원문을 프랑스어로 직접 옮기고 있음이 명백해 보인다. 랑시에르는 아리스토텔레스를 인용하면서 어떠한 번역본도 언급하지 않는다. 하지만 그럼에도 그의 번역문은 아리스토텔레스의 그리스어 원문에 매우 근접해 있다.[4]

우선 아리스토텔레스의 그리스어로부터의 직역을 보자.

모든 동물 중에서 오로지 인간만이 말^{logos}을 가진다. 반면 목소리^{phōnē}는 다른 동물들에게 주어진 것으로, 이는 고통과 쾌감의 기호^{sign}이다^{esti sēmeion}. (그들의 본성은 고통과 쾌감을 지각하고 이것들을 서로에게 지시할^{indicate} 수 있는[직역하면: 기호를 통해 보여 주는^{sēmainein}] 지점까지 발전되어 왔다.) 반면 말^{logos}은 정당하고 정당하지 않은 것을 [분명하게 만들기^{make clear}] 위하여, 이로운 것과 해로운 것을 가시적으로 만든다^{make}

---

4) 이 때문에 뒤의 논의에서 지적하는 바와 같이, 아리스토텔레스의 그리스어로부터의 직역에 가깝게 영역한 해당 구절과 랑시에르의 아리스토텔레스에 대한 프랑스어 번역을 다시 영역한 해당 구절은 매우 유사하게 보인다. 그리고 둘 모두 로즈가 사용한 싱클레어본의 번역에서 의미심장하게 벗어나고 있다.

visible[dēloun]. 이것은 다른 동물들과 비교해 볼 때 인간에게만 특유한 것이다. 오직 인간만이 좋음과 나쁨, 정당함과 부당함 등에 대한 지각을 갖고 있다. 그리고 이러한 것들의 공유가 가정과 도시를 만들어 낸다. (Aristotle 1957: 1253a9~18, 번역은 인용자)[5]

우리는 아리스토텔레스로부터 하나의 분명한 구분과 함께 그에 상응하는 미묘한 차이들을 볼 수 있다. 아리스토텔레스는 모든 동물들에게 '주어진' 혹은 '생겨난' 단순한 목소리인 포네와 오로지 인간만이 소유하는 '이성적인 말', 즉 로고스를 근본적으로 구분하고자 한다. 두 경우에서 동물의 유형과 언어의 유형 간의 관계는 다르게 작동한다. 즉 포네는 모든 동물들에게 (수동적으로) 부여된 것인 반면, 로고스는 인간에 의해 (더 능동적으로) 소유되는 것이다. 결국 포네와 로고스는 서로 다르게 기능한다. 포네는 '하나의 기호'a sign(esti sēmeion)이거나 '기호의 방식으로 지시하는'indicate by way of a sign(sēmainein) 것인 반면, 로고스는 분명하게 만들거나make clear 가시적으로 만드는 것이다make visible(dēloun). 이는 포네가 오로지 기쁨과 고통을 지시할 수 있을 뿐인 반면, 로고스는 무엇이 정당하고 부당한가를 보여 주거나 명시할 수 있다는 것을 의미한다. 이러한 차이가 랑시에르의 아리스토텔레스 해석에서 핵심을 이룬다는 것은 놀랍지 않다. 또한 랑시에르가 자신의 해석을 마련하기 위해 아리스토텔레스를 프랑스어로 옮기면서 나름의 구분을 수립하고 있다는 점 역시 놀라운 일이 아닐 것이다.

---

5) 이 번역을 "나의 것"이라고 한 이유는 내가 이 번역의 최종적 형태를 결정했고, 여기서 발생한 모든 실수에 대해 책임을 갖고 있기 때문이다. 그러나 나는 이 번역을 가능하게 만드는 데 있어 네이션 기스(Nathan Gies)의 끈기 있는 작업에 많은 빛을 지고 있다.

랑시에르의 프랑스어 번역을 영어로 옮긴다면 다음과 같다.

모든 동물 중에서 오직 인간만이 말[parole]을 소유한다. 의심할 여지 없이 목소리[voix]는 고통과 쾌감을 지시하는indicating[indiquer] 방법이다. 목소리는 다른 동물들에게도 주어진다. 그들의 본성은 고통과 쾌감의 감정을 소유하고, 그들 사이에서 그러한 감정을 지시할 수 있는 지점까지만 진전되어 왔다. 그러나 말[parole]은 이로움과 해로움, 그리고 그 결과로서 정당함과 부당함을 명시하기demonstrating[manifester] 위해 존재한다. 다른 동물들과 비교할 때, 말은 오로지 인간만의 것이다. 오직 인간만이 좋음과 나쁨, 정당함과 부당함의 감정을 소유한다. 그리고 이러한 것들의 공동체가 가족과 도시를 만든다. (Rancière 1995a: 19[『불화』23~24쪽]. 번역은 인용자)

로고스/포네의 구분은 여기서 말parole/목소리voix의 구분으로 옮겨진다. 아리스토텔레스의 텍스트에서 포네가 하나의 기호sign에 의해서만 무언가를 보여 주고, 지시sēmainein만 할 수 있을 뿐인 것처럼, 랑시에르의 텍스트에서도 목소리voix는 오로지 지시만 할 수 있다indiquer. 또한 아리스토텔레스의 로고스가 무언가를 가시적으로 만드는 것처럼dēloun, 랑시에르의 말parole 역시 명시demonstrate하거나 현시manifest한다. 반복하자면 위의 문단은 랑시에르의 1장 도입부로 기능한다. 그러므로 아리스토텔레스에 대한 랑시에르의 번역문은 그의 본격적인 주장을 위한 개념들을 정립한다.[6) 또한 이 번

---

6) 랑시에르는 이 인용문에 이어서 잠시 주제에서 벗어난 이야기를 간략하게 하고 있다. 여기서 그는 아리스토텔레스의 이 유명한 말이 많은 정치철학자들에 의해 인간의 고유한 정치적 본성을 명확하게 기술한 첫 번째 주장으로 해석되어 왔다는 점을 지적한다. 랑시에르는 이러한 발상을 일축한 홉스를 비판하는 한편, 이러한 발상을 부활시키고자 하는 스트라우스에 대해

역문은 랑시에르 본인의 아리스토텔레스 해석에서 핵심에 자리하는 주장을 위한 정지 작업으로 기능한다. 랑시에르는 민주주의 정치에 관한 자신의 주장을 바로 이 해석과 함께 엮어 냈다. 랑시에르는 다음과 같이 쓴다.

> 인간의 지극한 정치적 운명은 엉 엥디스$^{un\ indice}$[하나의 기호]에 의해—로고스의 소유에 의해, 즉 단순히 엥디크^{indique}[지시]하는 목소리와 달리 **마니페스트**^{manifeste}[명시]하는 말의 소유에 의해—증언^{attest}된다. (1999: 2[『불화』 24쪽])

다음과 같은 요점을 처음부터 분명히 하도록 하자. 랑시에르의 프랑스어를 온전하게 둔 채 이 주장의 핵심 개념들을 인용하고, 그 개념들을 랑시에르의 아리스토텔레스 번역의 맥락 안에서 살펴본다면, 우리는 랑시에르가 완벽하게 일관되고 명료한 아리스토텔레스 해석을 제공한다는 점을 명백하게 볼 수 있다. 실로 어떤 의미에서는 이 짧은 인용문에서 그가 아리스토텔레스에 대한 자신의 조심스러운 번역을 통해 보여 준 것을 그저 반복한다고 할 수 있다. 그러나 한편으로 그는 여기서 의미심장한 묘안으로 드러나게 될 새로운 차원을 더하고 있다. 랑시에르는 처음부터 활용된 개념짝(동물/인간, 목소리/말, 지시하다/명시하다)에 더하여, 세 번째 개념을 시사하고 있다. 위에서 우리는 **지시하다**^{indiquer}/**명시하다**^{manifester}의 짝뿐만이 아니라 **기호**^{indice}라는 또 다른 개념을 볼 수 있다. 표면상 본성 안에

서도 비판한다. 차라리 그는 어떻게 아리스토텔레스가 이러한 발상으로부터 이른바 인간 본성의 이론을 연역해 내는지 더욱 자세히 살펴보자고 제안한다. 이는 아리스토텔레스의 구절이 가진 논리와 함축을 해석해 본다는 것—이 해석은 그의 책 1장의 논의에서 핵심을 이룬다 (Rancière 1999: 2[『불화』 24쪽])—을 의미한다.

기입되어 있는 인간과 동물, 로고스와 포네, 표명과 지시의 근본적인 차이는 "하나의 기호[징표]$^{un\ indice}$에 의해 증언"되어야 한다. 우리는 이러한 '증언하기'^{attesting}로부터, 즉 포네와 로고스의 차이에 대한 이러한 해석으로부터, 랑시에르가 아리스토텔레스를 어떻게 비틀었는지 발견할 수 있다. 따라서 이 문단은 또 다른 일련의 수준에서 더 자세한 설명과 정교화를 요구하게 된다.

로즈는 엥디케^{indiquer}를 '지시하다'^{indicate}로 옮긴다. 이는 아리스토텔레스의 논의로 다시 돌아올 수 있다는 이점이 있으므로 논리적으로 틀림없는 선택이다(물론 랑시에르의 아리스토텔레스 번역문을 활용하여 작업하거나 싱클레어본보다는 원문에 충실한 아리스토텔레스 번역을 활용한다고 가정했을 때의 이야기이다). '지시하다'에는 문제가 없지만, 로즈는 엥디스^{indice}를 '기호'^{sign}라고 옮기면서 표시^{indication}라는 단어를 썼을 때는 유지할 수 있었을 엥디케와 엥디스 간의 연결을 놓치게 된다. 엥디스에 대한 또 다른 가능한 번역어로는 '단서'^{clue}가 있다. 이는 덜 통상적이고 더 관용어적인 번역임에도 불구하고, 정확히 '기호 해독하기'$^{reading\ the\ sign}$, 즉 '단서 찾기'$^{looking\ for\ clues}$라는 의미를 함축할 수 있다[는 장점이 있다]. 이는 아리스토텔레스의 『정치학』 I권을 검토하는 다른 저작에서 랑시에르가 진행하는 일이다(나는 이를 뒤의 논의에서 다룰 것이다). '단서 찾기'$^{cherche\ des\ indice,\ searching\ for\ clues}$는 또한 치안[경찰]$^{the\ police}$이라는, 랑시에르의 정치 논의에서 결코 떼어 버릴 수 없는 개념을 환기시킨다.

이어서 로즈는 마니페스테^{manifester}를 '표현하다'^{express}로 옮긴다. 이미 살펴본 바와 같이, 이는 그녀가 사용하고 있는 싱클레어의 아리스토텔레스 번역을 고려할 때, 심각한 문제를 초래한다. 이 번역상의 선택은 랑시에르가 아리스토텔레스를 완전히 오독하고 있다는 잘못된 인상을 주기 때문이다. 그러나 이런 문제를 차치하고라도 마니페스테를 '표현하다'라고 옮긴 것은 여전히 의문스러운 선택이다. '표현하다'express 보다는 '현시하다'manifest, '나타내다'display, '보여 주다'show, '명시하다'demonstrate 등이 나은 선택으로 보인다. 왜냐하면 이 모든 대안은 두 가지 중요한 이점을 갖고 있기 때문이다. 한편으로 이 표현들은 모두 '표현하다'express와는 달리, 아리스토텔레스의 그리스어 델로운deloun이 담고 있는 '가시적으로 만든다' make visible라는 의미를 포함하고 있다. 다른 한편으로 이 대안은 르 상시블le sensible의 랑시에르적 의미에 담긴 '나타남'appearing, '가시성'visibility이라는 관념을 함축하고 있다. 바로 몇 문장 뒤에서 랑시에르는 두 종류의 동물들 간의 차이는 또한 "감각적인 것의 몫을 가지는 [감각적인 것에 참여하는] 두 방식 간의 차이이기도 하다"différence de deux manières d'avoir part au sensible고 말하면서 이러한 연결을 도출하고 있다(Rancière 1995a: 20[『불화』 24쪽]. 번역은 인용자).[7] 아리스토텔레스에 대한 랑시에르의 첫 번째 해석이 내세우는 엄격한 수준에서 볼 때, 로고스는 포네와 달리 감각적인 것의 나눔le partage du sensible 안에서 하나의 역할을 가진다.

---

7) 통상적인 용법에서 상시블(sensible)이라는 프랑스어 단어의 1차적인 의미는 영어의 '감응적인'(sensitive)에 상응한다. 그러나 내가 아는 한, 르 상시블(le sensible)에 대한 최선의 번역어로 '감응적인 것'(the sensitive)을 내세우는 번역자는 없다. 번역의 쟁점을 매우 중시하고 있는 데이비스(Davis 2010)나 파네지아(Panagia 2010) 같은 저자들도 '감응적인'(sensitive)을 sensible의 의미로 언급하지 않는다. 이브 시통은 '감응의 공동체'(sensitive community, une communauté sensible)라는 네그리의 발상을 비판하기 위해 랑시에르를 소환한다. 그는 랑시에르를 따라 모든 공동체는 언제나 감응의 공동체여야 한다는 점을 지적한다. 시통의 작업은 랑시에르의 기획에서 상시블이 갖는 다중적인 의미를 어쩌면 가장 완전하게 설명하고 있다고 할 수 있다(Citton 2009: 125). 나는 이 논의를 더 발전시키지는 않을 것이다. 여기서는 다만 랑시에르의 작업에서 번역의 정치가 갖는 또 다른 차원을 언급하고자 한다. 내가 이 문제에 주목할 수 있게끔 도와준 보니 호니그(Bonnie Honig)에게 깊이 감사를 표한다.

내가 뒤에서 논의하는 바와 같이, 랑시에르는 (포네에도 나름의 역할을 부여하면서) 이러한 논의를 크게 확장시킬 것이다. 그러나 랑시에르가 아리스토텔레스의 구분을 조심스럽게 배치하고 있는 이 부분에서도, 랑시에르는 이미 아리스토텔레스적인 논의의 범위를 넘어가기 시작한다. 랑시에르에게 로고스는 단순히 정치적 동물의 소유물이 아니다. 물론 랑시에르에게도 로고스의 기호는 정치를 가능하게 하는 것이지만, 아리스토텔레스와는 사뭇 다른 의미에서 그러하다. 즉 정치에 대한 아리스토텔레스의 설명은 정치적 삶(좋은 삶)$^{eu \, zēn}$과 단순한 삶^{zēn} 간의 근본적인 구별을 떠나서는 생각할 수 없다. 이 구별은 로고스의 소유에 기초하고 있다(Aristotle 1996: 1252b30; 또한 Rancière 2001, par. 2[『정치적인 것의 가장자리에서』 208~209쪽] 참조).

(랑시에르의 논의를 잠시 떠나서 살펴보면) 내가 이해하는 아리스토텔레스의 철학에서 로고스는 인간이 좋음과 나쁨을 구별하기 위해 사용할 수 있는 일종의 도구로서 기능한다. 아리스토텔레스의 정치 이해에 따르면, 시민은 자신의 역할을 수행하기 위해서, 판단과 숙의를 통해 능동적으로 폴리스의 삶에 참여해야 한다. 또 그렇게 하기 위해서 그들은 언어의 사용을 필요로 한다(Arendt 1958: 3[『인간의 조건』 52쪽] 참조). 이러한 논의에서 정치적인 것의 본성은 언어에 대한 일정한 관념에 의존하게 된다. 왜냐하면 아리스토텔레스의 시민이 가진 정치적인 본성은 언어 없이는 실현될 수 없기 때문이다. 만약 누군가가 인간에 대한 아리스토텔레스의 관념—로고스를 사용하는 정치적 동물—으로부터 시작해 거기서부터 자신의 언어이론을 세우게 된다면, 그는 언어를 (인간의 소유물로) 도구화하는 동시에 자율적인 주체를 미리 전제하는 위험을 떠안게 될 것이다. 다시 말해 만약 언어가 인간 주체에게 사용되는 도구가 된다면, 그러한 주체는

반드시 자신이 소유하고 자신의 목적에 따라 사용할 언어에 선행하는 것이어야 한다. 이는 차라리 주체를 존재론적으로 주어진 것으로 보며 언어를 인간이 통제할 수 있는 대상으로 바라보는 인간중심주의적anthropocentric 이론이다(Chambers 2003). 이는 또한 아주 명백하게 존재론의 방식을 따라 전개되는 접근 방식이거나, 적어도 존재론을 계속 환기시키는 접근 방식이다.

그러므로 랑시에르는 이와는 다른 접근 방식을 취한다. 랑시에르가 아리스토텔레스에 대한 논의를 출발점으로 하고 있지만, 동시에 우리는 랑시에르가 불화disagreement를 출발점으로 삼는다고도 말할 수 있다. 랑시에르는 모든 존재론을 거부하면서 어떤 언어이론 위에 정치를 정초한다는 발상을 거부한다. 따라서 그는 아리스토텔레스의 발상을 아주 분명하게 부정한다. 특히 랑시에르는 「정치에 대한 열 가지 테제」(2001)에서 아리스토텔레스에 대한 탈구축적 읽기를 보여 주면서 아리스토텔레스와 자신 간의 '불화'를 극명하게 드러낸다. 여기서 다시 랑시에르는 정치적 동물이 하나의 기호signe, 즉 "로고스의 소유" 여부에 의해 표지된다고 말한다(Rancière 2001: par. 23[『정치적인 것의 가장자리에서』 225~226쪽]).[8] 또한 아리스토텔레스는 이 기호가 정치적 동물을 다른 모든 동물들로부터 분명하게 구분해 주는 것이라고 주장한다. 그러나 랑시에르는 아리스토텔레스를 도발하고 논쟁화하길 원한다. 따라서 그는 아리스토텔레스에 대해, 다음과 같이 요약될 수 있는 질문을 제시한다. 어떻게 우리는 [로고스

---

8) 여기서 랑시에르는 아리스토텔레스에 대해서 논의하면서 엥디스(indice)가 아니라 시느(signe)를 사용하고 있다. 이 두 프랑스어 단어 모두를 '기호'(sign)로 영역하는 것이 두 논의들 사이의 일정한 연속성을 만들어 내는 만큼, 이는 엥디스를 '기호'로 번역한 로즈의 선택을 어느 정도 뒷받침해 주는 것이다.

의 기호를 읽을 수 있는가? 소위 정치적 동물인 인간과 다른 모든 동물들을 구분해 주는 이 기호[signe]는 아리스토텔레스가 생각하는 것처럼 아주 명백한 가독성을 갖고 있는가? 아니라면 이 기호의 가독성이야말로 정치가 문제 삼아야 할 것이 아닌가? 랑시에르는 아리스토텔레스에 대한 응답으로서, 아리스토텔레스와 불화하며 다음과 같이 쓴다.

> 유일한 실천적 어려움은, [로고스의] 기호를 인식하기 위해서 어떤 기호가 필요한지를(지시하는[indiquer] 힘을 인정하기 위해서 어떤 기호[indice]가 필요한지를) 알아야 한다는 점에 있다. 즉 어떻게 당신 앞에서 소음을 만들어 내는 인간이, 그저 존재의 상태를 표현하는 것이 아니라 실제로 어떤 발언을 하고 있는 것인지를 확신할 수 있는가? 만약 당신에게 정치적 존재로 인정해 주고 싶지 않은 누군가가 있다면, 당신은 그들을 정치성[politicalness]의 담지자들로 보지 않음으로써, 그들이 말하는 바를 이해하고자 하지 않음으로써, 그들의 입에서 나오는 발언들을 듣지도 않음으로써 시작할 것이다. (2001, par. 23[『정치적인 것의 가장자리에서』 225~226쪽])

이로써 랑시에르는 아리스토텔레스가 정치를 위해 주어진 출발점으로 정립하고자 했던 바로 그 사태를 의문에 부치며, 정치의 질문으로 만든다. 로고스를 가진 인간에게 주어지는 역량이자 그러한 역량을 가지고 있다는 것을 나타내는 표지로서 지시하다[indiquer]/지시된 것[indique]의 이중화[doubling]는 랑시에르로 하여금 아리스토텔레스에게 불투명하게 남아 있는 무언가를 탐구할 수 있도록 도와준다. 거기에 수반하여 이 이중화는 랑시에르에게 그의 정치 논의를 표현하기 위한 도구를 제공한다. 랑시에르에게 민주주의 정치란 아리스토텔레스의 정치의 기호에 대한 우리의 해석에 관련된 것이어야 한다. 이는—내가 앞서 아리스토텔레스로부터 도출해 낸 언어의 존재론에 기반을 두고 있는 정치이론과는 대조적으로—랑시에르적 '기호 해독하기'가 아리스토텔레스가 환기하고 있는 장면에 언제나 선행해야 한다는 것을 의미한다. 랑시에르의 해석에서 아리스토텔레스가 정립한 주체와 언어의 관계는 기각되거나, 심지어 역전된다. 랑시에르는 언어를 소유하게 된 미리 주어진 주체로부터 출발하는 대신, 언어의 (해석의, 기호의) 질문을 그 출발점에 위치시킨다.

아리스토텔레스적인 '정치의 장면'(정치를 가능하게 하는 정치 이전의 장면)에 대한 급진적이고 도발적인 해석은 「열 가지 테제」에서 극명하게 강조되었다. 그러나 랑시에르는 이미 『불화』에서 그러한 해석을 미묘하게 암시했다. 그 책에서 랑시에르는 우리가 반드시 포네와 로고스 간의 구분선을 그리는(그렇게 함으로써 그것들 각각에 역할을 부여하는) 1차적 행위를 수행해야 한다는 점을 보여 준다. 그러므로 그는 아리스토텔레스의 포네/로고스 구분에 대한 문자 그대로의 해석을 의문에 부친다. 그는 다음과 같이 쓴다. "로고스적 동물과 포네적 동물 간의 가장 단순한 대립은 정치를 정초하는 소여ᵃ given가 결코 아니다"(Rancière 1999: 22[『불화』 53쪽]). 이것은 앞에서 다룬 이전의 해석과 대조적으로, 우리가 "나눔partage에서는 오로지 로고스에만 수행할 몫이 있고 포네는 전혀 몫이 없다"라고 단순하게 말해서는 안 된다는 점을 의미한다. 보니 호니그는 다음과 같이 말하면서 랑시에르의 이 문단을 설득력 있게 설명한다. "포네는 배제된 자들이 방출하는 소리의 울림에 붙여진 이름이며, 로고스는 포함된 자들이 그들 자신의 소리에 붙이길 주장하는 이름이다"(Honig 2010: 20). 정치는 로고스/포네의 구별을 미리 결정하지 않는다. 오히려 정치는 로고스로부터 배제된 자들이 로고스에 대해 자신의 자격을 주장할 때 발생한다. 어떤 소리의 울림을 포네와 로고스로 나누는 것으로서 나눔^{partage}에 대한 논의는, 아리스토텔레스가 묘사한 것과는 전적으로 다른 '정치적 동물'을 가리키게 된다.

뒤에서 나는 랑시에르가 어떻게 그리고 왜 이 정치적 동물을 '문학적 동물'^{literary animal}이라고 불렀는지를 보여 줄 것이다. 여기서는 일단 로고스를 소유한 피조물이라는 아리스토텔레스 나름의 정치적 동물의 정의에 대한 랑시에르의 논평에 초점을 맞추기로 하자. 랑시에르는 "이 명쾌한 증명에서도 몇몇 지점이 명료하지 않게 남는다"(1999: 2[『불화』 25쪽])고 촌평한다. 아리스토텔레스는 우리가 단순한 동물성과 유일무이한 인간성을 나누는 경계선이 상당히 뚜렷하며 언제나 쉽게 판독될 수 있는 것이라고 믿게 만든다. 그러나 랑시에르는 로고스의 기호가 기능하는 방식이 상당히 다른 '하나의 사태'라고 말한다. 랑시에르에게 아리스토텔레스로부터 출발한다는 것은, 아리스토텔레스가 막고 싶었던 바로 그 질문, 즉 인간성과 동물성의 경계에 대한 질문을 제기한다는 것을 의미한다(1999: 2[『불화』 25쪽]; 2011c). 아리스토텔레스 자신의 반대되는 선언에도 불구하고 아리스토텔레스적 동물은 "그 시작에서부터 분열되어 있다"(2011c: 2; 또한 2003a 참조).⁹⁾

---

9) 하버마스가 '정치적 목적을 위해 언어를 사용하는 인간'이라는 아리스토텔레스적 발상을 명시적으로 채택한다는 점을 고려할 때, 하버마스에 대한 랑시에르의 비판은 파악하기 힘든 그의 언어이론에 관해 또 다른 단서를 제공한다. 랑시에르는 하버마스의 담론 윤리 이론과 그것이 암시하는 언어 모델 모두를 명시적으로 엄격하게 거부한다. '정치적 합리성'의 하버마스적 형태와 합의를 위한 모색은 "무엇이 문제인지를 규정한 것으로 보기엔 조금 지나치게 성급하다"(Rancière 1999: 44[『불화』 84쪽]). 랑시에르적 의미에서 우리가 '정치적'이라고 적절하게 부를 수 있는 모든 대화에서, 계쟁의 대상과 계쟁을 벌이는 부분들은 그 자체로 문제시되어야만 한다(Rancière 1999: 55[『불화』 100~101쪽]). 랑시에르는 종종 주체성 자체가 논쟁화되어야만 한다고 강조한다(Arditi and Valentine 1999; Rancière 2003a). 하버마스는 단지 주체들과 논쟁의 대상을 주어진 것으로 받아들일 뿐이다. 그러므로 하버마스의 이론은 정치가 의혹

이 1차적 분열split, 기원적 찢어짐tear이라는 관념은 아리스토텔레스적 토대를 밑바닥에서부터 뒤흔든다. 랑시에르에 따르면, 아리스토텔레스적 인 정치 모델을 기초 짓고 아리스토텔레스적 언어이론을 암묵적으로 결정하는 정치적 동물은 항상 이미 분열되어 있다. 아리스토텔레스는 로고스, 즉 말을 정치를 위한 결정적인 표지로 만들고자 한다. 그러나 랑시에르가 잘 표현했듯이, "정치가 존재하게끔 하는 말은, 말과 말에 대한 셈 사이의 틈새를 측정하는 것과 동일하다"(1999: 26[『불화』 58쪽]). 아리스토텔레스에게 정치란 마땅히 말과 단순한 소리의 만듦 간의 차이에 관한 것이어야 하지만, 오직 로고스만이 정치적 요구와 고통의 외침을 구분할 수 있다. 따라서 랑시에르가 매우 유명한 문장에서 쓰고 있듯이 "최초의 로고스는 1차적인 모순으로 더럽혀져 있다"(Rancière 1999: 16[『불화』 45쪽]).

주체화

『불화』에서 '더럽혀진 로고스'에 대한 랑시에르의 이해는 그의 수많은 저술, 특히 1990년대의 저술들을 가로지르는 더욱 중요한 논의들의 맥락 안에서만 완전하게 기술될 수 있다. 여기서 나는, 정치적 주체를 존재하게 만드는, 즉 정치적 무대에서 정치적 주체를 가시적으로 만드는 정치적 과정에 대해 언급하고 있다. 정치적 주체는 이 과정을 통해, 이 과정에 의해

에 부치는 바—정치가 다투는 바—를 이미 전제하는 치안의 논리 안에서만 작동할 수 있다. 정치의 장면은 차라리 초대받지 않은 손님으로서 언제나 하버마스의 담론 윤리 이론에 끼어들 것이다. 이는 하버마스가 전략적 행위의 영역으로부터 그렇게 간절하게 보호하고자 하는 의사소통 행위의 영역이 언제나 정치의 난입에 의해 속속들이 갈라져 있음을 발견하게 되는 것과 마찬가지다(Deranty 2003b).

존재하게 된다. 이 과정은 정치에 대한 랑시에르의 설명의 핵심에 자리하고 있다. 그는 그것을 라 쉬브젝티바시옹la subjectivation [주체화]이라는 용어로 부르고 있다. 용어 선택은, 즉 명명의 과정은 까다롭기 그지없다. 용어 선택의 문제는 정치와 주체라는 단어를 통해 랑시에르가 의미하고자 한 바를 이해하려는 모든 시도에 있어 엄청난 함축을 갖는다. 여기서 무엇이 중요한 쟁점인지를 파악하기 위해서는 한발 물러서서, 다소 이전의 [철학적] 맥락을 살펴볼 필요가 있다. [랑시에르 이전에도] 주체를 생성하고/만드는 정치적 과정을 다뤘던 중요한 철학적 작업이 있었다. 물론 나는 여기서 다시 한번 주체 형성의 양면적 본성과 씨름한 푸코의 유명한 작업에 대해 말하고 있는 것이다. 간단히 말해, 푸코는 자신의 의지와 의도를 행사할 수 있는 공간을 점유한다는 의미에서 **주체가 된다**는 것이, 즉 행위할 수 있는 행위자적 역량을 가진다는 의미에서 주체가 된다는 것이 동시에 **권력에 예속**된다는 것을 의미함을 증명했다. 푸코가 훌륭하게 주장한 것처럼, 권력은 주체의 위치를 **관통하여** 흐른다. 이러한 과정은 주체가 권력을 행사하는 것을 가능하게 하는 동시에, 주체를 그러한 권력에 예속시키는 것 역시 가능하게 한다. 이렇게 푸코는 내가 '주체 과정'subject process이라고 부르는 것을 묘사한다. 이 주체 과정은 한편으로는 지배, 수동성, 예속을 수반하며, 동시에 다른 한편으로는 자율성, 활동, 저항을 수반한다. 분명 푸코에 관한 2차 문헌에서 이러한 발상에 대한 비판적 주목이 많이 이루어졌다. 왜냐하면 이 주장은 권력과 담론적 실천, 윤리, 비판에 대한 푸코의 작업에서 가장 핵심을 이루는 것이기 때문이다. 그러나 푸코에 관련된 문헌은 푸코가 이 과정을 묘사하기 위해 사용한 (프랑스어) 개념들과, 그 개념들에 대응하는 (영어) 번역어들을 분명하게 정립하지 못했다. 앞으로 살펴보겠지만 이러한 혼동이 문제가 되는 이유는, 이 혼동의 많은 부분이 랑시에르에 관한 작업에서도 고스란히 이어지고 있기 때문이다.

다행히도 앨런 밀크먼과 앨런 로젠버그의 논문은 푸코와 관련된 쟁점을 설득력 있게 해명하고 명확하게 정리했다. 그들은 이 논문에서 푸코가 주체 형성의 과정을 묘사하고 다루기 위해 두 개의 서로 다른 개념을 도입하고 있다는 사실을 조심스럽게 설명한다. 밀크먼과 로젠버그는 내가 '주체 과정'이라고 부르는 것에 관한 푸코의 초기 저작을 연구하면서 두 가지 설득력 있는 주장을 제기한다. 첫째, 그들은 "[주체 과정이라는] 쟁점의 복잡성이 … 제대로 주목받지 못했다"는 점을 드러낸다. 둘째, 그들은 이 의미심장한 쟁점을 다루는 푸코의 일부 영역본과 논평이, (좋게 말하면) 혼란스럽고 (나쁘게 말하면) 틀렸다는 사실을 지적한다(Milchman and Rosenberg 2007: 55). 푸코는 자신의 초기 저작에서 권력-지식 관계의 연쇄 안에서 주체가 형성되고, 동시에 주체가 그러한 권력-지식의 연쇄를 가능하게 만드는 마디 지점으로서 기능하는 과정을 일컫기 위해 아쉬제티스망assujettissement[예속적 주체화]이라는 용어를 사용한다. 이 요점은 푸코에 대한 영어권의 문헌에서 잘 알려져 있고 많이 논의된 바 있다. 그중 아마도 버틀러(Butler 1997b)의 논의가 가장 유명할 것이다.

[그러나] 다음과 같은 내용은 상대적으로 적게 알려졌다.

푸코는 1980년 즈음에 어떻게 우리가 스스로를 윤리적 주체로 구성하는지에 대해 논의하면서, 매우 신중하게 쉬브젝티바시옹[주체화]이라는 새로운 용어를 도입한다. 아쉬제티스망[예속적 주체화]이라는 단어가 어떻게 지식/권력의 행사를 통해 누군가가 주체로서 생산되는가의 문제와 관련되어 있다면, … 쉬브젝티바시옹은 개별적인 그/그녀 자신의 관계, 즉 그/그녀가 진실이라고 여기는 것을 기반으로 자기가 구성될 수 있는 다중적

인 방식과 관련되어 있다. (Milchman and Rosenberg 2007: 55)

자신의 사유 안에서 이뤄진 더욱 광범위한 전환과, 규율 권력 및 제도로부터 이른바 '자기의 배려'the care of the self와 비판 개념으로의 전회를 반영하면서, 푸코는 주체 형성의 과정을 묘사하는 용어를 바꾸었다. 밀크먼과 로젠버그가 지적하듯이, 푸코에 대한 영어권 문헌에서 이러한 용어상의 전환은 분명하게 평가되지 않았고, 그것의 함축 역시 널리 논의된 바가 없다. 내 입장에서 볼 때 더 중요한 문제는, 푸코의 명백한 용어상의 변화—밀크먼과 로젠버그가 지적한 변화—에 대해 특별한 관심을 기울이지 않은 탓에 엄청난 혼동이 야기됐다는 사실이다. 우선 푸코 수용의 초창기에는 아쉬제티스망 개념을 옮기는 데 있어 일관성이나 타당성이 거의/아예 결여되어 있었다. 많은 번역자들이 푸코가 묘사하고자 했던 주체 형성의 이중적 과정에서 오로지 한 측면만을 강조하는 **종속화**subjection와 같은 단어를 선택했다. 심지어 아쉬제티스망이 가진 섬세하고 복합적인 의미에 극도로 주의를 기울였던 버틀러 같은 푸코의 엄밀한 독자들 역시, 푸코의 초기 개념인 아쉬제티스망을, 그의 후기 개념인 **쉬브젝티바시옹**과 어원이 같은 영어단어(즉 '주체화'subjectivation)로 옮김으로써 혼란을 가중시켜 왔다.[10]

---

10) 밀크먼과 로젠버그는 푸코의 아쉬제티스망의 의미에 대한 버틀러의 이해를 높이 평가하면서도, "아쉬제티스망(assujettissement)을 '종속화'(subjection)로 옮긴 그녀의 번역"에 관련해서는 버틀러를 비판한다(Milchman and Rosenberg 2007: 63). 나는 푸코의 초기 프랑스어 개념을 '종속화'라고 옮기는 데 대한 그들의 비판에 전적으로 동의한다. 그러나—로버트 헐리(Robert Hurley)의 번역(Foucault 1978[『성의 역사 1권: 지식의 의지』])의 경우와 다르게—이 경우에는 비판의 화살이 잘못 겨누어졌다. 간단히 말해 버틀러는 아쉬제티스망을 '종속화'로 옮긴 적이 없다. 버틀러는 서론에서, 그것도 밀크먼과 로젠버그가 긴 인용을 가져오는 구절보다 두 쪽 앞에서, "주체화(subjectivation)는 프랑스어 아쉬제티스망의 번역어"라고 쓰고 있다(Butler 1997b: 11). 버틀러는 자신의 서론 끝부분에서도 이러한 용례를 반복하고 있고(29), 다

이는 버틀러의 번역이 푸코가 만든 아쉬제티스망과 쉬브젝티바시옹 간의 구분을 즉각적이고 과감하게 삭제해 버렸다는 것을 의미한다. 또한 푸코의 후기 저작에 관한 영어권의 문헌들은 쉬브젝티바시옹의 용법이나, 쉬브젝티바시옹과 아쉬제티스망 간의 차이에 대해 어떠한 언급도 하지 않는다. 또한 다양한 번역어들— '종속화'subjection, '예속화'subjugation, '주체화'subjectivation, '주체 생산'subjectivization —이 그 용법과 의미를 명확히 하지 않은 채 난립했다. 이러한 이유 때문에 문제는 더 악화되었다. 밀크먼과 로젠버그는 아쉬제티스망의 역어로 니콜라스 로즈Nikolas Rose가 선택한 '주체 형성'subjectification을 선호한다. 어떤 번역어도 푸코의 개념이 가진 다중적 의미에 근접하진 못하지만, 그나마 그중에서 이 단어가 가장 간결하기 때문이다(Milchman and Rosenberg 2007: 55). 그리고 이 점에 대해서는 나 역시 동의한다. 내가 볼 때 푸코의 아쉬제티스망을 위해선 '주체 형성'subjectification이라는 역어를 사용하고, 쉬브젝티바시옹이라는 프랑스어 단어에 대해선 같은 철자의 영어 단어 '주체화'subjectivation를 사용하는 것이 더 사리에 맞는 것으로 생각된다.[11)12)]

그렇다면 이러한 푸코의 영어 번역에 대한 논의가 랑시에르와 무슨 상관이 있는가? [푸코 개념의 영어 번역이 랑시에르와 상관이 있는 이유가 있다.] 무엇보다도 첫 번째 이유는 푸코의 작업이 랑시에르가 무엇을 다루고

음 장에서 다시 한번 이를 언급하고 있다(33). 또한 그녀는 반복적이고 명시적으로 자신의 푸코 논의에서 이 번역어[주체화]를 (10여 회 이상) 사용한다. 이는 '종속화의 이론들'이라고 그녀가 부르는 것을 포함하는 버틀러 책의 더욱 포괄적인 기획과, 푸코의 아쉬제티스망에 대한 그녀의 번역어를 밀크먼과 로젠버그가 혼동했기 때문인 것으로 생각된다. 물론 내가 텍스트에서 언급했듯이, 사실 그녀의 번역어 선택은 문제가 있다. 그러나 그녀의 번역어는 밀크먼과 로젠버그가 귀중한 그들의 연구에서 지적한 것과는 다른 이유에서 잘못된 것이다.

있는가를 이해하기 위한 중요한 맥락을 제공해 줄 수 있다는 것이다. 이는 설사 푸코나 랑시에르의 용어 및 그 번역어에 혼동이 없다고 하더라도 여전히 사실이다. 랑시에르는 적어도 비전통적인 방식으로 정치적 주체에 대해 논의하고자 한다. 그는 정치적 행위에 선행하며 정치적 행위의 토대로서 기능하는 자율적 주체의 자유주의적 모델과, 특수한 경제적/사회적 구조에 의해 한 장소에 고정된 주체의 (특히 정통 계열의) 맑스주의적 모델을 모두 단호하게 거부한다. 따라서 랑시에르가 푸코를 언급하지 않는다 해도, 랑시에르의 주장을 푸코와의 관련성을 통해 살펴보는 것은 의의가 있다. 왜냐하면 두 사상가들 모두 주체의 형성 과정에 대한 복합적인 설명을 제시하고자 하기 때문이다.

---

11) [옮긴이 주] 이 절에서 체임버스는 주체의 형성 과정을 묘사하는 푸코의 두 용어(즉 아어제티스망과 쉬브젝티바시옹)가 영어권 문헌에서 지금까지 어떻게 옮겨져 왔는지를 논의한다. 그는 이 두 용어를 표현하기 위해 난립한 번역어들의 비일관성을 비판하면서, 두 용어의 의미상 차이를 보존할 수 있는 일관된 번역어를 채택하자고 제안한다. 이 절의 논의가 딱히 까다로운 것은 아니지만, 이를 우리말로 옮기는 작업은 상당히 곤혹스러웠다. 왜냐하면 'subjectivation', 'subjectivization', 'subjectification' 같은 영어 단어들의 차이를 우리말로 어떻게 표현해야 하는지 난감했기 때문이다. 이 세 단어를 우리말로 옮길 때 일반적으로 채택되는 번역어는 '주체화'다. 하지만 그렇다고 이 단어들을 구분하지 않고 모두 '주체화'로 옮기게 되면, 이들 간의 제대로 된 '구분'을 주장하는 체임버스의 논의를 따라갈 수가 없게 된다. 따라서 역자는 일단 이해상의 편의를 위해 subjectivation은 '주체화', subjectivization은 '주체 생산', subjectification은 '주체 형성'으로 옮기기로 결정했다. 물론 이 우리말 용어들 간의 구분은 체임버스의 논지를 살리기 위해 옮긴이가 임의로 만든 것이다.

12) 여기에 기록해 둘 만한 가치가 있는 또 다른 정보가 있다. 내가 찾아본 10여 종 이상의 프랑스어 사전 중 어느 판본도 '쉬브젝티바시옹'(subjectivation)이라는 항목을 포함하고 있지 않았다. 이는 이 단어가 '쉬브젝티프'(subjectif) 또는 '쉬브젝시옹'(subjection) 같은 프랑스어 단어로부터 (푸코나 다른 누군가에 의해) 새로이 만들어진 단어일 가능성이 있다는 결론으로 나를 이끌었다. 프랑스어 단어 '쉬브젝티바시옹'을 영어로 어떻게 옮겨야 하는지에 대해 밀크먼과 로젠버그는 겉으로 드러난 주장을 하고 있지 않다. 그러나 그들은 이 프랑스어 단어에 대한 번역어로 '주체화'(subjectivation)라는 영어 단어를 빈번하게 사용함으로써 나의 선택을 암묵적으로 지지하고 있다.

더 나아가 정치적 주체의 생산/형성에 관한 랑시에르의 핵심 주장은 푸코의 저술을 횡단하는 축을 따라 움직인다. 또한 랑시에르의 주체 과정에 대한 주장은 푸코의 작업과 관련되면서 혼동되어 왔다. 나는 이 논점을 더 상세히 다뤄 보려고 한다. 우선 랑시에르의 주체 형성 과정에 대한 가장 중요하고 일관되고 상세한 설명은 『불화』에 등장한다. 거기서 랑시에르는 후기의 푸코가 선택한 개념과 같은 프랑스어 단어 쉬브젝티바시옹을 사용한다(Rancière 1995a; 59[『불화』 71쪽]). 그러나 『불화』의 영역본에서 로즈는 쉬브젝티바시옹을 '주체 형성'subjectification이라고 옮긴다(Rancière 1999: 35). 여기서 랑시에르는 푸코가 후기 저작에서 아쉬제티스망과 구분하여 쓴 개념과 같은 프랑스어 단어 쉬브젝티바시옹을 사용했지만, 영역본에서 나타난 것은 아쉬제티스망의 가장 적합한 번역어인 '주체 형성' subjectification이라는 단어이다. 따라서 영역본의 텍스트만을 읽는다면 랑시에르가 푸코의 초기 저작에 쓰인 것과 같은 단어를 쓰고 있다고 추론하는 것이 가능해진다. 다시 말해 독자들은 '주체 형성'이라는 단어가 푸코의 영역본에서 종종 등장했기 때문에, 자연스럽게 이를 아쉬제티스망의 역어일 것이라고 받아들이게 되는 것이다. 그러나 이는 명백한 실수다. 랑시에르 자신은 아쉬제티스망이라는 단어를 전혀 사용하지 않았다.[13]

랑시에르는 많은 논문을 영어로 작성했다. 그리고 랑시에르의 영어 저술 중 일부는 나중에 프랑스어로 다시 번역되기도 했다(1장에서 이 사실에 대해 다소 자세하게 논의한 바 있다). 이 때문에 랑시에르가 오랜 시간에 걸쳐 사용한 개념과 용어의 선택 과정 및 용법을 이해하는 일은 더욱 어려워진다. [주체화의] 경우도 마찬가지다. 널리 읽힌 1991년의 한 에세

---

13) 나는 랑시에르에 대한 이전의 논문에서 이와 같은 실수를 범한 적이 있다(Chambers 2005).

이에서 랑시에르는 이러한 '주체 과정'subject process을 자신의 에세이 제목 ['정치, 정체화, 주체 생산'Politics, Identification, Subjectivization]에 언급했다(Rancière 1995c). 그러나 이 에세이의 제목은 번역 문제를 더욱 혼란스럽게 만든다. 지금 시점에서 우리는 나중에 그가 쉬브젝티바시옹이라는 프랑스어 단어를 일관되게 사용할 것(이고 그 단어가 '주체 형성'subjectification이라는 영어 단어로 번역될 것)이라는 사실을 알고 있다. 그러나 1991년의 영어 텍스트에서 랑시에르는 ['주체 형성'subjectification이나 '주체화'subjectivation 대신에] '주체 생산'subjectivization이라는 단어를 쓰고 있다. 이러한 선택은 명백한 혼란을 초래하는데, 왜냐하면 나중의 번역자들처럼 랑시에르는 푸코의 초기 작업과 연관되어 있는 영어 개념을 선택했기 때문이다. 일례로, '주체 생산' subjectivization은 아쉬제티스망 개념을 영어로 옮길 때 가능한 번역어 가운데 하나다(예컨대 Nixon 1997). 이 때문에 랑시에르의 영어 텍스트는 아쉬제티스망을 언급하면서 주체 과정을 논의하고 있는 것처럼 받아들여질 수 있다. 랑시에르의 프랑스어 텍스트에서는 오직 쉬브젝티바시옹이라는 단어만 사용되고 있음에도 불구하고 말이다. 정치적 주체가 출현하는 과정에 대한 이름으로서, '주체 생산'subjectivization이라는 영어 단어를 사용하기로 한 랑시에르의 결정은 『불화』의 영역본이 초래할 수 있는 잠재적인 오해를 악화시키고 심화시킬 뿐이다. 이 때문에 영역본으로만 랑시에르를 접하는 독자들이 길을 잃는다고 해도 이해받지 못할 일은 아니다.

(푸코에 대한 나의 논의를 통해 밝혀진) 분명한 맥락과 후기 푸코의 프랑스어 원문을 참조하게 된다면, 대부분의 혼동은 정리될 수 있다. 우선 1995년의 저작인 『불화』에서 랑시에르는 프랑스어 단어 쉬브젝티바시옹 subjectivation을 일관되게 사용했다(1995a). 그는 또한 1991년의 영어 에세이를 1998년에 프랑스어로 옮기면서도 쉬브젝티바시옹이라는 단어를 사용했

다. 이를 통해 그는 자신의 용어 선택을 다시금 확인시켜 줬다(1998a). 랑시에르는 프랑스어 텍스트에서 주체 과정을 지칭하기 위해 의심의 여지 없이 쉬브젝티바시옹이라는 하나의 단어를 사용했다. 그러므로 나는 앞에서의 논의와 마찬가지로 3장의 논의에서도 이 단어를 일관되게 사용할 것이다. 또한 같은 철자를 가진 영어 단어 '주체화'subjectivation를 랑시에르의 프랑스어 개념 쉬브젝티바시옹에 대한 일관된 번역어로 채택함으로써 이를 표준화할 것이다.[14)

그렇다면 랑시에르에게 '주체화'subjectivation는 무엇을 의미하며, 그의 정치 사유에서 어떤 작업을 수행하는가? 랑시에르와 푸코 간의 연관성은 결코 근거 없는 것이 아니다. 또한 둘의 연관성은 같은 프랑스어 단어를 사용하고 있다는 사실에만 제한되어서는 안 된다. 왜냐하면 후기의 푸코와 마찬가지로 랑시에르에게 주체화는 주체와 관련해서 행위actions와 행위

14) 영어권의 일부 논평자/번역자들은 랑시에르의 프랑스어에서는 본디 분명한 것을 뒤죽박죽으로 만들어 버렸다. 로크힐은 『미학의 정치』(*The Politics of Aesthetics*)[프랑스어본은 '감각적인 것의 나눔'(Le partage du sensible)이라는 제목을 달고 있다]의 부록으로 실려 광범위하게 참조되는 「기술적 개념들에 대한 용어 해설」에서 쉬브젝티바시옹(subjectivation)을 '주체 생산'(subjectivization)으로 옮기며, '주체 형성'(subjectification)과 '주체화'(subjectivation)를 대체 번역어로 나열한다(Rockhill 2006: 92). 이러한 접근은 잠재적으로 중요할 수 있는 수많은 용어상의 구분을 거의 무너뜨린다. 특히 이는 푸코의 작업과의 비교를 통해 랑시에르의 일부 개념들이 가지는 함축을 생각해 보고자 하는 독자들에게 심각한 문제가 된다. 다행히 데이비스(Davis 2010)와 탠크(Tanke 2011)가 출간한 랑시에르의 2차 문헌은 내가 지지하는 영어 번역어인 '주체화'(subjectivation)를 채택하는 데 합의하고 있다. 그러나 두 저자 중 누구도 왜 그러한 번역어를 채택하는지 설명할 수 있는 맥락에 대해서는 언급하고 있지 않다. 또한 두 저자 중 누구도 랑시에르의 쉬브젝티바시옹 개념이 (중요하게는 심지어 랑시에르 자신에 의해서도) 여러 가지 다른 번역어로 옮겨져 왔다는 사실을 언급하지 않는다. 쉬브젝티바시옹에 대한 탠크의 논의는 명백히 푸코를 향해 눈길을 돌리고 있다. 그러나 탠크 역시도 랑시에르는 오직 한 가지 프랑스어 개념 쉬브젝티바시옹만을 쓰고 있는 데 반해, 푸코는 사실 그의 초기 개념인 아쉬제티스망과 거리를 두기 위해 후기에 쉬브젝티바시옹이라는 용어를 도입했다는 사실을 언급하지는 않는다.

자^{agency}를 수반하는 과정일 뿐만 아니라, 주체의 통제를 넘어서는 힘에 의한 주체의 생산을 수반하는 과정이기도 하다. 랑시에르에게 주체화는 주체가 생성되어 가는 과정과 그러한 '생성'이 발생하는 정치적(그리고 사회경제적) 과정 모두를 일컫는다. 그러나 물론 랑시에르의 논의는 푸코의 것으로 환원될 수 없으며 환원되어서도 안 된다. 랑시에르는 푸코의 작업에서는 역할이 거의 혹은 전혀 없었던, '틈새' 혹은 균열에 초점을 맞춘다. 즉 랑시에르에게 주체화는 치안질서 내에서(역할과 장소, 상태의 나눔 안에서) 누군가가 갖는 정체성^{identity}과, 정치 행위를 통한 주체성^{subjectivity}에 대한 일정한 주장 간의 틈새를 가시적으로 만드는 것이다.

주체화 개념에 대한 더욱 완전한 설명은 랑시에르의 정치 개념에 대한 새로운 시각을 제공할 수 있다. 정치 개념과 주체화 개념은 서로에게 깊이 영향을 미치는 불가분의 관계에 있다. 주체화는 하나의 정치적 과정으로서만 의미를 가질 수 있으며, 정치는 '주체화의 양식'으로서만 형태를 가질 수 있다(Rancière 1999; 35[『불화』 71쪽]). 앞선 두 장에서의 논의를 통해 내가 어느 정도 상세히 논의한 바와 같이, 우리는 랑시에르가 일상적인 정치 행위를 치안의 논리로 받아들이고, 치안의 논리를 통해 일상적 정치 행위들을 재해석한다는 사실을 알고 있다. 이와 같은 랑시에르의 근본적인 논점은 언제나 같은 질문을 제기하게 만들 것이다. 만약 민주주의가 어떤 체제가 아니라면, 만약 정치가 절차의 집합이 아니라면, 만약 정치가 고유한 장소나 종별적인 위치를 점유하지 않는다면, 어떻게 우리는 정치의 논리를 파악할 수 있는가? 우리는 치안질서가 사회질서의 특수한 유형이자 감각적인 것을 나누는(분할/배분하는) 특수한 유형이라는 것을 알고 있다. 이 요점은 항상 랑시에르의 독자로 하여금 다음과 같은 질문을 가지게 만든다. 언제 치안질서는 (그 질서 안에서의 일련의 교섭과 타협을 통해)

자발적으로 변환되는가? 언제 치안질서는 정치에 의해 근본적으로 파열되거나 변화되는가? 랑시에르는 다음의 문단에서 이 두 질문에 대한 답변을 제공한다. 이 답변에서 그는 주체화라는 개념을 직접 사용하지는 않는다. 하지만 이 답변은 주체화 개념을 통해 그가 의미하는 바를 이해하는 데 유용하다.

> 부자와 빈자와의 투쟁은 정치가 다루어야만 하는 사회적 실재가 아니다. 이 투쟁은 정치의 설립 그 자체다. 정치는 몫 없는 자들의 몫^{le compte des}이 있을 때, 즉 빈자들의 몫 내지 부분이 있을 때 존재한다[따라서 정치는 셈해지지 않는 자들에 대한 셈이 있을 때 존재한다]. 정치는 단순히 빈자가 부자와 대립하기 때문에 발생하는 것이 아니다. 오히려 그 반대다. 즉 정치(즉 부자에 의한 지배의 단순한 효과에 대한 중단)가 빈자들을 존재자로 존재하게끔 하는 것이다. … 정치는 몫이 없는 자들의 몫을 마련함으로써 지배의 자연적 질서가 중단될 때 존재한다. (1999: 11[『불화』 39쪽])

따라서 바로 빈자들―치안의 표준적 질서 안에서 존재해서는 안 되는 자들, 치안의 관료적 논리 안에서 셈해져서는 안 되는 자들―의 출현이야말로 정치를 만들어 내는 것이다. 즉 이전까지 무대에서 어떤 역할도 부여받지 못했던 자들이 무대 위에 출현하면서 정치가 만들어진다. 빈자들의 출현, 혹은 이전에는 정치의 당사자들이 아니었던 어떤 집단의 출현―그러나 이것이야말로 랑시에르가 '정치적 주체화'^{political subjectivation}라고 부르는 것이다. 그러므로 '정치적 주체화'는 주체화의 한 유형이 아니다. 왜냐하면 주체화는 오직 정치의 과정으로서만 발생할 수 있기 때문이다.

치안과의 이러한 정치적 갈등 없이 주체화란 가능하지 않다.

만약 정치적 주체화가 셈해지지 않아야 할 자들을 출현시키는 것이라면, 근본적으로 정치는 계산착오^{miscount}, 즉 셈해지지 않은 자들에 대한 셈이다. 이 특유한 랑시에르적 의미에서의 정치는 셈하기의 모델이 가진 한계를 증언한다. 이 정치는 자유주의 체제 안에서 이루어지는 이익집단 다원주의의 셈법이 결코 제대로 된 합산을 할 수 없다는 것을 보여 준다. 자유주의 체제는 모든 집단들이 이미 셈해졌다는 조작적 가정 아래에서만 작동한다. 랑시에르의 불일치^{dissensus}에 대한 사유와 불화^{disagreement} 개념은 자유주의 체제의 구성적 외부$^{constitutive\ outside}$라고 일컬을 수 있는 것을 드러낸다. 이 외부는 그러한 체제가 자신의 다원주의 논리에 호소하려는 바로 그 순간에 드러난다. 자유주의 체제의 셈 등식은 일정한 배제들, 즉 결코 이름 붙일 수 없는 자들—배제로서 결코 가시화될 수 없는 자들—에 대한 배제들에 입각하고 있다. 주체화로서의 정치는, 보일 수도 들릴 수도 없기 때문에 이름조차 붙일 수 없는 것들에게 이름을 붙이는 과정으로 가장 잘 이해될 수 있을 것이다. "정치는 말하는 존재자들로 셈해질 권리가 없는 자들이 그들 자신을 말하는 존재자로 셈하기 때문에 존재하게 된다"(Rancière 1999: 27[『불화』 60쪽]).

서론에서 강조했듯이, 셈하기 체계의 일정한 유형으로서(감각적인 것의 일정한 나눔으로서) 자유주의는 새로운 정치적 주체의 출현이라는 놀라움을 대비하지 못한다. 다시 말해, 자유주의적 셈하기 체계는 이러한 참신한 정치적 활동을 결코 미리 예측할 수 없다. 자유주의적 셈하기 체계는 오로지 치안질서 안에서 적절하게 셈해야 할 것만을 셈할 수 있다. '빈자들'(자유주의적 치안질서의 '타자'에 대해 랑시에르가 붙인 이름이다)이 '그들 자신을 셈'할 때, 빈자들은 치안질서의 작동기제가 불량한 것까지는 아니더라도 불완전하다는 점을 드러낸다. 내가 서론에서 암시했듯이 우리는 랑시에르가 '빈자들'이라는 말로 의미한 것을 명확하게 이해하려고 노력해야 한다.

랑시에르가 빈자들^{the poor}이라는 단어를 상당히 조심스럽게 사용하고 있는 만큼, 이 단어를 기존의 사회경제적 계급에 붙인 이름으로 지레 짐작해서는 안 된다. 앞에서 랑시에르가 정치란 "빈자들을 존재하게끔 하는 것"이라고 말할 때, 그는 빈자들에 대한 이러한 정치적 이해 방식을 치안질서 안에서 만들어진 빈자들에 대한 지배적 관념과 구분한다. 치안질서의 논리에 따르면, 빈자들은 셈해지기 위해 이미 거기에 존재하는 것이다. 즉 빈자들은 인구조사나 여론조사, 혹은 치안의 어떤 다른 기술을 통해 소득분배 구분상의 종별적인 영역에 귀속되는 자들이다. 이와는 대조적으로 랑시에르가 위에서 인용된 긴 구절에서 '빈자들'이라고 말할 때, 그는 정치적 주체화의 잠재적 양식을 가리키고 있는 것이다. 이러한 의미에서의 빈자들은 정치의 교란에 선행하는 계급질서 안에 존재하지 않는다. 따라서 어쩌면 중요한 의미에서 '빈자들'은 심지어 전혀 존재하지 않는다고도 할 수 있다. 즉 치안질서 안에 '가난한 사람들'^{poor people}은 있을지 모른다. 하지만 '빈자들'^{the poor}은 오직 자신들을 셈해 달라는 요구를 제기할 때만 출현하는 데모스에 랑시에르가 붙인 이름(들 가운데 하나)이다. 그러한 요구는 이전에는 그들을 셈하지 않았던 하나의 체계에 대해서만 제기될 수 있으며, 오로지 그 체계 안에서만 제기될 수 있다. 따라서 '빈자'는 단순히 '돈이 없는 사람들'로 환원될 수 없다. '돈이 없는 사람들'은 관료적이고 자유주의적인 질서 안에 있는 한 집단인 반면, '빈자들'은 치안질서를 폭발시키는 자들이기 때문이다. 더 나아가 오로지 그러한 치안질서의 중단 위에서만 '빈자들'은 출현할 수 있다. '빈자들'은 그들이 스스로를 빈자로 선언한 이후에야 빈자가 된다.

이러한 이유에서 랑시에르는 그러한 계산착오(즉 정치)가 "계급 아닌 계급의 작업"이라고 말한다(Rancière 1999: 39[『불화』 77쪽]). 또다시 우리는 불가능한 정치가 아니라 불가능성의 정치를 보게 된다. 이는 왜 정치가 주체들뿐만 아니라 주체화—이미-주어진 정체성의 변형을 통해 주체성이 생산되는 과정—에도 관계되는지를 보여 준다(Rancière 1999: 36[『불화』 73쪽]). 치안질서는 사물들의 질서 내에서 각각의 사람들에게 그/그녀의 장소, 즉 정체성에 결부된 장소를 부여하기 위해, 이미 많은 것들을 분배한다. 그렇다면 정치적 주체화란 정체성의 인정이나 포용 같은 것이 아니라 정체성의 파열일 것이다. 정치적 주체화는 치안질서의 정체성과 새로운 정치적 주체성 사이에 하나의 공간을 만들어 내는 것이다. 그리고 이는 무엇보다도 정치적인 만듦이다. 정치가 치안질서를 방해하는 장면을 통해 주체화는 주체를 출현시킨다. 주체는 정치 이전에는 도래하지 않는다. 차라리 주체는 정치를 통해 발생한다. 그리고 이는 언어의 바깥에서는 발생할 수 없는 '발생'이다.

우리가 우리에게 정치적 동물로서의 지위를 부여하는 말speech의 힘에 대한 우리의 권리를 주장하기 이전에도, 우리는 언어 안의 동물이다. 비록 말이 주체를 변별적인 존재로서 표지하는 것이라고 해도, 언어는 주체를 선행하는 것이다. 이는 언어 역시 우리에 대한 권리를 주장한다는 것을 의미한다. 주체화는 셈해지지 않은 자들이 자신들을 셈해 달라는 요구를 제기하고, 그렇게 함으로써 치안의 셈법을 파열시키는 과정에 붙여진 이름이다. 랑시에르가 말하고 있듯이, "정치적 탈질서가 치안질서 안에 기입하는 차이는 일견 주체화subjectivation와 정체화identification 간의 차이로서 표현될 수 있다"(Rancière 1999: 37[『불화』 74쪽]). 다시 말해 주체화란 탈정체화*dis*identification다. 그것은 셈해지지 않음에 대한 거부이다(Rancière 1995c 참조). '주체화=정체성' 등식의 파열은 정치라는 근본적인 계산착오를 만들어 내는 과정 자체라고 할 수 있다. 정치적 주체들은 치안질서의 주어진 정체성을 거부하면서 근본적인 평등에 대한 권리를 주장한다. 여기서 근본적 평등이란 그들도—셈해지지 않는 자들도—반드시 셈해져야 한다는 점을 의미한다. 주체화는 '주체화=정체성' 등식 안에서 셈해지지 않는 자들, 즉 등식의 균형을 깨뜨리는 자들의—랑시에르에 따르면, 정치라는 계산착오로 이끄는—덧셈을 만들어 낸다.

정치적 주체화는 정치의 근본적 잘못을 창조한다. 그러나 이것은 미리-주어진 주체가 계속해서 정치를 점유해야 한다고 말하는 것이 아니다. 주체화는 아리스토텔레스의 출발점이었던 로고스를 향한 요구에 여전히 의존한다. 하지만 랑시에르에 따르면 "부분들[당파들]은 잘못의 선언 이전에 존재하지 않는다"(Rancière 1999: 39[『불화』 77쪽]). 나는 이 주장에서 활용되고 있는 언어가 가진 결정적인 중요성을 강조하고 싶다. 이 주장은 잘못이 선언을 수행할 기성의 주체 없이 '선언'될 것임을 나타내고 있다. 다시 말하자면 그 선언은 이미 존재하는 부분들[당파들]의 선언일 수 없다. 선언은 그러한 부분들에 선행하는 것이다. 그러나 이는 언어가 주체 '이전에' 와야 한다는 것을 의미하며 주체란 '그'가 말하는 언어보다 앞서 존재할 수 없다는 것을 의미한다. 만약 선언이 그것을 선언할 집단들보다 앞서 존재하는 것이라면, 우리는 그러한 선언—언어, 문구들—에 대한 탐구를 그저 말에 대한 논의라고 묵살해 버릴 수 없다. 이 경우에 언어를 탐구하는 것은 언제나 잠재적으로 주체화의 양식을 분석하는 것이다. 언어를 탐구하는 것은 불화*disagreement*의 당파들의 형성 과정 자체에 대하여 묻는 것이다.

인간중심주의와 그 밖의 개념들

(정치적이거나 혹은 그렇지 않은) 주체들이 출현하는 장소로, 또 주체들이 행위하고 투쟁하는 장소로 언어를 사유한다는 것은, 언어를 소유한 존재로서 인간이라는 아리스토텔레스적 발상에 대한 의미심장한 전치^{displacement}를 수반한다. 랑시에르는 아리스토텔레스의 말하는 동물이 이미 1차적 분열로 탈중심화되어 있다고 주장함으로써 이 논점에 동의한다(2011c: 2). 따라서 아리스토텔레스의 텍스트에서조차 언어를 '말하는 것'^{speaking}과 언어를 '소유하는 것'^{possessing} 간의 근본적 차이가 출현하게 된다. 아리스토텔레스에게 이 차이는 표면적으로는 동물의 내부에 위치한다. 단순한 동물은 포네를 가질 뿐이며, 오직 안트로포스^{anthrōpos}(인간)만이 로고스를 소유한다. 랑시에르는 더욱 도발적으로 이 요점을 정리하고 있다. "말하기는 말하기와 같은 것이 아니다"(2011c: 2). 다시 말해, 목소리와 말의 차이는 존재론에 의해 주어진 것이 아니다. 그 차이는 반드시 [누군가가] 읽어 내야만 하는 것이자, 물론 오로지 정치적 읽기의 방식으로 읽어 내야만 하는 것이다. 우리는 랑시에르가 이러한 주장을 통해 아리스토텔레스의 정치적 장면 안에 제3자를 초대한다고 말할 수 있다. 아리스토텔레스는 오로지 야만적 동물과 정치적 동물만을 언급하는 반면, 랑시에르는 거기에 더해 로고스의 "기호를 읽어 낼" 누군가가 있어야 한다고 말한다. 그러나 인간, 즉 정치적 동물 스스로가 아니라면 누가 로고스의 기호를 읽어 낼 수 있는가?

랑시에르는 이를 무한후퇴—여기서 우리는 언제나 로고스의 기호를 인식하여 '인간'을 판독할 수 있는 또 다른 '인간'을 필요로 한다—로 이해하는 대신에, 기원적인 로고스가 순수하지 않다는 의미에서 "더럽혀져" 있으며, 그 자신으로부터 분열되어 있는 것이라고 결론 내린다.[15] 앞의 절에서 나는 로고스가 처음부터 더럽혀져 있는 것이라고 하더라도, 결코 주체에 의해 소유될 수 없는 것임을 강조했다. 이는 다음과 같은 사실을 의미한다. 만약 우리가 랑시에르의 정치 개념을 우발성의 영역 안에서의 투쟁으로(1999: 16[『불화』 44쪽]), 위계적 사회질서의 논리에 대한 다툼으로(30[『불화』 63쪽]), 또 평등 원리의 입증으로(33[『불화』 68쪽]) 진지하게 받아들인다면, 우리는 '주체가 소유하는 언어'라는 발상을 중심으로 하는 모든 언어의 모델들을 거부해야 한다. 이와 동시에 우리는 '주체가 언어에 선행하며, 주체가 언어를 자신의 능력으로 소유한다'라고 보는 모든 주체-언어 관계에 대한 논의를 거부해야 한다.

이러한 작업을 수행하기 위해서 우리는 결코 인간 주체를 중심에 두지 않고 인간 주체에게 소유되지도 않는 언어의 개념을 동원해야만 한다. 그러한 언어 개념은 실제로 인간 주체를 전치시키고 탈중심화하는 데 기여할 것이다. 인간이 위치 지어진 곳은 바로 언어의 내부이다. 그러나 그 위치는 결코 어딘가에 잡아매어져 있거나 붙박여 있는 것이 아니다. 언어에 대한 이러한 사유 방식은 인간중심주의anthropocentrism의 극복과 비판을 동시에 요청한다. 나는 인간중심주의를 이데올로기의 일종이 아니라 명시적이건 암시적이건 안트로포스(인간)를 중심으로 하는 모든 이론의 특징 혹은 양상으로서 정의한다. 어떤 주장이나 이론을 '인간중심주의적'이라고 부른다는 것은 그 이론이 주체를 중심으로 하고 있거나 주체 주위를 공

---

15) 랑시에르의 유명한 1995년의 책 『불화』에 등장하는 이 논점은 간접적이긴 하지만 상당히 분명하게 그의 이전 작업인 『논리적 반란』과 연결된다. "인민(the people)의 목소리란 없다. 그들이 말하는 매 순간 그들이 내세우는 정체성을 분열시키는 파편화되고 논쟁적인 목소리들만이 있다"(Davis 2010: 41에서 재인용).

전하거나, 주체를 통해 의미를 교류한다는 것을 뜻한다. 또한 인간중심주의적 이론이나 논의는 밀접한 가족유사성을 가지는 세 개의 다른 개념[즉 인간주의humanism, 의인주의anthropomorphism, 인간학anthropology]과 구분되어야 할 것이다.

우선 인간중심주의anthropocentrism와 인간주의humanism는 서로 관련되고 때때로 중첩되는 생각들의 집합을 가리킨다. 하지만 둘을 결코 혼동해서는 안 된다. 인간중심주의와 달리, 인간주의는 이데올로기의 한 유형—혹은 하나의 형이상학(Heidegger 1977)—으로 기능할 수 있다. 인간주의는 인간 존재자를 모든 가치의 척도로 만듦으로써, 단순히 인간을 **중심**으로 무언가를 설명하려는 시도에서 더 나아가게 된다. 다시 말해 인간주의는 인간 존재자를 바탕으로 모든 것을 판단하고 평가한다. 인간주의는 그것이 취하는 수많은 다른 형태에도 불구하고, 공통적으로 '인간'(혹은 남성과 여성)의 (유일무이성까지는 아니더라도) 중요성을 강조한다. 이와 대조적으로 인간중심주의는 인간 존재자에 그렇게까지 규범적인 가중치를 둘 필요가 없다. 인간중심주의는 그저 인간을 중심으로 사안을 설명할 필요가 있을 뿐이다. 인간중심주의는 '인간'적인 가치나 선택, 보기에 반드시 규범적 가중치를 둘 필요가 없다. 물론 인간중심주의적 이론은 종종 규범적 가중치를 부여하는 데 있어 '인간주의적 편견' 내지 일종의 내재된 인간주의적 성향을 가지고 있을지 모른다. 왜냐하면 세계를 인간 주체의 입장에서 보려는 시도는 주체 자체를 특권화시키는 위험을 감수할 수밖에 없기 때문이다.

둘째, 인간중심주의를 의인화와 혼동해서는 안 된다. 이름이 매우 유사함에도 불구하고, 두 관념은 때로는 서로 완전하게 반목하며, 때로는 서로에게 생산적인 긴장을 만들어 낸다. 의인주의는 더 널리 알려지고 일상적으로 사용되는 용어라고 할 수 있다. 의인주의는 인간의 속성이나 형태 혹은 특징을 모든 비인간 존재자들—그들이 무생물이건 동물이건, 혹은 영혼이건 간에—에게 투사하는 과정을 말한다. 어떤 형태의 인간주의는 더 포괄적인 인간중심주의에서 그 토대를 찾듯이, 어떤 유형의 의인주의는 인간중심주의적인 이해 체계에 토대를 두고 있다. 즉 인간의 특징을 비인간적 존재자들에게 투사하기 위해선, 때때로 인간중심적인 관점에서 작업해야 할 필요가 있다. 우리가 '인간중심주의적 의인관'으로 부름으로써 의미하는 바는 다음과 같다. 나는 하나의 인간 존재자를 출발점으로 삼아 하나의 인간 존재자로서 세계를 말하고 행위하고 사유하고 바라봄으로써, 비인간 존재자들에게서 나의 고유한 특징들을 발견한다.

그러나 의인주의와 인간중심주의 간의 관계는 상당히 다른 방식으로도 작동할 수 있다. 제인 베넷의 최근 논의가 이를 잘 보여 주고 있다. 베넷은 나와는 상당히 다른 이론적 맥락에서 작업하고 있다. 그녀는 물질^{matter}의 활력^{vibrancy}과 사물^{things}의 생기^{vitality}로 주의를 돌리며, 물질—벌레, 쓰레기, 전기회로에 이르는 다양한 사물들—이 가진 강력하고 중요한 행위자로서의 힘$^{agentic forces}$을 포착하고자 (하며 이에 대한 다른 정치이론 연구자들의 주목을 요청하고자) 한다(Bennett 2009). 나와 마찬가지로 베넷은 인간중심주의에 대항하여 투쟁한다. 그녀는 인간중심주의를 반복적으로 다시 주장하는 행위가 우리로 하여금 비인간 행위자$^{nonhuman agency}$를 바라보지 못하게 만들 수 있다고 우려한다. 우리는 인간을 중심으로 정치를 설명하면서, 오로지 인간이라는 동물만이 행위할 수 있고, 다른 피조물들은 행위 능력^{agency}을 가질 수 없는 것으로 생각하는 실수를 빈번하게 범한다. 베넷과 나의 서로 다른 기획이 교차하거나 중첩되는 지점은 바로 이곳이다. 비록 베넷이 그렇게 하고 있지 않더라도, 우리는 이러한 실수를 아리스토텔레스로까지 소급해서 추적해 볼 수 있다. 아리스토텔레스의 인간중심주의는 그가 단순히 인간을 유일한 정치적 동물로 이해하는 것을 넘어서서, 인간에게 거의 마법같이 유일무이한 힘을 주는 로고스의 소유권을, 그가 그러한 피조물들(인간들)에게 부여한다는 것 역시 의미한다. 이러한 맥락에서 베넷은 의인주의가 인간중심주의에 기여하기보다 오히려 인간중심주의에 대항하여 사용될 수 있다는 점을 유려하게 보여 줌으로써, 인간중심주의와 의인주의 간의 선명한 차이를 드러낸다. 즉 약간의 의도적인 의인화는 우리로 하여금 비인간 사물이 가진 행위자로서의 힘을 보도록 만든다. 바람이나 매미의 의인화(베넷의 사례이다)는 비인간 존재자가 가진 힘을 밝혀 보여 주며, 또한 그렇게 함으로써 실제로 인간중심주의로부터의 전환을 가능하게 한다. 우리는 의인주의로의 전회를 통해 인간중심주의에 저항할 수 있다. 베넷이 말하듯이 "의인화는 ⋯ 아주 이상하게도 인간중심주의에 대항하여 작동한다"(Bennettt 2009: 120). 나는 내 기획을 위해 여기서 베넷의 의인화 전략을 활용하지는 않을 것이다. 그러나 그녀의 작업은 의인화 전략과 인간중심주의적 논의 간의 차이를 선명하게 부각시켜 준다(나는 인간중심주의에 대한 그녀의 저항에 공감한다).

마지막으로 인간중심주의를 인간학[인류학]^{anthropology} 혹은 인간학주의^{anthropologism}와 혼동해서는 안 된다. 알튀세르는 맑스를 이해하기 위한 소위 반인간주의적 해석학$^{antihumanist\ hermeneutic}$을 통해, 초기 맑스에 대한 유명한 '인간학적 비판'$^{anthropological\ critique}$(맑스의 '인간학주의'에 대한 비판)을 제시한다(4장에서 이를 더욱 자세히 다룬다). 알튀세르에게 초기 맑스의 문제는 정치경제학의 범주에 대한 내재적 비판$^{immanent\ critique}$을 수행하는 대신, 포이에르바흐로부터 인간학을 빌려온 데 있었다. [알튀세르는] 이 시기 맑스의 작업을 외부적이고 윤리적인 비판 작업으로 환원해 버린다(Althusser 1969[『맑스를 위하여』]). 초기의 랑시에르가 『자본을 읽자』의 기고문에서 알튀세르의 언어를 반복한다는 것은 별로 놀랍지 않은 일이다. 하지만 랑시에르가 이후의 플라톤 비판에서 그와 비슷한 주장을 다시 제시한다는 점은 주목할 만하다. 그러나 랑시에르가 플라톤을 "정치적인 것의 인간학적 개념의 창시자"이자, "정치를 인간 유형의 특징이나 삶의 방식의 배치와 동일시하는 발상의 창시자"라고 비판할 때, 그는 '인간학'이라는 경멸조의 범주를 알튀세르에게도 적용시키고 있다(2001: par. 28[『정치적인 것의 가장자리에서』 231쪽]). 랑시에르적 의미에서 '인간학적' 논의가 갖는 문제점은 그것이 '인간'에 대한 이론을 질서의 철학에 기여하기 위해 활용한다는 데 있다. 인간학적 설명은 각각의 사람들이 그/그녀의 고유한 역할과 함께 맞춰질 수 있는/맞춰지도록 강요당하는 하나의 틀을 제공한다. 이러한 의미에서 인간학은 치안의 한 양식이다. 덧붙여 랑시에르에게 아리스토텔레스는 플라톤이 정초한 '인간학적 발상'을 지속시키는 것으로 해석될 수 있을 것이다. 아리스토텔레스는 이러한 전통을 다른 경향으로 발전시킨다. 그는 '민주주의적' 혹은 '과두제적' 인간들과 같은, 각각의 체제와 결합된 유형의 인간들을 제시하는 대신, 정치적 동물이라는 인간의 근본적 원형archetype을 제시한다.

그러나 나의 관점에서 볼 때, 아리스토텔레스의 어렴풋한 인간학주의anthropologism는 그의 명백한 인간중심주의anthropocentrism보다는 덜 문제적이다. 아리스토텔레스는 인간의 소유물로서의 말speech을 자신의 이론의 중심축으로 삼음으로써, 인간중심주의를 자신이 이해하는 정치의 핵심으로 구축한다. 이는 '모든 정치는 정치적 동물로부터 시작한다'는 일반적인 의미에서 그의 이론이 '인간중심주의적'이라는 점을 의미한다. 물론 그뿐이 아니라, 이는 아리스토텔레스가 인간 존재자를 탈중심화할 수 있는 위협적인 힘(언어/말/담론, 즉 로고스)을 억누르려고 시도했다는 것 역시 의미한다. 아리스토텔레스의 논의는 로고스를 인간의 손 안에 쥐어 줌으로써 인간중심주의의 정점에 다다른다. 이에 랑시에르는 참신하고 급진적인 아리스토텔레스 해석을 통해서, 인간 주체-언어의 관계 자체를 전도시킴으로써 인간중심주의에 대해 직접적으로—비록 그의 입장에서는 암묵적이었다 할지라도—도전한다. 정치가 도입하는 불일치dissensus 그 자체, 즉 정치는 오로지 비순수한 형태로만 존재한다는 사실은 아리스토텔레스 식의 인간중심주의를 불가능하게 만든다.

언어 내부에서의 혁명

이러한 이유 때문에, 나는 (알튀세르처럼 혹은 때때로 랑시에르처럼) 인간주의humanism나 인간학주의anthropologism에 초점을 맞추거나, (베넷처럼) 의인주의anthropomorphism에 초점을 맞추지 않을 것이다. 차라리 나는, 소위 인간이라는 동물을 중심에 위치시키고 정치적 행위나 언어의 '사용'을 인간이라는 중심 안으로 끌어당기는 방식의 모든 정치와 언어에 대한 발상 내지 모델에 관심이 있다(Dillon 2003b를 보라). 이 절의 논의에서는 왜 이러한 차이가 더욱 포괄적인 나의 랑시에르 독법(과 더욱 포괄적인 나의 주장)에서 쟁점이 되는지를 명확하게 정리하고자 한다. 이를 위해 나는 리오타르의 『쟁론』The Differend에 대해 짧게 논의할 것이다. 리오타르의 작업은 인간중심주의의 중력과도 같은 인력에 저항하려는 본보기적인 노력으로 이해되고 있다. 나는 리오타르의 자의식적인 반인간중심주의적 설명이 랑시에르의 정치이론에 암묵적으로 남아 있는 언어의 수많은 양상을 강조하는 데 유용하다고 본다. 랑시에르가 리오타르의 작업에 매우 비판적이라는 사실을 고려한다면, 나는 다소 논쟁적으로 리오타르를 향해 전회하고 있는 것이다.[16] 어떤 의미에서 나는 랑시에르와 불화하면서, 리오타르를 출발점으로 삼는다고 할 수 있다. 그러나 첫째, 나는 이를 통해 랑시에르의 '방법론'method을 따르고 있다. 자신의 방법에 대해 랑시에르는 다음과 같이 말한다. "불화disagreement는 내 이론화의 대상일 뿐만이 아니라, 이론화의 방법론이기도 하다. 어떤 작가나 개념을 다루는 것은 나에게는 무엇보다 차差연산자an operator of difference를 시험하는 불화를 위한 무대를 만드는 것을 의미한다"(Rancière 2011c: 2). 둘째, 나는 랑시에르와 리오타르 간에 존재하는 엄청난 간극(랑시에르는 이 간극을 강조한다)을 이어 보고자 하는 것이 아니다. 왜냐하면 나는 랑시에르가 어떻게 리오타르를 비판하는지에 초점을 맞추거나 그러한 비판에 대한 재반박을 마련하고자 하는 것이 아니기 때문이다. 이 주제는 언어의 문제와 그리 큰 상관이 없다.[17] 따

---

16) 랑시에르는 리오타르의 작업에 대한 중요하고도 강력한 비판을 수차례 제기해 왔다. 특히 그는 리오타르가 설정한 근대성의 '거대서사'와 포스트근대성의 언어 게임들의 증식 간의 대립에 도전한다. 아마도 랑시에르의 가장 중요한 비판은 해방과 '보편적 희생자'의 구성이 없는 미학을 향한 리오타르의 접근 방식을 향해 있을 것이다(Rancière 1995c: 64; 또한 Rancière 1999: 39[『불화』 77쪽]을 보라; Rancière 2011c 참조). 이는 랑시에르가 리오타르의 전기(1984)와 후기의 텍스트(1990) 모두를 겨냥하고 있음을 의미한다. 또한 이는 랑시에르가 나의 해석에서 핵심을 이루는 [리오타르의] 작업에 초점을 두지 않는다는 점을 의미한다. 『쟁론』과 『불화』에 대한 더 상세한 비교에 대해서는 데오트(Déotte 2004)를 보라.

17) 랑시에르가 최근 출간된 「불일치의 사유」(The Thinking of Dissensus)의 각주에서 지적한 바와 같이, 나는 2003년에 리오타르와 랑시에르가 언어에 관한 한 얼마나 존재론적으로 가까운지, 그리고 랑시에르의 논의가 아리스토텔레스적(그리고 인간중심주의적) 출발점에 얼마나 지나치게 의존하는지를 보여 주는 논문을 발표했다. 이 책에서는 전자의 요점에 관련해 존재론을 거부하는 랑시에르의 입장을 따르려고 한다. 따라서 나는 랑시에르와 리오타르를 언어이론을 통해서 연결하고자 하지 않을 것이다. 왜냐하면 나는 자신이 언어이론 같은 걸 가지고 있지 않다고 한 랑시에르의 말을 액면 그대로 받아들이기 때문이다. 후자의 요점과 관련해서는, 아리스토텔레스로부터 이루어지는 랑시에르의 '시작'은 언제나 불화와 함께하는 시작이다. 아리스토텔레스적 로고스로의 그의 전회는 언제나 더럽혀진 로고스로의 전회

라서 이 절에서의 나의 목표는 결코 랑시에르를 논박하거나, 혹은 그 반대로 리오타르를 특권화하는 것이 아니다. 오히려 나는 언어이론의 창안을 거부하는 랑시에르의 태도를 존중하면서도, 동시에 리오타르의 언어이론에 대해 탐구해 봄으로써 "차연산자를 시험"해 보고자 한다.

『불화』의 서문에서 랑시에르는 불화^{disagreement}라는 용어를 처음으로 정의하고자 시도하면서, 다음과 같이 말한다. "불화는 분명 말에만 관련되어 있는 것이 아니다. 불화는 말하는 자들의 상황 자체와 일반적으로 관계가 있다. 이러한 점에서 불화는 리오타르가 쟁론^{differend}이라고 개념화한 것과는 다르다"(Rancière 1999: xi [『불화』 19쪽]).『쟁론』의 차라리 비정통적이라고 할 스타일에 따라—리오타르는 이 스타일을 "0도의 스타일에 도달하고자 하는 … 순진한 이상"이라고 부른다—리오타르의 책은 서문이 아니라 '읽기 자료'$^{a\ reading\ dossier}$를 출발점으로 삼는다(Lyotard 1988: xiv). 만약 그 책에서 '테제'^{thesis}를 찾고자 한다면, 독자들은 랑시에르가 그 책을 간략히 특징지은 것에 꼭 부합하는 듯 보이는 논의를 쉽게 찾을 수 있을 것이다. 리오타르는 말한다. "추론, 앎, 묘사 [등등]과 같은 수많은 문장 체제$^{phrase\ regimens}$[문장이 구성되는 규칙의 집합]가 존재한다. 이질적인 체제로부터 온 문장은 하나의 체제로부터 다른 체제로 옮겨질 수 없다"(Lyotard 1988: xii).[18] 리오타르는 논리학자의 순수한 번역—어떤 체제

이다. 나는 10년 전에 제기했던 비판적 논지를 고수하지 않을 것이다. 그러나 나는 뒤늦은 깨달음 덕분에 (『불화』의 영역본에 나타난) 아리스토텔레스에 대한 랑시에르의 초기 해석의 번역이 혼란스럽고 오해를 불러일으키는 것이라는 점을 정상참작의 사유로 언급할 수 있을지 모른다.

18) 이 테제는 '언어 게임들의 이질성'이라고 명명할 수 있다. 그러나 물론 리오타르는 여기에서 멈추지 않는다. 리오타르는 랑시에르가 말하고 있는 것처럼 이러한 출발점으로부터 '언어들의 소통불가능성, 이해의 불가능성'이라는 관념이나 언어 게임의 '불가피성'이라는 관념을

내에 있는 한 문장의 의미가 다른 체제 내의 새로운 문장의 의미로 완벽하게 옮겨질 수 있다는 관념—이 전적으로 불가능한 것이라고 주장하긴 했지만, 이는 문장 체제 간의 연결이 만들어질 수 없다거나 만들어지지 않는다는 것을 의미하는 것이 아니다. 사실 리오타르의 대부분의 텍스트는 언어 게임이 이질적^{heterogeneous}이라는 발상—이는 근대성의 거대 메타서사를 탈구축하는 데 집중하던 리오타르의 초기 작업에서의 테제였다—에 초점을 두고 있지 않다(Lyotard 1984; 또한 Lyotard and Thébaud 1985 참조). 오히려 리오타르는 이 텍스트에서 **연결하기**^{linking}의 항구성과 심원성을 강조하고자 한다. 앞의 인용문에 이어서 그는 문장 체제가 "하나에서 다른 하나로 연결될 수 있다"라고 말한다(Lyotard 1988: xi. 강조는 인용자; 또한 48~50 참조).

연결은 발생하기 마련이다. 어떠한 번역 규칙도 적절하고 정당하게 그러한 연결을 **통치할**^{govern} 수 없음에도 불구하고, 언어 게임들 사이의 연결은 줄곧 만들어진다. 리오타르는 다음과 같은 방식으로 이를 설명한다. "연결은 필연적이다. 그러나 어떻게 연결하는가는 우연적이다"(Lyotard 1988: 29). 『쟁론』은 단순히 언어 게임이 통약불가능하다는 발상의 확장판이 아니다. 차라리 이 책은 연결이 갖는 함축에 대한 분석을 제공한다. 리오타르에게 연결이라는 쟁점이 언어만의('단어만의') 문제로 환원될 수 없다는 점을 과장해서 강조하기란 불가능하다. 왜냐하면 연결하기는 항상 정치의 문제로서 사유해야 하기 때문이다. 나의 해석에서 볼 때 '읽기 자료'에서 가장 중요한 부분은 '테제'^{thesis}가 아니라 '쟁점'^{stakes}이다.[19] 문

도출해 내지 않는다(1999: 50[『불화』 94쪽]; 2003a: par. 20).

19) 리오타르는 '독본'(Reader)이라고 이름 붙인 절에서 누군가는 이러한 읽기 자료를 "책을 읽

장 체제들과 그것들을 연결하는 담론의 장르에 대한 탐구에서 주요 쟁점은, "하나의 문장이 다른 것과 연결될 때, 경우에 따라 사유, 인지, 윤리, 정치, 역사, 혹은 존재가 작용한다는 것을 … 독자들에게 확신시키는 것이다 (Lyotard 1988: xii~xiii. 강조는 인용자)." 연결하기와 관련되는 항목에 대한 리오타르의 긴 목록을 고려할 때, 나의 정치에 대한 강조는 다소 왜곡된 것처럼 보일 수 있겠다. 그러나 이것은 리오타르의 강조점이기도 하다. "하나의 문장을 다른 문장으로 연결하는 것은 문제적이다. 또한 … 이 문제는 정치의 문제이기도 하다"(Lyotard 1988: xiii). 리오타르는 언어 게임 간의 순수한 번역이 불가능하다는 사실로부터 정치가 사라지거나 무의미하게 보인다는 허무주의적 결론을 이끌어 내지 않는다. 오히려 그는 연결이 어떠한 연결도 보장되지 않은 현장에서 언제나 발생하며 또 발생할 것이기 때문에—어떠한 번역도 적절한 장소로의 도달을 보장하는 메타-규칙에 따라 쓰일 수 없기 때문에—정치는 연결의 문제와 반드시 씨름해야한다고 주장한다.

이러한 '번역의 문제', 이러한 '소통착오'miscommunications는 고정되지 않는 의미를 수반한다. 그러므로 연결하기의 문제는, 정치의 언어에서 몫을 가지지 못한[정치의 언어에 참여할 수 없는] 자들에게 정치적 발언의 가능성이 된다. 그리고 여기서 리오타르의 주장은 랑시에르의 논쟁적인 아리스토텔레스 해석과 교차하는 지점으로 되돌아온다. 연결의 문제는 불화의 질문과 교차한다. 그렇기 때문에 정치는 항상 언어의 문제에 관여해야

지 않고도 '책에 대해서 이야기'"하기 위해 활용할 것이라고 지적하고 있다(xii). 너무 과도한 이의제기의 위험을 무릅쓰고 강조하자면, 나는 읽기 자료의 '테제'(thesis)와 '쟁점'(stakes)이라는 표제를 내 나름의 겉핥기식 리오타르 해석을 제공하기 위해서가 아니라, 나의 해석과 랑시에르의 피상적인 리오타르 해석을 대조하기 위해서만 사용하고자 한다.

한다. 여기서 나는 '문제'problem라는 단어를——마치 정치적 문제들이 단지 더 많은 정보 획득이나 더 명확한 소통의 수단을 통해 해결될 수 있다는 듯이——한계limitations라는 의미에서 사용하지 않았다. 랑시에르와 리오타르는 그러한 발상을 기각한다. 오히려 푸코가 시사하고 있듯이 정치는 문제화problematization의 언어를 통해 사유해야만 한다(Foucault 1972[『지식의 고고학』]; 또한 1984; 1997 참조). 정치의 문제는 항상 언어의 문제다.

리오타르는 연결과 정치 간의 연관성들을 (언어를 통해) 도출함으로써 이를 설득력 있는 방식으로 입증한다. 리오타르는 읽기 자료에서 그의 텍스트의 '쟁점'stakes이,

> 인간주의와 '인간과학'의 시대가 독자들에게 뿌리내리도록 만든 편견을
> 거부하는 [것이라고 말한다.] 즉 '인간'이 있고 그 다음에 '언어'가 있으며,
> 인간이 자신의 목적을 위해 언어를 활용한다는 편견, 그리고 만약 인간이
> 그러한 목적을 달성하는 데 성공하지 못할 경우 '더 나은 언어'라는 '수단
> 에 의해' 언어를 확실히 통제할 필요가 있다는 편견을 말이다. (xiii)

인간중심주의는 아마도 리오타르의 책이 비판의 대상으로 삼는 가장 큰 표적일 것이다. 비록 리오타르는 인간중심주의에 대한 주장을 책의 중심에 내세우지 않았지만, 언제나 그는 핵심적 쟁점인 인간중심주의의 문제로 돌아온다. 앞에서 얼마간 상세하게 논의한 것처럼, 그리고 여기서의 인용문에서 볼 수 있는 것처럼, 인간중심주의의 철학적 문제는 언어에 선행하는 주어진 주체라는 발상 및 주어진 주체가 언어를 도구나 대상으로 활용한다는 발상과 긴밀하게 연결되어 있다. 로고스를 소유한 이성적 존재자로서의 인간에 대한 아리스토텔레스적 관념——이것이야말로 리오타르

가 반박하고자 하는 '편견'이다. 특히 리오타르는 칸트와 비트겐슈타인의 유산으로부터, 그들이 인간중심주의에 '성가시게 빚지고 있는 것'—리오타르는 칸트와 비트겐슈타인의 작업 안에서 끈질기게 살아남은 언어의 '사용'이라는 관념이 인간중심주의에 대한 그들의 채무에서 핵심을 이룬다고 말한다—을 제거해 버리길 희망한다(Lyotard 1988: xiii).[20]

그렇다면 어떻게 우리는 언어를 존재론적으로 이미 주어진 수체의 소유물로 보는 발상을 넘어설 수 있는가? 나름대로 얼마간 존재론적인 작업을 수행해 보지 않고 이러한 언어 개념을 넘어서기란 어려운 일이다. 그러므로 랑시에르가 때때로 이 질문에 대한 쉬운 답이 있는 것처럼 가정함으로써 이 질문을 피해 가는 것은 놀랍지 않다. 그에 반해 리오타르는 이 질문과 정면으로 마주한다. 리오타르에게 주체란 결코 단순하게 주어지는 것이 아니다. 차라리 주체는 철학의 담론과 인간과학의 산물이자, 역사 전체에 의해 생산된 주체 위치ª subject position로 언제나 생각해야 한다. 그렇다면 우리는 주체가 아니라 문장(푸코가 '담론적 실천'이라고 부른 것, 그리고 비트겐슈타인이 '언어 게임'이라고 부른 것의 또 다른 이름)을 출발점으로 삼아야 할 것이다. 이어지는 질문은 다음과 같은 것이 된다. 어떻게 특수한 일련의 문장들이, 주어진 화자와 청자를 위치 짓는가situate? "우리가, 즉 정

---

20) 물론 리오타르는 내가 인간중심주의, 인간주의, 의인주의 사이에 만든 것과 같은 잘 정련된 일련의 분류법을 만들어 내지 않는다. 사실 리오타르는 논쟁적인 공식 안에서 자신의 비판을 위한 커다란 표적을 만들어 내기 위해 이 용어들을 구분하지 않고 뒤섞어 버리는 경향이 있다. 리오타르는 이 세 개념을 상호교환 가능한 것으로 여긴다. 그럼에도 불구하고 본문에서 논의한 것처럼, 나는 리오타르의 주장이 특히 인간중심주의에 적용될 때 가장 위력적이라고 주장한다. 더 나아가 리오타르의 주장에 담긴 통찰은 그의 작업을 인간중심주의에 대한 묘사이자 도전으로 읽을 때 가장 잘 이해할 수 있다고 주장한다. 따라서 나는 때때로 리오타르의 느슨한 개념 활용을 더욱 조심스러운 일련의 구분법을 만들기 위해 '번역'한다. 그러나 이 번역들은 리오타르의 주장이 가진 전반적인 위력이나 윤곽 자체를 변화시키지는 않을 것이다.

체화할 수 있는 개인들 x, y가, 저자^{author}라는 의미에서 문장을 발화하거나 침묵하는가? 아니면 반대로 문장이나 침묵이 개인들, 즉 x와 y, 당신과 내가 화자로 위치 지어진 우주를 현시하면서 발생하는가^{take place}(벌어지는가^{happen}, 출현하는가^{come to pass})?"(Lyotard 1988: 11) 수사적인 첫 번째 질문에서 두 번째 질문으로의 이동은, 인간중심주의로부터의 벗어남이라고도 할 수 있다. 리오타르는 그러한 벗어남을 통해 주체 이전에 도래하는 문장의 가능성, 그리고 오히려 주체의 실존이 문장 체제—주체는 문장 체제 안에서 스스로를 발견하거나/발견된다^{find itself/be found}—에 의존할 가능성을 허용하고 있다.

이 번거로운 공식("스스로를 발견하거나/발견된다")은 중간태를 가지고 있지 않은 영어라는 언어 안에서 능동태나 수동태 문장을 피할 수 있는 유일한 방법인 것으로 생각된다. 주체가 언어 안에서 "스스로를 발견한다"라고 말하는 것은 언어 바깥에서 행위하는 능동적 행위자로서 주체가 존재할 것이라는 오해를 불러일으킨다. 반면 주체가 언어 안에서 "발견된다"라고 말하는 것은, 마치 언어가 주체를 가둘 수 있다는 듯이 전제하면서, 앞서와 동일한 방식으로 언어를 가짜 행위자가 되도록 만든다. 따라서 주체가 "스스로를 발견하거나/발견된다"고 다소 어색하게 쓰고 말하는 것은 [능동태도 수동태도 아닌] 중간태의 주체를 제안하는 것이다. 이는 언어가 주체의 위치와 역할을 고정하는 것이 아니며, 주체가 언어를 통제하는 것도 아니라는 점을 시사한다.

여전히 언어에 대해 우리가 안다고 생각하는 모든 것(문법에서처럼 여기서의 인간중심주의는 명백하다)은, 언어를 우리가 사용하기 위한 어떤 것이라고 믿게 만든다. 리오타르는 비트겐슈타인의 언어 게임—이 개념으로부터 리오타르의 작업이 전개되었다—이라는 관념에 대항하기 위해 문장phrases과 문장 만들기phrasing라는 문제로 관심을 돌린다. 비트겐슈타인의 후기 작업에서 이루어진 주권적 주체에 대한 급진적 전치에도 불구하고, 언어의 '용법'이라는 발상은 여전히 미리-주어진 주체가 스스로를 재언명하는 것을 허용하고 있다. 리오타르는 다음과 같이 쓴다. "당신이 언어를 가지고 노는 것이 아니다. … 이러한 의미에서의 언어 게임이란 없다"(Lyotard 1988: 137). 언어 게임이라는 발상이 가지고 있는 급진적이고 파열적인 모든 함의에도 불구하고, 언어라는 말이 언제나 우리가 소유하거나 보유할 수 있는 무언가라는 인상을 주는 것처럼, 언어 게임이라는 말 역시 우리 인간이 가지고 놀 수 있는 무언가라는 인상을 준다.

리오타르는 언어 게임이라는 발상으로부터 거리를 두기 위해 두 유형의 언어 사이에 존재하는 간극을 벌린다. "실제로 우리는 일반적으로 하나의 언어, 스스로와 자연스러운 평화를 이루는 하나의 언어, '의사소통적'인 언어, 오직 인간들의 의지와 열정, 의도 같은 것에 의해서만 동요되는 언어를 미리 전제한다. 이것은 인간중심주의다"(Lyotard 1988: 137). 우리는 예컨대 프랑스어와 언어 자체를 혼동한다. 그러나 언어는 단순하게 프랑스어로 환원될 수 없다. 전자의 의미에서 언어는 후자의 의미에서 '하나의' 언어를 가능하게 한다. 여기서 리오타르는 언어를 '신비화'한다는 이유로 때때로 무시되어 왔던(예컨대 Rorty 1991) 하이데거의 언어에 대한 발상(Heidegger 1971)으로부터 많은 것들을 빌려 온다. 그러나 언어를 철학적으로 사유하는 것이 언어학 교수들이나 언어학자들과는 아주 다른 임무에 참여하는 것이라는 점을 이해하기 위해 신비주의에 대한 신념을 가질 필요는 없다(Chambers 2003).

다시 한번, [리오타르의] 판돈stakes은 꽤 큰 것임이 드러난다. 리오타르는 우리 앞에 놓인 임무의 막중함을 대단치 않은 것으로 만들려 하지 않는다. "언어라는 사안에서 상대성이론과 양자이론의 혁명은 이뤄져야 할 과제로 남아 있다"(Lyotard 1988: 137). 인간중심주의는 모든 언어를 하나의 언어로, 알려질 수 있고 숙달될 수 있고 우리의 목적을 위해 사용될 수 있는 하나의 언어로 환원한다. 인간중심주의에 저항한다는 것은 언어들 간의 간극을 유지한다는 것을, 주체성 자체가 언어 안에서 언어를 통해서 발생할 수 있는 가능성을 열어 두는 것을 의미한다. 정치는 이러한 간극 안에서 출현하며, 이러한 간극을 보존하고자 한다. "정치는 언어가 하나의 언어가 아니라는 사실에 자리하고 있다"(Lyotard 1988: 138). 리오타르는 정치를 다른 담론 장르들과 구분되거나 다른 담론 장르들을 지배하려고 시도하는 하나의 담론 장르로 이해해서는 안 된다고 강조한다. 그는 정치를 합의로 환원하는 것, 즉 랑시에르가 포스트-민주주의라고 부른 것을 랑시에르와 마찬가지로 경멸한다. 정치는 쟁론differend을 증언하는 것이며, 쟁론이란 "문장으로 표현되어야만 하는 무언가가 아직 표현되지 못한 언어의 불안정한 상태나 순간"을 말한다(Lyotard 1988: 13).

그러나 만약 우리가 언어에 대한 인간중심주의적 시각을 거부한다면, 문장으로 표현되어야 할 '무언가'는 주체 자체가 될 수도 있다. 이러한 가능성은 언어의 쟁론에 대한 탐구가 말하는 존재자의 잠재적 출현에 대한 질문을 뜻하기도 한다는 사실을 수반한다. 왜냐하면 '말하는 존재자'는 그/그녀가 말하는 언어에 선행할 수 없기 때문이다. 이것이 바로 랑시에르가 말하는 것처럼 쟁론이 '말에만' 관계된 것이 아닌 이유이다. 심지어 랑시에르 자신의 관점에서 보더라도, 오로지 말에만 관련된 주장을 만들어 내는 것은 불가능하다. 만약 계쟁의 주체가 그 계쟁에 선행할 수 없는 것이라면, 말에 관한 주장은 항상 이미 주체화에 관한 주장이자 정치에 관한 주장일 것이기 때문이다.

문학성

랑시에르 자신은 이 모든 논점을 받아들이는 데 대해 거리낌이 없다. 어떤 의미에서 그는 리오타르가 "언어 내부에서의 혁명"^{revolution in language}이라고 부른 것(Lyotard 1988: 137)을 완전히 받아들이고 있다. 랑시에르는 언어 내부에서의 혁명 자체보다 그러한 혁명이 정치적으로 무엇을 초래하게 될지에 더 관심이 있다. 그는 언어와 정치에 대한 더욱 예민한 이해를 표명하면서, 실체적인 정치적 문제와의 씨름으로 넘어가고자 한다. 그는 이 발상을 '문학성'^{literarity}이라고 명명한다. 랑시에르는 다음과 같이 쓴다.

> 나는 언어 이전의 주체가 없다거나, 언어를 표현적인 방식으로 사용하는 주체가 없다는 점에 전적으로 동의한다. 나는 [이전의 작업에서] 정치적 주체란 사실상 주체화^[subjectivation]의 과정이라는 점, '주체의 이름'이란 오로지 주체화 과정의 한 요소일 뿐이라는 점, 이름을 말하는 '우리'와 이름이 명명하는 '우리'는 하나의 정체성[동일성]을 구성하지 않는다는 점을 명확하게 진술한 바 있다. 따라서 여기서 중요한 쟁점은 주체화 대^對 주체가 아니다. 쟁점은 언어학적 실천이라는 발상 안에 자리하고 있지 않다. 쟁점은 대화의 행위와 대화의 조건이라는 발상 안에 자리한다. 쟁점은 하나의 언어이론을 배태하는 불화의 발상 안에 자리한다. (2003c: 8)

나는 인간중심주의를 거부하는 리오타르의 태도를 강조하고 쟁론^{differend}과 불화^{disagreement}를 가까이 끌어 붙이면서도, 랑시에르의 작업이 리오타르의 이론적 틀 안으로 환원될 수 있다고 보지는 않는다. 오히려 적어도 이 쟁점에 대해서 나는 자신의 정치적 기획을 유일무이한 것으로 묘사하려는 랑시에르의 시도에 도전하지 않는다(Rancière 2011c을 보라). 그럼에도 불구하고 인간중심주의에 대한 비판은 문학성의 개념을 파악하기 위한 결정적인 배경을 이룬다. 랑시에르가 표현하는 "불일치의 발상"은 "언어 이전의 주체란 없다"라는 사실을 전제하는 것으로서 이해해야만 한다. 나는 언어가 주체에 선행한다는 관념을 급진적인 발상으로 받아들인다(아마도 랑시에르라면 더 진부한 것으로 이해할지 모르겠다). 이러한 언어의 선행성을 망각하는 것은 불화에 대한 랑시에르의 사유를 근본적으로 오독하는 일이 될 것이다. 따라서 인간중심주의에 대한 리오타르의 비판은, 언어와 문학성에 대한 랑시에르의 작업이 가진 철학적으로 가장 급진적이며 정치적으로 가장 의미심장한 요소를 이해하는 데 유용한 틀을 제공한다.

이 장을 시작하며 말했듯이 나는 '문학성'literarity이 '치안'에 대항하는 위력에 붙여진 이름이라고 주장한다. 하지만 문학성이라는 용어와 개념은 랑시에르가 정치와 치안이라는 용어를 만들어 내기 이전의 저술에서도 등장한다. 그러므로 문학성이라는 발상을 '정치에 대한 논쟁화'와 연결 짓기 이전에, 일단 랑시에르의 초기 저술에서 이 개념이 어떻게 출현했는가를 추적해 보도록 하자.[21] 계보학적으로 우리는 문학성 개념의 등장을 『파이드로스』Phaedrus에 대한 랑시에르의 해석으로까지 소급해 볼 수 있다. 플라톤의 이 대화편에 대한 실체적인 토론은 『철학자와 그의 빈자들』(2004b [1983])에서 등장한다. 여기서 랑시에르는 처음으로, 아마도 데리다에 반대하여, 플라톤이 단순히 말해진 것the oral을 쓰인 것the written에 대

---

21) [한국어판을 위해 추가된 체임버스의 주] 나는 이전의 논문을 통해 문학성과 문학성의 정치에 대한 해석을 처음 시도했었다(Chambers 2005). 당시 나는 랑시에르와 파레지아 간에 있었

비시킨 것이 아니라, "변증술^{dialectic method}의 살아 있는 담론을 수사학^{rhetoric}

던 중요한 대담(Rancière and Panagia 2000)에 상당 부분을 의존했다. 랑시에르와 파네지아는 '말들의 과잉'과 문학성 개념에 특히 많은 비중을 할애했다. 이 대담을 토대로 나는 랑시에르의 저술들 안에 **문학성**(littérarité)이라는 중심적인 개념이 있다고 보고, 그러한 가정을 따라서 논의를 전개했다. 나는 이전 논문에서의 논의를 이 책에 포함시키기 위해 면밀하게 원고를 개정하다가, 앨리슨 로스가 쓴 「표현성, 문학성, 소리 없는 담론」이라는 글을 읽게 됐다 (Ross 2010). 이 글은 데랑티가 편집한 『자크 랑시에르: 핵심 개념들』이라는 책의 한 장으로 실려 있다(Deranty 2010). 문학성 개념에 대해서 개관하고 있는 자신의 기고문에서 로스는 랑시에르의 작업 안에 존재하는 두 개의 개념이 면밀하게 구분되어야 한다고 주장한다. 그녀의 주장에 따르면, "'문학적인 것'(literariness)은 랑시에르의 1992년 저술 『역사의 이름들』 (Les noms de l'histoire)에서 사용되었다. … 하지만 '문학성'(literarity) 개념은 1995년의 저술인 『불화』에서야 처음 등장한다"(Ross 2010: 136). 로스는 여기서 랑시에르의 프랑스어 텍스트에 하나가 아니라 두 개의 개념이 존재하며 이들이 각각 '문학적인 것'(literariness)과 '문학성'(literarity)으로 영역되었다고 분명하게 말하고 있다. 그녀의 주장은 나에게 놀라움으로 다가왔는데, 그녀의 주장은 내가 이전의 논문에서 두 개념 간의 차이에 주목하는 데 실패하였음을 암시하는 것이었기 때문이다. 이러한 외견상의 실수를 바로잡기 위해, 나는 랑시에르의 영역본들을 면밀히 조사해 보고, '문학적인 것'과 '문학성'이라는 용어가 정확히 언제 등장하는지를 설명하는 짧막한 계보학적 논의를 이 책에 포함시켰다. 내가 거기서 주장한 바는 '문학적인 것'이라는 용어가 사용됐던 초기의 저술에서도, 그 용어가 드러내는 근본적인 발상 자체는 '문학성'과 동일했기 때문에, 둘의 용어상의 차이가 의미심장한 개념적 차이를 표지하는 것은 아니라는 것이다. 그럼에도 불구하고 나는 외견상의 실수(로스가 찾아낸 두 개념 간의 차이를 간과한 것)를 교정하려고 시도하다가 다른 실수를 범했다. 로스가 워낙 분명하게 프랑스어 텍스트 자체에 두 개의 개념이 있는 것처럼 서술했기 때문에(위 인용문에서 보이듯이 그녀는 프랑스어 텍스트들을 인용하고 있다), 나는 그녀의 주장을 말 그대로 받아들였고 그것이 타당할 것이라고 지레 짐작했다. 그래서 나 스스로 프랑스어 원문으로 돌아가 랑시에르의 말을 직접 대조하고 검토해 보지 않는 실수를 저질렀다. 만약에 내가 프랑스어 원문을 직접 점검했다면, 로스가 근본적인 실수를 범했음을 발견했을 것이다. 왜냐하면 **프랑스어 원문에는 '문학적인 것'과 '문학성'이라는 두 개의 용어가 존재하지 않기** 때문이다. 랑시에르는 언제나 **문학성**(littérarité)이라는 하나의 용어만을 사용했다. 로스가 만들어 낸 '문학적인 것'과 '문학성' 간의 구분은 전적으로 허위이다. 둘의 표면상의 차이는 영역자들의 서로 다른 번역어 선택이 만들어 낸 가공의 산물이다. **문학성**이라는 프랑스어 단어를 번역하기 위해 어떤 영역자들은 '문학적인 것'(literariness)을 선택하고 다른 영역자들은 '문학성'(literarity)을 선택했을 뿐이다. 프랑스어 원문을 직접 주의 깊게 대조하고 랑시에르가 오직 하나의 용어만을 사용했다는 점을 입증해 준 번역자 김성준의 부지런함과 박식함 덕분에, 나는 이 책의 한국어판에서 잘못된 기록을 바로잡을 수 있는 기회를 갖게 되었다. 따라서 본문에서의 이 문단과 다음의 네 문단은 이 책의 한국어판을 위해서 다시 쓴 것이다. 이 개정 작업을 통해 나는 의 꾸며 낸 담론[으로부터]" 구분하고 있는 것이라고 주장한다. 랑시에르는 플라톤을 단순히 글에 대한 말의 우위를 내세우는 것으로 읽기를 거부한다(Derrida 1981 참조. 또한 Kollias 2007을 보라). 랑시에르에게 변증술적인 것과 수사학적인 것 간의 관계는 그보다 풍성하고 심원하며 복잡한 것이다. 수사학적인 담론을 구성하는 것, 즉 소리 없이 침묵하는—따라서 열등한—수사적 글쓰기는 단순히 쓰인 표지로서의 지위를 곧잘 넘어선다. 랑시에르는 이 표면상으로 종속적인 담론이 가진 쓰인 것으로서의 본성에 초점을 맞추기보다, 이 담론이 가진 수다스러움[loquacity]을 강조한다. 이 담론은 도대체 언제 입을 닥쳐야 하는지 알지 못하기에 끊임없이 계속 지껄여 댄다(Parker 2004: xvii~xviii). 이 담론의 더 나쁜 점은, "[이 담론이] 누구에게 말하고 있는 것인지, 누구에게 말해야 하는지, 누가 로고스의 나눔 안에 참여할 수 있고 그렇지 않은지를 알지 못한다는 것이다" (Rancière 2004b: 40). 따라서 글쓰기의 수사학은 단순한 동물과 정치적 동물 간의 구분을 지키는 데 실패할지 모른다는 위험을 감수한다. 철학자의 로고스는 언제 침묵을 지켜야 하는지, 언제 다른 이들을 침묵시켜야 하는지 알고 있다. 그러나 이 '소리 없는 담론'은 계속해서 지껄인다.

『무지한 스승』(1991[1987])에서도, 이 수다스러움의 형태는 『파이드로스』에 대한 랑시에르의 간략한 언급에서 핵심을 이룬다.

이해[understanding]는 반드시 그 참된 의미에서 이해되어야만 한다. 즉 이해는 사물의 베일을 들춰내는 조롱하는 힘이 아니라 한 화자를 다른 이와

본문에서 불필요한 계보학적 논의를 들어내고 '문학적인 것'이라는 용어에 대한 언급도 삭제했다.

대면하게 하는 번역translation의 역량으로 이해되어야 한다. … 『파이드로스』가 우리에게 가르쳐 준 것에도 불구하고, 두 가지 유형의 담론이 있어 그중 어느 하나가 '스스로를 도울' 힘을 박탈당해야 하고 동일한 것을 멍청하게 반복한다고 비난받아야 하는 것이 아니다. 쓰인 것이건 말해진 것이건 모든 말은 역-번역counter-translation 안에서만 의미를 획득하는 하나의 번역이다. (63~64[『무지한 스승』126쪽])

랑시에르는 여기서 플라톤에 대항하여 그리고 아마도 소쉬르에게도 대항하여, 말과 글쓰기"가 두 가지 유형의 담론이 아니"라고, 따라서 말은 결코 글쓰기보다 고상한 것으로 취급될 수 없다고 시사한다.[22] 모든 언어는 번역이다. 더 나아가 소통이란 주어진 주체들 간의 의미 전달로 환원될 수 없다. 왜냐하면 랑시에르에게 의미는 번역과 '역-번역'의 과정으로부터 출현하기 때문이다(Derrida 1982 참조). 나에게 역-번역 개념은 번역 과정의 종결불가능성을 암시하는 것이다. 모든 번역은 다시 번역되어야만 하며, 따라서 의미는 일거에 최종적으로 고정될 수 없다. 거기엔 말들의 과잉excess of words이 있다.

랑시에르는, (비록 자코토가 그렇게 의도했다는 증거는 없지만) 자신이 유명한 플라톤의 대화에 대한 간접적인 논평으로 사용하고 있는 조제프

---

22) 데리다와 마찬가지로 랑시에르는 글이 말에 비해 열등하다는 『파이드로스』에서의 플라톤의 주장에 저항하고자 한다. 그러나 데리다는 소쉬르에 대한 탈구축적 접근에도 불구하고 랑그(langue)와 파롤(parole)에 대한 소쉬르의 구분을, 위계적 관계로 전환하지 않는 한에서 유지하고자 한다(Derrida 1982). 반면 랑시에르는 "담론에는 두 가지 유형이 존재하지 않는다"라고 주장하며 플라톤에 대항한다. 랑시에르의 주장은 데리다가 유지한 구분을 붕괴시키는 것처럼 보일 것이다. 그러나 나는 과연 파편적 텍스트의 언급으로부터 그렇게 강력한 결론을 이끌어 낼 수 있는지 확신할 수 없다.

자코토로부터의 인용문과 함께 논의를 계속한다. 자코토는 다음과 같이 말한다. "인간은 막연한 느낌을 갖고 침묵하거나, 뭔가를 말하고자 한다면 막연하게 지껄이도록 운명 지어져 있다. 왜냐하면 그는 방금 말한 것들에 무언가를 덧붙이거나 덜어 냄으로써 항상 자신의 말을 바로잡아야 하기 때문이다"(Rancière 1991: 64[『무지한 스승』127쪽]). 여기서 우리는 수사학의 문제, 즉 (말하기를 멈출 수 없는) 쓰인 표지의 문제를 볼 수 있다. 이 수사학의 문제는 우리의 문제이기도 하다. 우리는 말하기를 멈출 수 없는데, 왜냐하면 우리의 말은 의미와 감정을 전달하는 데 언제나 부적절하고, 그것들과 통약불가능하기 때문이다. 어떻게 이러한 막연한 말하기를 묘사할 것인가? 어떻게 이 지나친 수다스러움에 이름을 붙일 것인가? 이 현상을 묘사하기 위해 랑시에르가 사용한 첫 번째 용어는 미묘하게 다른 현상을 묘사하면서 모호하게 등장한다. 즉 여기서 랑시에르는 닥칠 줄 모르는 소리 없는 담론의 문제가 아니라 역사 안의 행위자 문제, "너무 많이 말하는"―역사학자가 필요로 하는 것에 비해 너무 많이 말하는―"살아 있는 인간"의 문제를 묘사한다(Rancière 1994[1992]: 24[『역사의 이름들』49쪽]). '말들의 과잉'은 랑시에르의 책 『역사의 이름들』*The Names of History*의 3장에 붙여진 제목이기도 하다. 이 장은 너무 많이 말하며 떠들기를 멈출 수 없는 인민들이 발생시킨 곤경을 다시금 표현한다. 그리고 랑시에르는 여기서 처음으로 **문학성** 개념을 사용한다.

그러나 '말들의 과잉'은 단순한 문제나 곤경이 아니다. '말들의 과잉'은 인간의 근본적 조건을 묘사할 뿐만 아니라, 인간의 근본적인 **정치적** 본성을 구성한다. 아리스토텔레스와는 반대로, 우리를 정치적 동물이 될 수 있게 해주는 것은 로고스의 '소유'가 아니다. 오히려 '문학성'이라는 사실, 무엇보다도 우리가 항상 말들의 순환에 매여 있다는 사실이 우리를 항상 그리고 이미 정치적으로 만든다. 『불화』에서 랑시에르는 다음과 같이 쓴다. "근대의 정치적 동물은 무엇보다도 문학적인 동물이다. 이 문학적 동물은 각자의 장소를 결정하는 말의 질서와 몸의 질서 간의 관계를 폐지하는 문학성의 회로에 사로잡혀 있다"(Rancière 1999: 37[『불화』 74쪽]. 번역은 나의 것; Robson 2009를 보라). 문학성은 우리의 것이기도 하고 우리의 것이 아니기도 하다. 문학성은 불화를 가능하게 만든다. 문학성은 탈정체화의 가능 조건으로 복무한다.

그렇다면 명백하게 문학성은 랑시에르에게 정치적 개념이며 '문학' literature이라는 용어로부터 조심스럽게 구분되어야 한다(Rancière 2004c; 또한 Rancière 2011e 참조; Rockhill 2004도 보라). 랑시에르는 1998년 이래 쓰인 텍스트들에서 이러한 용어상의 구분을 만들기 시작했으며, 그와 동시에 문학성의 의의 및 그 정치적 중요성에 대한 논의를 정교하게 가다듬었다. 이 몇 편의 텍스트를 통해서 '문학성의 정치'는 구체화되기 시작했다. 랑시에르는 『말의 살』*Flesh of Words* (2004a [1998])이라는 책에 '글쓰기의 정치학'이라는 부제를 달았다. 이 책은 '위대한' 근대 작가들에 대한 상세한 논의를 기반으로 하며, '문학'에 관한 주장을 다루고 있다. 그는 문학성에 대한 자신의 주장으로부터 이러한 "예술의 역사적 체계에 속하는 글쓰기 예술의 종별적 사례로서 문학에 대한 … 관심"을 구분한다(Rancière, Guénoun, and Kavanagh 2000: 14). 문학에 보완적이지만 다른 방식으로 문학성의 정치는 정치와 정치이론의 공간 안에서 스스로를 현시한다. 이 정치적 기획은 글쓰기와 문학 모두로부터 구분되는 범주로서 문학성을 그 핵심에 두고 있다.[23] 랑시에르는 이 책의 말미에서 또다시 문학성 개념

---

23) 이어서 랑시에르는 문학성이 정치와 문학 간의 핵심적인 연결을 형성한다고 주장할 것이다

을 사용하고 있다. 우리는 랑시에르가 여기서 다시 한번 글쓰기에 대한 플라톤의 비판(글쓰기는 살아 있는 **로고스**에 비해 열등한 말하기 방식이라는 비판)을 다루고 있음을 보게 된다. 다시금 랑시에르는 글쓰기가 탈질서[무질서]를 창조한다는 점을 강조하며, 플라톤이 열렬히 유지하고자 하는 질서를 혼란시킬 수 있는 글쓰기의 능력을 강조한다. 이러한 맥락에서 랑시에르는 다음과 같이 쓴다. "글쓰기에 특유한 탈질서화^{disordering}는 이 [플라톤적/철학적] 위계를 혼란시키고, 공동체의 조화에 불협화음을 도입한다"(Rancière 2004a: 103). 글쓰기는 언제나 욕망을 자극하고, 독자들을 목적하지 않은 장소로 데려간다. 글쓰기는 언제나 치안질서를 허물어뜨릴 수 있는 잠재력을 가진다. '글쓰기'는 언제나 플라톤적 체계를 서서히 부식시킨다. 이러한 탈질서화에 비추어 랑시에르는 말한다. "나는 우리가 이러한 탈질서에 문학성이라는 속명^{generic name}을 부여하자고 제안한다"(Rancière 2004a: 103).

문학성 개념에 대한 해설은 다른 곳에서도, 특히 랑시에르의 2000년 인터뷰에서도 등장한다. 거기서 랑시에르는 그가 문학성이라는 개념을 '살아 있는 말'과 '소리 없는 담론'에 관한 플라톤적 난제를 명명하기 위해 사용한다고 밝히고 있다. "쓰인 말은 말의 발신자와 수신자를 한정하는 정당화의 체계 없이 유포된다. 나는 이 쓰인 말의 지위를 '문학성'이라고 부른다"(Rancière, Guénoun, and Kavanagh 2000: 7). 따라서 문학성은 플라톤의 이상국가^{kallipolis}를 언제나 파괴하는 말들의 과잉, 탈질서화의 원리, 데모스의 힘에 붙인 이름이다.[24] 랑시에르는 같은 인터뷰에서 문학

(Rancière 2004a: 108).
24) 우리는 아마도 플라톤 자신이, 스승 소크라테스와 달리 대화의 형태로서 그의 철학을 서술하

성의 질서화/탈질서화 효과——"말들과 시간, 공간의 나눔"(8)——를 강조하면서, 우리가 '문학성'을 감각적인 것의 나눔에 대한 그의 사유와 연결해야 한다고 시사한다. 비록 랑시에르는 물론 문학성과 결부된 어떠한 종류의 존재론적 지위도 거부하겠지만, 문학성은 나름의 방식으로 언어나 인간에 대한 어떠한 이론보다 근본적인 것이다.

그 때문에 문학성이라는 관념은 (더럽혀진) 로고스를 소유한 정치적 동물에 대한 질문으로 우리를 되돌아가게 한다. 여기서 우리는 랑시에르의 가장 도발적인 주장을 이해할 수 있다. 즉 도입부에서 제기된, 우리는 무엇보다도 문학적인 동물이라는 주장 말이다. 문학성 개념은 랑시에르로 하여금 플라톤과 아리스토텔레스에 대한 그의 다중적 해석을 가로지르게 해주고, 정치와 언어에 관련된 사유의 쟁점들을 표면에 부각시킬 수 있게 해준다. '불화' 개념과 마찬가지로, 문학성 개념은 강력한 논쟁적 도구로서 작동한다. 랑시에르는 문학성 개념을 가장 의미심장한 정치적 주장을 제기하는 데 활용한다. 따라서 문학성의 정치는 불화의 정치와 아주 유사한 것이다. 전통적인 '정치의 이론'에 대한 랑시에르의 대안은 문학성 개념의 활용과 표현을 통해 형태를 갖추게 된다. 랑시에르는 한 인터뷰에서 직접적인 언어에 대한 질문에 대답하면서 결정적으로 상세한 설명을 제공한다.

나의 접근은 플라톤의 글쓰기 비판에 대한 또 다른 해석을 출발점으로 삼

기로 **결정함으로써** 말들의 과잉이 주는 **위험을 감수했다는 점을** 잊지 말아야 할 것이다. 랑시에르는 아마 이 점이 상기된다 해서 방해받지 않을 것이다. 따라서 그의 이상국가와 질서의 철학 전체에 대한 위험은 플라톤 자신이 도입한 위험이기도 하다. 이 중요한 요점을 나에게 상기시켜 준 보니 호니그에게 고마움을 표하고 싶다.

는다. 여기서 나의 핵심적 질문은 어떻게 말들이 순환하는지에 대한 서로 다른 두 논의 간의 대립이 가진 정치적으로 풍요로운 잠재력에 기대고 있다. 플라톤에 따르면 글쓰기의 '침묵하는' 말은—그것을 활용할 자격이 있는 자나 없는 자 모두에게 동등하게 스스로를 이용가능하게 만들면서—언제나 동요하는 것이다. 적법한 화자나 동등하게 적법한 질문자가 결여된, 일련의 말들의 이용가능성은 '적절한 것[고유한 것]'the proper에 대한 플라톤적 논리, 즉 모든 이들이 자신들의 적절한 장소에 머무르면서 적절한[고유한] 임무에 참여하도록 요구하는 논리를 교란시킨다. 내가 **문학성**이라고 부르는 이 '말들의 과잉'은 담론의 질서와 그 사회적 기능 간의 관계를 파열시킨다. (Rancière and Panagia 2000 : 115)

여기서 우리는 왜 랑시에르가 자신의 작업이 언어철학과 상관이 없다고 일관되게 주장해 왔는지, 왜 그가 자신의 정치 개념이 언어이론을 요구하거나 암시하지 않는다고 완고하게 주장해 왔는지 더욱 선명하게 이해할 수 있다. 문학성의 측면에서 볼 때 랑시에르는 언어에 대한 이론이나 철학을 쓰는 데—이러한 의미에서 그가 글쓰기에 대한 플라톤의 비난에 관심이 없었던 만큼이나—관심이 별로 없었다. 이 절을 시작하며 내가 지적한 바와 같이, 문학성의 질문은 말이나 글쓰기 그 자체를 직접적으로 겨냥하지 않는다. 정치적 쟁점은 '글쓰기'가 모든 이들에게 허용하는 이용가능성과 접근가능성을, 즉 말들의 과잉을 그 핵심으로 하고 있다. 심지어 로고스에 대한 자격이 없는 자들, 플라톤의 '질서담론'이 말하지 못하는 지위로 좌천시키고자 한 자들, 그들조차도 '글쓰기'에 대한 접근권이 있다. 적절한 자격을 갖춘 자만 이용가능한 변증술과는 달리 '글쓰기'는 통제될 수 없다. 플라톤에 따르면(철학자에 따르면), 글쓰기는 가지 말아야 할 장소에, 예컨대 그것을 활용하지 말아야 할 자의 수중에도 도달한다. 플라톤의 "적절한 것[고유한 것]의 논리"는 담론의 질서를 통해 도시의 질서를 정립하고자 한다. 그러나 말들의 과잉——문학성——은 언제나 그러한 질서화 과정을 파열시킨다.[25)

따라서 문학성의 고양된 의미에서, 우리는 이제 랑시에르의 '결론'으로 눈길을 돌릴 수 있다. 그 '결론'이란 어떠한 결론도 될 수 없고, 오히려 시작으로의 회귀, 불화 안에서의 회귀임이 드러난다. "우리는 인간이 문학적인 **동물**이기 때문에 정치적 동물이라고 결론 내릴 수 있다. 인간은 정의의 질문을 토의하기 위해 언어를 사용한다는 아리스토텔레스적 의미에서뿐만이 아니라, 사물과 관련된 말들의 과잉에 의해 혼란에 **빠져** 있다는 의미에서, 언어적 동물이다"(Rancière and Panagia 2000: 115. 강조는 인용자). 아리스토텔레스는 우리가 **로고스**를 소유하고 있고 정치적 목적을 위해 로고스를 사용할 수 있기 때문에, 인간은 정치적 동물이라고 주장했다. 사실 랑시에르는 우리가 이러한 방식으로——소통하고 숙고하고 판단하기 위해——언어를 사용한다는 사실을 부정하지 않는다. 그러나 우리의 근본적인 정치적 본성은, 우리가 말들의 과잉과 문학성에 의해 표지되고 그것들에게 사로잡히는 **문학적인 동물**이자 피조물이라는 이유를 통해서 빛나게 된다. 그렇다면 우리는 우리의 말하기 자체가 말을 특권화하려는 모든 시도(플라톤의 것이 됐건 다른 것이 됐건)를 좌절시키는 것이라고 말할 수 있

---

25) 나는 이 논의를 랑시에르의 플라톤 비판과 연관해서 일관되게 틀 지어 왔다. 그러나 이 논의는 또한 플로베르 같은 작가에 대해 랑시에르가 지속적으로 보내는 경의와 연관해서 표현될 수도 있다. 플로베르의 문학적 스타일은 말들의 과잉을 부정하기보다 문학성을 일정하게 포용하는 데 의존한다. "문학에 어떤 메시지를 담는 것에 대한 플로베르의 전적인 거부는 민주주의적 평등의 증거로서 여겨졌다"(Rancière 2006d: 14[『감성의 분할』 17쪽]).

다. 왜냐하면 '인간'의 말은 말들의 과잉과 글쓰기의 힘을, 그리고 우리를 무엇보다도 정치적 동물로 만드는 문학성을 증언하기 때문이다.

말들의 과잉

만약 우리가 랑시에르의 독자로서 그가 짜놓은 민주주의 정치의 발상을 따라서 작업한다면, 우리는 그가 제안하고 있는 용어들—정치와 치안—을 그저 단순히 반복적으로 설명하고 평가하는 것을 넘어서야 할 것이다. 민주주의 정치(특히 자유주의적 이익집단 정치를 벗어나 그에 대항하는 민주주의 정치)에 대한 진정한 관심은, 우리에게 정치의 문학성에 주목하라고 요구한다. 문학성은 어떤 의미에서 반시간적인 랑시에르적 정치의 구성 요소다. 그러나 물론 문학성, 즉 말들의 과잉은 (존재론적이건 다른 어떤 방식으로건) 정치를 위한 토대로 기능할 수 없다. 문학성에 '주목하고', 문학성의 위력을 평가하고, 문학성의 효과들을 표지하는 한 가지 방법은, 말들의 과잉이 담론의 질서와 신체의 질서 간의 연결을 파열시키는 시공간들을 위치시키고 분석하는 것이다. 어떻게 도시의 질서, 치안의 질서는 문학성을 통해 감각적인 것의 새로운 나눔(분할/배분)을 형성하기 위해 파열되는가? 분명 랑시에르의 저술에서 '불화'disagreement는 민주주의 정치의 다른 이름일 뿐이다. 더 나아가 랑시에르의 논지를 토대로 추정해 보면, 불화는 교차하는 담론적 실천의 충돌을 통해서 종종 발생한다고 주장할 수 있다. 이 갈등을 표지하고 명명하는 것은 말들의 과잉과 문학성에 도달하는 또 다른 방법이자, 그것들을 생산해 내는 또 다른 방법이다. 논쟁적으로 말하자면, 문학성 없이 불화는 없다.

　랑시에르가 가장 선호하는 정치의 두 가지 사례는 랑시에르의 정치적 기획 안에서 문학성이 갖는 중심성을 예증해 보인다. 프롤레타리아라는 이름을 두고 벌어진 블랑키Louis Auguste Blanqui와 판사의 논쟁이나, "우리는 모두 독일계 유대인들이다"라고 주장한 1968년 5월 파리 시위대의 '잘못된'wrong 정체화 사례는, 모두 주체 위치의 생산을 둘러싼 전투의 사례를 보여 주고 있다. 이 두 사례는 이를 통해 문학성[의 중심성]을 지시하고 있다(Rancière 1995c: 66~68; Rancière 1999: 37~38, 59[『불화』 75~76쪽, 106쪽]). 두 사례에서 정치는 언어 안에서 언어를 통해서 발생한다. 정치의 성패는 언어라는 수단에 달려 있다. 그러나 동시에 우리는 이 각각의 사례로부터 개인이나 집단이 스스로 특수한 이름을 취함으로써 근본적인 민주주의적 평등에 대한 권리를 요구한다는 점을 볼 수 있다. 그렇다면 이 사례는 부분들[당파들]을 존재하게 하는 잘못의 선언 이전에 "그들은 존재하지 않는다"고 했던 랑시에르의 핵심적 주장을 반박한다고 볼 수 있을 것이다. 이처럼 랑시에르의 포괄적인 주장과 그가 제시하는 특수한 사례 사이에는 잠재적인 불균형이 있다. 이를 고려해 이제 나는 묻고 싶다. 담론적 정치의 전투가 개인의 수준에서 수행될 수 없을 때—실제로 잘못 이전에 부분[당파]이 존재하지 않는다면—어떤 일이 벌어지는가? 몫 없는 자들을 가독성의 영역 바깥에 내버려 두는 말들의 과잉에 관한/말들의 과잉을 통한 전투에 의해 그들이 셈으로부터 계속 제외될 때 어떤 일이 벌어지는가? 문학적 동물로서 우리는 우리 자신이 말들의 과잉에 사로잡혀 있다는 것을 발견한다. 또한 정치는 우리가 말하는 동물로서 출현하기 이전에 바로 여기서 발생한다. 랑시에르는 우리가 문학성 안에서 우리 자신을 발견하기 때문에 정치적이라고 말한다. 여기서 나는 다음과 같이 주장하고자 한다. 치안의 논리와 정치의 논리 간의 모순이 출현하도록 강제하는 공간으로서 '논쟁적 장면[무대]'polemical scenes에 대한 날카롭고 설득력 있는 묘사는(Rancière 1999: 41[『불화』 79쪽]), 이미 겉으로 분쟁의 당파들이 드러난 사례를 묘사하는 데만 제한될 필요가 없으며 거기에 제한되어서도 안 된다. 때때로 민주주의 정치의 전투는 심지어 주체가 그 장면에 출현하기도 이전에 발생한다. 이 사례에서 논쟁적 장면[무대]은 스스로 구성되며, 주체의 출현(혹은 폐제)에 선행하는 담론의 상이한 차원에서—말들의 과잉 안에서—등장한다.

따라서 나는 그러한 논쟁적 장면[무대]의 사례를 논의하고 풍성하게 묘사함으로써 나의 주장을 마무리하고자 한다. 나는 앞서서 민주주의 정치에서 문학성이 갖는 핵심적 중요성을 강조해 왔다. 1장에서와 마찬가지로 이 사례에서 우리는 이민자들이 의미심장한 정치적 행위자라는 사실을 다시금 확인하게 된다. 왜냐하면 나는 폴 아포스톨리디스의 최근 연구들, 특히 미국의 한 고기 포장 공장에 대한 연구로부터 사례의 대략을 빌려 오고 있기 때문이다.[26] 워싱턴주의 동쪽에 위치한 이 고기 포장 공장은 '타이슨/아이오와 쇠고기 가공'Tyson/Iowa Beef Processors이라는 거대 기업이 운영한다. 이 공장의 피고용자들은 거의 모두가 (일부는 합법이고 일부는 비합법인) 멕시코계 이민자들이다. 노동조합에서의 이들의 삶, 작업, 그리고 투쟁은 아포스톨리디스가 어느 정도 자세히 (때때로 섬뜩할 정도로 자세히) 다루었다. 나는 랑시에르적인 논쟁적 장면을 상세하게 묘사하기 위해 아포스톨리디스의 논문이 가진 어떤 차원을 전유하고자 한다. 이를 위해 그의 작업이 해명하고 있는 두 서사의 교차점에 주목할 것이다. 첫 번째는

---

26) 여기서 나는 이전에 발표된 아포스톨리디스의 이주 노동자 연구의 일부분에만 초점을 맞추고 있다(Apostolidis 2005). 아포스톨리디스는 최근에 더욱 방대한 양의 연구를 한 권의 책으로 발표했다.

이민^{immigration}의 서사이고, 두 번째는 노동^{work}과 운동^{activism}의 서사이다. 랑시에르의 렌즈들을 통해 볼 때, 아포스톨리디스가 이 노동자들과 함께한 인터뷰와 대화는—'이민자'로서—멕시코인들과 멕시코계 미국인들이 얼마만큼이나 셈으로부터 배제되어 왔는지를 생생하게 그리고 있다. 그러나 이 노동자들은 때때로 그들을 '노동자'^{workers}로, 분명한 '운동가'^{activists}로 셈해 달라는 민주주의적 주장을 제기한다. 나는 이민자-노동자-운동가가 민주주의적 주체로서 잠재적으로 출현하는 과정을 자세히 그려 보고자 한다. 나의 사례 해석은 이 노동자들을 표지하는 말들의 과잉이 만들어 낸 문학성을 강조하고자 한다.

물론 '이민자' 서사는 미국이라는 국민-국가 내에서 권력[의 체계를] 확립하고 공고화하는 데 핵심적 역할을 수행해 왔다. 이민자 서사는 강력한 이민자 외국인 애호주의와 강력한 이민자 외국인 혐오주의를 결합해 왔다. 전자의 입장에서 이민자는 근면한 직업윤리와 구세계적 가치를 통해 계급 간의 유동성에 대한 신념을 가능하게 만들고 튼튼한 공동체를 건설하도록 해준 사람으로 이해되는 반면에, 후자의 입장에서 이민자는 체계의 기생자이자 진보적 사회 변화의 걸림돌로 이해된다(Honig 2001: 4~18; 또한 Apostolidis 2005: 25; Beltrán 2009: 597 참조). 내가 볼 때 아포스톨리디스의 작업은 다음과 같은 핵심적 질문을 제기한다. 이러한 강력한 이민자 서사가 이미 존재한다는 사실은 이주 노동자의 삶과 주체 형성에 어떠한 영향을 미쳤는가? 랑시에르의 정치 사유의 언어 안에서, 이 질문은 또 다른 질문으로 이어진다. 이러한 기존 담론을 고려할 때, 정치—이민자들을 그/그녀의 장소에 머무르게 하는 치안질서의 논리와, '노동자'인 동시에 잠재적 운동가이기도 한 이민자의 근본적 평등을 주장하는 정치의 논리가 조우하는 순간—의 출현 가능성은 어디서 찾을 수 있는가?

이주 노동자는 "말하는 존재자들의 평등"을 손쉽게^{simpliciter} 성취할 수 없다(Rancière 1999: 33[『불화』 68쪽]). 왜냐하면 이주 노동자는 항상 이민의 담론 안에서 말하도록 제약받을 것이기 때문이다. 만약 누군가가 특수한 장소에서만 말하도록 강요받는다면, 아리스토텔레스가 믿었던 바와 달리, 말하기가 필연적으로 평등의 실현을 의미하지는 않을 것이다. 감각 영역을 나누는 특수한 질서 내부에서 오로지 고정되고 주어진 위치에서만 말해야 한다는 것은, 어쩌면 전혀 말하지 못하는 것과 같을 수도 있다. 주어진 나눔^{partage}은 누군가를 전적으로 인식불가능하게 만들 수도 있으며(후기에서 이 문제를 논의한다), 이 경우에 그는 어떤 위치에서도 말할 수 없게 된다. 다시 말해 로고스를 소유하는 데 실패한 신체로서 표지된다는 것은, 정치를 위한 역량을 결핍하고 있다는 것을 의미하며, 도시의 질서 내부의 정치적 영역으로부터 배제된다는 것을 의미한다. 그는 말하고자 시도한다 해도 오로지 들리지 않게 웅얼거릴 수 있을 뿐이다. 만약 잘못^{wrong}이 존재하지 않는다면 당신은 하나의 부분[당파]$^{a\ party}$으로 존재할 수 없다. 왜냐하면 당신은 계쟁에서 어떠한 몫도 가지고 있지 않기 때문이다.

이와 같은 사례—내가 보기에 완전히 일상적인 사례—에서, 나는 민주주의적 전투가 담론적 실천을 전환^{shift}시키는 방식으로 수행되어야 한다고 주장할 것이다. 물론 담론적 실천의 전환은 그저 단순히 용어를 변경하는 데서 그치지 않는다. 말들의 과잉에 대한 자격을 요구하는 방식으로 언어 안에서 이뤄지는 변형^{transformation}은, 동시에 새로운 나눔을 생산하려는 노력이기도 하다. 그것은 어디로나 번져 나가는 '글쓰기'에 대한 자격을 요구하려는 노력이다. 새로운 담론적 위치는 언제나 감각 영역의 새로운 나눔에 밀접하게 연결되어 있다. '담론'을 바꾼다는 것은 그저 용어를 변경하는 것이 아니라 세계를 재배치하는 것이다. 이민자 고기 포장 노동자들의 경우에 이러한 유형의 변형적 전환transformative shift은 이민자 서사를 다시 써 내려가는 것을 의미할 것이다. 아포스톨리디스의 연구는 워싱턴 주 동부의 멕시코계 이민자들이 스스로를 재의미화하기 위해 이민자 담론을 전유해 왔음을 보여 준다. 그들의 노력은 '이주 노동자'이면서도 운동자이기도 한 주체 위치의 출현가능성을 보여 준다. 이 주체 위치에서 평등에 대한 요구는 단순한 지껄임이 아니라 말로 들릴 것이다. 침묵해야 할 노동자들이 말하기 시작할 때, 문학성은 출현한다.

그러므로 '이민자', '노동자', '운동가' 간의 차이는 단순히 용어상의 차이가 아니다. 이 단어들 간의 차이는 주체 위치들 간의 구별 자체를 의미하며, 이 구별은 치안의 논리('이민자')와 정치의 논리('노동자' 그리고/또는 '운동가') 사이의 공간을 함의한다. 그러나 고기 포장 공장의 종업원들이 이러한 여러 주체 위치들 중의 하나와 스스로를 동일시해야 한다고 생각하는 것은 잘못이다. 이러한 진술 위치들 중 한 곳에 그들이 국한되어야 한다는 생각은 잘못된 것이다. 랑시에르가 말하듯이, "주체는 외부자이거나, 혹은 그보다 사이-존재in-between다"(1995c: 67[『정치적인 것의 가장자리에서』 119쪽]). 주체는 정체성과 위치 사이의 어딘가에 존재한다. 사이-존재는 말의 분절이 가능해지는 장소로서 '주체 위치'와 그러한 말의 분절을 제공하는 누군가로서 '개인' 사이에 있는 하나의 장소다. 사이-존재는 하나의 시간이기도 한데, 왜냐하면 사이-존재로서의 주체는 중간태의 주체이기 때문이다. 만약 주체화가 정체성에 대한 거부를 수반한다면, 행위자는 시공간의-사이in-between에 존재해야만 한다. 정치는 문학성을 통해 출현한다.

아포스톨리디스는 어떻게 타이슨/아이오와의 노동자들이, 그들 자신의 이민 서사와 견디기 힘든 엄청난 부담을 수반하는 투쟁을 공장 노동조합에서의 작업과 뒤섞였는지를 보여 준다(Apostolidis 2005: 29~31). 이어서 그는 노동조합에 참여한 타이슨/아이오와의 노동자들이 언어 내부에서 새로운 위치를 창조함으로써, 운동가적이고 민주주의적인 입장에 서게 되었음을 보여 준다. 그들의 정치는 민주주의 정치다. 이 민주주의 정치는 표준적인 이익집단 자유주의에 대한 거부를 통해 출현한다. 이민 서사와 작업 서사의 교차는 노동자들을 탈정체화와 정치적 행위가 가능해지는 사이-존재의 공간으로 밀어 보낸다. 타이슨/아이오와의 조합원들은 그저 봉급을 인상시켜 주는 데 만족할 수 없었다. 임금 인상 대신에 그들은 좀 더 개선된 작업 조건과 건강보험에 대한 접근권을 요구했다. 그들의 정치는 평등의 민주주의적 가정/입증이다(Apostolidis 2005: 12). 노동자들은 이민자로서 혹은 노동조합원으로서 그저 웅얼거리기를(그들의 웅얼거림은 로고스가 아니라 포네로 들릴 것이다) 거부했다. 노동자들은 웅얼거림을 거부한 정도만큼 정치적 행위자의 자격으로 말하게 된다.

이러한 주장들을 제기하면서 우리는 랑시에르가 논쟁적 장면[무대]이라고 부른 것, 셈해지지 않은 자들의 셈하기와 관련된 장면의 출현을 볼 수 있다. 그러나 이 장면은 단순히 노동자들 스스로에 의한 탈정체화의 단언으로 이해할 수 없다. '탈정체화'는 그저 '주체가 수행하는 일'이 아니기 때문이다. 주체화의 과정은 탈정체화의 과정이기도 하다. 그러므로 탈정체화 이전에는 누구도 주체가 될 수 없다. '탈정체화'의 힘은 단순한 정치적 주체의 역량이 아니다. 왜냐하면 탈정체화의 순간 이전에 주체는 존재하지 않기 때문이다. 이러한 의미에서 문학성은 계산착오(정치를 의미하기도 하는 계산착오)를 가능하게 만드는 것이다. 그러므로 나는 차라리 탈정체화, 즉 주체화가 수많은 전선에서 치러지는 정치적이고 문학적인 투쟁으로서 이해되어야 한다고 주장한다. 이 전선에는 공장에서의 국지적 전투들, 불법(과 합법) 이민을 줄이려는 미국 정부의 지속적인 노력, 그럼에도 불구하고 멕시코인들의 계속되는 이주 노력, 국지적 수준과 국가적 수준에서, 그리고 심지어 전 지구적 수준에서 작동하는 변환 중인 이민 담론이 포함된다. 우리는 이러한 측면에서 민주주의 정치의 이론이 (랑시에르가 말한 것처럼) 정치의 최종적 출현에 선행하는 담론적 실천의 수준에서의 불화―리오타르는 이를 쟁론differend이라고 불렀다―에 주목해야 한다는 점을 이해할 수 있다.

＊　＊　＊

그러한 정치적 순간, 말하지 않는 존재자들이 어찌하여 말을 하게 되는 그 순간은 말이 나타날 수 있는 선행하는 공간의 생산에 의해서만 가능해질 수 있다. 여기서의 공감각적인 은유―'나타나는 말'appearing speech―는 고수할 만한 가치가 있다. 왜냐하면 무엇이 말해질 수 있는가의 문제는 무엇이 보여질 수 있는가의 질문으로부터 동떨어진 것이 아니기 때문이다. 소음을 말로 듣게 되는 순간은 하나의 피조물을 인간으로 보게 되는 순간으로부터 구분될 수 없다. 랑시에르의 작업은 이러한 시간의 역설과의 접점을 결코 잃어버리지 않는다. 따라서 그는 다음과 같이 쓰고 있다. "정치는 정치 이후에 도래한다. 후자의 정치조차도 공통의 것을 상징화하는 다른 형태의 출현 이후에 그 형태들에 대항하여 도래한다"(2003c: 1~2). 인간 존재자의 문학성을 강조한다는 것은 정치적인 것/비정치적인 것의 구분이 처음부터 확정될 수 있다는 발상을 거부한다는 것을 의미한다. 이는 정치가 끝이 아니라 시작이라고 주장하는 것을 의미한다. 또한 이는 정치가 시작되기 위한 조건으로 정립된 선행하는 기반이 존재하지 않는다는 것을 의미한다.

　일부 논평자들은 정치의 '희소성'에 대한 랑시에르의 주장을 약점의 인정이나 일종의 자기비판으로서 이해해 왔다. 하지만 내가 읽는 랑시에르는 분명 이러한 이해와는 다르다. 나는 정치의 희소성을 그의 이론의 한계로 보기보다, 그의 정치에 대한 핵심적 통찰 중 하나로 이해한다. 그러나 치안질서가 일상을 지배하며, 오로지 특별한 상황에서만 치안질서의 교란을 통한 정치의 난입이 발생한다고 말하는 것이, 그러한 특별한 상황을 생산해 내는 작업을 비정치적이라고 말하는 결론으로 이어져서는 안 된다. 랑시에르의 정치는 일어날 사건을 그저 앉아서 기다리는 정치가 아니다. 랑시에르의 접근 방식은 기다림과 희망하기의 정치적 모델(Gibson 2005 참조)에 동화되기에는 지나치게 반시간적untimely인 것이다. 로스가 쓰고 있듯이, "논쟁polemics[랑시에르가 가장 선호하는 접근 방식]은 결국 반시간성의 동의어일 뿐이다"(Ross 2009: 8). 랑시에르의 정치와 치안 개념은 간혹 정적인 개념이나 고정된 대립항으로 오독될 수 있다. 그러나 문학성과 말들의 과잉은 랑시에르의 정치 사유에—정치와 치안에 대한 그의 논의가 정적으로 폐쇄되는 것을 방지하는—시간적 차원 및 반시간적 측면을 가져온다.

　랑시에르의 정치는 언제나 이미 문학성의 정치다. 그것은 치안질서를 언제나 위협할 수 있는 위력인 말들의 과잉을 이용하고 동력화하는 것이다. 나는 문학성을 랑시에르의 그저 수많은 개념 중 하나가 아니라, 그의 특히나 민주주의적인 정치의 핵심 개념으로 강조하고자 했다. 문학성에 대한 강조는 그의 개념적 어휘를 형성하고 있는 다른 많은 개념들을 텍스트적으로 풀어내고 개념적으로나 정치적으로 정교화하는 데 도움을 줄 수 있다. 랑시에르의 아리스토텔레스적 정치의 장면에 대한 해석을 더욱 풍성하게 이해하고, 랑시에르의 주체화 사유를 더욱 분명히 파악하는 것, 그리고 문학성이 가진 위력을 더욱 선명하게 이해하는 것은, 이러한 방식으로 앞에서 논의한 정치와 치안의 사유로 돌아가, 그러한 사유에 주목하고 이를 정교화하는 데 활용될 수 있다. 문학성의 개념을 통하여 바라볼 때, 그리고 '말들의 과잉'이라는 배경을 통해 이해할 때, 랑시에르의 정치와 치안 개념과 관련된 쟁점은 더 선명하게 부각된다. 또한 치안질서를 언제나 방해하는 말들의 과잉이라는 관념은 랑시에르의 저술을 더 확장시키는 것—랑시에르의 논쟁적 개입에서 벗어나 (3장의 논의를 맺으면서 내가 인용한 사례처럼) 랑시에르가 공유하지 않는 고려사항으로 이동하는 것—을 가능하게 만든다. 따라서 다음 장에서는 문학성과 같이 랑시에르의 작업의 가장자리를 배회하고 있는 개념—혹은 아마 더 낫게 표현한다면, 하나의 주제—인 '비판'에 눈길을 돌림으로써, 랑시에르의 근본적인 개념들을 확장하는 (그리고 원래의 개념들 너머로 밀어붙이는) 과정을 계속할 것이다.

4장_비판

"희망은 오직 희망 없는 자들로부터 도래한다"

랑시에르에 대한/관한 텍스트를 집어 든 독자들은 곧잘 **논쟁적**[polemical]이라는 단어와 마주치게 될 것이다. 이 책도 예외가 아니다. 랑시에르에 관련된 많은 것들(랑시에르의 전 저작, 랑시에르의 다른 사상가들에 대한 종별적 개입, 랑시에르의 저술이 정립하는 다양한 관계들, 랑시에르의 용어와 개념의 용법 등)은—랑시에르에 대한 글을 집필한 이들에 의해서나, 그보다는 드물지만 이따금 랑시에르 자신에 의해—모두 '논쟁적'이라고 묘사된다. 랑시에르가 논쟁술[polemics]을 저술한다거나, 랑시에르가 논쟁적으로[polemically] 저술한다고 말하는 것, 혹은 그의 저술들이 논쟁적이라고 말하는 것은 무엇을 의미하는가? 이미 이전 장의 논의에서 나는 랑시에르의 유일무이한 스타일을 묘사한 바 있다. **논쟁적**이라는 단어는 랑시에르의 드물지만 직접적인 개입이 [가진 특징을] 잘 포착한다. 랑시에르는 [누군가를] 도발하고자 하며, [무언가를] 시험하고 조사하고자 하며, [자신의 주장에 대한] 체계화를 거부한다. 이러한 점에서 그의 작업은 '논쟁적'인 것으로 이해될 수 있다. 아디티와 발렌타인이 보여 준 바와 같이, 랑시에르를 특수한 방식으로 읽는다면 논쟁술이나 논쟁화[polemicization] 같은 단어는 랑시에르가 '불화'[disagreement]라는 말로 의미한 바를 가리키는 또 다른 이름이라고 할 수 있다. 이러한 의미에서 논쟁술은 미리 주어진 두 집단이 가능한 행동의 선택지를 놓고 벌이는 의견의 불일치를 가리키는 것이 아니다. 차라리 논쟁술이나 논쟁화의 장면은 랑시에르의 말처럼 "대화자들이 같은 단어로 같은 사태를 이해하면서도 이해하지 못하는" 상황을 묘사한다(Rancière 1999: xi[『불화』 17쪽]). 랑시에르는 "이해하면서도 이해하지 못하는"이라는 역설적인 공식을 통해 합리적 행위자들의 단순한 '선택' 이상의 것에 대해 계쟁을 벌이는 장면을 그려 낸다. 계쟁에 들어간 것은 대화자들 자신의 인정된 정체성, 계쟁 대상의 이해가능성, 그리고 논증의 기반 자체이다(Arditi and Valentine 1999: 4).

1장에서 나는 정치에 대한 랑시에르의 접근 방식과 규범적 이론가들, 숙의민주주의자들, 몇몇 포스트정초주의자들의 접근 방식 간의 차이를 드러냈다. 여기서 나는 그들 사이에 존재하는 간극을 확장시키는 한편, 서로 다른 접근 방식 간의 차이점에 대해서도 정확하게 기술하고자 한다. 랑시에르의 논쟁적인 접근 방식은 그를 단순히 스타일에 있어서뿐만 아니라 실체적으로도 다른 이들과 구별시켜 주는 것이다. "랑시에르는 논쟁화한다"고 말하는 것은, 그의 글을 쓰는 방식뿐만 아니라 그가 쓰고 있는 내용, 그리고 그의 저작이 수행하는 작업의 유형을 묘사하는 것이기도 하다. 4장에서는 랑시에르의 논쟁술이 가진 성격을 자세히 설명하면서 이러한 최종적인 차원에 초점을 맞춘다. 물론 논쟁술은 비판을 일컫는 다른 이름이기도 하다. 즉 논쟁술이란 비판의 특수한 유형이다. 그러나 어떠한 유형을 말하는 것인가? 4장은 랑시에르의 저술에 대한 계보학적 독해를 통해, 일신된 비판 개념의 윤곽을 더듬어 보고자 한다. 그것을 통해 이 논의는 비판이론의 한 유형을 다시 사유하는 과정을 시작한다. 여기서 다루는 비판이론의 유형은 현대의 이론과 정치에 적합하면서도 가장 핵심을 이루는 것이라 할 수 있다.

랑시에르의 최초 출판물이기도 한 『자본을 읽자』라는 공동 저서에 (최소한 초판에는) 실렸던 그의 기고문은 '비판의 개념과 정치경제학 비판: 1844년 수고에서 자본까지'라는 어색하기 짝이 없는 제목을 달고 있었다. 지금까지 이 상당한 길이의 에세이는 별다른 주목을 받지 못했다. 거기에는 스승 알튀세르와 결별하면서 예전의 저술로부터 멀찍이 거리를 두려고 했던 랑시에르 본인의 선택에 상당 부분 원인이 있다. 이 에세이가 독자들에게 상대적으로 소홀한 취급을 받았음에도 불구하고, 그 제목과 내용은 정치에 대한 랑시에르의 모든 이론적 작업을 관통하는 문제이자, 그에게 결정적인 배경을 이루는 주제/쟁점이었던 문제를 제기하고 있다. 그 문제란 '비판의 질문'이다. 나는 비판의 질문, 혹은 차라리 비판이론의 문제라고 부르고 싶은 이 질문이 오늘날 더욱 중요한 문제가 되었다고 주장한다. 포스트-정초주의로부터의 통찰을 어느 정도 수용하고─하버마스의 맑스로부터 칸트로의 점진적이지만 궁극적으로 결정적인 전환으로 인한─프랑크푸르트 비판이론의 쇠퇴를 감안할 때, X의 비판이론을 공식화한다는 것은 오늘날 어떤 의미를 가질 수 있는가? 나는 이 공식─'X의 비판이론'─을 통해 'X의 비판'과 'X의 비판이론' 간의 미묘할 수도 있는 구분을 유지하고자 한다.[1] 이러한 대조는 칸트와 푸코를 (그리고 그들 사이에 있는 모든 사상가들을) 연결하는 데 활용될 수 있을 '비판'의 관념으로부터, '비판이론'의 변별적 개념으로 강조점을 전환하도록 해준다. 그 모

---

1) 이를 통해서 나는 또한 벌랜트(Lauren Berlant)와 워너(Michael Warner)가 「퀴어이론은 우리에게 X에 관해 무엇을 가르쳐 주는가?」라는 중요한 글에서 비판한 보수적인 논리와는 상당히 다른 논리의 개요를 그리고자 했다.

든 변종에도 불구하고 '비판'의 칸트적 전통은 주체에 의한 작업을 중심으로 하고 있다. 푸코는 '비판'을 다음과 같이 훌륭하게 다시 정의한 바 있다. "비판이란 주체가 자기 자신에게 진리의 권력 효과와 권력의 진리 효과를 질문할 수 있는 권리를 부여하려는 움직임이다"(Foucault 2002b: 194). 4장은 일찍이 맑스에 의해 개발되고 이후 호르크하이머에 의해 부각된 의미에서의 '비판이론'을 다시 사유하는 데 초점을 둔다. [앞서 언급한 '비판'의 관념과는 달리] 맑스로부터 시작해 프랑크푸르트 학파로까지 이어지는 '비판이론'의 전통은 체계 혹은 구조, 혹은 '전체'^{whole}의 다른 유형을 이해하고 그에 대한 비판적 분석을 제시하는 것과 관련해 논의를 진행해 왔다 (Horkheimer 1972). 따라서 'X의 비판이론'이라는 공식에서 X는 맑스에게처럼 사회^{society}를 의미하거나(X =사회), 알튀세르의 언어에서처럼 사회구성체^{social formation}를 의미한다(X =사회구성체). 그렇다면 특수한 사회구성체의 비판이론을 공식화한다는 것은 무엇을 의미하는가?

맥락 속의 '비판이론'

위의 질문은 랑시에르에 의해 저술된 일련의 텍스트들로 나의 탐구를 인도할 것이다. 그러나 그 텍스트들을 본격적으로 다루기 전에, 얼마간의 [이론적/역사적] 맥락을 살펴보고자 한다. 이 맥락은 나의 특수한 해석 방식, 그리고 비판이론을 재개념화하려는 나의 더욱 포괄적인 기획을 이해하는 데 도움이 될 것이다. 비판이론을 재개념화하겠다는 기획은 랑시에르의 것이 아니라 명백하게 나의 것이다. 이 장은 랑시에르의 작업을 나의 목적을 위해 계속해서 비틀어 볼 것이다. 분명히 이 경우에도 '…의 비판이론'이라는 발상은 이론을 만들어 내는 모든 작업을 거부하는 랑시에르의 입장(Rancière 2009b)과 충돌할 것이다. 의심의 여지 없이 랑시에르는 자신의 작업이 분석적이고 보수적이며 일반적인 것이 아니라, 논쟁적이고 개입주의적이며 국지적인 것으로 남아 있기를 바란다. 그는 이를 가능하게 하기 위해 [이론화 작업에 대한] 지속적인 경각심을 드러낸다. 나는 랑시에르의 주장이 가진 힘과 그의 개입이 가진 중요성을 인정하면서도, 혹시 논쟁화 역시도 더 포괄적인 비판 개념—더 포괄적인 비판적 장치—에 의존하지 않는지(또한 그러한 비판 개념과 함께 작업할 필요가 있지 않은지) 여부를 묻고자 한다. 어떠한 방식으로건 각각의 국지적 개입은 서로 연결되거나 연관 지어질 필요가 있지 않을까? 국지적 개입들을 연결 짓는 일은 독특한 유형의 '이론' 작업이 될 것이다. 이러한 유형의 이론 작업은 그 자체로는 거대하지 않고 체계적이지도 않으며, 전체화를 추구하지도 않는다. 나는 '공허할 정도로 추상적인 것에 말려들지 않으면서도, 국지적인 것을 넘어서는 비판이론이 오늘날에도 여전히 가능하다'는 가정 내지 희망에 따라 논의를 진행할 것이다. 나는 이렇게 비판이론을 사유하는 것이 반드시 랑시에르적 논쟁화와 충돌한다고 보지 않는다. 오히려 이는 랑시에르적 논쟁화와 사실상 공명하는 것이거나 그것을 보완하는 것일 수 있다.

개념들을 명확히 정리하고 논쟁술로서의 비판이 갖는 의의를 분명히 파악하기 위해, 나는 이 장 전반에 걸쳐 '비판적 장치'critical dispositif라는 개념을 사용하고자 한다. 랑시에르는 비판적 사유에 대한 최근의 에세이에서 이 개념을 반복적으로 언급했다(Rancière 2007b[『해방된 관객』 2장]). 잘 알려진 바와 같이, 장치dispositif 개념은 20세기 프랑스 정치사상에서 긴 역사를 가지고 있다. 프랑스어에서 이 단어의 의미는 매우 다양해서—배치arrangement, 계획plan, 장치[기구]apparatus, 총체ensemble 등과 같은—모든 단순한 번역어들을 문제적으로 만든다. 푸코는 19세기 유럽에서의 섹슈얼리티의 출현을 설명하고자 시도하면서 장치라는 개념을 활용한 것으로 유명하다. 푸코는 한 인터뷰에서 장치란 (인식론적 좌표를 따라) 권력 관계의 장 안에서 언제나 전략과 연결되어 있는 이질적인 요소들의 배열을 포착하는 것이라고 말하면서, 이 개념을 깊이 있게 다듬어 낸다(Foucault 1980: 194~197). 장치 개념은 푸코의 작업에서 매우 중요한 것이어서, 들뢰즈는 푸코에 관한 한 에세이에 '장치란 무엇인가?'라는 제목을 붙인 바 있다. 들뢰즈는 랑시에르의 작업과 분명하게 공명하는 방식으로 장치를 이론화한다. 들뢰즈는 장치란 "어떤 주체나 대상이 아니라 체제, 즉 가시적인 것과 [말할 수 있는 것]의 관점에서 정의되어야만 하는 체제"라고 말한다(Deleuze 1991: 160[『들뢰즈가 만든 철학사』 473쪽]). [들뢰즈의 장치 개념 해설은 랑시에르의 접근 방식과 너무 비슷해서] 혹시 그가 랑시에르의 감각적인 것의 나눔le partage du sensible 개념을 풀이하고 있는 것이 아닌지 오해를 불러일으킬 정도다.[2] 나의 목적과 관련해, 비판적 장치라는 발상은 비판이론(혹은 비판적 정향orientation)이 이질적인 요소들의 다중성을 포함하고 있으면서도, 여전히 비판의 위력과 전략에 의해 어떤 방식으로건 단단히 결합되어 있다는 점을 포착하도록 도와준다. 따라서 나는 더 일반적인 수준의 비판적 장치에 대해 반복적으로 논의하면서, 모든 종별적인 비판적 장

---

2) 나눔(partage)이라는 맥락에서 볼 때, 우리는 장치(dispositif)가 감각 영역의 특수한 나눔을 이해하는 하나의 기제라고 말할 수 있을 것이다. 이러한 의미에서 생각할 때, 장치는 현실을 표상하는 것이 아니라 그것을 포착하는 것이다. 이렇게 특히나 랑시에르적으로 장치를 해석하는 방식은 이미 이 장에서의 나의 결론——전도를 넘어선 비판적 장치——을 예고하고 있다. 나는 마지막 절에서 이 논점을 다룰 것이다. 여기서는 다만 비판이라는 발상의 다양성을 논의하기 위한 개념들의 윤곽을 그려 보고자 한다.

치들을 움직이고 동원하는 작동기제와 논리를 함께 분석할 것이다. 나는 특히 전도inversion의 종별적인 논리에 따라서 움직이는 형식적 구조를 가진 비판적 장치에 관심을 두고 있다.

이러한 관심은 또 다른 맥락에 대한 논의로 이어진다. 이 두 번째 맥락은 [비판이론의 쇠퇴를 묘사하는] 두 개의 문장으로 잘 표현될 수 있다. "비판이론의 시대는 갔으며 사물들에 대한 '탈신비화된 관점'an unmystified view의 획득이 어떤 필연적인 결과로 이어지는 것은 아니다"라는 진술이나(Sedgwick 2003), "비판은 그 효력을 다했다"라는 좀더 일반적인 진술이(Latour 2004) 바로 그것이다. 오늘날 현대 정치이론 분야에서 가장 뛰어나다고 평가받는 일부 저술들은 비판의 전통으로부터 거리를 둠으로써 자신의 입장을 선명하게 드러낸다.[3] 그들은 비판이론으로부터 분명한 거리를 두기 위해 비판적 장치를 전도inversion의 관계나 구조를 가진 것으로 특징 짓는다. 예컨대 제인 베넷은 최근의 연구를 통해 우리 주변 세계의 비인간적 세력이 가진 활력과 행위 능력에 이론가들이 관심을 갖도록 촉구한다. 그녀는 우리가 자주 비판이론적 작업에서 핵심적이라고 여기는 탈신비화의 기획을 조목조목 반박한다(Bennett 2009: xiv). 그녀의 논의는 나에게 도약을 위한 유용한 발판을 마련해 준다. 왜냐하면 베넷은 현대의 사유에 만연해 있음에도 종종은 암시적이기만 했던 비판이론의 이

---

3) 다시 말해 오늘날의 많은 연구들은 정치적인 것에 대한 이론이 반드시 비판이론이 되어야 한다는 발상에 저항한다. 또한 나 역시도 동료들과 마찬가지로 모든 정치적 이론이 내가 여기서 표현하고자 하는 의미에서의 비판이론일 필요는 없다는 데 공감한다. 정치이론에 대한 창조적이고 상상력 있고 매우 긍정적인 재고찰 및 재구성은 정치의 일신된 의미의 가능성 —새로운 정치적 가능성 —을 위해 절대적으로 중요한 것이다. 그러한 작업에 대한 수많은 최근의 사례 중 두 가지로 샤피로(Shapiro 2009)와 코널리(Connolly 2010)의 저술을 언급할 수 있다. 정치이론은 분석 이상의 것이 되어야 하지만, 반드시 분석을 포함하는 것이기도 하다.

해 방식, 비판적 장치에 이름을 부여해 [이론적 토론의 안건으로] 상정하고 있기 때문이다. 이러한 비판적 절차가 어떤 형태로 이뤄지는지는 잘 알려져 있다. 탈신비화의 체계로서 비판이론은 외양[현상]^{appearance}과 본질^{essence} 간의 고전적 대립—표면에 나타나는 것은 오로지 심층의 본질적인 진리를 가리는 거짓일 뿐이다—에 따라 작동한다. 따라서 비판이론가의 임무는 전도^{inversion}의 과정을 수행하는 것이 된다. 전도의 과정을 통해 내부의 본질은 진리임이 드러나며 외부의 현상은 그 가면이 벗겨져 거짓임이 드러날 것이다. 이러한 의미에서의 비판이론은 몇몇 탁월한 2차 자료들(Hoy and McCarthy 1994)과 하버마스의 『현대성의 철학적 담론』^{Philosophical Discourse of Modernity}과 같은 중요한 1차 문헌에서 쉽게 발견할 수 있다.[4] 'X의 비판이론'이라는 발상을 다시 사유하고 어쩌면 다시 소생시키려는—새롭고 변별적인 비판적 장치를 향해 나아가려는—나는 무엇보다도 (적어도) 다른

---

4) 또한 베넷은 다소 통상적이지 않은 주장을 펼치면서, 전도의 비판논리가 "인간 행위자가 모든 사건이나 과정의 핵심에 있다고 가정한다"고 지적한다. 이 인간 행위자는 "온갖 사태에 부당하게 투사되어 왔다"(Bennett 2009: xiv). 따라서 베넷에 따르면, 비판이론에 의한 논리적 전도는 일종의 인간중심주의의 방식으로 작동함으로써 인간중심주의를 숨겨 들여오고 있는 것이다—왜냐하면 전도를 통해 드러나야 할 본질은 언제나 궁극적으로 인간의 의지와 인간 행위자(인간 본질)에 관한 것이기 때문이다. 3장에서 논의했듯이 베넷과 나는 모두 인간중심주의에 도전하고자 한다. 보다 의미심장한 (그리고 분명히 핵심적인) 요점은, 베넷의 주장이 인간주의적 맑스 해석에 대한 알튀세르의 비판과 공명한다는 것이다. 알튀세르에 따르면 맑스의 초기 저술들은 인간중심주의를 언제나 비판의 윤리적 기초로 숨겨 들여왔다. 따라서 두 저자[알튀세르, 베넷]는 모두 구조와 과정, 그리고 (궁극적으로) 정치를 올바르게 이해하기 위해서는 기원이나 인간적 원천으로 거슬러 올라가려는 경향에 저항해야 한다고 주장한다. 이러한 지점에서 베넷의 **방법론적** 반인간중심주의와 알튀세르의 **방법론적** 반인간주의 사이에는 매우 중요한 유사성이 있다. 이는 베넷이 탈신비화에 대한 간략한 논의에서 다루는 (인간주의자) 맑스와, 알튀세르가 해명하고자 하는 (아마도 반인간주의자는 아니겠지만, 적어도 비인간주의자인) 맑스가 전혀 동일한 맑스가 아니라는 것을 의미한다. 베넷과 알튀세르의 중요한 차이는 맑스에 대한 비인간중심주의적 해석의 가능성에 있다. 나는 비인간중심주의적 맑스 해석을 이 장에서 더 탐구해 나가지는 않을 것이지만, 그 가능성은 열어 두고자 한다.

정치이론가들만큼 단호하게 탈신비화의 비판적 장치에 저항하고자 한다. 더 나아가 '비판이론=전도의 논리/탈신비화' 등식의 균형을 영구적으로 깨뜨리고자 한다. 따라서 나의 목표는 외양/본질의 이분법에 의존하지 않고, 전도라는 방식으로 기능하지 않으며, 탈신비화를 추구하지 않는 비판이론을 사유하는 것이다.

4장은 다음과 같은 질문을 꺼낸다. 전도의 관계나 법칙 혹은 논리에 의존하지 않으면서, 비판적으로 이론을 수행한다는 것, 새로운 비판적 장치를 구성한다는 것은 무엇을 의미하는가? 나의 목표는 비판이론의 역사를 설명하거나, 프랑크푸르트 학파의 흥망성쇠를 추적하거나, '비판이론'이 가진 수많은 역사적 의미를 설명하거나 범주화하고자 하는 데 있지 않다. 앞에서의 베넷에 대한 나의 논의가 직접적으로 지시하는 바처럼, 차라리 나는 비판이론이 가진 현재적 지위와 동시대적 의미에 초점을 맞춘다. 이러한 의미의 비판이론들은 다소간의 차이에도 불구하고 모두 진리/허위의 이분법에 관여하며, 모두 표면과 깊이의 공간적 은유를 상기시키거나 그러한 은유에 의존한다. 요컨대 그 모든 다양성에도 불구하고 비판은 언제나 깊은 곳의 진실을 파헤치거나, 허위에 가려진 진리를 드러내는 전도의 관계라는 방식으로 기능한다.[5]

---

5) 우리는 현행의 '비판이론'이라는 말에 담긴 지배적인 함의를 구체적인 저자들이나 텍스트로까지 소급할 수 있다. '비판이론'에 대한 오늘날의 가장 통상적인 이해는 (많은 이들이 그래온 것처럼) 이미 전도의 논리를 넘어서기 위해 분투하고 있었던 아도르노의 작업(Adorno 2005[『미니마 모랄리아』])보다는, 호르크하이머의 초기 작업 ─특히 그의 유명한 에세이이자, 사회과학자들에게 널리 읽혔던 에세이인 「전통이론과 비판이론」(Traditional and Critical Theory), 「이성의 종언」(The End of Reason, Horkheimer 1972) ─에 잘 부합하는 것으로 보인다. 나는 이러한 비판의 지배적인 이해 방식을 전제하고, 이를 내가 의도하는 전환과 대조한다. 그러나 여기서는 굳이 반박하고자 하는 비판의 개념을 구체화하려 하지는 않을 것이다. 나는 나의 기획이 비판을 다시 사유하기 위한 유일한 것이 아님을 인정하는 만큼이나, 비판이론을 표현하

이 장은 새로운 비판적 기획—전도의 논리 없이 작동하는 비판적 장치—의 재구상을 위해 랑시에르의 작업에 대한 특수한 해석들을 동원하고자 한다. 이를 위해 나는 앞장에서의 논의들을 활용할 것이다. 이 책 전반에 걸쳐 작업해 온 바와 마찬가지로, 여기서 나는 랑시에르의 저술들로부터 (종종 나의 이전 논의들과의 관계 속에서) 광범위한 논점들을 이끌어낼 것이다. 하지만 나는 랑시에르의 저술들 중에서 특히 이전에 내가 다루지 않았던 세 지점들—비판이론을 재사유하는 기획과 관련해 그의 작업이 특히 중요해지는 장소들—에 초점을 맞춘다.[6]

1. 「비판의 개념」^{The Concept of Critique}, 1965[7]

맑스의 비판에 대한 그의 초기 논의에서—여기서 랑시에르는 알튀세르에 의해 정립된 문제 설정 안에서 작업한다—랑시에르는 맑스를 전도

기 위한 매우 다양한 노력이 이뤄지고 있다는 점을 인정한다. 또한 내가 도전하는 전도의 논리가 오늘날의 사회이론과 정치이론에서 비판을 생각하는 유일한 방식이 아님을 인정한다. 비판을 다시 사유하고 있는 가장 탁월하고 중요한 사례이자, 비판과 비판이론의 동시대적 상태에 대한 더 나아간 개관을 보여 주는 자료로는 컴프리디스(Kompridis 2006)를 보라.

6) 나는 이 시점들을 연대기 순으로 다루고 있다. 그러나 (랑시에르의 작업에서가 됐건, 나의 설명에서가 됐건) 이러한 접근은 진보주의(progressivism)와는 아무런 상관이 없다. 랑시에르의 논쟁술은 모든 종류의 선형성을 허물어뜨리는 엄격한 시간성을 갖고 있다. 내가 다루는 각각의 저술은 랑시에르의 특수한 국면에서의 개입들을 담고 있다. 또한 이 세 글에 대한 나의 설명도 나름대로 현재 국면과의 마주침을 만들어 내고 있다. 따라서 랑시에르의 사유의 발전에는 어떠한 불가피함도 존재하지 않는다. 지금까지 이루어진 진보는 미리 보장된 적이 없었다(진보주의). 또한 발전의 종착점이나 최종 상태는 결코 존재하지 않는다(목적론). 내가 지적하고 있듯이 랑시에르의 '결말'은 물론 비판이론을 다시 사유하는 과제의 '시작' 이상의 것이 아니다.

7) 목록의 명확성과 단순성을 기하기 위해서, 나는 영어로 번역된 제목을 원문의 발표 시기(영어로 기초된 마지막 텍스트를 제외하고는 모두 프랑스어로 출판되었다)와 짝을 지어서 제시할 것이다. 랑시에르의 작업이 영어로 번역된 기묘한 타이밍은 영어권 독자들의 랑시에르 수용과 이해에 있어 몇 가지 흥미로운 결과들을 낳았다. 이 점에 대한 더 자세한 논의는 이 책의 서론(그리고 Chambers 2010a)을 보라.

의 이론가로 보는 해석을 발전시킨다. 여기서의 맑스 해석은 결코 조야한 해석이라고 할 수 없다(이 해석은 아주 복잡한 수준에서 작동한다). 그러나 그럼에도 불구하고 이 맑스 해석은 "만약 맑스에게 '비판이론'이 있었다면, 그것은 전도의 이론이었을 것"이라는 관념을 명백하게 표명하고 있다. 이 해석은 랑시에르가 이후에 거부하게 될 비판의 개념을 정립하고 있는 동시에(내가 랑시에르에 전적으로 동의하는 지점이다), 그러한 개념을 맑스의 작업에 기인한 것으로 보고 있기 때문에(나는 이에 동의하지 않는다) 매우 중요하다.[8]

2. 「아르케정치에서 메타정치로」 Archipolitics to Metapolitics, 『불화』 4장, 1995

[알튀세르의 영향 하에 있던 초기의 저술 이후] 랑시에르는 오랫동안 비판이나 비판이론에 대한 자기반성적인 작업으로 돌아가지 않는다(아래의 논의를 참조하라). 그러나 여기서 내가 주장하는 바는 랑시에르가 1990년대에 정치와 정치철학의 질문으로 옮아갈 때, 정치와 정치철학에 대해

---

8) 나는 첫 번째에서 두 번째 요점으로 옮아가면서, 랑시에르의 저작 전반에 흩어져 있는 맑스에 대한 언급을 누락했다. 특히 『철학자와 그의 빈자들』(1983)에서 랑시에르의 맑스주의 비판도 다루지 않았다. 왜 이러한 선택을 취했는지는 아마도 조금 설명이 필요할 것 같다. 그 텍스트의 맑스에 대한 논의에서 랑시에르의 핵심적 쟁점은 사회질서 안에서 정해진 자리를 유지하고 있는 '순수한 프롤레타리아'라는 프롤레타리아의 개념이다. 랑시에르는 맑스주의를 플라톤주의의 전도된 형태로 읽는다. 즉 플라톤이 플라톤적 질서를 파열시키지 않기 위해 구두수선공을 구두수선공의 자리에 두려 한다면, 맑스주의는 혁명을 가능하게 만들기 위해 장인을 장인의 자리에 두려고 한다. 이 주장을 제시하면서, 랑시에르는 맑스를 인용하지만(Rancière 2004b: 80), 맑스의 텍스트를 매우 선택적이고 고도로 편집된 형태로 발췌한다. 나는 랑시에르가 인용한 구절이 속해 있는 대목 전체를 랑시에르와는 아주 다르게 해석한다. 이 책은 맑스를 실제로 해석하려 시도한다기보다는, 오히려 관점에 따라 플라톤주의와 맑스주의 양자 모두가 철학자의 동일한 논리에 참여하는 것으로 보일 수 있다는 점을 지적하고 있다. 이는 플라톤주의에 관한 주장이자 맑스주의에 관한 주장이고 계급에 대한 사회학적 설명에 대한 주장이지, 맑스에 대한 실질적인 해석이 아니다.

명시적인 비판을 가함으로써, 나름대로 암묵적인 비판적 장치를 발전시켰다는 것이다. 물론『무지한 스승』(1983)과 같은 이른 시기의 랑시에르의 저술에서도 전도의 논리에 도전하고 저항하는 그의 입장이 드러난다. 메타정치에 대한 랑시에르의 비판적 설명은 전도의 논리에 대한 논박으로 기능한다. 이 모든 사실에도 불구하고 나는『불화』에서 랑시에르의 주장이 전도와 매우 유사한 논리를 암묵적으로 환기시키고 있다는 점을 보일 것이다. 그러나 나는 이 텍스트에서 랑시에르의 비판적 장치가 전도 inversion 보다는 **역전**reversal의 논리—미묘하지만 의미심장한 차이다—를 동원하고 있다고 주장할 것이다.

3. 「비판적 사유의 재난」The Misadventures of Critical Thinking, 2007

최근 랑시에르는 긴 공백 끝에 '비판적 사유'의 질문을 직접적으로 다루는 작업으로 돌아왔다. 최근에 출판되었음에도 이미 널리 읽힌 이 에세이 (2009a)에서 랑시에르는 전도의 논리에 의존하는 모든 비판적 장치에 가장 논쟁적으로 비난을 가하고 있다. 그는 여기서 전도의 논리의 기초적인 결함뿐만 아니라 그 논리가 가진 광범위한 영향력—전도의 논리는 비판이론의 전통은 물론이고, 이른바 그러한 전통을 기각하는 입장에도 모두 기입되어 있다—역시도 드러내고 있다. 랑시에르는 이 에세이를 새로운 비판적 사유라는 관념과 관련해 다소 감질나는 암시와 함께 끝맺고 있다. 그의 암시는 감질나는 것이긴 하지만, 여전히 중요한 암시이다. 나는 전도를 넘어선 비판이론을 위한, 즉 새로운 비판적 장치를 위한 주장의 씨앗을 심는다.

맑스에 대해 논의하고 있는 랑시에르의 초기 텍스트는 전도의 관계를 중심으로 구조화된 비판적 장치를 특정하고 있다. 랑시에르는 가장 널리 읽힌 정치적 작업[『불화』]에서 동일한 전도의 논리로부터 도출되었으나, 그 논리 너머를 가리키는 논쟁술의 방식으로 그러한 장치에 도전한다. 비판적 사유에 대한 그의 최근 저술은 전도의 논리 없이 작동하는 새로운 비판적 장치에 대한 급진적 재개념화를 요청한다. 함께 엮여 있지만 서로로부터 구별되는 다양한 랑시에르의 논쟁적 개입 덕분에 나는 오늘을 위한 논쟁적 질문을 제기할 수 있다. 비판을 '수행한다'는 것, 혹은 탈신비화의 논리, 전도의 논리로 후퇴하지 않고 'X의 비판이론'을 발전시킨다는 것은 무엇을 의미하는가? 랑시에르의 저술은 이 질문에 좀더 완전한 답변을 마련하기 위한 조건을 설정하고 있다.[9] 여기서는 그에 대한 일련의 해석을 제시해 보려고 한다.

과학으로서의 비판이론, 전도로서의 비판

나는 『자본을 읽자』에 수록된 랑시에르의 초기 에세이가 내가 앞에서 제기한 '비판이론'의 질문에 대한 응답으로 이해될 수 있다고 주장한다. 그

---

9) 이 장의 논의나 이 책의 범위를 벗어나는 이야기지만, 나는 또한 그 대답이 전통적인 맑스주의에 의한 해석이나 랑시에르 자신의 맑스 비판에 의한 해석이 아닌, 맑스에 대한 또 다른 해석에 있을 수 있다고 지적하고 싶다. 그러한 또 다른 해석에서 맑스는 본질과 외양에 대한 고전적 대립을 거부한다. 맑스의 자본주의 비판은 전도(나 탈신비화)의 논리가 아니라 차라리 탈자연화의 독특한 논리에 따라 작동한다. 그러한 해석은 랑시에르적 방식으로 다음과 같은 의문을 제기할 것이다. 만약 맑스가 진정으로 랑시에르가 "어리석다"라고 표현했던 가정을 제시하고 있다면 어찌 하겠는가? 만약 맑스가 (맑스 이후의 아주 많은 맑스주의자들이 자주 지적한 것처럼) 노동자들이 특별한 지식을 가졌다거나 그들이 독특한 인식론적 공간을 점유하고 있기 때문이 아니라, 단지 노동자들이 알려진 것보다 덜 무능하다는 사실 때문에 그들을 특권화하고 있다면 어찌 하겠는가?

러나 이 에세이를 비판에 대한 일반적인 철학적 논의로 이해하는 것은 심각한 해석학적 오류가 될 것이다. 랑시에르의 「비판의 개념」은 이미 결정된 두터운 맥락의 바깥에서 해석될 수 없다. 즉 랑시에르가 맑스를 해석하기 위해 사용한 이론적 틀은 이미 알튀세르에 의해, 『맑스를 위하여』(1969[1965])에 실린 몇 편의 논문에서 정립된 것이다. 『자본을 읽자』를 써내는 데 중요한 역할을 했던 세미나는 알튀세르가 이전의 에세이들에서 마련한 맑스 해석의 원리에 따라 소집된 것이다. 이것은 내가 임의로 추정한 맥락이 아니다. 『자본을 읽자』에 붙인 알튀세르의 서문은 자신의 해석 틀이 갖는 중요성을 명확하게 하고 있다. 또한 랑시에르 본인의 텍스트 역시 『맑스를 위하여』로부터 옮겨 온 일관된 직접인용들과 알튀세르적 해석 구조의 반복적 활용을 통해 이 해석 틀을 환기하고 있다. 이는 「비판의 개념」이 이미 정립된 몇 가지 소여와 함께 맑스의 텍스트에 접근했다는 것을 의미한다.

1. 시기 구분^{periodization}. 알튀세르는 맑스의 저작들을 네 시기로 분류하는 시간표를 정립한 것으로 유명하다. 알튀세르의 구분에 따르면 맑스의 저작은 초창기의 작업들(1840~1844), 단절기의 작업들(1845), 과도기의 작업들(1845~1857), 성숙기의 작업들(1857~1883)로 나뉜다. 이 시기 구분은 후기의 작업들, 특히 『자본』을 특권화하며, 초기 저술들을 포이어바흐나 헤겔(혹은 두 사람 모두)의 영향 아래 있는 것으로 범주화하게 만든다. 이 시기 구분은 '맑스의 소위 초창기 텍스트들과 성숙기의 텍스트들을 비교한다면 누구나 두 시기 사이의 급진적 차이를 발견할 수 있을 것'이라고 가정한다. 랑시에르도 이 에세이에서 맑스의 초기와 성숙기 간의 급진적 단절을 강조한다.

2. 이데올로기와 과학의 구분. 알튀세르가 인식론적 단절의 존재와 그 중
   요성을 지극히 강조했다는 점을 감안한다면, 단절 이전의 작업들은 낡
   은 인식론에 사로잡혀 있는 것으로 범주화되어야 한다. 행여 그 작업들
   이 실제로는 낡은 인식론과 싸우고 있다 하더라도 그러한 범주화의 예
   외가 될 수 없다. 알튀세르의 언어는 맑스의 초창기 작업들을 '이데올
   로기적'인 것으로 이해하는 반면, 후기의 작업들은 '과학적'인 것으로
   이해한다.[10] 여기서 '과학적'이라 함은 이 작업들이 인식론적 단절이
   가능하게 만든 매우 과학적인 혁명의 개념 체계 안에서 작동한다는 것
   을 의미한다. 그러나 인식론적 단절과 이들 텍스트 간의 [시간적] 근접
   성을 고려할 때, 후기의 작업들 역시 여전히 때때로 과학을 이데올로기
   의 낡은 언어로 표현하는 문제점을 노정할 것이다.

3. 반x인간주의. 『맑스를 위하여』에서 알튀세르는 맑스의 텍스트들을 해
   석하기 위한 일종의 방법론적 규칙들을 정립한다. 알튀세르는 본인이
   요구하는 시기 구분과 과학/이데올로기 간의 구분을 부각시키기 위해,
   맑스의 저술들에 대한 반인간주의적 접근을 고수한다. 만약 우리가 맑
   스를 인간주의의 렌즈를 통해 읽는다면, 우리는 초기 텍스트들에서 무
   엇이 잘못된 것인지(무엇이 그 텍스트들을 낡은 인식론의 덫에 빠지게 했
   는지, 무엇이 그 텍스트들에 담긴 통찰에도 불구하고 그것들을 단지 이데

---

10) 결정적으로 말해 그 텍스트들은 본성상 경험적이거나 경험주의 인식론의 방식으로 작동하기
   때문에 '과학적'이라고 불리는 것이 아니다. 알튀세르는 20세기 북미 사회과학자들이 사용하
   는 방식이 아니라, 그의 동시대 프랑스 과학사 연구자들이 사용하는 방식으로 과학이라는 단
   어를 활용한다(그는 토마스 쿤이 말한 패러다임 변화로서의 과학적 혁명에 관심이 있다). 경험
   주의는 항상 알튀세르의 궁극적인 적이다.

올로기적인 것에 그치게 만들었는지) 이해하는 데 실패할 것이다. 또한 우리는 무엇이 후기의 텍스트들을 참으로 혁명적인 것으로 만드는지를 이해하는 데도 실패할 것이다. 알튀세르가 당대 프랑스에서 지배적인 것으로 받아들여진 (그리고 물론 우세하기도 했던) 맑스에 대한 인간주의적 독법에 도전하고자 했다는 점은 잘 알려져 있다. 그러나 맑스에 대한 알튀세르 본인의 해석 역시 궁극적으로 봤을 때는 순전히 반인간주의적이지만은 않았다는 점은 지적할 가치가 있다. 반인간주의는 알튀세르적 맑스주의를 위한 해석적 규칙을 구성한다. 그 규칙은 다음과 같이 지시한다. "맑스의 텍스트를 설명할 때는 절대 그 텍스트를 인간본성에 대한 이론 안에, 미리-주어진 인간학 안에, 혹은 주체의 개념 안에 위치시키지 마라." 물론 이러한 해석학적 지침은 때때로 주어진 시기 구분과 충돌한다(뒤에서 이 문제를 더 자세히 살펴볼 것이다). 왜냐하면 그의 시기 구분은 독자들로 하여금 맑스의 초기 작업들에서 인간학의 흔적을 찾을 것을 요구하기 때문이다. 다시 말해 비인간주의의 규칙은 초기 작업들에 대해서 유독 **인간주의적**인 해석을 강제한다.[11]

위의 목록은 어떤 집합적 구조의 일부를 보여 주는데, 비판에 대한 랑시에르의 에세이는 이 집합적 구조 안에서 작동하게 될 것이다. 이러한 해석 틀은 이 에세이의 주제라고 할 수 있는 '비판의 개념'과 관련해 랑시에르가 말할 수 있는 것들의 범위를 의미심장하게 제약한다. 왜냐하면 랑시

---

11) 이는 결과적으로 반인간주의적 방법론이 엄격하게 활용됐을 때, 맑스의 이른바 '초기' 작업에 대해서도 반인간학적인 해석이 가능하다는 것을 의미한다. 알튀세르주의는 맑스의 초기 작업을 비난하기 위해 반인간주의적 해석학과 결별한다(Althusser and Balibar 2009[1965][『자본을 읽자』]).

에르의 모든 주장들은 알튀세르의 이미 정립된 언어와 고도로 결정된 담론 안에서 구성되어야 하기 때문이다. 랑시에르는 맑스에게 비판의 개념이 갖는 중요성을 설명하고, 맑스의 두 텍스트(『1844년 수고』와 『자본』)에 대한 탐구에 초점을 맞추겠다고 하면서 이 에세이를 시작한다. 랑시에르는 바로 이어서 자신이 취할 일반적인 접근 방식을 구체화하고 있다. "이 연구에서 나는 알튀세르가 구성한 이미 정립된 이론적 지식에 의지할 것이다"(Rancière 1989a: 75). 랑시에르는 『1844년 수고』로 논의를 전환하면서, 알튀세르의 종별적인 테제를 언급하고 있다. "『수고』의 비판은, 포이어바흐의 인간학에 기초한 1843~1844년의 맑스의 텍스트 중에서 가장 체계적인 형태의 인간학적 비판을 보여 준다"(Rancière 1989a: 75). 랑시에르는 『1844년 수고』에서의 비판 개념이 하나의 인간학적 개념(지난 장에서 엄밀히 파헤치고 명확하게 정리해 두려 했던 결정적인 용어)임을, 그 비판 개념의 철학적 기반은 포이어바흐로부터 찾을 수 있음을, 일종의 소여로서 받아들인다.

이 에세이의 제목과 관련해 얼마나 랑시에르가 [알튀세르에 의해] 정립된 '이론적 지식'을 받아들이고 그것에 의존하는가를 고려해 본다면, 그의 『1844년 수고』 해석은 맑스의 텍스트를 직접 탐구하거나 분석하는 것이라기보다는 알튀세르적 담론을 강화하는 데 더 보탬이 되는 것이었다.[12] 비판의 개념이라는 기치 아래 랑시에르는 알튀세르의 논점을 증명하는 『1844년 수고』를 간략하게 해설하고 있다. 랑시에르는 『수고』에서 맑스에 의해 활용된 비판적 도구가 외부(역사의 외부, 자본주의의 구조 외

---

12) 우리는 그 에세이 안에서 랑시에르가 맑스를 매우 엄밀한 텍스트적 수준에서 해석하는 몇 대목을 발견할 수 있다. 그리고 우리는 바로 여기에 — 이를테면 텍스트의 깊은 내부에 — 종종

부)로부터 들여온 것이며, 비판적 담론 안으로 몰래 도입된 것이거나 투사된 것임을 드러낸다. 『수고』에서의 맑스는 '이데올로기적'인 비판 개념을 갖고 있다고 할 수 있다. 왜냐하면 그의 비판 개념은 포이어바흐의 인간철학에 의지하고 있기 때문이다. 맑스는 정치경제학에 대한 내재적인 비판을 제공하는 대신, 다른 곳(즉 포이어바흐)에서 온 인간과 소외의 개념을 부당하게 정치경제학의 담론에 적용하는 데 그친다. 랑시에르는 다음과 같이 쓴다. "따라서 종교적 소외의 도식[포이어바흐적 인간학]은 노동자-생산품 관계[정치경제학에 의해 이론화된 관계]로 투사되어 왔다"(Rancière 1989a: 84. 강조는 인용자). 그렇다면 우리는 『1844년 수고』의 비판 개념이, 알튀세르가 『자본을 읽자』의 어딘가에서 외양과 본질 사이의 "고전적인 대립항"이라고 지칭했던 논리를 따른다고 말할 수 있다(Althusser and Balibar 2009[1965]: 123).[13] 비판은 자본주의적 체계의 조건 하에서 계약과 직업의 자유라는 외양에 가려진 인간 소외의 본질을 드러내는 것과 같게 된다.

어떤 의미에서 이렇게 이해된 비판 개념은 전적으로 표준적인 비판 개념이라고 할 수 있다. 그러나 여기서 랑시에르가 활용하고 있는 알튀세

알튀세르적 해석 틀을 벗어나고 넘어서는 랑시에르적 통찰을 위치시킬 수 있다. 그 하나의 예로 나는 랑시에르가 맑스와 자본주의에서 "x × 상품A =y × 상품B"의 이른바 "불가능한 등식"을 설득력 있게 해명한 대목을 지목하고 싶다.

13) 『자본을 읽자』의 영역본을 알튀세르와 발리바르가 '같이 저술한' 책이라고 언급하는 것은 표준적인 관행이다. 그러나 다른 곳에서 내가 지적한 바와 같이 이 책의 저술에 참여한 것은 두 사람뿐만이 아니다. 이 책은 다섯 명의 저자들이 참여한 공동기획이었다. 이후 이 책은 편집상의 선택과 수용의 역사를 통해, 발리바르의 이름이 괴이하게 붙어 다니는, 알튀세르라는 단독저자의 저술과 유사한 것으로 변형되었다(Chambers 2011). 따라서 "알튀세르와 발리바르"(Althusser and Balibar)라는 인용 표현이 함축하는 의미와는 달리 여기서의 내 모든 언급은 엄격하게 말해 그 책에 실린 알튀세르의 논문들에 대한 것이다.

르적 해석 틀 안에서, 이 비판 개념은 맑스 저술 내의 특수한 개념으로 남아 있어야 한다. 따라서 이 에세이에서 랑시에르는 어떠한 특수한 비판적 장치에도 포함되어 있을 다중성을 단순화하고 제약하고자 하는 경향이 있다. 나의 해석은 이러한 경향에 저항할 것이다. 따라서 나는 랑시에르가 맑스의 저술에서 찾아낸 '비판적 장치', 즉 많은 논리들을 포함하면서도 전도의 논리에 지배당하고 있는 '장치'에 대해 논의하고자 한다. 어떤 의미에서 비판의 단독적인[독특한]^{singular} 개념이라는 발상은 옹호할 수 없는 것처럼 보인다. 따라서 이후의 작업에서 랑시에르는 이러한 단독적인 비판 개념이라는 발상을 폐기할 것이다. 그럼에도 불구하고 이 에세이의 맑스 해석을 고려한다면, 우리는 "맑스주의의 비판적 장치가 전도의 논리에 의한 탈신비화의 전통적 구조에 따라 작동한다"고 무리 없이 말할 수 있다. 이 전도의 논리에 따르면, 본질은 비판의 작동기제에 의해서 드러날 것이다. 여기서 랑시에르는 어떤 방식으로건 이 비판적 장치의 지배적 구조에 의문을 제기하지 않는다. 왜냐하면 그는 이미 알튀세르적 해석 틀 안에서 작업하면서, (비판적 장치 자체는 아니라고 할지라도) 이러한 비판 개념의 특수한 적용 방식을 처음부터 기각해 버렸기 때문이다.

　　랑시에르가 『1844년 수고』에 나타난 맑스의 비판적 방법론을 일축한 이유는, 그 방법론이 가진 논리적 구조와는 아무 상관이 없다. 그는 오로지 포이어바흐의 인간학 때문에 『수고』의 방법을 일축해 버린 것이다. 랑시에르가 이 초기 텍스트의 '비판 개념'에 이데올로기적이라는 낙인을 찍어 버린 것은 바로 그 인간학적 토대 때문이다. 이 사실은 그러한 비판이 취하는 구조적 형태에 대한 모든 탐구가능성을 봉쇄해 버린다. 랑시에르의 해석은 실로 다양한 방식으로 하나의 전체로서의 비판적 장치보다는 맑스의 개념적 틀에 더욱 초점을 맞춘다. 따라서 랑시에르는 『수고』에 대한 매우 전통적인 해석 방식을 통해, 맑스가 "노동하는 동물이라는 인간의 진정하고 참된 형태를 왜곡하고 탈자연화한다"는 이유에서 자본주의적 지배를 거부하고 있음을 보여 준다. 맑스는 외부의 인간학을 주장의 토대로 삼고 있으며, 이 외부의 인간학을 정치경제학에 적용해 버린다. 『수고』의 비판 개념은 참된 본질을 왜곡된 외양과 대립시킨다. 랑시에르는 이러한 비판의 작동기제에 문제가 있다고 본다. 왜냐하면 이 작동기제 안에서 본질은 외재적인 것으로 이해되기 때문이다. 하지만 랑시에르는 하나의 전체로서의 비판이 의지하는 논리적 구조―전도에 의해 결정된 논리적 구조―에 대해서는 어떤 의문도 제기하지 않는다.

랑시에르가 비판의 논리적 구조 자체에 질문을 제기하지 않는 것은, 그가 『자본』의 '비판의 과학적 개념'에서도 전도의 방식으로 작동하는 동일한 논리 구조를 발견하기 때문일 것이다. 다시 말해, 랑시에르가 서로 다른 비판의 개념(이데올로기적 비판 개념과 과학적 비판 개념)을 발견하는 바로 그곳에서, 차라리 나는 전도의 지배적 논리를 고수하는 두 개의 유사한 비판적 장치를 보게 된다. 랑시에르는 비판의 두 번째 유형을―이번에는 『자본』에 대한―더욱 상세하고 긴 해설을 통해 표현하고 있다. 비판의 두 번째 유형을 다루면서 랑시에르는 전도의 핵심적 중요성을 상당히 분명하게 표현하고 있다. 그는 정확히 외양과 본질 간의 '고전적인 대립'이라는 언어를 환기시킨다. 맑스로부터(『자본』 1권 3장으로부터) 인용한 긴 문장에 이어서 랑시에르는 다음과 같이 쓴다. "여기서 맑스는 두 가지 운동을 구분한다. 우선 가치의 운동으로서 실재적 운동, 반복과 순환 과정에 의해 은폐된 참된 운동이 있다. 반면 외관상의 운동, 일상적 경험에서 신뢰되는 운동, 그저 실재적 운동의 전도만을 보여 줄 뿐인 운동이 있다"(Rancière 1989a: 128). 이 지점에서 비판의 두 개념

(초기와 성숙기)은 논리적 형태만을 봤을 때 그렇게 전적으로 다른 것처럼 보이지 않는다. 랑시에르가 두 비판적 장치 간의 의미심장한 개념적 차이를 지적하고 있음에도 불구하고, 여전히 둘은 상당한 유사성을 드러낸다. 이 논의를 좀더 상세하게 다뤄 보기로 하자.

랑시에르라면 비판적 장치의 '광학'optics —비판적 장치를 작동시키는 은유—이라는 측면에서 비판의 두 가지 유형이 있음을 강조할 것이다. 『1844년 수고』의 경우, 운동의 두 가지 다른 수준이 있으며, 비판은 한 수준에서 다음 수준으로의 이동—표면으로부터 깊은 곳으로의 이동—을 가능하게 하는 것이어야 한다. 또한 소외의 비판은 인간이 자기 자신과 화해하는 과정을 포함한다. 이 과정은 『자본』의 비판 개념에서는 나타나지 않는 소외의 극복과 종합의 과정을 수반한다. 반면 『자본』의 비판은 오로지 한 가지 수준에서만 작동하는 것처럼 보이며, 따라서 둘의 '광학'은 매우 다르다(Rancière 2011d). 나는 두 비판적 장치 간의 차이를 무시하고자 하는 것은 아니지만, 그러한 차이에도 불구하고 두 비판적 장치들 모두 동일한 일반적 논리, 즉 전도의 논리라고 유용하게 이름 지을 수 있는 논리에 따라 작동한다는 사실을 보이고자 한다. 사실 '전도'라는 용어는 엄격하게 말하면 나의 것이 아니다. 두 경우 모두 이 용어는 랑시에르가 전도의 '법칙'이나 '관계'에 대해 빈번하게 언급하는 곳에서, 랑시에르 자신이 직접 도입한 것이다(Rancière 1989a: 128, 129).

맑스의 초기 텍스트 해석에서, 랑시에르는 맑스가 포이어바흐의 소외 개념을 전유했다는 사실을 언급하기 위해 전도inversion라는 종별적인 단어를 사용한다. "전도는 소외를 통해서 생산된다. 인간의 종적인 삶은 그의 개별적 삶의 수단이 된다"(Rancière 1989a: 85). 다시 말해 전도의 문제는 인간이 '전도된' 실존을 살고 있기 때문에 발생한다. 오로지 또 한 번의 전도만이 사물들을 올바른 자리에 되돌려 놓을 수 있다. 비판의 '과학적' 개념의 경우에 랑시에르의 언어는 상당히 명시적이다. 랑시에르는 전도의 논리가 그 자체로 자본의 논리이며, 따라서 맑스는 『자본』에서 이러한 자본 운동의 특수한 법칙을 폭로한다고 설명한다. "따라서 그러한 과정의 형태적 발전은 전도의 법칙의 지배를 받는다. 자본주의적 생산이 스스로를 드러내거나 나타내는 형태는 내적인 결정 과정에 비춰 봤을 때 철저하게 전도된 것이다"(Rancière 1989a: 129. 강조는 인용자). 다시 말해, 자본주의 자체가 본질과 외양을 전도시킨다. 자본주의는 참된 내부의 본질이 정확하게 전도된 형태로 외부에 나타나도록 만든다. 따라서 자본의 운동 법칙을 이해하고, 그 작동기제를 분석하고, 그 효과를 폭로할 비판적 장치는 근본적으로 전도의 논리에 의존한다. 자본주의 비판은 자본주의가 이미 전도시킨 것을 다시 한번 전도시킨다. 자본주의 체계는 자신의 원동력을 숨긴다. 우리는 오직 그러한 원동력에 대한 과학적 이해를 통해서만 그 체계의 구조와 효과를 파악할 수 있다(Rancière 1989a: 145, 150). 맑스의 작업은 내적 본질과의 관계 속에서 현상적 형태를 파악하기 때문에 '과학적'인 것이다(Rancière 1989a: 171).

그러므로 우리는 이렇게 서로 다른 주장의 가닥을 풀어 봄으로써, 맑스의 두 번째 '비판 개념'—맑스의 성숙기 내지 과도기 이후의 작업에만 등장하는 개념—이 초기의 비판 개념과 극적으로 다른 것은 아니라는 결론을 내릴 수 있다. 두 비판적 장치는 모두 전도의 논리를 중심에 놓고 있다. 두 경우 모두에서 우리는 내부의 본질적 진리를 은폐하는 외부의 거짓된 현상을 확인하게 된다. 첫 번째 비판 개념에서는 두 개의 수준이 있는 반면, 두 번째 비판 개념에서는 오로지 한 개의 수준만이 존재한다. 따라서 둘의 광학적 은유는 서로로부터 구분된다. 그럼에도 불구하고 둘의 핵심적인 차이는 전도의 논리 자체에 있는 것이 아니라 참된 본질의 위치에 있다. 맑스의 초기 작업에서 참된 본질은 **자본주의의 외부**에 위치한다. 본질은 사실상 인간학—이 인간학은 자본주의 사회구성체나 그 역사적 발전과 거의 관련이 없으며, 결국 오류임이 드러나게 될 것이다—을 자본주의에 투사한 것이다. 맑스의 초기와 성숙기의 작업 모두에서 우리는 단순한 표면적 현상에 대항할 수 있는 본질을 발견한다. 이 둘의 차이란 다음과 같다. 성숙기의 작업에서 본질은 구조의 바깥에 위치한 것이 아니라, 정확히 **구조의 내부**에 있다. 본질은 밖으로부터 그것을 투사하거나 아래에서부터 정초함으로써 위치 지어지지 않는다. 본질은 오로지 본질이 표면으로 드러나지 **못하도록** 만드는 전도의 이미–운동–중인 과정을 드러냄으로써만 위치 지어질 수 있다. 오로지 또 한 번의 전도(자본주의에 의한 전도가 아니라 전도된 자본주의에 대한 비판을 통해 생산된 두 번째 전도)만이 거짓된 표면적 현상을 꿰뚫어 보고 그 기저의 작동기제를 드러낼 수 있다.

　요컨대 랑시에르의 알튀세르적인 관점에서 볼 때, 맑스에게는 근본적으로 다른 두 가지 비판 개념이 있다. 하나는 이데올로기적인 반면 다른 하나는 과학적이다. 이데올로기적 비판 개념은 추상적이고 철학적으로 모호한 인간학에 기초하는 반면, 과학적 비판 개념은 역사 발전 안에서 나타나는 자본주의의 구조에 대한 상세한 해명에 기초함으로써, 역사 발전과 자본주의 모두의 운동 법칙을 파악할 수 있게 해준다. 이데올로기적 비판 개념은 비판을 위한 도구를 오로지 관념론적인 철학적 원리에서 찾는 반면, 과학적 비판 개념은 비판적 입장을 자본주의 체계의 진리 안에 근거 짓고 있으며 정당화를 위해 자본주의의 외부를 참조할 필요가 없다. 그럼에도 불구하고, 이와는 미묘하게 다른 관점, 반드시 알튀세르적이지는 않은 관점으로 살펴봤을 때, 우리는 또 다른 통찰을 얻게 된다. 우리는 상이한 두 가지 비판 '개념'보다, 서로 밀접하게 관계된—둘은 모두 전도의 논리에 의존하기 때문에 서로 관계되어 있다—두 가지 비판적 장치를 갖게 된다. 랑시에르는 둘 모두로부터 알튀세르가 비판의 "고전적 발상"이라고 일컬은 것에 따라 작동하는 비판적 장치를 발견한다. 왜냐하면 두 비판적 장치 모두 참된 본질은 거짓된 외양에 반대되는 것이라는 논리에 의존하기 때문이다. 두 비판적 장치 모두에서 비판적 장치는 탈은폐[가면 벗기기]라는 방식으로 기능한다. 전도는 두 비판적 장치가 의존하는 핵심적 논리이다. 왜냐하면 전도의 과정이 이전까지 단순한 외부적인 현상에 의해 은폐되어 온 내부의 본질을 드러내고 폭로할 것이기 때문이다. 랑시에르의 해석에 따르면, 이 두 비판적 장치의 차이점은 구조에 대한 변별적 발상에 있는 것이지 전도의 논리 자체에 있는 것이 아니다.

이 두 비판적 장치들의 공통점을 확인하는 일이 중요한 몇 가지 이유가 있다. 첫째, 이는—심지어 비판의 개념을 탐구하는 데 헌정된 텍스트 안에서조차—랑시에르가 '이데올로기적'인 초기의 맑스와 '과학적인' 성숙기의 맑스 사이의 구분을 유지하고자 노력함으로써, 오히려 이 에세이에서 비판적 장치에 대한 분석이 부차적인 지위로 강등당하고 있음을 보여 준다. 다시 말해 랑시에르의 초기 에세이는 그 제목에도 불구하고, 두 개의 비판 개념이 아니라 '인간주의적 인간학의 정치경제학에 대한 도전'과 '반인간주의적 구조주의의 자본주의 이해 방식' 사이의 핵심적 차이를 정립하는 문제에 관여하고 있다. 비판적 장치 자체와 관련해서는(즉 에세이의 주제인 비판의 개념과 관련해서는), 랑시에르는 그저 외양/본질 개념 짝의 전도에 기초한 표준적 비판 모델을 확인해 주고 있을 뿐이다. 랑시에르의 초기 에세이는 그가 알튀세르적 구조 안에서 작업하는 동안에는 전도의 논리에 의존하는 비판적 장치를 긍정하고 있었다는 사실을 보여 준다. 그 때문에 랑시에르는 나중에 자신이 도전하게 될 비판적 장치와 매우 비슷한 장치를 옹호하게 된다.[14)]

메타정치의 이중적 전도

그렇다면 랑시에르 자신에게 비판은 어떤 모습으로 드러날 것인가? 비판적이고 논쟁적인 개입을 수행할 때 그는 어떤 비판적 장치에 의지할 것인가? 『불화』의 출간 시점은 비판적 사유에 관한 질문에 랑시에르가 직접 응답한 시점보다 상당히 앞서 있긴 하다. 하지만 내가 볼 때, 『불화』는 암묵적으로 나름의 비판적 장치를 동원하는 책으로서 효과적으로 다시 읽을 수 있다. 『불화』의 핵심적 주장은 잘 알려져 있다. 이 책의 핵심적 주장은 현대 정치이론 분야의 랑시에르 관련 문헌에서 면밀하게 논의되었고, 나 역시도 지난 장의 논의에서 그 주장을 충분할 정도로 반복적이고 상세하게 다룬 바 있다.[15)] 따라서 여기서 정치와 치안에 관한 이전의 주장을 되풀이할 필요는 없을 것이다. 오히려 나는 가장 널리 읽히고 통상적으로 논의되어 온 랑시에르의 이 책과 관련된 또 다른 논점을 강조하고자 한다. 2장에서 지적한 바와 같이 『불화』에 대한 많은 논의들은 치안, 정치, 그리고

---

14) 이 도전은 랑시에르의 초기 에세이에 대한 독특한 자기비판적 서문에서 거의 직접적으로 나타났다. 나는 연대기적 순서를 따르지 않고 오히려 이후의 논의에서 이 서문을 다룰 것이다. 그리하여 이 서문이 전도에 대한 랑시에르의 후기 비판의 중요한 맹아를 담고 있다는 점을 보이고자 한다.

15) 해당 문헌 중 다수는 이전 장들의 논의에서 다뤄진 바 있다. 이 문제에 관련해 참고할 만한 문헌의 목록은 다음과 같다(Arditi and Valentine 1999; Honig 2001; Deranty 2003a; Deranty 2003b; Panagia 2001; Panagia 2006; May 2008; Chambers 2005; Chambers 2010b; Davis 2010; Tanke 2011).

'잘못'^{wrong}에 대한 랑시에르의 설명을 찾을 수 있는 첫 60페이지를 적실성 있게 만들어 줬다.[16] 그러한 현상이 일어난 데는 좋은 이유가 있다. 정치 이론 연구자들은 랑시에르의 치안 논의와 급진적이고 새롭게 정의된 정 치 개념으로 무장한 채, 정치의 의미를 다시 사유하거나 비판을 동원하는 등의 수많은 작업을 수행할 수 있었다(Bowman and Stamp 2009). 이러한 접근이 그 자체로 문제가 될 이유는 없다. 나의 랑시에르 독법처럼, 그의 텍스트들은 이와 같은 창조적 전유를 부추긴다. 왜냐하면 랑시에르는 독 자들이 거부하거나 공조해야만 하는 어떤 포괄적 이론을 구성하는 것을 가장 꺼리기 때문이다(Rancière 2009b: 114).[17]

그럼에도 불구하고 『불화』에서는 (랑시에르의 참신한 치안/정치 개념

---

16) '잘못'(wrong)은 정치에 대한 랑시에르의 논의와 『불화』의 두 번째 장 제목에서 핵심이 되는 개념이라고 할 수 있다. 우선 나는 서문에서 이 개념의 중요성을 지적했고, 그리고 이 책 전 반에 걸쳐 이 용어를 둘러싸고 있는, 그것과 연관되어 있는 수많은 발상과 주장을 다루어 왔 다. 그러나 어떤 장의 논의에서도 나는 이 개념을 직접적으로 다루진 않았다. 나는 **잘못**을 평 등의 논리가 지배의 논리를 파열시킬 때 드러나는 무언가로 정의할 것이다. 랑시에르는 다음 과 같은 방식으로 쓰고 있다. "잘못은 단지 그 안에서 평등의 단언이 정치적 형태를 띠게 되 는 주체화의 양식일 뿐이다." 따라서 '잘못'은 소수자적 정체성에 행해진 불의 때문에 발생하 는 것이 아니다. 잘못은 희생자 만들기(victimization)와는 어떠한 관련도 없다. 오히려 평등 과 지배 간의 갈등이 '잘못'의 형태, 즉 탈정체화로서의 주체화라는 형태로 스스로를 드러낸 다(Rancière 1999: 35, 39[『불화』 70~71쪽, 77쪽]).

17) 이러한 맥락에서 『불화』가 랑시에르의 주요 저술 중에서 가장 덜 논쟁적인 저작이라는 점은 지적할 만한 가치가 있다. 그의 다른 저작들과 비교할 때, 『불화』는 인식론 혹은 존재론적 작 업에 더 가까워 보인다(따라서 모든 존재론을 거부한다는 랑시에르의 분명한 단언에도 불구하 고, 일부 해석자들은 『불화』를 정치적 존재론을 제안하는 작업으로 받아들이는 경향이 있다). 실 로 익명의 논평자가 나에게 지적한 것 같이 『불화』는 "랑시에르가 의식적으로 자신의 논쟁술 의 울림에 접근하지 못할 것으로 생각되는 청중을 위해 쓰고 있는 것처럼 읽힌다(이 책을 통 해 우리는 [논쟁술의] 정서와 감수성에 고도로 적응하게 된다)". 랑시에르의 의도와는 상관없 이 『불화』는 영미-분석철학 전통의 독자들에게 이미 숙의민주주의 이론과 전통적 민주주의 이론 간의 논쟁에 개입하는 책으로 받아들여졌음이 분명하다. 나에게 이 요점을 일러 주고, 그것을 (위에서 인용된 말들로) 제시하게끔 도와준 익명의 논평자에게 깊은 감사를 보낸다.

을 상세하게 논의하고 있는 잘 알려진 초반 세 개의 장 이후에도) 세 개의 장이 더 이어진다. 그 후반부의 논의에서 랑시에르는 앞에서 도입한 개념들과 함께 나름의 작업을 수행한다. 『불화』는 전반부의 개념화 작업 너머로 이동하면서, 후반부를 계속해서 읽어 나가는 독자들에게 두 가지 강력한 논쟁술을 제시한다. 첫 번째는 정치철학의 전통 전체에 대항하는 논쟁술이고 두 번째는 1980년대와 90년대의 '합의제' 정치에 대항하는 논쟁술이다. 나는 이미 이 책의 1장과 2장에서 두 번째 논쟁술에 개입한 바 있다. 여기서 나는 『불화』의 첫 번째 논쟁술에서 도입된 주장의 흐름을 추적하는 데 관심이 있다. 왜냐하면 나는 논쟁술을 비판의 특수한 한 가지 유형으로 설명하고자 하기 때문이다. 따라서 나는 이 논쟁술로부터 그것이 의존하고 활성화시키는 비판적 장치의 한 가지 유형을 찾아내고자 한다.

랑시에르는 『불화』 4장의 첫 대목에서부터 정치철학에 대한 논쟁적 공격을 위한 자신의 개념들을 공언한다. 첫째, 그는 정치와 치안 간의 "마주침에 붙여진 이름"으로 정치철학에 대한 창조적인 최초의 정의를 제공하고 있다. 랑시에르는 정치철학이 정치의 스캔들을 명명하는 것이며 그 스캔들이란 정치가 "어떠한 고유한[적절한]proper 토대도 결핍"하고 있다는 사실에 다름 아니라고 말한다(Rancière 1999: 61[『불화』 109쪽]). 비록 촘촘하게 압축된 공식의 형태로 짧게 언급하고 지나가는 것이지만, 랑시에르는 철학의 소크라테스적 출현에 대한 급진적이고 대안적인 논의를 제공하고 있다. 랑시에르가 들려주는 이야기처럼 철학의 시초inception는 민주주의라는 스캔들의 발견 자체에 기대고 있다. 민주주의는 어떠한 실재적 토대도 없이 존재하고 작동한다. 철학은 이러한 토대의 결핍을 지적한다. 랑시에르가 볼 때 철학은 어떤 근본적인 장애물로부터 벗어날 수 없다. 철학은 사후적이다. 철학은 이미 지나치게 늦은 시점에 현장에 도착한다. 소크라테스는 아테네의 아고라에서 철학 활동을 모색했지만, 이는 민주주의가 철학 이전에 그곳에 존재했다는 사실을 의미한다. "데모스는 이미 그곳에 있다"(Rancière 1999: 62[『불화』110쪽]). 그러나 철학자(즉 플라톤)[18]는 데모스가 아르케$^{arch\bar{e}}$ 없이 지배한다는 사실을 인식했다. 다시 말해 민주주의에는 그것을 정당화하고 합법화할 만한 지배의 원리가 존재하지 않는다. 실로 다른 곳에서 랑시에르는 민주주의의 지배가 어떠한 아르케에도 의지하지 않으며, 오직 크라토스^{kratos}에만 의지하고 있다고 주장한다. 민주주의에는 어떠한 원리도 없고, 오로지 단순한 우세함^{prevailing}만이 있을 뿐이다(Rancière 1995b: 94; Chambers 2010b: 65; Vatter 2012).[19] 따라서 철학은 이러한 민주주의의 스캔들을 완전하게 폭로한다. 그러나 철학은 민주주의의 스캔들을 (랑시에르처럼) 정치의 역설적 형태로서 포용하는 대신, 플라톤을 통해 민주주의적 지배라는 사실을 치명적인 결점으로, 즉 본질적인 약점이자 한계로 번역하는 방향으로 나아간다. 철학은 "사실

---

18) 랑시에르가 플라톤으로부터 소크라테스를 구별하고자 했는지 혹은 둘을 함께 다루고자 했는지의 여부가 완전히 명백한 것은 아니다. 그의 의도를 떠나서, 나는 소크라테스의 철학화 활동과 플라톤의 철학적 기획 사이의 구분을 표지해 두고자 한다. 랑시에르의 정치철학 비판은 플라톤에게 위력적으로 적용된다. 왜냐하면 플라톤이 취하는 재질서화 기획은, 소크라테스를 죽음으로 이끌었던 오로지 데모스의 탈-질서(dis-order) 이후에만 올 수 있기 때문이다. 그러나 나는 플라톤의 철학적 기획을 소크라테스에게까지 투사하는 것은 오해일 것이라고 주장하고자 한다. 아마도 소크라테스는 사후적인 철학화에 기꺼이 응해 왔을 것이다. 또한 아마도 소크라테스는 철학을 심지어 데모스의 반-아르케적(an-archic) 정치와 양립가능한 기획으로 기꺼이 이해할 것이다. 소크라테스적 논박술(elenchus)은 플라톤적 정치철학보다는 반시간적일 것이다.
19) 이 요점은 샹탈 무프의 민주주의 사유로부터 랑시에르의 사유를 설득력 있게 구분하게 해준다. 이를 통해 이 요점은 내가 서문에서 도출한 둘의 차이점을 해명해 준다. 무프는 민주주의를 지배의 형태로서 정의하며, 그녀에게 이는 특히 "인민주권의 원리"를 의미한다(Mouffe 2000: 2). 여기서 내가 발전시켜 온 관점에서 볼 때 이러한 접근은 민주주의의 크라토스를 아르케로 변형하고자 하는 부주의하고 방어할 수 없는 시도에 상응하는 것이다.

에 대한 관찰"을 "구성적인 악덕에 대한 진단"으로 바꾼다(Rancière 1999: 62[『불화』 110쪽]).

그러나 만약 정치에 적절한 토대가 결핍되어 있다는 것이 그 자체로 실패라면, 정치철학의 과제는 정치를 정치 자신으로부터 구원하는 것, 데모스의 반反-아르케적an-archic 지배를 적절하게 정초된 지배로 대체하는 것이 될 것이다. 철학은 반드시 아르케를 찾아내거나 구성해 내야만 한다(만약 아르케를 구성해 낼 것이라면, 그 구성 과정을 은폐하거나 구성 과정에 대해 거짓말을 할 필요가 있다). 바로 이것이 『국가』에서 플라톤이 하고 있는 일이다. 아나키적인 폭도로 행위하면서 소크라테스에게 사형을 선고한 아테네 데모스의 치명적인 결정에 직면해, 플라톤은 데모스의 크라토스를 철인왕의 아르케로 대체하고자 한다. 정치가 엄밀히 말해 지배하기ruling의 문제라면, 플라톤은 정치의 대안적 형태를 제공하고 있다 할 것이다. 그러나 랑시에르는 정치가 지배하기ruling의 문제가 아니고 오히려 지배/규칙rule을 혼란시키는 문제라는 것을 보임으로써, 정치철학의 전체적 기획을 전적으로 새로운 관점으로 바라봄으로써 그것을 재위치 짓는다. 랑시에르의 논의를 통해 정치철학은 가장 철두철미한 방식으로 재해석된다. 정치를 철학적 원리 안에서 정초하는 대신, 우리는 랑시에르의 개념들을 활용하여 정치철학을 치안을 위해 정치를 제거하려는 시도로 이해할 수 있다. 철학은 치안화에 다름 아니다. 정치를 정초하려는 철학의 노력은 실제로는 어떤 특수한 치안질서를 다른 치안질서보다 정당화하려는 노력에 다름 아니다. 그러나 어떤 치안질서를 정당화하려고 하느냐에 상관없이 모든 정치철학은 하나의 공통된 특징, 즉 정치의 근절이라는 특징을 공유한다.

그러므로 랑시에르는 "[민주주의의 스캔들]에 대한 해법은 정치를 제거함으로써, 정치의 '자리에서' 철학을 성취함으로써, 정치를 성취하는 것"이라고 결론 내린다(Rancière 1999: 63[『불화』112쪽]). 그러나 철학을 성취함으로써 정치를 성취하는 것은 실제로는 전혀 정치를 성취하는 것이 아니다. 차라리 그 역이다. 이 논증에 대한 결론에서, 랑시에르는 다음과 같이 설명한다.

> 그러나 성취로서의 정치를 제거하는 것, 잘못으로서의 왜곡된 평등의 자리에다 공동체의 참된 개념과 그 본성에 결부된 좋음을 위치시키는 것은, 우선 정치와 치안의 차이를 제거하는 것을 의미한다. 철학자의 정치의 기초는, 하나의 활동으로서의 정치의 원리와, 수많은 개인들과 부분들을 규정하는 **감각적인 것의 나눔**[partage du sensible]을 결정하는 방식으로서 치안의 원리 간의 동일성이다. (Rancière 1999: 63[『불화』112쪽])

직설적으로 말하자면, 플라톤이 '정치'politics라고 부르는 것을 랑시에르는 '치안화'policing라고 부른다. 플라톤은 정치를 하나의 고유한[적절한] 아르케 위에 정초하기 위해, 정치와 치안 간의 구분을 제거해야만 한다. 플라톤은 치안화의 측면에서 정치 개념을 정의해야만 한다. 이러한 방식으로—치안질서 안에 난입하여 그 질서를 전적으로 변형시킬 반-아르케적an-archic 원리인—정치 자체는 전적으로 사라져 버린다. 따라서 우리는 정치철학의 이른바 일반적 공식을 도출할 수 있다. 즉 정치철학은 철학자의 (치안)질서를 위하여 정치를 제거하는 것이다.

이러한 해석은 랑시에르로 하여금 정치철학의 전체 기획을 가장 전체적이고 근본적인 의미에서 **반정치적**antipolitical인 것으로 다시 묘사할 수 있게 해준다. 즉 정치철학은 안정적인 (때때로 영원한) 사회질서를 정립하기 위해 불일치와 파열, 탈질서의 정치적 순간을 제거하고자 하는 철학적 기획을 일컫는다. 『불화』 4장의 대부분을 통해 랑시에르는 이 일반적 공식이 주요한 정치철학자들에게서 변별적인 방식으로 명백히 발현되는 것을 보여 줌으로써 그 공식을 다듬는다. 이 공식의 각 변형에는 고유의 범주와 나름의 적절한 이름이 있다. 플라톤=아르케정치archipolitics, 아리스토텔레스=유사정치parapolitics, 맑스=메타정치metapolitics. 아르케정치는 플라톤이 위계의 사회질서를 민주주의적 평등의 탈질서화 논리에 대한 완전한 대체물로 정립하는 과정을 일컫는다(Rancière 1999: 65[『불화』 115쪽]).[20] 유사정치는 아리스토텔레스와 홉스가 (각자 독특한 방식으로) 정치의 탈질서를 그 안에 수용할 수 있는 철학의 질서를 세우고자 하는 과정을 일컫는다. 유사정치는 여전히 치안을 위한 정치의 제거를 모색한다. 하지만 그들은 (플라톤처럼) 좋음의 질서로부터 정치를 배제함으로써가 아니라, 그들이 구성하는 사회질서의 핵심에 정치를 포함시킴으로써―그리하여 정치를 길들임으로써―정치를 제거한다(Rancière 1999: 72, 77[『불화』 125쪽, 132쪽]).

앞에서의 논의는 랑시에르의 메타정치에 대한 토론으로 이어진다. 바로 여기서 랑시에르의 (정치를 제거하려는 특유한 기획으로서) 정치철학에 대한 묘사는 비판이론의 근대적 형태와 교차한다. 메타정치에 대한 묘사를 통해 랑시에르는 하나의 비판적 장치를 요청하고 상정한다. 랑시에르의 정치사상의 전통에 대한 서사에 따르면, (정치철학의 세 번째이자 마지막 원형으로서) 메타정치는 유사정치의 근대적(홉스적) 변형이 낳은 문제

---

20) 랑시에르가 정치사상의 전통에 대해 상상할 수 있는 가장 급진적이고 논쟁적인 접근 방식을 취하는 것은 사실이지만, 그도 나름의 방식으로 이 전통의 가장 보수적인 옹호자에게 동의한다. 즉 [랑시에르에게도] 플라톤은 그 전통에서 가장 중요한 인물인 것이다.

들로부터 출현한다. 주권적 인민the sovereign people의 발생은 그와 동시에 스스로를 주권적 인민에 대립시키며 그들의 주권을 부인할 다른 집단을 출현시킨다. 그 다른 집단은 대중the masses, 인구the population, 군중the rabble 등의 많은 이름으로 불린다(Rancière 1999: 80[『불화』 137쪽]). 메타정치는 주권적 인민과 대중 사이의 간극 때문에, 그 간극을 처리하기 위해 등장한다. 따라서 메타정치는 아르케정치와 유사하지만(랑시에르는 반복적으로 둘의 관계가 대칭적이라고 말한다), 꽤 다른 형태와 논리를 가진다. 아르케정치는 참된 정의와 민주주의 정치의 실천 사이의 틈새(이는 수많은 플라톤의 대화들에서 되풀이되는 참된 에피스테메episteme와 단순한 독사doxa 간의 틈새이다)를 지적한다. 그 때문에 아르케정치는 민주주의 정치를 제거하고 그것을 철학자의 질서로 대체하고자 한다. 반면 메타정치는 정의의 결손이 아니라 불의의 과잉이라는 다른 틈새를 표명한다. "그것은 절대적 잘못absolute wrong을 주장한다"(Rancière 1999: 81[『불화』 138쪽]). 따라서 메타정치는 매우 다른 '진리' 개념이라는 방식으로 작동한다. "이 진리는 특수한 유형의 진리다. 이 진리는 [아르케정치의 경우처럼] 실재 공동체가 정치적 거짓의 자리에 건설되는 것을 가능하게 만드는 어떤 좋음이나 정의, 신적인 코스모스나 참된 평등에 대한 관념이 아니다. 정치의 진리란 정치의 허위falseness를 명시하는 것이다"(Rancière 1999: 81~82[『불화』 138쪽]. 강조는 인용자).

아르케정치와 메타정치는 모두 미래에 수립할 사회질서를 위하여 현재 정치로 이해되고 있는 것을 거부한다는 점에서 대칭적이다. 그러나 둘 사이의 차이는 결정적이다. 플라톤은 그의 신적인 질서의 진리를 공언하는 반면, 맑스는 주어진 질서의 허위falseness만을 공언할 뿐이다. 랑시에르에 따르면 맑스의 진리는 바로 이 주어진 질서의 허위에 다름 아니다. 진리는 정치의 충돌 너머에 있는 것이 아니며, 동굴 밖으로부터 에이도스^{eidos}[형상]의 빛을 향하는 철학의 행진을 통해서만 성취될 수 있는 것도 아니다. 오히려 진리는 정치의 배후 혹은 정치의 아래에, "정치가 감추고 있는 것 안에(정치는 오직 이것을 감추기 위해 존재한다)" 존재한다(Rancière 1999: 82[『불화』138쪽]). 이 허위 말고 다른 진리란 존재하지 않는다. 진리 그 자체의 발견(소크라테스적/플라톤적 기획의 핵심)이란 존재하지 않는다. 오로지 허위의 반복적인 폭로만이 있을 뿐이다. 어쩌면 소크라테스를 흉내내는 것처럼 랑시에르는 건강의 관점에서 아르케정치와 메타정치의 차이를 설명한다. 아르케정치가 공동체를 참된 전체로 만들 치료약을 제공한다면, 메타정치는 언제나 끊임없이 비진리와 질병만을 드러낼 "증상학^{symptomology}으로서 그 자신을 드러낸다". 간단히 말하면 "메타정치는 정치의 허위에 대한 담론이다"(Rancière 1999: 82[『불화』139쪽]). 그러므로 메타정치는 비판적 장치의 한 유형이다.

　랑시에르는 메타정치를 작동시키는 논리적 기제를 밝히기 위해 맑스의 「유대인 문제에 관하여」^{On the Jewish Question}에 대해 아주 간략한 주석을 달고 있다. 물론 랑시에르가—'정치철학'의 다른 유형들과 마찬가지로, 맑스적 유형이 정치의 제거를 모색하는 종별적인 방식을 보여 주기 위해—자신의 논의를 통해 정립한 어휘의 틀 안에 맑스를 욱여넣고자 할 때, 우리는 동시에 하나의 비판적 장치로서 메타정치가 탈신비화의 기획에 직접적으로 참여한다는 점을 이해할 수 있다. 메타정치적인 장치는 그 나름의 전도의 논리에 의존한다. 랑시에르는 맑스에 대한 해설을 다음과 같이 결론 내린다. "정치란 사회라고 일컬어지는 현실에 대한 거짓말이다"(Rancière 1999: 83[『불화』140쪽]). 그러므로 메타정치는 정치에 대한 철학적 설명인 동시에, 우리가 발견한 바와 같이—이전의 원형들과는 다른 방식의——정치에 대한 비판이론이다. 하나의 비판적 장치로서 메타정치는 전도의 논리에 따라 기능한다. 왜냐하면 메타정치는 정치를 왜곡하기와 은폐하기[가면 씌우기]masking로 이해하기 때문이다. 메타정치는 주어진 정치가 그 아래에 자리한 사회적인 것의 진리를 은폐하는 것이라고 주장함으로써 작동한다. 따라서 정치철학의 기획은 탈은폐하기[가면 벗기기]unmasking의 일종이 된다. 메타정치적 정치철학은 전도의 논리에 따른다.[21]

랑시에르의 역전

메타정치는 비판적 장치의 한 유형을 일컫는 종별적인 이름이다.『불화』에서의 랑시에르의 기획이 정치철학의 모든 원형들에 대한 광범위한 도전을 핵심으로 한다는 점에는 의심의 여지가 없다. 따라서 비판 개념에 대한 이전의 해석에서와는 달리,『불화』에서의 랑시에르는 비판이론의 기획을 일축해 버리고 있는 것처럼 보인다. 하나의 특수한 비판적 장치[이른바 '과학적' 비판]를 지지했던 랑시에르는, 이제 그 비판적 장치를 (그 같은 명칭으로 부르지도 않으면서) 거부한다. 맑스의『자본』에서 작동하는 전도에 대한 자신의 초기 해설과는 달리, 이제 랑시에르는 맑스도 정치철

---

21) 랑시에르는 메타정치에 대해 더 많은 말들을 남겼다. 그는 그렇게 함으로써 전도로서의 비판이론에 대해서도 더 많은 논점들을 제시한다. 메타정치의 가정은 단순히 사회적인 것(the social)이 왜곡에 의해 밑으로 숨은 가려진 진리라는 것이 아니다. 메타정치적 비판의 논리적 구조는 사회적인 것이 진리로서가 아니라 정치적인 것의 허위로서 기능한다는 논점을 수반한다. 랑시에르는 어떻게 맑스와 맑스 이후 계급의 개념이 동요하게 되었는지를 드러낸다. 때때로 계급 개념은 아르케정치적 진리로 기능했지만, 종종은 "모든 것이 허위라는 허무주의"에 따라 작동하기도 했다(Rancière 1999: 84[『불화』142쪽]). 메타정치적 전도는 허위 아래 가려진 진리의 드러냄으로 이해할 수도 있고, 단지 존재하는 모든 것을 허위라고 폭로하는 것으로 이해할 수도 있다.

학자에 다름 아니라고 지적한다. 그는 맑스도 다른 정치철학자들과 마찬가지로—일종의 철학적 치안화를 위해 정치를 근절하고자 했다는 점에서—정치/치안의 구별을 지워 버리려 한 것에 대해 유죄 선고가 내려져야 한다고 주장한다. 따라서 랑시에르는 전도의 논리에 의지하는 비판적 장치로부터 스스로와 스스로의 정치 논의를 멀찍이 떨어뜨린다. 랑시에르가 『불화』에서 수행하고 있는 일이 무엇이건 간에, 그가 메타정치를 공격했다는 사실은 랑시에르의 기획이 전통적으로 이해된 비판이론의 기획이 아니라는 점을 보여 준다. 왜냐하면 전통적인 비판이론의 기획은 전도의 메타정치적 논리라는 방식에 따라 작동하는 것 외에 다른 선택을 허용하지 않기 때문이다.

그럼에도 불구하고 그와 동시에 『불화』가 정치철학에 대한 비판적 논의를 제시하고 있다는 사실은, 이 텍스트에 대한 어떠한 해석을 살펴보아도 명백해 보인다. 메타정치에 대한 랑시에르의 도전은 그 나름대로 일종의 암묵적인 비판적 장치를 반드시 전제해야 한다. 4장의 도입부에서 내가 제시한 바와 같이 '불화'disagreement는 갈등의 특수하고 단호한 형태를 일컫는 이름이며, '논쟁적'polemic이라는 말은 갈등의 일정한 동원에 붙인 이름이다(Rancière 1999: x[『불화』 17쪽]; Arditi 2007; Bowman 2007을 보라). 랑시에르의 정치 논의, 그의 치안에 대한 재정의, 그리고 정치철학의 정전에 대한 통렬한 해석은, 모두 일정한 비판의 의미에 의존하고 그러한 의미를 동원한다. 이러한 단순한 관찰로부터 잠재적으로 중요한 결론을 이끌어 낼 수 있다. 메타정치와 같은 비판이론을 거부하는 랑시에르의 입장은, 그로 하여금 그러한 비판이론으로부터 거리를 유지하게 해주는 작동기제에 대한 질문과 직면하도록 강제한다. 과연 랑시에르에게는 대안적인 비판적 장치가 있는가?

이 질문은 메타정치에 대한 랑시에르의 비판적 논의에 동원된 논리가 무엇인지를 묻는다. 나는 이 질문에 대한 답변의 핵심이 랑시에르의 앞선 정의적/개념적definitional/conceptual 작업에 자리하고 있다고 본다. 『불화』의 전반부는 그저 '중립적'으로 개념들을 정의하고 있는 것처럼 보이기 때문에 때때로 해석하기가 어렵다. 어디서 이러한 개념 정의가 유래한 것인지, 이러한 개념 정의를 통해 랑시에르가 뭘 하려는 것인지가 항상 명확하지는 않다. 『불화』(와 랑시에르의 다른 텍스트들)를 미국의 정치학도들에게 가르쳐 본 나의 경험은 이를 예증해 준다. 미국의 정치학도들은 규범적인 것 혹은 비규범적(경험적)인 것이라는 두 범주 중 하나에 텍스트들을 위치시키도록 훈련받아 왔다. 이 때문에 랑시에르는 학생들을 당황스럽게 만든다. 랑시에르는 학생들에게 무엇을 해야 하는지 말해 주지 않으며, 무엇이 도덕적으로 옳거나 정의로운지에 대해서도 말해 주지 않는다(예컨대 한 주 전에 읽은 롤스의 텍스트처럼 그들에게 이상적 이론을 제시해 주지 않는다). 그렇다고 해서 그의—치안, 정치, 잘못에 대한—'비규범적' 정의가 꼭 옳은 것처럼 들리지도 않는다. 그가 이 '변수들'variables을 '조작화'operationalize하고자 하지 않는다는 점은 명백하다. 그렇다면 도대체 그가 하고 있는 일은 무엇인가? 물론 말할 필요도 없이 랑시에르는 규범적인 것/비규범적인 것 간의 구분을 거부할 것이다. 그는 어떤 형태로도 경험주의적인 사회과학의 기획에 참여하기를 원하지 않을 것이다. 바로 이러한 이유 때문에 랑시에르의 저술은 학생들이 규범적인 것/비규범적인 것 간의 이분법을 허물어뜨리고 이러한 범주를 파열시키도록 도와준다. 이는 내가 그의 텍스트들을 학생들에게 읽히고자 하는 수많은 이유 가운데 하나다. 그럼에도 불구하고 이 기초적인 해석적 혼동은 랑시에르의 텍스트에 관해 의미심장한 무언가를 말해 준다.

정치철학과 합의제 민주주의에 대항하는 랑시에르의 논쟁술은 책의 전반부에서 제공된 '개념 정의'definitions를 활용하여 책 후반부에서 구체화된다. 초반부의 어조와 문체를 수사적으로rhetorically 볼 때, 랑시에르는 개성 없는 중립성을 견지하는 전통적인 비판이론가와 유사하게 보이기를 원하지 않았다.[22] 그럼에도 불구하고 랑시에르가 정의한 정치와 치안 개념은 다른 개념들과 함께 이후의 비판적 논의를 위한 가능 조건을 창출한다. 그러므로 그의 정치철학 비판은 나름의 비판적 장치 안에서 작동해야만 한다. 내가 볼 때, 랑시에르의 비판적 장치가 갖고 있는 지배적 논리는 종별적인 유형의 전도에 의지한다. 비록 랑시에르가 이러한 방식으로 자신의 주장을 표현하는 것을 극도로 망설인다 하더라도, 비록 그가 나중에 이러한 명제를 부정하길 원한다 하더라도 말이다. 이어지는 논의에서 나는 이 논점을 증명할 것이다.

랑시에르의 주장을 하나의 전체로 바라보면서, 나는 이제 랑시에르의 비판적 장치가 여전히 전도와 매우 유사한 논리를 활용하고 있지만, 전도와는 다른 방식으로 이 논리를 동원하고 있음을 보여 주고자 한다. 랑시에르는 엄격한 전도의 논리 대신 **역전**reversal의 논리를 작동시킨다. 이를 입증

---

22) 알랭 바디우는 이를 랑시에르의 '중간적'(median) 스타일이라고 부른다(Badiou 2009: 40). 아마도 '중간적'이라는 말로 바디우는, 랑시에르를 리오타르가 취하는 '0도의 스타일'과(리오타르와 관련해선 3장의 논의를 보라) 구분하고자 했을 것이다(Lyotard 1988: xiv). 분명히 해 두자면 내가 말하는 건 랑시에르의 스타일이 그의 소위 규범적 입장을 숨길 수 있게 해주었다는 것이 아니다. 요점은 그의 스타일이 그의 비판적 기획의 논리를 알아보는 것을 힘들게 만들었다는 것이다. 나는 푸코가 '은밀한 규범주의자'(cryptonormativist)라는 하버마스의 설명을 거부한다. 왜냐하면 나는 푸코의 작업이 하버마스의 주장이 기초하고 있는 규범적인 것/비규범적인 것 간의 구분을 무너뜨린다고 생각하기 때문이다. 나는 같은 이유에서 이러한 딱지를 랑시에르에게 붙이는 것도 거부한다(Habermas 1990: 284[『현대성의 철학적 담론』 336쪽]).

하기 위해 우선 랑시에르가 정치철학의 역사를 해석할 때 취하고 있는 접근 방식을 상세하게 살펴보자. 첫째, 그는 정치철학의 원형 중 하나를 겨냥한다. 이어서 그는 이 원형을 맑스와 연결 짓고 메타정치라고 명명한다. 메타정치는 다음과 같은 방식으로 작동한다. 즉 메타정치는 "당신이 정치라고 이해하는 것이 실제로는 사회적 진리를 가리는 하나의 허위"라고 말한다. 표면의 정치에 의해 왜곡되어 온 인간과 본성의 내적 진리가 존재한다. 메타정치는 비판이론으로서의 정치철학이다. 메타정치는 진리와 허위를 전도시킴으로써(혹은 모든 것이 허위라는 것을 보임으로써) 작동한다. 이것이 전도이다.

그러나 메타정치에 대한 랑시에르 자신의 비판적 논의는 어떻게 작동하는가? 그 비판적 논의에는 나름의 비판적 장치를 동원하는 논리가 존재하는가? 여기서 랑시에르의 비판적 작업은 그가 도전하는 대상과 매우 유사한 일을 하고 있다. 사실상 랑시에르는 "우리가 정치라고 이해하는 것들은 실제로는 그저 치안에 불과한 것이다"라고 말한다. 우리는 치안질서를 정치로 오해함으로써, 진정한 정치적 순간의 가능성을 억눌러 버리게 된다. 실제로는 치안 행위만이 이뤄지고 있음에도 정치가 이뤄지고 있다고 계속해서 생각해 버린다면, 어떻게 우리는 참된 정치적 불일치의 민주주의적 순간을 장려하거나 고무할 수 있는가? 그러므로 랑시에르 자신의 서사는 거짓된 외양과 진정한 진리 간의 구별을 조용하게 환기시키며, 나름대로 일종의 (재)전도를 제안한다. 결국 랑시에르의 독자로서 우리는 메타정치적 비판(맑스주의적 탈신비화)을 정치적 해방의 기획(표면적 외양)으로서가 아니라 치안화의 기획(기저에 있는 진리)으로서 보는 법을 배우게 될 것이다. 메타정치는 정치가 그 아래에 위치한 본성적인 것을 왜곡해 왔다는 점을 보여 줌으로써 탈신비화의 논리를 따른다.[23] 따라서 우리는 랑시에르의 비판적 장치가 우리가 정치로 이해하는 것들이 실제로는 치안질서의 또 다른 사례일 뿐이라는 점을 일관되게 보여 줌으로써 작동한다는 것을 이해할 수 있다. 정치는 정립institute하는 것이 아니라, 탈정립deinstitute하는 것이다. 그러나 이는 메타정치가 무엇이며 어떻게 메타정치가 (정치를 폐쇄하거나 끝장내기 위해) 기능하는지 표현하는 일은 전도의 일정한 관계를 따른다는 것을 의미한다. [예컨대] 합의제 정치는 정치적인 답변으로 보이지만, 실제로는 전혀 정치가 아니다.

따라서 메타정치에 대한 비판적 설명이 전도와 매우 유사한 논리의 방식에 따라 작동한다는 것이 나의 결론이다. 그러나 나는 메타정치의 전도와 랑시에르가 활용한 '전도'의 유형 간에 있는 핵심적 차이를 강조함으로써 이 결론을 수정하고 명확히 하고 싶다. 랑시에르의 비판적 논리 안에서 진리는 (메타정치의 경우처럼) 정치의 기저에 위치한 진리가 아니며, (아르케정치의 경우처럼) 정치를 대신하거나 대체하는 진리도 아니다. 오히려 그 진리는 정치의 진리다. 따라서 랑시에르의 장치는 독특한 진리를 밝게 빛나도록 만드는 것(아르케정치)도 아니고, 모든 것이 허위임을 발견하는 것(메타정치)도 아니다. 따라서 랑시에르의 경우, 메타정치에 대한 그의 비판적 논의를 통해 우리는 전도inversion 보다는 역전reversal과 유사한

---

23) 이러한 해석은 랑시에르의 텍스트에 대한 더 깊이 있는 읽기를 통해서 지지될 수 있다. 『불화』의 5장에서 랑시에르는 심지어 더욱 명시적인 비판으로, 즉 이 시대의 '합의제 민주주의'에 대한 비판으로 돌아선다. 여기서 랑시에르는 상당히 명백하게 궁극적인 정치적 해결책(제3의 길 사회민주주의)으로 보인 것이 현실에서는 전혀 정치가 아닌 것으로 드러났음을 입증하고자 시도한다. 합의제 정치는 오로지 표면적으로만 정치인 것으로 드러난다. 실제로는 합의제 민주주의란 치안의 새로운 질서라 할 수 있다. 1장과 2장에서 이러한 비판을 더 완전한 형태로 개입하여 다루었다.

무언가를 얻게 된다.

비록 랑시에르는 자기의 주장에 비판적 위력을 더하기 위해 일종의 진리/허위 이분법을 활용하고 있지만, 그는 결코 깊이의 은유에 의지하지 않는다. 진리는 저 아래에 위치한 것이 아니기 때문에, 진리는 허위만큼이나 표면적인 현상으로 이해되어야만 한다. 여기서 랑시에르의 주장은 많은 독자들에게 니체의 형이상학적 깊이에 대한 비판과 그의 '두 세계'의 관점에 대한 (물론 ['탈구축'이라는] 말이 생기기도 전의$^{avant\ la\ lettre}$) 탈구축, 그의 현상[외양]에 대한 유례없는 긍정을 분명하게 상기시킬 것이다 (Nietzsche 1977). 나는 이 연관성을 더 이상의 논의를 통해 발전시키지 않을 것이다. 하지만 랑시에르와 니체의 연관성은 비판이론의 복수성^{plurality}을 암시한다. 둘의 연관성은 이러한 암시를 통해 랑시에르가 비판이론의 '유일한'^{the} 전통으로부터 단순히 결별하는 데서 그치지 않고, 어떤 비판이론의 조류들을 거부하면서도 어느 정도까지는 다른 비판이론의 조류들로부터 자신의 논의를 이끌어 내고 있음을 시사하고 있다. 비판이론은 스스로 내적인 계쟁을 벌인다. 랑시에르의 주장은 전통의 외부로부터의 급진적 거부라기보다는 전통 내부에서 비롯된 전통에 대한 논쟁적인 계쟁으로 더 잘 이해될 수 있다.[24]

전도는 전도될 개념들의 규범적 지위를 유지해 주는 권력의 위계적 관계를 고집하는 반면, 역전은 개념들 그 자체를 탈조직화하는 것에 다름 아니다. 역전은 그 개념들이 현재 가지고 있는 정향을 뒤죽박죽으로 만들

---

24) 이러한 지적과 함께, 누군가는 또한 비판이론의 복잡한 역사 안에 전도의 다른 유형들이 있다고 주장할 수 있을 것이다. 그러나 여기서는 나의 랑시에르 논의를 분명히 하기 위해, 전도 (inversion)와 역전(reversal)의 구별을 유지할 것이다.

어 버린다. 그러므로 역전은 어떤 개념들의 집합을 다른 집합보다 '규범적으로' 표준화하게 될 기존의 기준에 대한 관여를 필요로 하지 않는다. 역전과 전도에 대한 구분은 지젝(Žižek 2006[『감성의 분할』97~114쪽])이 도출한 결론을 강력하게 거부하는 것을 가능하게 한다. 지젝은 '초정치' ultrapolitics라고 명명되는 정치철학의 새로운 마지막 원형을 만들어 낸다. 그는 이 범주를 활용해 어떤 의미에서 랑시에르를 궁극의 정치철학자라고 비난한다. 지젝에 따르면 초정치란 (랑시에르의 경우, 치안과 정치 간의) 궁극적인 분극화를 통해 발생하는 전적인 탈정치화의 한 형태이다(Žižek 2006: 71[『감성의 분할』101쪽]). 다시 말해 지젝에 따르면 초정치란 정치를 순수하게 만듦으로써 그것을 아무것도 아니게 만드는 것이다. 그러나 내가 여기서 확인한 전도의 형태(역전)는 지젝이 말하는 방식으로 작동하지 않는다. 1장의 논의가 보여 준 것처럼, 랑시에르적 '전도'가 드러내고자 하는 정치의 표면적 진리란 혁명적인 아나키스트 정치나 순수한 정치적 순간, 혹은 정치적인 것의 귀환이 아니다. 그 진리는 결코 미리 보장될 수 없는 드물고도 찰나적인 일련의 정치적 순간이다. 그러한 정치적 순간은 일단 형성된 다음에는 재빨리 사라져 버리는 것이다. 그러므로 역전이 드러내는 것은 탈신비화하는 메타정치의 비판이론이라기보다는 랑시에르 안의 다른 무언가이다.

우리는 『불화』(와 1990년대의 정치와 정치철학에 대한 다른 저술들)에서의 랑시에르의 기획이 비판이론과 비판적 장치에 관해 다음과 같은 작업을 수행했다고 결론 내릴 수 있다.

1. 랑시에르는 메타정치에 대한 논의에서, 맑스에 대한 자신의 이전 글이 적어도 암묵적으로나마 옹호했던 전도의 논리를 단호하게 거부한다.

2. 동시에 랑시에르의 설명이 가진 비판적 위력은 내가 '역전'reversal이라고 부르는 것, 즉 전도inversion 논리에 대한 그 나름의 종별적인 변형을 따른다.

3. 그러나 비록 작동기제가 유사할지라도 랑시에르가 발전시키는 전반적인 비판적 주장은 다르게 작동한다. 그 차이는 깊이depth를 거부하는 랑시에르의 변별적인 지형학을 중심으로 한다.

위와 같은 요약은 다음과 같은 질문을 즉각적으로 제기하게 된다. 내가 여기서 논의를 통해 확인한 랑시에르의 '역전으로서의 전도'inversion as reversal는 과연 비판이론을 실질적이고 유의미하게 변화시키는가? 이 논리상의 미묘한 차이는 변별적인 비판적 장치를 만들어 내기에 충분한가, 아니면 그저 전도의 논리의 광범위한 배열 위에 또 하나의 변형을 추가하는 것에 불과한가? 내가 볼 때, 비록 랑시에르가 메타정치에 대해 설명하면서 전도의 논리를 명백히 거부하긴 했지만, 여전히 그의 논의는 암묵적인 전도의 법칙에 지나치게 의존하는 것으로 생각된다. 메타정치가 정치적 왜곡의 기저에 위치한 자연적/사회적 진리를 상정하는 반면, 랑시에르는 정치적 왜곡을 자연화하려는 모든 시도를 좌절시키는 우연적인 사회질서를 본다. 이러한 역전은 실체적으로 매우 다른 유형의 전도를 보여 준다. 그러나 비판의 전반적인 작동기제는 전도의 외면적인 관계에 지나치게 의존하는 것처럼 보인다. 더욱 의미심장한 문제점은, 역전의 논리가 어떻게 전통적인 이데올로기 비판에 의해 만들어진 진리/허위의 교환과 다른 무언가를 성취하거나 가능하게 만드는지 불분명하다는 것이다. 『불화』 4장에서의 랑시에르의 주장은 암묵적으로 다음과 같은 질문을 제기한다. 어떻게 우리는 비판이론을 새롭게 다시 사유할 것인가? 어떻게 우리는 비판이론을 전도의 논리와 다른 가정들과 개념 틀 안에 정초 짓고 작업할 것인가? 그렇게 랑시에르는 자신의 텍스트가 아직 만들어 내지 않은 새로운 비판적 장치를 예고한다. 랑시에르는 최근의 논의에서 비판적 사유의 개념 문제로 돌아오면서 이 임무를 떠맡는다. 나는 다음 절에서 이에 대해 논의할 것이다.

비판이론의 '재난'

나는 비판이론에 어떻게 새롭게 접근할 수 있을지 질문했다. 랑시에르는 널리 읽힌 2007년의 에세이 「비판적 사유의 재난」에서 이 질문과 정면으로 씨름한다.[25] 이 에세이에서 랑시에르는 (『불화』에서 그랬던 것처럼) 전도 모델을 논박할 뿐만 아니라 비판적 사유를 다시 사유할 수 있는 또 다른 영역을 예고한다. 그러므로 랑시에르는 그가 '비판의 비판'the critique of critique이라고 부르는 것보다 설득력 있는 무언가를 제안한다. 내가 볼 때 그는 비판적 사유의 전적으로 새로운 형태—새로운 비판적 장치—의 가능성을 암시한다. 나는 전도의 논리에 의존하지 않고 비판적 장치에 대해 사유한다는 발상이 랑시에르에게는 전적으로 새로운 생각이 아니라는 점

---

25) 2007년과 2008년에 랑시에르는 미국의 여러 대학에서 '비판적 사유의 재난'이라는 동일한 제목으로 강연을 한 바 있다. 이 글을 작성할 당시에 유튜브(YouTube)에서 일부 강연의 비디오 녹화본들에 접근하는 것이 가능했다. 다트머스대학의 학부 철학 저널인 『아포리아』(Aporia)에는 당시 랑시에르의 강연 원고가 실렸다(Rancière 2007b). 랑시에르는 강연의 원고를 학생들과 학자들, 다른 청중들과 공유했다. 그리고 그것들 중 일부는 광범위하게 공유되었다. 2009년에 이 에세이는 최종적으로 『해방된 관객』(The Emancipated Spectator)의 2장으로 출판되었다(Rancière 2009a). 이전의 초고와 비교했을 때 출판본에는 언어상의 의미심장한 일부 변화들이 감지된다. 이를 감안해 나는 대부분의 인용을 2007년 말의 캘리포니아대학교 어바인캠퍼스 강연의 초고에서 가져올 것이다(Rancière 2007c).

을 강조하고 싶다. 이는 여러모로 오래된 생각이다. 예컨대 랑시에르는 알 튀세르를 거부한 거의 직후에도 전도라는 문제를 발견했다. 그는 비판적 사유의 전통 안에서뿐만 아니라 알튀세르의 기획과 그 자신의 저술 안에 서도 전도의 문제를 찾아냈다.

앞에서 지적한 바와 같이 랑시에르의 초기 에세이인 「비판의 개념」은 그가 이후에 즉각적으로 거리를 둔 알튀세르주의의 해석 방식을 따라 논 증이 진행된다는 점에서 유일무이하다. 이 에세이는 책의 이탈리아어 번 역본과 영어 번역본에서 완전히 누락됨으로써, 말하자면 재빨리 "사라져 버렸다". 알리 라탄시는 이 에세이가 "'알튀세르주의적' 텍스트지만 원작 자인 알튀세르와 나중에 포스트-알튀세르주의자들로 불리게 되는 일부 무리로부터 부정당했다는 독특한 위치를 점유"한다고 묘사함으로써, 이 구도를 잘 포착하고 있다(Rattansi 1989: 22). 의미심장하게도 이러한 '부 정'disavowal이 그저 조용하게 이뤄졌던 것은 아니다. 랑시에르는 (프랑스공 산당[PCF]을 거부함으로써) 알튀세르와 명확하게 정치적 결별을 선언했 고, 『알튀세르의 교훈』에서 자신의 이론적 결별을 공언했다. 그는 알튀세 르적 입장에서 썼던 자신의 초기 에세이에 대해 논평한다. 이 논평은 랑 시에르가 1973년 『자본을 읽자』의 프랑스어본 2판의 서문으로 기초한 것 이었고, 그는 이 에세이에 『자본을 읽자』의 재판을 위한 교본'*Mode d'emploi pour une réédition de* Lire le Capital이라는 매우 실용적인 제목을 붙였다(Mehlman 1976: 12).[26)] 2판의 편집자가 랑시에르의 「서문」을 싣는 것을 거절했기 때문에,

---

26) 이탈리아어 번역본과 영어 번역본과 달리, 프랑스어본 2판은 원래의 기고문을 누락 없이 포 함시켰다. 그러나 이 판본은 이탈리아어본과 영어본의 편집을 반영하기 위해 [글이 실린] 순 서를 바꾸었다. 따라서 알튀세르와 발리바르의 에세이가 가장 앞에 오고, 랑시에르의 에세 이는 중간으로 밀렸다. 이는 번역된 판본에 이어서 프랑스어 판본에서조차 [공동저작이 아

랑시에르는 대신 이를 『현대』*Le temps modernes* 지에 기고한다. 그리고 1976년 『경제와 사회』*Economy and Society* 지는 「비판의 개념에 대하여」를 처음으로 영역해 출판하면서, 이 「서문」의 영역도 포함시켰다. 따라서 영어권에서는 랑시에르의 『자본을 읽자』에서의 첫 등장보다, 랑시에르의 알튀세르주의로부터 거리두기가 선행하게 된다. 그리고 랑시에르는 그로부터 30년이 더 지난 후에야 그가 다루게 될 비판적 사유의 개념에 관해 매우 중요한 몇몇 논점을 제기한다.

랑시에르는 알튀세르주의 이론에 개입하는 이 텍스트에서의 자신의 주장을, 알튀세르의 '반동적'*reactionary* 정치에 대한 자신의 또 다른 논의(Rancière 1989b: 181; Rancière 1974a를 보라; Rancière 1974b)로부터 구별함으로써 에세이를 시작한다. 이어서 그는 맑스에 대한 알튀세르의 해석적 접근의 기초들 대부분을 거부하는 논의로 교묘하게 옮아간다. 이제 랑시에르는 알튀세르가 정립한 이데올로기와 과학 간의 근본적인 구분에 대해 거의/전혀 인내심을 보여 주지 않는다. 심지어 랑시에르는 맑스가 스스로의 논의로부터 이데올로기적 요소들을 제거하고자 했다고 생각하는 것이 말이 되느냐고 되묻기까지 한다. 랑시에르는 『자본』으로부터(1장의 「상품 물신주의」 절로부터) 긴 인용문을 제시하고서, 다음과 같이 명쾌한 논평을 덧붙인다. "과학이라는 겉포장 안에는 수많은 이데올로기들이 숨어 있다"(Rancière 1989b: 187). 물론 랑시에르의 의도는 알튀세르처럼 맑스의 이데올로기성을 고발하는 데 있는 것이 아니라, 오히려 맑스

닌] '알튀세르의 저작'이라는 이 책의 의의가 일정하게 유지되었다는 것을 의미한다. 1997년 알튀세르의 유고 출판은 결국 원래의 순서를 회복한 프랑스어 판본의 출간으로 이어졌다(Elliott 1998).

의 사례를 활용해 알튀세르적 해석 틀을 무시해 버리는 데 있다. 랑시에르는 그 요점을 겉보기에는 진부하지만, 그럼에도 간결하고 설득력 있는 공식으로 잘 표현한다. "혁명이라는 발상은 꽤 이데올로기적이다"(Rancière 1989b: 187). 랑시에르 스스로도 매우 잘 인식하고 있듯이, 그는 이러한 접근을 취하면서 『자본을 읽자』에 실린 자신의 에세이가 의존하던 방법론적 구조 자체를 허물어뜨린다. 물론 이러한 방식으로 랑시에르는 자신이 초기 에세이에서 주장했던 많은 것들을 부정해 버린다.

그러나 이 「서문」의 진정한 의의는 이러한 알튀세르적인 맑스주의 해석학(혹은 알튀세르적인 반동적 정치)에 관한 포괄적 주장에 있는 것이 아니다. 이 「서문」이 중요한 이유는 물신주의의 이론에 대해 랑시에르가 제기하고 있는 종별적인 주장에 있다. 랑시에르는 이 지점에서 (랑시에르가 자신의 경력에서 간헐적이지만 매우 크게 기여해 온) 나의 기획에 매우 유용한 결정적인 주장을 제시한다. 어떻게 비판적 장치를 떠받치는 전도의 논리 없이 그 장치를 사유할 수 있을 것인가? 자신이 쓴 이전의 에세이에 대한 랑시에르의 가장 강력하고 실체적인 도전은, [이전 에세이에서] 그가 물신주의 개념을 지나치게 협소하게 이해했다고 주장하는 지점에서 나타난다. 여기서 랑시에르는 맑스의 텍스트 안에서 '상품 물신주의'의 두 가지 차원을 찾을 수 있음을 지적한다. 한편으로 우리는 상품 물신주의에 은폐의 작동기제와 비가시적 요소를 위치시킬 수 있다. 그러나 다른 한편으로 우리는 상품 물신주의로부터 노동자들(과 자본가들)이 자본주의 안에서 일어나는 사태들을 매우 잘 알게끔 해주는 가시성과 가독성의 차원을 찾아낼 수 있다. 이는 랑시에르의 새로운 맑스 해석에서만 나타나는 전적으로 새로운 주장이다. 랑시에르는 『자본을 읽자』에 실린 그의 에세이가 가진 가장 문제적인 측면이 물신주의를 협소하게 해석한 데 있었다고 지적한다. 내가 덧붙이자면 그의 에세이의 심각한 문제는 그러한 협소한 물신주의 해석을 통해 오로지 전도의 방식을 따라서만 작동할 수 있는 전통적인 비판적 장치를 재생산하고자 한 데 있었다. 랑시에르는 맑스 텍스트의 물신주의가 항상 두 가지 차원을 갖고 있지만, 그의 초기 해석이 그중하나를 제거해 버렸다고 본다. "내 해석은 … 물신주의에 대한 과학적인 묘사, 즉 환상에 갇힌 행위자들의 세계의 묘사라는 좁은 무대에 의존해서만 인간주의를 비판해 왔다"(Rancière 1989b: 188. 강조는 인용자). 따라서 랑시에르는 1973년에 처음 기초된 이 짧은 에세이에서 환상이나 무지, 어둠의가정에 기대지 않는 또 다른 비판적 장치의 가능성을 제기하고 있다. "비판적 작업(모든 것이 말해졌다고 선언하도록 만드는 작업)을 통해 청소해야할 더러운 거울"(Racière 1989b: 183)을 가정하거나 요청하지 않고 비판적으로 사유한다는 것은 무엇을 의미하는가?[27]

바로 이러한 [새로운 비판적 장치의] 가능성이야말로 랑시에르가 비판적 사유(와 그것의 재난)에 대한 2007년의 에세이에서 표면화하여 캐묻고있는 것이다. 랑시에르는 1973년의 에세이에서 『자본』의 협소하고 과학적인, 좋지 못한 해석의 탓으로 돌렸던 문제를, 2007년의 에세이에서 '비판적 사유'의 전통 전체의 문제로 이해한다. 이 최근의 에세이는 전도의논리에 대한 랑시에르의 가장 완전한 형태의 도전을 담고 있으며, 탈신비화로서의 비판이론이라는 모델로부터의 단절을 가장 명확하게 구현하고있다. 「서문」과 「비판적 사유의 재난」 사이의 35년이라는 간격에도 불구하고, 두 에세이의 주장은 연결되어 있다. 두 에세이 모두에서 랑시에르는

---

27) 여기서 독자들은 랑시에르가 초기 맑스의 비판 개념의 유형을 추동했던 광학적 은유와 자신의 은유를 일정한 범위 안에서 동일시한다는 점을 명백하게 볼 수 있다.

전도의 논리에 관해 질문을 던지고 있으며, 이 논리에 기대지 않는 비판적 장치가 있을 수 있다는 가능성을 암시하고 있다. 랑시에르는 최근의 에세이에서 더 명확하고 더 직접적으로 전도의 언어를 활용해 작업하면서도, 자신의 사유가 전도의 논리로부터 상당히 벗어난 길로 향하도록 만들고 있다. 랑시에르는 내가 이 장을 시작하며 들려준 탈신비화의 서사와 유사한 익숙한 이야기를 해주면서 이 에세이를 시작한다. 그는 우리 모두가 이미 어떠한 방식으로든 비판이론이 고갈되고 시효가 지났으며 끝장이 났다는 사실을 잘 알고 있다고 지적한다. 그가 1973년의 에세이와 공명하는 언어로 표현한 바와 같이, "어둡고 견고한 현실을 숨기고 있는 밝은 외양에 대한 폭로"라는 방식으로 작동하는 유형의 비판이 살아남을 수 있는 장소는 더 이상 없다(Rancière 2007c: 1[『해방된 관객』 39쪽]).[28] 이 점을 고려할 때, 많은 논평자들은 자연스럽게 비판적 사유를 위한 미래란 있을 수 없다는 결론에 이르게 된다. 왜냐하면 이제 어떠한 진리도 더 이상 존재하지 않기 때문이다. 그러나 랑시에르의 입장은 그러한 주장으로부터 거리를 두고 있다.

랑시에르는 비판이론이 시효를 다했다거나 끝장났다는 발상에 대해 거의 인내심을 보여 주지 않는다. 이 에세이에서 그는—허위에 대항하여 맞세울 수 있는 진리가 더 이상 존재하지 않는다는 주장에 입각해—비판적 사유의 종언을 선언하는 것 자체가, 동일한 비판적 장치를 암묵적으로 재요청하며 그렇게 함으로써 그 비판적 장치를 강화한다고 주장한다. 다시 말해 랑시에

---

28) [옮긴이 주] 본문에서 체임버스가 인용하고 있는 에세이는 2007년 캘리포니아대학 얼바인 캠퍼스에서 있었던 강연의 원고이다. 반면 국역본은 『해방된 관객』의 2장으로 출판된 최종본을 번역한 것이다. 옮긴이는 체임버스가 본문에서 인용한 구절과 가장 유사한 구절을 담고 있는 국역본의 쪽수를 병기할 것이다. 물론 표현과 내용이 때로 썩 일치하지 않는 경우도 있다.

르의 언어와는 다른 말로 표현하자면, 거짓말들의 기저에 진리가 없다고 진술하는 것은 수행적 모순이다. 그러나 이는 회의론자를 논박하는 고전적인 인식론적 의미에서의 수행적 모순이 아니다. [이것이 수행적 모순인 이유는] 이 진술이 진리를 부인한다는 명목 하에 진리에 대한 주장을 하고 있기 때문이 아니다. 오히려 이 진술이 전통적인 비판적 장치의 표준적 논리(즉 전도의 논리)를 거부하면서도 정확히 같은 논리에 의지하고 있기 때문에 수행적 모순이 발생한다.

따라서 랑시에르는 만약 우리가 "참된 '비판의 비판'"(나는 이 표현을 비판이론의 의미를 다시 사유하기 위한 요청이자 새로운 비판적 장치를 창조하기 위한 요청이라고 이해한다)에 진정으로 "참여하고자 희망"한다면, 이러한 유사-전도의 논리에 대해 어떤 방식으로건 해명해야 한다고 말한다(Rancière 2007c: 1[『해방된 관객』 39쪽]). 랑시에르는 예술의 사례를 활용해 그 사례가 사용하는 논리와 그 논리가 요청하는 장치를 설명함으로써 논의를 시작한다. 그는 표면적 외양의 아래에 숨겨진 진리를 드러내는 예술작품의 유형으로 콜라주를 먼저 다룬다. 심지어 여기에서도 랑시에르는 현시presentation에 두 가지 가능한 함축이 있다고 지적한다. "[1] 이것이 당신이 볼 수 없는 숨겨진 현실이다. 당신은 이 현실을 인식해야만 하며 그 인식에 따라 행동해야 한다. 그러나 [2] 상황의 인식이 그 상황을 바꾸기 위한 결정을 가져온다는 증거는 없다"(Rancière 2007c: 2[『해방된 관객』 42~43쪽]). 다시 말해 비판적 전도에 의해 생산된 폭로가 가진 함축이란 무엇인가? 우리는 소위 진리라 일컬어지는 것을 보게 되지만, 이 진리가 가지는 효과는 무엇인가? 전도의 절차가 갖는 이러한 이중의 차원을 지적하면서, 랑시에르의 주장은 여기서 맑스의 물신주의에 대한 자신의 자기비판적 해석을 조용하게 환기시킨다. 한편으로 보면, 자본주의의 현실은 노동자들에게 은폐되어 있으며 그 은폐된 현실은 폭로되어야만 한다. 그러나 다른 한편으로 보면, 은폐된 현실의 폭로 이후에 어떤 일이 벌어질지는 (심지어 현실이 실제로 모두 그렇게 은폐되었는지조차) 명백하지 않다. 그렇다면 이미 전도의 논리는 질문에 부쳐져 왔던 것이다.

이어서 랑시에르는 예술의 두 번째 사례로 조세핀 멕세퍼^{Josephine} ^{Meckseper}의 작품들로 눈길을 돌린다.[29] 바로 여기서 전도는 설득력을 상실하게 되는 것처럼 보인다. 랑시에르가 해석한 바와 같이 멕세퍼의 작품들은 이질적이고 겉보기에는 대립하는 요소들을, 그러한 요소들이 "실제로 잘 어울린다"는 것을 보여 주는 방식으로—그 요소들이 하나의 동일한 과정의 부분임을 보여 줌으로써—종합한다(Rancière 2007c: 2[『해방된 관객』 44쪽]). 표면적 현실 아래에 자리한 심층의 진리를 드러내는 대신, 이 "포스트-비판적"(나의 표현이다) 작업은 외관상의 거짓말과 외관상의 진리가 연결되어 있다는 것을 보여 준다. 이러한 방식으로 멕세퍼의 작업은 보드리야르와 같은 포스트-비판적 이론가와 유사한 요점을 제기하는 것으로 이해될 수 있을 것이다. 말하자면 이성^{reason}이나 비판적 논리를 위한 장소는 더 이상 존재하지 않는 것이다. [하지만] 랑시에르는 그녀와는 다른 논점을 시사한다.

얼핏 보기에는 비판적 장치의 논리가 전적으로 자기-폐지적^{self-cancelled}이었다는 결론을 도출하게 될 것이다. 즉 드러내야 할 은폐된 진실이나 불러일으켜야 할 죄의식은 존재하지 않는다. 그러나 만약 이것이 사실이라

---

29) [옮긴이 주] 조세핀 멕세퍼(1964~)는 뉴욕에서 거주하며 활동하는 독일 출신의 예술가로 사진과 설치작품으로 유명세를 얻었다.

면 왜 더 이상 적실성이 없는 장치를 유지해야 하는가? 이것이 내가 이 장치가 아직도 작동한다고 가정하는 이유다. 장막 뒤의 은폐된 진실이 존재하지 않을 수 있다. 그러나 비판적 모델의 논리는 은폐된 진실과 같은 것이 없이도 완벽하게 작동할 수 있다. 우리가 볼 수 없거나 보기를 원하지 않는 무언가가 있다는 것만으로 충분하다. 또 다른 현실의 부재야말로 우리가 볼 수 없거나 보기를 원하지 않는 것이다. (Rancière 2007c: 3[『해방된 관객』 45~46쪽]. 강조는 인용자)[30]

랑시에르에 따르면, 멕세퍼의 기획은 전통적인 비판적 장치를 작동시키는 논리를 거부하거나 폐기하는 것이 아니다. 얼핏 멕세퍼의 작업은 그 비판적 장치의 논리를 전복하는 것처럼 보인다. 그러나 내가 이미 지적한 바와 같이, 여전히 포스트-비판적 비판의 논리는 전도의 논리에 의존하기 때문에, 그녀의 '전복하기'[overturning]는 단지 또 다른 전도에 그칠 뿐이다. 그러므로 멕세퍼의 작업은 똑같은 전도의 논리를 따르며 유사한 유형의 비판적 장치를 유지한다. 비판적 장치의 작동기제에 대한 전복은 오로지 다른 영역—비판 대상에 내재적인 영역—에서 똑같은 작동기제를 재정립

---

30) 이 에세이의 공식 출판본(2009a)에서 프랑스어 **장치**(dispositif)는 '절차'(procedure) 혹은 '패러다임'(paradigm)으로 다양하게 번역되었다. 나는 랑시에르가 영어로 글을 작성하면서도 [장치dispositif라는 개념을] 프랑스어 그대로 남겨 둔 이전의 판본을 더 선호한다. 이는 단지 여기서의 내 주장의 일관성을 위해서가 아니다. 이는 이 용어의 정규적인 활용이 이 특수한 에세이에서의 랑시에르의 핵심적인 요점들 중 하나를 드러내도록 도와주기 때문이다. 그 핵심적 요점이란 "하나의 비판적 장치가 비판적 사유에 대한 이전의 설명과 그것에 대한 이후의 비난에서 모두 활용되고 있다"는 것이다. 동일한 '비판적 장치'가 이전의 '비판이론'의 공식과 이후의 그러한 공식으로부터의 이른바 '포스트모던한' 전회를 연결시킨다. 공교롭게도 랑시에르 역시 『알튀세르의 교훈』의 영어 번역에 대해 새로이 주의 깊게 고찰하면서, 새로운 영어판 서문에 등장하는 장치(dispositif)라는 개념을 번역하지 않고 그대로 남겨 두었다.

하도록 할 뿐이다. 랑시에르는 이 주장을 다음과 같이 간명하게 공식화했다. 비판의 작동기제에 대한 비판은 바로 그 작동기제의 활용에 의존한다. 이 주장은 좀더 일반적인 수준에서 다음과 같이 진술될 수 있을 것이다. 전도에 기초한 비판적 장치를 거부하면서, 즉 그 장치의 죽음을 공언하면서, 우리는 전도의 핵심적 논리를 다시 주장할 뿐이며, 결국 전도와 아주 유사한 비판적 장치를 지속시킬 뿐이다.

이와 같은 분석과 함께, 랑시에르는 비판적 사유를 넘어섰다고 말하는 모든 저술들, 우리가 어떤 비판적 장치 없이도 뭔가를 할 수 있다고(더 정확히는, 우리가 자본주의에 대한 비판적 설명의 필요성을 극복했다고) 말하는 모든 기획들에 대해 강력하게 도전할 수 있게 됐다. 이런 이유로 랑시에르는 페터 슬로터다이크의 근대성 논의를 간결하면서도 신랄하게 비판한다(Rancière 2009a: 30~31[『해방된 관객』 46~49쪽]. Sloterdijk 2004를 인용).[31] 랑시에르에게 슬로터다이크의 설명은 "비판적 전통의 형태와 내용으로부터 자유로워지자는 호소처럼 들린다". 그러나 정작 그러한 주장의 논리는 전통 안에 전적으로 갇혀 있다(Rancière 2007c: 5[『해방된 관객』 48~49쪽]). 랑시에르는 이러한 기제를 "이데올로기적 전도"라고 부르며, 슬로터다이크가 (그리고 비판이론의 전통이 주는 무게로부터 수월하게 벗어나고자 하는 다른 이들 역시) 이데올로기적 전도 안에 어쩔 수 없이 갇혀 있다고 지적한다. 비록 랑시에르 자신은 이전의 이데올로기적 전도의 논리나 더 단순한 탈신비화의 모델로 되돌아가길 원하지 않지만, 그는 가장 강력한 언어로 포스트-비판적 비판을 공격한다. 이전의 "비판의 절

---

31) 여기서 나는 랑시에르 에세이의 출판본을 인용하고 있다. 이 판본이 슬로터다이크에 대한 적절한 인용을 포함하고 있기 때문이다.

차들은 해방의 과정을 위한 인식과 활력을 각성시키는 수단들로서 생각되었다". 그러나 요즘의 비판의 절차들은 전적으로 "해방의 지평으로부터 절연되어 있다". 그렇게 "그것들은 모든 해방의 과정 그리고 심지어 모든 해방의 꿈에 맞서는 도구가 되었다"(Rancière 2007c: 5[『해방된 관객』 49쪽]). 부정되었으면서도 재활용되고 있는 비판의 논리는 궁극적으로 보수적인 것이다.

내가 볼 때, 랑시에르의 논쟁적 개입이 겨누고 있는 진짜 표적은 바로 여기에 있다. 랑시에르가 표적으로 삼은 것은 그가 좇고 있는 전통적인 비판적 사유(혹은 심지어 그것의 재난)가 아니라, 오히려 어떤 진리관에 대해 순진하게 의존한다는 이유로 단번에 비판적 사유의 전통 전체를 그저 일축시켜 버린 자들이다. 그러나 랑시에르는 비판적 장치의 이해에 대한 이전의 접근과 매우 일관된 방식으로 실재적 문제는 전도의 논리 자체에 놓여 있음을 보여 준다. 그가 2004년 인터뷰에서 말한 바와 같이 "누군가가 표면적인 것 아래에 있는 숨겨진 것을 찾으려는 곳에서, 지배의 위치[우위]ᵃ position of mastery는 정립된다. 나는 지배의 위치를 가정하지 않는 지형학topography을 생각해 보고자 했다"(Rancière 2006d: 49). 지형학의 언어는 랑시에르의 주장 상당 부분을 분명하게 해명해 준다. 지형학의 언어는 지배의 위치에 대한 대안이 탐사되거나 전도되어야 할 숨겨진 깊은 곳에 대한 거부에 의존한다는 사실을 보여 준다. 지형학적 지도는 등고선과 고도는 표시하지만, 거기에는 숨겨진 깊은 곳이 존재하지 않는다. 표면은 유의미하게 변화하지만, 표면 아래에는 (발견되길 기다리고 있는) 어떤 것도 없다.

게다가 비판적 사유를 무시해 버린 자들의 수중에서 전도의 논리는 최악의 형태를 띠게 된다. 그것은 랑시에르가 "허무주의적 지혜"라고 부르는 것의 형태, 즉 "지배의 법칙을 그것에 대항하고자 하는 모든 의지에 스며드는 위력으로 그려 내는" 접근 방식을 상정한다(Rancière 2007c: 6[『해방된 관객』 50쪽]). 이는 모든 명시적인 비판적 장치의 경계 바깥에서 작동하는 전도의 논리(그러므로 비판적 장치의 허무주의)이다. 전도의 논리가 그 논리의 재전유라는 방식으로 도전받을 때, 우리는 결국 가장 무능하고 비열한 '비판의 비판'으로 귀착하게 된다. 비판적 사유의 일축을 통해 허무주의적 지혜는 다음과 같은 결론에 이른다. "상품과 이미지의 제국에 대한 구 좌파의 비판은 피할 수 없는 지배에 대한 멜랑콜리적 혹은 반어적인 동의의 형태로 전환되어 왔다"(Rancière 2007c: 6[『해방된 관객』 50~51쪽]). 따라서 우리는 모든 비판적 장치들을 폐기하자고 주장하면서, 우리가 거부한다고 떠들었던 전도의 논리를 재확인하고 강화한다. '어떠한 진리도 존재하지 않는다'는 주장이 외양과 본질 간의 고전적 대립에 의존하는 비판의 틀 안에서 표현될 때, 그것은 정치에 대한 전적인 포기로 귀착된다.

결론으로 재빨리 옮아가면서 랑시에르는 예술이 얼마나 자신의 비판적 날카로움을 잃었는가에 대해 암시한다. 그는 기 드보르^{Guy Debord}의 '스펙터클의 사회'를 전도의 논리 안에 완전하게 둘러싸인 또 다른 전회의 사례로서 인용한다. 그것은 사라져 가고 있는 낡은 (이제는 시효가 다했으며, 유행이 지난) 해방을 다시 옹호하는 것이다. "스펙터클의 사회에서 해방의 모든 형태는 스펙터클에 대한 예속의 한 형태가 된다"(Rancière 2007c: 12[『해방된 관객』 64쪽]). 가장 중요한 문제는 전도의 논리가 단순한 재전도 이상의 작업을 할 수 없다는 것이다. "전도의 지식은 전도된 세계에 귀속된다"(Rancière 2007c: 12[『해방된 관객』 64쪽]). 사태를 옳은 상태로 돌려놓거나, 사물을 옳은 방향으로 돌려놓는 방법 같은 것은 없다. 왜냐하면 전도의 과정에 존재하는 것은 전도 이상의 것이 될 수 없기 때문이다. 랑시에르는 "포스트모던적 전회"가 오로지 근대성의 문제를 심화하고 강화할 뿐이라는 점을(이 문제의 심각성을 부정하기보다는 그것을 재확인하는 주장임을) 보여 왔다. "근대적 비판으로부터 포스트모던적 허무주의로의 전환은 없다. 그것은 그저 동일한 등식을 역의 방향으로 해석하는 문제일 뿐이다"(Rancière 2007c: 12[『해방된 관객』 65쪽]).[32]

나는 랑시에르의 분석에서 놓치기 쉬운 요점을 강조하고자 한다. 우리는 전도의 논리를 중심으로 작동하는 전통적인 비판적 장치로 돌아갈 수 없다. 우리는 그렇다고 모든 비판적 장치를 거부하면서 비판적 사유의 기획 전체로부터 탈출하거나 그 기획 전체를 폐기할 수도 없다. 랑시에르에 따르면, 위기에 처한 것은 어떤 '해방'의 가능성이다. 그는 다음과 같이 쓴다. "요즘 이뤄지고 있는 비판의 절차들과 해방의 모든 관점 사이의 단절은 오로지 비판적 패러다임의 핵심에 있는 분리^{disjunction}를 드러낼 뿐이다. 그 단절은 비판적 패러다임이 가진 환영을 비웃을지 모르지만, 그것은 전도의 논리에 둘러싸여 있다"(Rancière 2007c: 13[『해방된 관객』 65쪽]).

---

32) 얼핏 유사하게 들릴지 모르지만, 랑시에르가 보수적인 접근이라고 비판하는 이러한 '역의 방향으로 해석하기'와 내가 3장에서 상세하게 논의한 문학성 — '말들의 과잉' — 개념 간에는 결정적인 차이가 있다. 랑시에르의 기 드보르(와 다른 이들)에 대한 비판은 이들에 의해 전도의 논리가 도전받지 않았다는 점을 지적하는 것이 핵심이다. 즉 드보르에게 외양과 본질의 전도된 세계 바깥의 힘은 존재하지 않으며, 오로지 반복적으로 뒤집히는 모래시계만이 존재할 뿐이다. 반면 문학성이 가진 민주주의적 힘은, 주어진 감각 영역의 나눔을 **파열시킬** 수 있고, 그렇게 함으로써 그것을 다시 나눌 수 있는 말들의 과잉이 가진 위력을 수반한다. 이 경우에 랑시에르가 보여 주는 포스트모던적 전회는 동일한 감각적인 것의 나눔 안에서 비틀기를 수행하는 것에 다름 아니다. 문학성과 **감각적인 것의 나눔**(le partage du sensible)에 대한 랑시에르의 주장은 우리로 하여금 재의미화(resignification)의 정치에 대한 현대 이론의 오래된 논쟁을 다시 고찰하게끔 해준다. 왜냐하면 재의미화는 감각 영역의 새로운 짜임을 만들어 내기 위해 말들의 과잉을 요구하는 움직임으로 이해될 수 있기 때문이다(Butler 1997a를 보라; Chambers and Carver 2008).

다시 말해 오늘날 '비판의 비판'은 소위 전도의 산물이라고 일컬어지는 해방에 대한 전통적인 전망을 거부하지만, 전도의 논리 자체를 폐기하지 않는다. 이 에세이의 출판본에서 랑시에르는 해방에 대한 다른 설명을 제시하기 위해 이 논점을 부연한다. "우리는 '해방'이라는 단어의 본래적 의미, 즉 소수의 상태^{a state of minority}로부터의 탈출이라는 의미로 돌아갈 필요가 있다"(Rancière 2009a: 42[『해방된 관객』 60~61쪽]). 해방의 이러한 급진적 발상은, "모든 이들이 자신의 자리에 남아 있는 곳"이라는 전망에 의존하는 모든 것, 즉 모든 사회적 유토피아의 전망이나 질서의 철학으로부터도 직접적으로 단절한다(Rancière 2009a: 42[『해방된 관객』 61쪽]). 전도의 논리는 비록 사람들을 새로운 자리에 놓는다고 할지라도(예컨대 프롤레타리아 독재) 여전히 "사람들을 그들의 [고유한] 자리에 놓는" 것을 목표로 한다. 여기서 랑시에르는 전도의 비판적 논리의 산물이 아닌 다른 유형의 해방의 가능성을 고수한다.

전도의 논리는 전통적인 비판이론의 중심에 있다. 왜냐하면 그것은 해방의 전통적 발상을 가능하게 하기 때문이다. 단순한 현상[외양]에 대한 전도를 통한 비판은 왜곡되어 버린 조화나 파편화되어 버린 (사회적 전체의) 종합을 회복함으로써 우리를 '해방'으로 이끌 것이다. 심지어 플라톤도 (그리고 물론 신-플라톤주의자들도) 이러한 방식으로 전도의 논리에 의존하는 비판적 장치의 일종을 고수한다. 계몽과 교육——"스스로 초래한 미성년 상태로부터 벗어나는 것"——에 대한 칸트적 헌신은 전도의 동일한 관계를 환기시킨다(Kant 1970: 54). 위의 인용문에서 랑시에르는 해방에 대한 자신의 변별적인 발상, 즉 해방의 관념을 전도의 어떠한 구조로부터도 절연시키는 발상을 강조한다. 여기서 해방은 하나의 신체가 그 신체에 부여된 미리 결정된 모든 역할들로부터 단절하는 것을 말한다(Rancière

2009a: 42~43[『해방된 관객』 60~63쪽]). 해방의 또 다른 유형에 대한 이러한 헌신은 무지한 스승이라는 랑시에르의 급진적 교육학을, 전도에 의지하는 모든 비판적 장치들에 대한 도전과 연결시켜 준다(나는 뒤에서 이를 더 자세히 논의하고자 한다). 무지한 스승은 바보 만들기^{stultification} 없는 해방의 가능성을 제공함으로써, 전도(바보 만들기)와, 조화로서의 해방 사이의 연결고리를 제거한다(Biesta 2010을 보라).[33]

랑시에르의 분석과 그에 대한 나의 해석은 가장 문제가 되는 질문을 지속적이고 더욱 강력하게 밀어붙인다. 어떻게 우리는 전도의 논리에서 벗어날 수 있는가? 전도의 논리를 반복하지 않고 비판적으로 사유한다는 것—랑시에르가 결코 폐기하지 않았던 발상—은 무엇을 의미하는가? 전도의 논리에 의존하지 않는 비판적 장치는 어떤 형태가 될 것인가? 랑시에르는 이 질문에 대한 일종의 답변으로 해석될 수 있는 나름의 비틀기로 에세이를 끝맺고 있다. 그는 우리가 전도의 논리를 논박하거나 그것에 대한 완전한 대안을 상정하기보다, 차라리 그 논리의 발전에 대한 비판적인 역사 분석을 제공해야 한다고 주장한다. 어떤 방식으로는 이 장에서의 나의 작업 역시 "[전도의] 논리의 개념들과 절차들의 계보학을 재-검토하라는" 랑시에르의 조언을 받아들이려는 시도로서 이해될 수 있다(Rancière 2007c: 13[『해방된 관객』 65쪽]). 그러나 나는 맑스주의나 프랑크푸르트 학파가 아니라, 랑시에르의 저작을 계보학적으로 탐구한다. 나는 이러한 계보학적 탐구가 랑시에르의 최종적 제안을 탐구하기 위한 더욱

---

33) 나는 해방에 대한 랑시에르의 독특한 사유를 구체화하게끔 도와주고, 그렇게 함으로써 나로 하여금 랑시에르의 급진적 교육학과 그의 비판적 사유를 해석하는 문제 간의 결정적인 연관 고리를 발전시킬 수 있도록 해준 익명의 논평자에게 감사한다.

원대한 비판의 도구를 제공할 수 있다고 믿는다. 랑시에르는 모든 전통적인 비판적 장치들이 건강과 치료의 가정에 의존한다고 주장한다. 랑시에르는 이 건강과 치료의 가정들을 소크라테스에 연관 짓지는 않고 있다. 하지만 다시 한번 그럼에도 불구하고, 둘 사이에는 연결고리가 존재한다. 전도의 논리, 즉 진리와 외양 사이의 핵심적 대립은 비판적 사유의 구조 내부에 깊이 자리 잡고 있다. "비판의 절차는 무능한 자들the disabled을 치료하는 것이다. 그것은 볼 수 없는 자들, 그들이 보는 것의 의미를 이해할 수 없는 자들, 지식으로부터 행위로 이행할 수 없는 자들을 치료하는 것이다"(Rancière 2007c: 15[『해방된 관객』 68쪽]). 우리의 출발점이 맹목blindness의 가정인 한, 우리는 어떻게든 눈에 붙어 있던 비늘을 뜯어내고, 탈신비화하고, 탈은폐하고[가면을 벗기고], 독특한 진리를 (비록 그것이 허위의 진리라고 할지라도) 찾아내도록 강제당할 것이다. 우리가 이밖에 어떤 것을 할 수 있겠는가? 랑시에르는 "해방의 논리를 비판적 전통이 지배의 논리로부터—무비판적으로—빌려온 몇몇 전제로부터 자유롭게 해야" 한다고 주장하면서, 우리가 그의 작업(에 대한 일정한 해석)으로부터 그에 대한 대안을 찾을 수 있을 것이라고 시사한다. [포스트-비판적 비판과는] 대조적으로 "비판적 전통에 대한 참된 비판은 비판적 절차들의 기반 자체를 바꾸는 것[다른 논리에 근거해 비판적 장치를 재구성하는 것]이어야 할 것이다". 그러나 이는 전적으로 다른 가정을 출발점으로 삼는다는 것을 의미할 것이다. 랑시에르는 이를 "무능한 자들이 유능하다고 전제하고, 기계에는 어떠한 숨겨진 비밀도 없다고 전제하는 … 참으로 어리석은 가정"이라고 부른다(Rancière 2007c: 15[『해방된 관객』 68~69쪽]. 강조는 인용자).

안목 있는 비판이론으로부터 맹목 없는 비판이론으로

이 짧은 에세이에서 랑시에르는 더 이상의 논의로 나아가지 않는다—그는 여기서 멈춘다. 그는 비판이론을 다시 사유하거나, 비판적 사유의 전통을 계보학적으로 분석하거나, 비판적 장치의 또 다른 유형—전도의 논리를 피하거나 벗어날 수 있는 비판적 장치의 유형—을 위해 새로운 개요를 짜내는, 자신의 암묵적인 임무(적어도 내가 보기엔 그러했다)에 착수하지 않는다. 랑시에르는 무능한 자들이 유능하다고—역량 없는 자들이 역량이 있다고—가정하는 것이 무엇을 의미하는지에 대해서도 상세하게 설명해 주지 않는다(Rancière 2009a: 47[『해방된 관객』67~68쪽]). [그러나] 4장에서의 랑시에르에 대한—텍스트의 선택이나 해석에 있어서나—선택적인 읽기는 그러한 기획을 위해 필요한 경로를 암시하고 있다.

랑시에르는 우리가 비판적 사유의 전통으로부터 해방의 질문을 분리해 내야 한다고 강조한다. 어쩌면 우리는 그래야 할지도 모른다. 그러나 나는 우리가 비판적 전통을 폐기해서는 안 된다고 주장하고자 한다. 이 에세이에 담긴 랑시에르의 통찰로부터 우리는 일부의/모든 비판적 장치들로부터 절연하려는 시도들이 무익하며 오히려 위험할 수 있다는 사실을 이해할 수 있다. 우리의 목표는 비판적 장치 없이 뭔가를 수행하는 것이 될 수 없다. 차라리 우리의 목표는 전도의 논리에 지배당하지 않는 비판적 장치를 작동시키는 것이어야만 한다. 랑시에르의 작업은 나의 주장에 지지대를 제공해 준다. 왜냐하면 해방의 일정한 유형을 지지하며 랑시에르가 (민주주의 정치의 형태 안에서) 발전시킨 가장 의미심장한 주장 중 일부는 걸음마 단계에 있는 그 나름의 비판적 장치를 동원하며 그 장치의 효과에 분명하게 의존하기 때문이다. 랑시에르는 결코 명시적으로 비판이론과 같은 편에 서지 않는다. 오히려 랑시에르는 (대부분의 저술에서) 비판이론의 전통을 가까이하지 않았고, (2007년의 에세이에서는) 명시적으로 그로부터 거리를 두었다. 그러나 나의 해석은 두 가지 요점을 지적했다. 첫째, 랑시에르는 일종의 비판적 장치 없이는 어떠한 작업도 수행할 수 없다. 둘째, 그 자신도 지적했던 것처럼, 비판적 장치를 거부하려는 모든 움직임은 실패로 끝나게 마련이다. 랑시에르의 논쟁적 저술은 나름의 의미에서 비판적 장치를 환기하고 그 장치에 의지한다. 랑시에르 스스로도 우리가 비판적 사유를 일축해 버리지 않고 반드시 어떻게든 그것을 일신해야 한다고 시사한다. 더 나아가, 랑시에르의 짧은 대담의 말미에서 드러난 그 표현의 간략성에도 불구하고, 나는 '무능한 자들이 유능하다'는 가정 위에 비판적 사유를 정초하자는 그의 제안을 우리가 발전시켜 나갈 수 있다고 생각한다.

나는 랑시에르의 가정을 다음과 같은 의미로 이해한다. 예전의 비판이론은 어떤 이들은 눈이 멀었기 때문에 (언제나 계몽적인 비판적 이론가들에 의해) 안목을 수여받아야 하며, 어떤 이들은 무능하기 때문에 주인들/스승들masters에 의해 인도될 필요가 있다고 가정해 왔다. 우리는 이러한 방식의 가정을 폐기해 버린 비판적 기획에 대해 생각해 볼 필요가 있다.[34] 따라서 랑시에르는 1장에서 내가 동의하지 않는 종류의 희망(순수한 희망, 완벽한 혁명의 꿈)과는 다른 희망의 정치를 우리에게 제공한다. 1968년 5월의 구호가 직접적으로 말한 바와 같이 랑시에르에게도 "희망은 희

---

34) 이러한 비판적 기획은 '이데올로기 비판'(ideology critique)을 다시 사유하려는 동시대의 다른 시도들(Laclau 2006을 보라; 또한 Laclau 1996; Žižek 1994; Lievens 2012 참조)과는 다른 방향의 접근을 취한다.

망 없는 자들로부터 도래한다". 이 구호에 대한 랑시에르적 해석은 희망의 담지자가 될 희망 없는 자들의 역설적 자질을 강조할 것이다. 이 해석에서 '희망 없는 자들'은 인식론적 범주가 아니며, 특권화된 계급에 붙인이름도 아니다. 왜냐하면 희망은 지식도 신념도 아니기 때문이다.[35] "희망은 희망 없는 자들로부터 도래한다"고 말하는 것은 지능의 평등에 관한또 하나의 어리석은 가정을 만드는 것이다. 만약 희망이 주인들/스승들이나 지자^{知者}들로부터 오는 것이 아니라, 희망 없는 자들로부터 도래하는 것이라면, 우리는 더 이상 누군가가 다른 이들이 결여한 비판적 안목을 소유하고 있다고 가정할 수 없다. 랑시에르는 해방과 민주주의 정치가 평등을가정하는 방식을 통해서만 가능함을 반복적으로 보여 준다. 우리는 평등의 가정에 기초해 나아가면서 이 가정을 입증하고자 한다. [그러나] 만약에 비판이론이 이와 같은 일을 했다면 어찌 하겠는가? 전제로서의 평등의논리를 실행하는 비판적 장치—평등 전제의 입증을 스스로의 목표로서추구하는 비판적 장치—를 만든다는 것은 무엇을 의미하는가? 이 논리는(비판이론을 위한 조건으로서) 무능한 자들이 유능하다고 가정하도록 요구할 뿐만 아니라, (비판의 작동 결과로서) 그 가정을 증명하도록 요구한다.

그러한 비판적 장치가 어떤 것이 될지에 대한 수사적인 질문으로부터 떠나서 (여전히 매우 일반적이긴 하지만) 구체적인 사례를 살펴보자. 만약 우리가 비판을 필요로 하는 사회구성체로 자본주의를 이해한다면, 우리에게 주어진 임무란 맹목을 필요로 하지 않는 자본주의 사회구성체

---

35) 희망에 대한 이러한 해석은, 코넬 웨스트의 희망의 '난잡한'(messy) 정치학에 대한 전망과 공명한다. 실은 이 희망은 "실재적인 작업을 수행해야 할 필연성을 무시한, 더 나은 미래의 순진한 투사를 통해 배반당할" 것이다(West 2011).

에 대한 비판이론을 작동시키는 것이 될 것이다. 이것은 보이지 않는 구조—자본주의의 행위자들이 아니라 그 비판자들에게만 이해가능한 구조—에 의존하지 않는 자본주의에 대한 비판이론을 발전시키는 것을 의미한다. 또한 이는 자본주의의 행위자들을 **역량** 있는 행위자들로서 이해한다는 것(따라서 허위의식을 없애 버린다는 것)을 의미한다.[36] 이 단순한 밑그림으로부터 발전한 일신된 비판이론은 다음과 같은 두 가지 핵심적 질문들에 답변할 필요가 있을 것이다.

1) 어떻게 우리는 맹목이 존재하지 않는다고 확신할 수 있는가? 즉 보이지 않는 구조들이나 무능한 행위자들이 존재하지 않는다고 말하는 것은 무엇을 의미하는가?

2) 새로운 비판적 장치의 요점 내지 그 활용가능성이 전도에 있지 않다면, 도대체 그 장치의 요점 내지 활용가능성이란 무엇인가? 다시 말해 만약 비판이론이 단순히 진리의 드러냄이 아니라면, 우리는 비판이론

---

36) 토드 메이는 우리가 그러한 행위자들이 때때로 "틀릴 수도 있다"는 관념을 폐기하지 않고도 맹목적인 행위자들—랑시에르적인 지능의 평등을 긍정할 수 있는 자—의 가정을 회피할 수 있다고 시사해 왔다. 이러한 방식으로 (비판)이론가는 맹목적이던 사람들이 이제야 안목을 가지게 됐다고 가정하지 않으면서도, 그전에 볼 수 없던 무언가를 사람들에게 보여 주고자 시도한다. 내가 보기에 그 구분은 직관적으로 옳으며, 랑시에르가 유능한 자와 무능한 자에 관해 말한 어떤 것과도 명백히 모순되지 않는다고 생각된다. 그러나 나에게는 '틀린' 행위자[라는 관념]를 유지해야 할 필요성이 있는지 의심스럽다. 왜냐하면 이는 '설명자의 질서'를 다시 뒷문으로 몰래 들어오게 하는 위험한 불장난을 벌이는 것처럼 보이기 때문이다. 물론 학생들은 때때로 잘못을 저지른다. 그러나 내가 랑시에르를 읽은 바로는, 평등의 가정을 상정한다는 것은 절대로 교사들이 학생들을 틀리는 존재라고 가정하지 않도록 하는 급진적 교육학을 요구하는 것이다(May 2011). 실로 랑시에르의 급진적 교육학에서 교사들은 **아무것도** 모를 필요가 있다. (이는 아마도 소크라테스를 최초의 무지한 스승으로, 플라톤을 최초의 바보를 만드는 자stultifier로 만들 것이다.)

으로부터 무엇을 얻을 수 있는가?

랑시에르의 작업은 첫 번째 질문에 유용하면서도 결정적으로 논쟁적인 답변을 제공한다. 어떻게 우리는 맹목이 존재하지 않는다는 걸 아는가? 우리는 맹목이 존재하지 않는다는 걸 알지 못한다. 그럼에도 불구하고 우리는 그것을 가정하며 입증한다. 그러므로 새로운 비판이론을 위한 출발점은 반드시 역량의 가정이 되어야 하며, 구조가 비가시적이지 않고 가시적인 것이라는 전제가 되어야 한다. 내가 이 책에서 수없이 평등에 대해 논의하며 명백히 하고 있는 바와 같이, 여기서 나는 평등에 대한 랑시에르의 접근법을 단순히 반복하고 있을 뿐이다. 랑시에르는 평등을 통해 우리 모두가 할 수 있는 일, 그중에서도 최선의 일은 평등을 가정하고 입증하는 것이라고 말한다. 평등은 실체적인 결과도 아니고 규범적인 토대도 아니다. 평등은 그 자체로 좋은 것으로 이해되어서도 안 되며, 추구해야 할 이상적인 **텔로스**로 이해되어서도 안 된다. 따라서 정치는 평등 때문에 발생하는 것이 아니며, 정치가 평등을 달성하는 것도 아니다. 차라리 정치는 치안질서에 도전하며 그 질서를 방해하는 것이다. 평등은 우리가 세계에 다가가는 만큼 가정될 수 있으며, 우리가 세계에서 사건들을 목격하는 만큼 입증될 수 있다(Rancière 1991: 18[『무지한 스승』 38~41쪽]). 여기서 나는 안목 있는 눈먼 자와 건강한 환자에 대한 랑시에르의 '어리석은 가정'에 대해서도 바로 이런 접근 방식을 취해야 함을 지적하고 있다. 이것이야말로, 즉 **평등의 전제**야말로 새로운 비판적 장치의 첫 번째 핵심 요소이다.

평등의 전제는 조제프 자코토가 가르침에 가져다준 고무적인 가정이다. 전도에 저항하는 랑시에르의 매우 중요한 초기 주장은, 비판이나 비판이론, 비판적 장치를 실제로 다루지 않는 텍스트에서 다양한 방식으로 출현한다. 내가 서론에서 간략하게 논의했듯이, 『무지한 스승』에서 랑시에 르는 가르침의 전통적 모델이 학생의 이해 불능을 교사의 설명으로 극복 하는 '설명자의 질서'에 의존한다는 점을 보여 준다(Rancière 1991 [『무지 한 스승』]). 『랑시에르의 교훈』 전반에 걸쳐 나는 랑시에르의 급진적 교육 학에 대한 일정한 충실성을 유지하고자 했다. 그러한 이유로 나는 누군가 그의 텍스트들로부터 도출해 낼 정적이고 형식적이고 무시간적인 '교훈' 의 목록을 집대성하는 작업에 저항해 왔으며 그것을 거부해 왔다. 랑시에 르의 새로운 교육학은 내가 가리키고 요청하고 있는 비판이론의 형태에 동의/서명하는 것이자 거기에 힘을 불어넣는 것이다. 실로 이 새로운 비 판적 장치에서 랑시에르의 교육학은 핵심 요소가 되어야 한다. 전통적 비 판이론은 전도의 논리를 통해 바보를 만든다. 랑시에르의 자코토에 대한 초 기 저술에서 '설명자의 질서'에 대한 도전과 '강제적인 바보 만들기'를 피 하고자 하는 그의 노력은, 비판적 사유의 새로운 형태를 향한—전도의 논리와 결별하는 새로운 비판적 장치를 향한—길을 가리킨다. 전통적 모 델에서 가르침은 학생의 무지에 의지한다. 즉 교사가 학생에게 증명하는 것은 무엇보다 학생 자신의 무지이다. 따라서 전통적 가르침은 전복과 탈 신비화라는—허위의 외양 아래에 있는 참된 본질을 찾으려는—동일한 논리에 따라 작동했다.

전도의 논리에 기초한 비판이론에는 전통적 가르침과 같은 방식으로 바보를 만드는 것 외에 다른 선택지가 없다(Sedgwick 2003: 124). 자코토 가 제시한 가르침의 대안적 모델은 역량 있는 학생들과 무지한 스승을 출 발점으로 삼는다. 그렇다면 비판이론 연구자가 자신이 연구하고 있는 사 회구성체의 행위자들보다 많이 안다고 가정하지 않으면 어떻게 되는가? 행위자들이 이론가와 마찬가지로 '볼 수 있다'는 것이 비판이론의 가정이면 어떻게 되는가? 랑시에르는 학습/지식/교육의 다른 모델로 전회함으로써 다음과 같은 질문을 제기하는 것으로 볼 수 있다. 그 질문은 내가 여기서 암묵적으로 주목하고 있는 질문이기도 하다. 즉 바보를 만들지 않는 기획으로 비판이론을 생각한다는 것은 무엇을 의미하는가? 랑시에르가 이러한 주제로 복귀하고 있다는 것은 그의 최근 작업에서 현저하게 드러난다(Rancière 2009a[『해방된 관객』]). 자코토는 묻는다. "학생이 교사 없이 배울 수 있다면 어찌 하겠는가? 학생이 번역 없이 책을 읽을 수 있다면 어찌 하겠는가?" 그리고 오로지 이러한 가정을 함으로써만 자코토는 급진적이고 해방적인 교육학을 창조할 수 있었다. 마찬가지로 우리는 오로지 이전의 가정을 전복시키고 새로운 가정으로부터 시작함으로써만 새로운 비판적 장치를 작동시키는 변별적 논리를 창조할 수 있다. 무능하다고 일컬어지는 자들이 가진 유능함은 규범적 논리를 통해 증명되어야 할 것이 아니며, 경험적 증거로 입증되어야 할 것도 아니다. 그것은 상정되어야 하고 그래서 입증되어야 할 가정이다. 그것은 비판이론을 생산하기 위해 우리가 취해야 할 접근 방식이다. 랑시에르의 급진적 교육학을 안내로 삼아, 우리는 앞에서 제기된 첫 번째 질문에 명확하게 대답할 수 있다.

효과effects에 관련된 두 번째 질문은 더 어렵고 미묘하다. 만약 진리가 거짓말의 기저에 있는 것이 아니라면, 비판이론은 우리에게 무엇을 보여주어야 하는가? 만약 비판적 장치가 뭔가를 드러내는 것이 아니라면, 그것이 하는 일은 무엇인가? 만약 비판이론의 작동 방식이 전도가 아니라면 도대체 무엇이 되겠는가? 그리고 만약 비판이론의 기능이 탈은폐[가면 벗기기]나 탈신비화가 아니라면 도대체 무엇이 되겠는가? 나는 효과에 대한 이 두 번째 질문이 비판적 장치의 새로운 유형과 전도의 논리에 기초한 모든 비판이론 간의 차이를 명확하게 지시하고 있음을 강조하면서 위 질문들에 대한 답변을 시작하고 싶다. 결국 탈신비화 내지 전도의 논리와 비판 이론 간의 거친 등식은 아주 오랫동안 유지되었고 일정한 헤게모니를 성취했다. 왜냐하면 그 등식에는 아주 명백하고도 강력한 이점이 있었기 때문이다. 전도로서의 비판이 다양하게 활용될 가능성이 있음은 명백하다. 탈신비화로서의 비판이론은 진리, 계몽, 명쾌함을 제공한다. 그것은 이데올로기의 속박을 파열시키고, 허위의식을 제거한다. 전도로서의 비판은 자유롭게 하고, 해방시키며, 변화와 혁명을 위한 확고한 인식론적 토대를 제공한다. 만약 우리가 이 모든 것을 포기한다면——우리가 이 모든 것의 기초가 되는 전도의 논리를 거부한다면, 우리는 반드시 이들 중의 일부를 포기해야 한다——우리에게는 무엇이 남을 것인가? 의식^{conscience}과 혁명이 아니라면 대체 무엇인가?

전통적으로 비판이론은 눈먼 자에게 시력을 가져다주는 것이었다. 비판이론은 안목을 갖고 어두운 곳을 조명한다. 이러한 비판이론에 대한 대안은 이론가의 안목 있음으로부터가 아니라, 맹목의 부재로부터 출발한다. 나는 새로운 비판적 장치(어둠을 전제하지 않는 비판적 장치)가 무엇을 할 수 있는지 명확히 하기 위해 '숨겨진 것'$^{the\ hidden}$과 '이해불가능한 것'$^{the\ unintelligible}$의 차이를 제안하고자 한다. 전도의 비판적 논리에 따르면, 모든 체계나 사회질서 안에는 숨겨진 작동기제가 있다. '숨겨진 것'이란 정확하게 말해 허위의 표면적 현상 때문에 보여질 수 없는 깊은 곳의 진실이다. 이러한 사유 방식에 따르면, 비판이론은 숨겨진 것이나 볼 수 없는 것을 찾고 발견해 내야만 하는 것이다. 비판이론은 숨겨진 것을 조명하고 전도를 통해 진리를 드러낸다. 요컨대 이 논리 안에서 숨겨진 사물들은 거기에 있지만 보여질 수는 없는 것이다.

이와 대조적으로, 랑시에르적 민주주의 정치에 대한 나의 해석에서

(그리고 내가 후기에서 논의하는 바와 같이) 우리는 숨겨진 것과 같이 다뤄지거나 혼동되어서는 안 될 하나의 요소 혹은 용어를 발견한다. 랑시에르는 이 존재자^{entity}에 데모스, 빈자, 몫 없는 이들의 몫$^{\text{une part des sans-part}}$ 등의 많은 이름들을 부여한다(Rancière 1995a: 31 [『불화』 39쪽]). 나는 이를 '이해불가능한 것'$^{\text{the unintelligible}}$이라고 부른다. 이해불가능한 것은 치안질서의 숨겨진 부분이 아니다. 치안질서 안에서 우리는 하찮은 자들, 억압된 자들, 혹은 일반적인 사회경제적 의미에서의 '빈자들' 같은, 분명하게 가시적인 개체들을 이미 갖고 있다. 이와 같은 집단들은 비록 하찮거나 지배당하는 부분이라 하더라도, 치안질서 안에서 한 부분을 차지한다. 그러나 몫 없는 이들의 몫은 치안질서 안에 들어가거나 포함될 수 없는 것이다. 그것은 치안질서 안에서 어떤 몫도 가지지 않는 부분이다. 그것은 오로지 정치를 통해서만 존재하게 되는 부분이다. 따라서 이해불가능한 것은 숨겨진 것이 아니며, 숨겨졌기 때문에 보이지 않는 것도 아니다. 차라리 이해불가능한 것은 거기에 존재하지 않는 것이다. 사회구성체에 대한 비판이론은 반드시 몫이 없는 부분에 대한 일정한 종류의 '의식'^{consciousness}(더 좋은 단어가 없기 때문에 이 단어를 사용했다)을 만들어 내야만 한다. 그러나 그러한 비판이론이 '몫이 없음'$^{\text{sans-part}}$을 탈은폐하거나[그것의 가면을 벗기거나], 가시적으로 만드는 것이 아니다. 오로지 정치만이 그러한 일을 할 수 있다. 일신된 비판이론은 이해불가능성의 정치와 조화되는 비판이론이어야 할 것이다. 이러한 분석은 새로운 비판적 장치의 두 번째 핵심 요소, 즉 이해불가능성의 논리를 도출한다.

그러므로 새로운 비판적 장치는 감각적인 것의 나눔$^{\text{la partage du sensible}}$이라는 말로 랑시에르가 의미한 바를 망각하는 것이어서는 안 된다. 나는 가시적인 것을 가시적으로 만들고 이해불가능한 것을 이해불가능한 것으로 만드는 나눔^{partage}이 언제나 존재한다는 것을 염두에 두고 작동할 수 있는 비판적 장치를 묘사하고 있다. 오로지 정치만이 이전에 이해불가능성이 존재했던 곳에 새로운 이해가능성을 창출해 낼 수 있다.[37] 그러나 새로운 나눔으로 이해가능성의 새로운 질서가 만들어진다 하더라도, 이해불가능한 것은—자유주의 질서의 병합을 통해서건 전통적 비판이론의 조명을 통해서건—결코 제거될 수 없다. 새로운 비판적 장치는 현실을 분할하고 그렇게 함으로써 현실을 포착하고 구성한다. 그 비판적 장치는 현실의 표상이라는 방식으로 작동하지 않으며, 이러한 이유로 그 장치는 전도로서의 비판을 위한 필수적 기초인 미메시스의 논리를 피할 수 있게 된다(Rancière 2011e 참조). 명백한 요점을 여기서 다시 서술할 필요가 있어 보인다. 즉 랑시에르적인 정치적 불일치의 논리는 전도의 논리의 일종이 아니다.

전통적인 비판적 장치에서 전도의 논리는 구체적 형태의 지식 생산을 가리킨다. 즉 전통적인 비판적 장치를 통해 깊은 곳의 진리는 드러날 것이다. 이와 대조적으로 새로운 비판적 장치—이해가능성의 논리를 따라 작동하는 비판적 장치—는 지식 생산이라는 목표를 거부한다. 더 나은 방식으로 표현하자면 그 비판적 장치는 '사유의 임무는 지식 생산이다'라는 발상을 비판적 장치에 필수적이지 않은 것으로 보며, 또한 민주주의

---

37) 장치와 관련된 '새로움'에 대한 들뢰즈의 설명은 내가 여기서 제안하고 있는 비판적 장치에서 과연 **비판적으로** 남아 있는 것이 무엇인가를 강조하는 데 도움을 준다. 들뢰즈는 "우리는 사회적 장치들에 속하며 그것들 안에서 행위한다"라고 말하며(Deleuze 1991: 164[『들뢰즈가 만든 철학사』, 481쪽]), 다시 한번 장치를 **감각적인 것의 나눔**과 공명하도록 만드는 묘사를 보여 준다. 그러므로 우리 자신이 속한 치안질서에 대해 비판적 태도를 견지한다는 것은, 전도의 논리를 요구하지 않는다. 왜냐하면 비판의 차원은 거짓 속에 가려진 근본적 진실에 관한 것일 필요가 없으며, 오히려 치안질서를 변형시키고 파열시키는 새로움과 생성, 변화의 차원 위에서 움직이는 것일 수 있기 때문이다.

정치에도 적합하지 않은 것으로 본다. 인식과 이해는 이 비판적 장치의 목표가 아니다. 왜냐하면 정치는 의미-만들기[이해하기]sense-making에 관한 것이 아니기 때문이다. 정치는 불일치에 관한 것이자, 불화에 관한 것이다. 파네지아가 불화[메장탕트]mésentente를 '의견의 불일치'disagreement로 옮기는 것이 어떤 면에서 부적절한지를 설명할 때, 그는 이러한 맥락에서 중요한 요점을 제시한 것이다. "앙탕트enstente는 이해understanding를 뜻하며, 따라서 메즈-앙탕트més-entente는 의견의 불일치disagreement와 오해misunderstanding를 동시에 함축한다"(Panagia 2006: 89. 강조는 인용자). 또한 랑시에르에게 메장탕트mésentente는 더 많은 소통을 통해서 '없어지거나' 극복될 수 있는 오해가 아니다(Rancière 2005c 참조). 메장탕트는 구성적인 오해를 가리키는 말이다. 그것은 "흰색이라고 이야기하는 자와 검은색이라고 이야기하는 자 사이의 갈등이 아니라, 흰색을 말하는 자와 역시 흰색을 말하지만 그것으로 같은 것을 이해하지 않는 자 사이의 갈등이다"(Rancière 1999: x[『불화』17쪽]). 『불화』의 서문의 이 유명한 구절은 아디티와 발렌타인의 논쟁화polemicization 개념에 영감을 주었다. 나는 '논쟁화' 개념을 이 장의 출발점으로 삼았고, 그렇게 함으로써 이 개념을 비판적 사유에 대한 모든 랑시에르적 사유의 핵심에 놓고자 했다(1999: 4[『불화』28쪽]; 또한 Panagia 2006: 89 참조).

이 대목은 또한 '의미-만들기[이해하기]'와 '이해'가 어느 정도까지 치안질서의 기획에 속하는 것인지를 강조할 수 있게 해준다. 니콜라스 컴프리디스는 하버마스에 대한 재구성적 해석을 통해 비판을 다시 사유하려 노력하면서, "비판이론은 무엇보다도 이해할 필요가 있"으며(Kompridis 2006: 29), 비판의 새로운 기획은 의미를 드러내는 것이어야만 한다고 주장한다(2006: 255; 또한 262 참조). 이때 컴프리디스는 그 자신의 비판적 기획을 치안의 개념으로 분류하고 있다. 이와 명확히 대조적으로 내가 묘사하는 비판적 장치는 이해를 목표로 받아들이는 발상을 거부한다. 새로운 비판적 장치의 목표는 의미-만들기 너머에 있는 정치여야 한다. 왜냐하면 치안질서는 의미-만들기라는 목표를 손쉽게 포섭할 수 있기 때문이다. 실로 전도의 논리는 치안질서의 감각적인 것의 나눔의 틀 안에서 완벽히 잘 작동한다. 그러므로 불화^{disagreement}와 불일치^{dissensus}는 새로운 비판적 장치의 총체 안에서 세 번째 핵심 요소를 제공한다.[38]

　　푸코로 돌아감으로써 이 새로운 비판적 장치라는 발상의 형태 중 일부를 드러내도록 해보자. 이 장의 도입부에서 나는 (사회구성체에 대한 비판적 설명을 제공하는 기획으로) 비판이론을 일신하기 위해 (자기$^{the\ self}$에 대한 자기의 실천으로서) 푸코의 비판에 대한 재고찰로부터 결별할 필요가 있음을 시사한 적이 있다. 여기서 나는 이러한 기획을 통해 푸코의 작업을 옹호하거나 비판하려고 하지 않으면서도 푸코로 되돌아간다. 간명하게 말하자면 차라리 나는 여기서 내가 가리키고 있는 비판이론의 개념과, 푸코와 푸코주의자들의 훌륭한 계보학적 작업 및 그들의 '현재의 역사', 역사적 '문제화'^{problematizations} 간에 있는 공통점과 차이점을 드러내고자 한다. 내가 여기서 작동시키고자 하는 비판적 장치의 유형은, 푸코와 마찬가지로 체계와 구조를 개방적이면서도 많은 허점을 가진 것으로서 이해한다. 즉 이전 비판이론의 형태들은 종종 **폐쇄된** 체계의 개념에 의존하면서 체계

---

38) 치안질서가 단순히 '의미-만들기'의 정치뿐만이 아니라 어떠한 정치라도 흡수할 수 있다는 사실은 말할 필요도 없을 것이다. 그러나 내가 볼 때, '의미-만들기'의 정치는 이미 '모든 것이 알려질 수 있고 보여질 수 있으며 이해될 수 있는' 치안질서를 스스로 채택하고 있다. 이해와 의미-만들기를 거부하는 랑시에르의 입장에 주목하게 해주고, 불화(la mésentente)의 더욱 풍부한 의미를 상기시켜 준 데 대해서 다시 한번 익명의 논평자에게 감사를 보낸다.

나 구조에 대한 비판이론을 발전시켰다. 사실상 이전의 비판적 장치는 종종 구조 그 자체가 전체적이고 봉인된 대상으로 이해될 수 있다고 가정했다. 이러한 유형의 접근 방식과 대조적으로 내가 의미한 'X의 비판이론'은 언제나 우연적이고, 언제나 계보학적 과거와 예측불가능한 미래에 열려있는 'X'의 개념을 요구한다. 그러므로 내가 의미한 '구조'란 정통 맑스주의보다는 후기구조주의적인 것에 가깝다. 또한 '체계'에 대한 나의 이해는 네오-맑스주의자나 프랑크푸르트 학파의 접근 방식보다는 복잡성 이론에 대한 최근의 작업과 공명한다(Connolly 2010).

덧붙여 이 랑시에르적 비판적 장치는 푸코적 계보학과 마찬가지로 아주 자연스럽다고 느낄 수 있는 것을 우연적인 것으로 만들어 내려 노력한다. 푸코의 비판의 형태들과 내가 여기서 구성하고자 하는 비판이론의 개념은 양자 모두 역사에 대한 증진되고 훈련된 감각, 즉 아마도 니체적인 역사감각을 요구한다. 또한 양자 모두 일정한 탈자연화denaturalization의 방식으로 기능한다. 그러나 푸코적 사유의 일부 흐름 안에는 (혹은 최소한 푸코에 대한 일부 협소한 해석 안에는) 역사적 우발성의 정립에 만족하는 경향이 있다. 나의 목표는 푸코의 논의를 논박하는 것이 아니다. 나는 단지 새로운 비판적 장치가 반드시 이러한 역사적 우발성 너머로 갈 필요가 있음을 강조하려는 것이다. 그리고 바로 이 지점에서 비판이론과 계보학의 일정한 변형들은 반드시 구분되어야 한다.

다시 말해, 내가 제안하고 요청하고 있는 비판적 장치란 계보학이라는 기치 아래 포괄될 수 없다. 첫째, 계보학은 종종 다음과 같이 말하면서 나름의 전도의 논리에 지나치게 의지하게 되는 경향이 있다. "당신은 자기이해에 대한 당신의 개념들이 참이라고 생각하지만, 그것들은 단지 표면의 현상일 뿐이며 그 현상 아래에 있는 것이 참된 본질이다. 그러한 본질이란 모든 것을 우발적인 것으로 만드는 원동력으로서 역사의 진리에 다름 아니다." 이와 같은 사유 방식에서, 역사 자체의 우발성은 모든 역사적 외양들 아래에 있는 유일한 진실이 된다.[39] 물론 푸코 자신은 자신의 특수한 계보학적 분석들로부터 이러한 일반적 결론을 내리는 것에 대해 세심하게 거리를 두고 있다. 그러나 이러한 관념은 계보학의 발상으로부터, 특히 계보학의 비판자들에 의해—특히 계보학이 사회과학 '방법론'으로서 고찰될 때—도출되어 왔다(Habermas 1990: 277[『현대성의 철학적 담론』 329쪽]).

둘째, 내가 여기서 묘사하고 있는 비판적 장치의 유형은 주어진 사회구성체를 그것에 대한 어떤 독특한 진리를 단언하려는 노력을 통해서, 혹은 그것에 대한 하나의 특수한 사실을 찾고자 하는 시도를 통해서 분석하지 않는다. 내가 묘사하는 사회구성체의 비판이론은 국지적이고 파편적인 것으로 남아 있어야 한다. 우리는 일반적인 '사회비판이론'—예컨대 계급갈등으로서 '사회를 설명하는' 비판이론—을 도출할 수 없다. 그러한 일반 이론은 존재하지 않는다. 그러나 (첫 번째의 요점과도 연관되는 부

---

39) 데이비드 커즌스 호이(David Couzens Hoy)는 내가 편의조로 그려 낸 것[전도의 논리에 지나치게 의존하는 계보학]을 예증하기 위한 훌륭한 사례를 제공한다. 내가 반대하고 있는 논의를 호이는 오히려 긍정한다. 그는 계보학을 역사적 우발성에 대한 반복적인 재주장에 관여하는 비판이론의 기획으로 해석한다. 따라서 설득력 있게 쓰였고 널리 읽힌 비판이론에 대한 호이의 논의는, 오늘날 비판이론의 전통과 비판적 장치의 포괄적 관념이 종종 계보학의 일반화된 개념, 즉 반역사적이거나 보편적이거나 혹은 자연적인 것으로 보이는 모든 것을 역사적으로 우연한 것으로 만드는 기획과 혼동되어 왔다는 나의 주장을 강력하게 뒷받침한다(Hoy and McCarthy 1994: 특히 ch.6). 이러한 맥락에서 최근 번역된 『소리 없는 말』(*Mute Speech*)에 수록된 가브리엘 로크힐의 서문을 인용하면 도움이 될 것이다. 거기서 그는 비판적 사유에 대한 랑시에르의 기여가 "오로지 … 급진적 역사주의에만 … **비견될 수 있는 것**"이라고 주장한다(Rockhill 2011: 5).

분으로서) 비판적 분석이 국지적이고 상황 지어져 있다고 말하는 것은, 이러한 비판적 장치의 한 특징을 묘사하는 것이다. 그것은 이론의 내용이 상황성의 단언으로 환원될 수 있다고 말하는 것이 아니다. 따라서 2008년의 대공황 이래 미국 자본주의에 대한 비판이론을 생산해 내는 것은 (a) 대공황을 보편적인 자본주의의 힘들이 보여 주는 증상으로 설명하고 (b) 그것을 상황 지어진 '역사의 산물'로서 설명하는 것 이상을 의미한다. 내가 여기서 옹호하는 비판적 장치에 따르면 모든 특수한 사회구성체에 대한 비판이론은 반드시 특수한 기제와 힘을 찾아내는 것이며 그렇게 함으로써 그것의 특수한 효과를 묘사하는 것이다. 맑스는 그의 1857년 「서문」에서 이 요점을 상당히 강력하게 묘사한다. 거기서 그는 고전 정치경제학에 대한 비판이 '정치경제학의 개념들을 역사화한다'는 발상과 같은 것이 아니며 그러한 발상에서 멈출 수 없는 것이라고 주장한다. 또한 고전 정치경제학에 대한 비판은 자본주의가 우연적인 사회구성체임을 드러냄으로써 단순히 자본주의 자체를 역사화하는 것에서 그치는 것도 아니다(Marx 1996). 맑스는 이러한 주장 중 어떤 것도 부정하지 않았지만, 이 논점은 그의 주장의 핵심이 아니다. 자본주의의 역사적으로 우연적인 본성—과 그것을 이해하기 위해 활용된 개념들—은 그 체계 자체가 가진 위력과 효과보다 덜 중요한 것이다. 문제는 어떻게 하나의 자본주의 체계가 작동하는가에 대한 질문이지, 맑스가『자본』에서 가장 부지런하게 전념한 문제인 '자본주의가 어디서 비롯된 것인가'에 대한 질문이 아니다.

이와 같이 비판적 장치에 대한 나의 논의는 'X의 비판이론'을 만들어 낼 수 있게 하기 위해 헌신하는 것이다. 이 X의 비판이론은 X에 대한 독특한 반박이나 거부가 아니고, 단순히 X의 우발성을 입증하려는 노력도 아니다. 따라서 자본주의의 비판이론은, 예컨대 (노동자들의 '등 뒤에서' 지속되는) 자본주의의 참되고 본질적인 핵심으로서 소외의 비가시성을 전제하는 자본주의 비판과 같을 필요가 없고 같아서도 안 되는 것이다.[40] 자본주의의 비판이론은 여전히 자본주의에 숨겨진 진리란 없다는 가정으로부터 만들어질 수 있다. 그러나 이는 비판이론이 어떻게 자본주의가 작동하고 작용하며, 자본주의의 효과는 무엇인지를 보여 주는 그러한 이론이 되어야 한다는 것을 의미한다. 어떻게 자본주의가 기능하는지를 명시하는 것은 자본주의의 일부 작동기제를 (어쩌면 심지어 하나의 전체로서의 체계까지도) 탈자연화하고 우연적인 것으로 만들며 질문에 부치는 데 유용할 수 있을 것이다. 그러나 그 비판이론은 드러나야 할 비밀스러운 진리가 있다고 가정함으로써가 아니라 오히려 하나의 복잡한 체계가 기능하는 방식을 지시함으로써 그렇게 할 것이다.

---

40) 자본주의에 대한 **비판**으로서, 맑스(혹은 더 잘 표현하자면, 맑스주의)는 종종 자본주의가 노동자를 그의 노동의 대상으로부터(그리고 노동 자체로부터, 그의 동료 노동자들로부터, 그의 유적 존재로부터) 분리함으로써 노동자를 소외시킨다고 주장하는 것으로 이해된다. 요컨대 자본주의는 소외 때문에 거부되어야만 한다. 자본주의에 의해 수행되는 폭력 혹은 피해가 있고, 자본주의를 **잘못되게**(wrong) 만드는 폭력이 있다. 또한 비판에 포함된 것은 무엇이 **옳을**(right) 것인가에 대한 전망이다. 이 모든 것은 전도로서의 비판이론이라는 전통적이고 바보 만들기적인 유형의 비판적 장치에 속한다. 그럼에도 불구하고 새로운 비판적 장치가 반드시 맑스를 내던질 필요는 없다. 오히려 그 비판적 장치는 내가 여기서 시사하는 방식으로 맑스를 다시 읽을 필요가 있을 것이다. 덧붙여 '등 뒤에서'라는 표현이 문자 그대로 『자본』(의 세 곳)에 등장하지만, 나는 여기서 일부 맑스주의자들, 즉 자본주의의 내부에 비밀스럽고 비가시적인 작동기제가 있다는 은유를 따르는 자들에 의해 채택되어 온 일반적 관념을 언급하기 위해 이 문구를 활용했다. 그러므로 나는 『자본』 그 자체가 『자본』 안의 몇몇 구절을 일반화해 도출한 이러한 관념에 대항하여 읽힐 수 있다고 주장한다. 또한 누군가는 맑스 자신의 '등 뒤에서'라는 구절의 활용이 비밀스럽거나 비가시적인 작동기제를 전달하고자 의도했다기보다는 그저 노동과 노동 과정의 다양한 조건들이―맑스 자신이 처음 이 문구를 사용할 때 말한 바처럼―어떤 한 개인이나 집단에 의해 미리 계획되거나 선택되지 않은 '사회적 과정'에 의해 생산되어 왔다는 점을 지적하고자 의도한 것임을 드러낼 수 있을 것이다(Marx 1977: 135; 또한 201, 485를 보라).

그러므로 어리석은 가정들에 기초한 비판이론의 일신된 형태는 아마도 확고한 인식론적 토대를 피하고 혁명을 향한 보장된 길이라는 목표를 거부하면서, 정치적 행위와 정치적 변화를 향한 통찰들과 가능 경로들을 제공할 수 있을지 모른다. 맹목을 강요하는 것을 거부하고, 전도의 방식으로 작동하길 거부하는 비판적 장치는, (맹목에 기초한 이론의 주역으로서) 플라톤이 아주 오래전에 내던진 매우 소크라테스적인 지혜를 자신만의 형태로 생산해 낼 것이다. 즉 우리가 알아야 할 지혜란 우리가 무지하다는 것이며, 순수한 인식론적 확신의 보장된 결과나 위치란 존재하지 않는다는 것이다. 소크라테스에게 그러한 지혜는 행위에 대한 요청이었다. 그러므로 새로운 비판적 장치는 보장된 혁명의 꿈을 거부하면서도, 민주주의 정치는 결코 포기하지 않는다.

후기

말할 필요도 없는 내용이겠지만, 일단 짚고 넘어가자. 『랑시에르의 교훈』
은 일련의 교훈을 열거하거나 전달하면서 마무리될 수 없다. 이 책은 이야
기를 요약하는 도덕적 우의를 제시하지 않고 종결되어야 한다. 3장과 4장
의 논의를 통해, 나는 랑시에르의 정치 개념을 원래의 발상을 넘어서는 지
점까지 밀어붙이기 시작했다. 그리고 랑시에르의 정치 개념을 빈번하게
그의 관심을 넘어서는 방향으로, 때때로 그의 의도에 반하여 작업하는 방
향으로 이끌고 갔다. 이미 이러한 방식으로 나는 이 책의 작업이 갖는 함
축과 의의를 도출해 왔다. 그러나 이 책이 어떤 종별적인 최종 결론을 내
리고자 한다면, 이 책이 제안한 랑시에르 해석과 모순을 일으킬 뿐이다.

　『무지한 스승』의 도입 장을 끝맺는 마지막 몇 줄에서, 랑시에르는 자
코토의 사례로부터 이끌어 낸 중요한 첫 번째 결론을 시사한다. 종종 간과
되었던 공식을 통해 랑시에르는 다음과 같이 말한다. "해방하지 않고 가
르치는 자는 바보를 만든다. 그리고 해방하는 자는 해방된 사람이 무엇
을 배워야 하는지에 대해서 걱정할 필요가 없다. 해방된 자는 그가 원하는
것을 배울 것이다. 그것은 **어쩌면 아무것도 아닐 수도 있다**"(Rancière 1991:
18[『무지한 스승』 38쪽]. 강조는 인용자). 급진적 교육학은 학생들이 무엇을

배웠는지 입증하는 것을 의미하지 않는다. 급진적 교육학은 평등을 입증하는 것을 의미한다. 우리는 이전까지 이뤄져 온 바보 만들기의 과정을 강화하지 않고서는, 혹은 더 나쁘게 말해 바보 만들기로부터 자유로웠던 교훈에 바보 만들기의 요소를 도입하지 않고서는, 결론적인 교훈을 통해 누군가가 배운 것을 튼튼하게 다지려 할 수 없다. 중요한 것은 결말이 아니다. 중요한 깃은 차라리 "해방의 순환이 빈드시 시작되어야 한다"는 것이다 (Rancière 1991: 16[『무지한 스승』 34쪽]). 그렇기 때문에 나는 랑시에르의 '교훈'에 대한 이 책을 민주주의 정치에 관한 새로운 주장을 시작함으로써 끝맺을 것이다. 나는 나름대로 논쟁적인 주장을 수반하고 생산해 내는 일련의 개념의 재정의 작업을 통해 이 책을 끝맺고자 한다.

나의 주요한 논쟁적 주장은 "민주주의적인 계산착오로서의 퀴어정치"라는 문구를 통하여 파악될 수 있다. 이 문구는 연결되어 있지만 서로 구분되는 두 개의 주장을 결합한다. 첫째로 나는 퀴어정치의 가장 현저하고 설득력 있는 유형이 랑시에르적인 민주주의 정치라고 주장한다. 즉 랑시에르의 민주주의 정치 개념은 퀴어정치가 레즈비언/게이 정체성 정치와 비교해 무엇이 다른가를 강조할 수 있게 해준다. 둘째로, 나는 랑시에르의 계산착오가 퀴어적인 계산착오라고 (어쩌면 더 계쟁적으로contentiously) 주장한다. 지난 20여 년간 퀴어이론은 정체성에 대한 상대적 관점을 진전시켜 왔으며, 자기the self의 이미 존재하는/본질적인 특징에 기초를 두지 않고, 규범과 정치로부터 실천적으로 이끌어 낸 정치적 주체성이라는 발상을 발전시켜 왔다. 이렇게 위치적이고 사후적post hoc인 의미의 퀴어 주체는 주체화에 대한 랑시에르의 이해 방식을, 특히 주체는 '사이-존재'in-between이며 정치적 행위자는 단순히 정치를 일으키는 행위자가 아니라 정치에 의해 출현하는 행위자라는 그의 주장을 선명하게 부각시킨다. 이러한 의미에서 민주주의는 계산착오의 정치이자 퀴어정치로 묘사될 수 있다.

이렇게 내 나름대로의 논쟁적인 주장을 발전시킨다고 해서, 그것이 이 책을 구성하는 랑시에르의 주장과 해석을 거부하거나 벗어나는 것은 아니다. 오히려 정반대로 나는 종종 랑시에르의 주장과 견해가 여기서 내가 지향하는 방향과 같은 쪽을 가리키고 있으며, 내 나름의 최종적 주장이 이 책의 도입에서부터 제안되어 온 랑시에르 해석과 일관된 것이라고 주장한다. 덧붙여 랑시에르의 글이 그 자신의 것과는 다른 목적을 위해 결집될 수 있다고 주장한다. 또 이러한 유형의 해석적 주장을 펼치는 것이, 랑시에르의 저술이 가진 정신을 위반하는 것이 아니라, 정확히 랑시에르적 정신 안에서 작업하는 것이라고 주장한다. 그럼에도 불구하고 내가 후기에서 벌이고 있는 논의를 랑시에르 자신이 떠맡고자 한 적이 없다는 점에는 의심의 여지가 없다. 나는 퀴어이론과 랑시에르의 민주주의 정치에 대한 사유 간의 강력한 친화성을 시사하고 있는 반면, 랑시에르는 명시적으로 퀴어이론을 거부했으며 자신의 작업을 퀴어이론의 현장에 맞게 조정해 보려는 시도에 대해 예민하게 저항해 왔다(Davis 2010: 88~90; Davis 2009; Chambers and O'Rouke 2009).

퀴어이론에 관한 랑시에르의 주장들과 여기서 내가 견지하는 해석 간에 존재하는 잠재적인 긴장은 충격적인 것으로 받아들여질 필요가 없다. 왜냐하면 이 긴장은 그저 랑시에르의 작업에 대한 나의 비틀기 과정의 일부를 이룰 뿐이기 때문이다. 후기^{Afterword}에서 비틂의 정도를 극대화하고자 하는 것은 이상한 일이 아니다. 글자 그대로 말^{word} 뒤에^{after} 오는 말로서 후기란, '몫 없는 이들의 몫'^{une part des sans-part}이라는 랑시에르적 용어를 통해 사유되어야 한다. 후기는 책의 일부[몫]^{part}이기도 하지만, 동시에 책의 일부[몫]로부터 벗어나는 것이기도 하다. 후기의 나타남은 몫 없는 이들의 몫을 (단순히 포함시키는 것이라기보다는) 출현시키는 것^{emergence}이다. 이는 모든 후기가 '너무 많은 하나'^{one too many}의 주장이 되는 위험을 감수해야 한다는 것을 의미한다. 후기는 '너무-많은-하나'^{the one-too-many}의 장소다. 이러한 의미에서 후기보다 랑시에르의 사유에 '충실한' 것은 있을 수 없다. 왜냐하면 랑시에르는 "너무 많은 하나가 … 그러한 데모스를 구성한다"고 말하고 있기 때문이다(Rancière 1995b: 94; 또한 Rancière 1999: 118[『불화』 184쪽] 참조). 후기는 민주주의의 계산착오를 야기할 수 있는 기회를 이용한다.[1] 그렇게 후기는 '너무 많은 하나'의 주장을 추가하면서 과잉되게 말하겠다고 위협한다.

* * *

우리가 여기 있다!

우리는 퀴어다!

그것에 익숙해져라![2]

---

1) 후기와 계산착오의 연관성에 대해 생각하도록 나를 도와준 네이선 기스에게 감사한다.

2) 나는 이 구호를 이 책의 몇 가지 논의의 흐름을 함께 엮어 내기 위한 힌트로서 활용한다. 따라서 이 [영어본 기준] 여덟 단어를 내 나름대로 해석한다. 내가 처음으로 이런 작업을 한 것은 결코 아니다. 두트만(Düttmann 1997)은 인정의 정치를 이론화하는 맥락에서 이 구호에 대한 상세하고 긴 분량의 주해를 제공했다. 아디티와 발렌타인(Arditi and Valentine 1999)은 두트만의 작업으로부터 도움을 받아 논쟁술(polemics)과 논쟁화(polemicization) 간의 결정적 구분을 만들어 냈다. 이 두 텍스트 모두 내가 비판적 거리를 둘 필요가 없을 것으로 생각되는 풍성한 논의를 제공하고 있다. 그럼에도 불구하고 나의 강조점은 이들과 구분된다. 아디티와 발렌타인은 "표면적으로 이것은 인정에 대한 요구이다"라고 주장하는 것으로 (내가 보기엔 올바르게) 두트만을 해석한다(Arditi and Valentine 1999: 1). 그러나 심지어 '표면적'으로만 보아도 퀴어네이션의 구호가 이러한 해석에 저항한다는 것이 나의 주장이다. 두트만은 이 구호에 대한 자신의 성찰을 확장시키면서 일정한 부정의 변증법을 탐사한다. 그러나 그 구호에 대한 나

어떻게 우리는 퀴어네이션$^{Queer\ Nation}$에 의해 처음 대중화되고, 1990년대의 각종 행진과 저항시위, 데모와 다른 행사에서 광범위하게 활용된 이 구호의 외침을 해석할 수 있는가? 어떻게 우리는 이 말을 들을 수 있으며, 우리에게 이 말은 오늘날의 소위 퀴어이론과 민주주의 정치에 대해 무엇을 말해 주는가? 이 유명한 퀴어운동의 구호가 참된 정치적 작업을 수행한다고 보는 발상을 일축하는 것은 충분히 쉬운 일이다.[3] 이 외침을 무력화하고자 한다면, 우리는 그저 이 구호를 오늘날의 이익집단 정치와 정체성 정치의 주어진 관점을 통해 해석하기만 하면 될 것이다. 자유주의의 논리는 우리에게 궐기나 행진에는 마땅히 외칠 구호가 있어야 한다고 말해 준다. 퀴어네이션은 중독성 있는 구호를 내놓았다. 이 구호는 기억하거나 외치기 쉽고, 정치적 위력과 유머를 딱 적절한 비율로 섞고 있다. 자유주의적 논리는 이러한 분석 너머로 갈 필요가 없다──여기에는 더 이상

의 논의는 우선 인정의 변증법적 게임을 거부한다. 인정의 변증법적 게임에 의존하는 해석은 그 구호를 소수자 정체성 정치의 표준적 공식으로 환원해 버릴 위험이 있다. 아래에서 이를 자세하게 논한다.

3) 이 구호의 정치적 의미를 일축해 버리는 것은 더 일반적인 수준에서도 작동할 수 있다. 왜냐하면 학문적 이론과 거리에서의 직접적 행위의 영역 사이에 해소할 수 없는 거리가 있다고 주장/가정하기란 매우 쉽고도 간단한 일이기 때문이다. 그리고 학문과 행위 간의 거리를 옹호하는 주장에 증거를 마련하기란 식은 죽 먹기처럼 쉽다. 학회지와 책으로 출판된 에세이들과 주장은 자명하게도 법률의 제정이나 법안에 대한 서명, 집행 명령의 발효, 혹은 재판관의 판결 같은 것과 등치될 수 없다. 물론 이러한 종류의 주장은 잠재적으로 얼마나 랑시에르의 정치에 대한 사유가 중요할 수 있는지를 보여 줄 뿐이다. 내가 "정치에 관한 학문적인 넋두리"──글쓰기와 주장이 어떤 것도 바꿀 수 없다는 우려의 열거──라고 부르고 싶은 것은 언제나 정치적인 것의 영역을 위축시키고 정치적 변화의 개념을 엄격하게 제한하는 것으로 보인다. 그러나 궁극적으로 누가 정치를 정치인들에게 전적으로 양도하길 원하겠는가? 만약 정치인들이 우리의 유일한 희망이라면 우리에게 결코 많은 희망이 있다고 말할 수 없다. 차라리 최선의 정치인이란 직업 정치인에게 정치의 양도를 거부하는 자들──정치가 인민과 관련이 있다고 생각하는 자들──이 아니겠는가? 만약 직업 정치인이 근본적인 이론/실천의 이분법을 거부할 수 있다면, 어쩌면 이른바 이론가 역시도 그러한 이분법에 저항할 수 있을지 모른다.

볼 것이 없다——고 우리에게 말한다. 왜냐하면 퀴어네이션의 구호는 가장 대중화된 저항의 구호들과 상당히 유사하기 때문이다. 퀴어네이션의 구호는 "우리가 원하는 건 무엇인가? ＿＿！ 언제 우리는 그것을 원하는가? ＿＿！"라는 공식을 사용해 만들어진 기존의 구호들과 유사하다. 이 공식의 첫 번째 빈칸은 평화, 평등, 자유, 동등한 임금, 단축된 노동시간, 의료보험 등등 어떠한 종류의 요구들로도 채워질 수 있을 것이다. 두 번째 빈칸은 거의 예외 없이 그 요구들을 강화하고 그것들에 긴급성을 더해 주는 지금^{now}이라는 단어로 채워진다.[4] 우리는 이 논리를 꽤 쉽게 완성할 수 있다. 즉 여성과 흑인이 그들의 권리를 요구하듯이, 게이와 레즈비언도 그들의 권리를 요구한다고 말이다. 이러한 접근은 이 구호를 권리에-기초한 (정체성에-기초한) 자유주의의 틀 안에 정확히 위치시킨다.

　　하지만 어떻게 우리는 이 구호를 자유주의로부터 떼어 내어 민주주의 정치의 방향으로 끌어오도록 해석할 수 있는가? 이 구호에서조차도 자유주의와 민주주의 정치를 떼어 놓으려는 이 책의 노력을 지속한다는 것은 무엇을 의미하는가? 이러한 유형의 랑시에르적 접근 방식은 특히 퀴어적인 구호 해석과 긴밀히 연관된 구호의 해석을 생산해 낼 것이다. 이 두 움직임은 모두 퀴어네이션의 구호가 표준적인 시위의 구호를 넘어서도록 밀어붙인다. 퀴어네이션의 구호를 "우리가 원하는 것은 무엇인가?"라는 [자유주의적] 질문과 연결시키는 논리는 일정하고 분명한 일관성을 가진다. 하지만 이 논리가 계속되려면 구호의 내용은 거의 전적으로 무시되

---

4) 흥미롭게도 매트 노예스는 이 구호의 전략적 용법을 직접적으로 다룬다(Noyes 2008). 이 구호를 활용하는 방법에 관한 전술적 주장은, 평등한 권리와 포함의 요구 형태로 이루어지는 정치에 대한 나의 해석을 뒷받침하는 좋은 증거를 제공한다.

어야 한다. 만약 우리가 퀴어네이션의 구호를 면밀하게 들여다본다면, 우리는 자유주의와 민주주의적 구호들의 해석 사이에서 분명한 차이를 감지할 수 있을 것이다. 가장 중요한 점은 우리는 이 구호로부터 어떤 요구도 찾을 수 없다는 것이다. 퀴어들이 '원하는' 것은 아무것도 없으며, 따라서 그들이 자신들이 원하는 것을 원하는 시점도 존재하지 않는다. 이 구호에는 어떠한 종별적인 주장도 제기되고 있지 않다. 요컨대 이 구호는 포함을 향한 요구가 아니다(Jagose 1996: 112). 이 구호는 어떤 묘사하기 어려운 주체—"우리는 퀴어다"—를 발견하고 있다. 하지만 랑시에르의 정치에 대한 사유는 이 주체가 구호의 외침 이전에는 존재하지 않는 것처럼 보인다는 사실을 우리에게 환기시켜 줄 것이다. 이 구호에 의해 선언되는 '잘못'이야말로 '퀴어'를 출현하게끔 하는 것이다. 또한 이 구호는 지리-시간적 위치를 전달하지만—"우리가 여기 있다"—랑시에르는 이 '여기'가 가진 양가적인 성격, 혹은 어쩌면 역설적인 성격을 우리에게 환기시킬 것이다. '여기'는 지리적이고 정치적인 공간 모두를 나타내며, 또한 예전의 저항 구호들이 말하던 일시적인 '지금'과 공명한다. 그러나 '여기'는 시민을 어떤 정치적인 구역 안에 상황 지어 버리거나 위치 지어 버리지 않으며, 주체를 자연상태 안에 투사하지도 않는다. 최종적으로 이 구호의 마지막 줄은 정해진 대본을 전혀 따르지 않는다. 이 구호는 "우리가 여기 있다. 우리는 퀴어다. 우리에게 권리를 달라"라고 말하거나, "우리가 여기 있다. 우리는 퀴어다. 우리는 평등을 요구한다"라고 말하지 않는다. 오히려 우리는 이 구호로부터 이 '퀴어' 주체가 요구하는 어떤 것도 찾을 수 없으며, 타인에 의해 요구된 어떤 것도 찾을 수 없다. "그것에 익숙해져라."

그러나 물론 이는 "그것에 익숙해져라"라는 문장이 아무런 일도 수행하지 않는다고 말하는 것이 아니다. 오히려 여기서 이 문장은 이익집단 자유주의의 주장이나 요구보다 더 많은 것들을 수행한다. 자신들을 포함시켜 달라고 요구하거나 지배적인 권력 구조로부터 무언가를 요구하는 대신, "그것에 익숙해져라"라는 구호는 지배의 위치를 점유하고 있는 자들과 구호를 외치는 자들 사이에 엄청난 거리가 있다고 선언하며 이 틈새를 좁히는 것을 거부한다. 이 구호는 주변에 위치한 자들을 중심으로 옮기려하는 것이 아니다. 특히나 "그것에 익숙해져라"는 명령문이라는 점에 주목할 필요가 있다. 이 문장은 다른 이들에게 무엇을 해야 하는지를 말해준다. 이 명령문에 의해 공표된 규범 안에서, 변화는 규범의 중심을 점유하는 자들에 의해 야기되어야 한다. 이 문장은 주변에 있는 자들이 그들이누구인 바$^{\text{who they are}}$—즉 퀴어—로서 계속 존재할 것이라고 단언하며, 모든 변경^{alterations}은 규범에 대한 더욱 광범위한 변화의 방식을 통해 발생해야 한다고 주장한다. 그러므로 이 문장은 잠재적으로 전복적인 요구다. 왜냐하면 이 문장은 이성애규범성^{heteronormativity}을 구체화하는 것을 거부하는 요구이며, 심지어 이성애규범성을 존중하는 것조차 거부하는 요구이기때문이다.

따라서 여기서 나는 퀴어네이션의 구호를 퀴어이론의 가장 결정적인 요소에 다가가는 것으로 읽는다. 동시에 이 구호를 랑시에르의 민주주의 정치 사유의 근본적 요소를 포착하는 것으로 읽는다. 우선 이러한 두 가지 차원을 결합시키기 전에, 이 이중의 읽기에서 나타나는 각각의 차원을 일단 밝혀 놓도록 하자. 퀴어라는 용어가 1990년대 초에 처음 등장했을 때, '퀴어'와 고정되고 주어진 (게이) 정체성 사이의 차이는 이 용어의 의의와 중요성의 핵심을 이루는 것이었다. 나는 여기서 게이라는 말을 괄호 안에 넣었는데, 왜냐하면 "퀴어이론"을 정립하는 데 있어 결정적인 역할을 한 텍스트들 중 하나가 주디스 버틀러$^{\text{Judith Butler}}$의 『젠더 트러블』$^{\text{Gender Trouble}}$이기 때문이다. 이 저작은 레즈비언과 게이 청중/주체를 직접적인 대상으로 하지 않으며, 레즈비언과 게이의 성적 정체성을 다시 사유하기 위해 겉으로 드러나게 노력을 기울이지도 않는다.[5] 더 나아가 버틀러의 작업은 유사한 영향력을 가진 세즈윅과 할퍼린의 책들과 마찬가지로——이 책들은 모두 같은 해인 1990년에 출간되었다——퀴어라는 말을 전혀 사용하지 않는다(Butler 1999[1990][『젠더 트러블』]; Sedgwick 1990; Halperin 1990).

버틀러는 페미니스트로서 글을 썼지만, 그녀는 보편적인(보편화 가능한) 여성 '경험'에 대한 제2의 물결 페미니즘의 이성애주의적 가정에 도전하기 위해 그렇게 했다.[6] 또한 그녀의 주장은 섹스/젠더의 구분을 탈구축

---

5) 이렇게 주장하면서 나는 1990년에 『젠더 트러블』이라는 책이 처음 등장한 시점을 강조하고, 이 책의 영향력에 매몰되어 잊어버리기 쉬운 지적 맥락을 재구성하고자 한다. 이 책의 파급 효과는 손쉽게 '기원'의 이야기를 다시 서술하도록 만들었다. 하지만 1990년 당시에는 이론의 한 영역으로서 퀴어이론이 존재하지 않았으며, 당연히 버틀러의 텍스트는 레즈비언/게이 연구의 일환으로 저술된 것이 아니었다. 세즈윅의 『벽장 속의 인식론』(*Epistemology of the Closet*, 1990)은 같은 해의 더 이른 시점에 출간됐지만 이 책이 출판된 시점에 이미 버틀러의 책도 막 출판을 앞두고 있었다. 세즈윅의 책도 원래는 '퀴어이론'에 의도적으로 기여하려고 쓴 것이 아니다. 그들의 책들은——같은 해에 출판된 할퍼린의 책과 이전에 출판된 다른 책들(예컨대 Foucault 1978)과 함께——로레티스(Lauretis 1991)와 워너(Warner 1993), 그리고 다른 저자들이 (여전히 대부분 의도하지 않은 상태에서) '퀴어이론'이라는 이론 영역을 구성한 이후에야, 소급적으로 '정전적인 텍스트들'로서 간주될 수 있다. 이렇게 말한다고 해서 퀴어이론의 정초적 텍스트로서 『젠더 트러블』이 갖는 중요성을 부정하거나 폄하하는 것은 아니다. 이 책은 급진적으로 젠더와 성적 정체성을 다시 사유했고, 퀴어이론이라는 장의 출현을 가능하게 했다. 버틀러 자신이 1999년의 서문에서 말했듯이, 이는 그저 이 책이 이러한 목표들을 염두에 두고 쓴 것이 아니라는 것, 그리고 우리가 지금 이 책을 위치시키는 맥락은 그 책이 생산될 당시와는 매우 다르다는 점을 강조하는 것이다(Butler 1999).

6) 페미니즘의 '물결'이라는 말을 둘러싼 혼동들이 증가하는 것을 감안할 때, 이 용어에 대한 나의 제한적인 용법을 명확히 하는 것이 유용할 것이다. 나는 1960년대와 1970년대의 여성운동과 페미니스트 이론을 묘사하기 위해 '제2의 물결'이라는 용어를 사용했다. 제2의 물결 페미니즘에서, 노동권, 공평한 임금과 평등한 처우를 위한 권리, 재생산의 권리, 강간과 가정학대로부터의 보호, 성희롱에 대한 도전 및 다른 많은 목표들을 위한 **정치적 투쟁**은 의식화와 같은 **일상적 실천**과 느슨하게 결부되어 있었고, 여성의 유일무이한 경험들, 여성의 인식론적 우위,

하는 방식으로 진행됐다. 명확히 해두자면, '탈구축'deconstruction은 섹스/젠더의 구분을 허물거나 지워 버리는 것이 아니다. 탈구축은 건설된 것을 무너뜨리는 파괴가 아니다. 오히려 탈구축은 **어떻게** 그러한 구축물construction이 작동하는지를 보여 준다. 탈구축은 구축이 그에 앞서서 진행 중이라는 점을 폭로한다. 섹스/젠더의 구분을 탈구축한다는 것은 둘의 구분이 생산되고 유지되는 작동기제를 탐구하는 것을 의미한다. 따라서 버틀러는 섹스와 젠더 간의 차이가 없던 '페미니스트 이전'의 시대로 돌아가고자 하는 것이 아니다(이는 섹스/젠더 구분이 성취하고 있던 것에 대한 말 그대로의 파괴 혹은 소거가 될 것이다). 오히려 그녀는 섹스와 젠더 간의 차이가 본성과 문화 간의 차이 위에 포개질 수 있다는 발상에 도전하고자 했다. 버틀러는

혹은 여성의 특수한 가치들과 에토스를 다루는 이론적 작업과 다양하게 연결되어 있었다. 제2의 물결에 관한 어떤 문제들도 지나간 문제로 치부될 수 없고, 따라서 물결의 은유도 마찬가지로 지나간 은유로 치부될 수 없다. 나는 드워킨(Dworkin), 맥키넌(MacKinnon), 그리고 하딩(Harding)과 같은 사상가들을 제2의 물결과 결부시킨다. 1980년대와 1990년대에 제2의 물결에서 이미 일부를 이루고 있던 요소로부터 제3의 물결 페미니즘이 형태를 갖추고 그 나름의 형태로 출현했다. 제2의 물결과 마찬가지로 제3의 물결은 매우 다양한 사유를 포괄하고 있다. 제3의 물결은 통일된 여성의 '경험'이라는 관념과 여성의 인식론적 우위라는 관념, 혹은 정치가 여성 주체가 정립된 이후에만 시작될 수 있다는 발상에 저항하는 입장을 중심으로 형성되었다. 이러한 의미에서 초기 레즈비언 페미니즘, 블랙 페미니스트 사상, 프로-섹스 페미니즘, 그리고 버틀러의 작업은 모두 친연성을 가지고 있다. 이 관념들의 다수는 1970년대에까지 그 기원을 거슬러 올라갈 수 있다(예컨대 Lorde 1984[1979]). 이러한 이유 때문에 '물결'을 시기에 따라 나누는 것은 항상 매우 거친 근사화에 그칠 수밖에 없다. 물결을 구분하는 데 있어 가장 중요한 것은 역사적으로 (바닷속의 물결처럼) 뒤섞여 온 관념과 주장 자체다. 더욱 중요한 요점은, 내가 '제3의 물결'을 세대적 차이를 정의하기 위해 사용한 것이 아니라는 사실이다. 나는 제3의 물결 페미니즘과 '포스트-페미니즘'(이 마지막 움직임은 일부 페미니스트들이 자기 생각대로의 페미니즘을 고수할 수 있도록 버틀러 같은 사상가들을 '제2의 물결 페미니스트'로 특정하게끔 부추겼다) 간의 연결 짓기를 전적으로 거부한다. 이후의 텍스트에서 버틀러는 그녀 자신을 "제2의 물결에 지각해서 도착한 사람(a latecomer)"이라고 묘사한 바 있다. 어쩌면 버틀러는 소위 '포스트-페미니즘=제3의 물결'이라는 잘못된 등식을 교란하기 위해, 그러한 언급을 할 필요가 있다고 느꼈을 것이다.

섹스에 그것으로부터 우연적인 젠더가 발전—정치, 문화, 역사적 변이들을 통해 수행되는 발전—할 수 있는 자연적 토대로 기능할 역량을 부여하는, 대개는 암묵적이지만 전형적인 서사에 도전한다. 버틀러의 가장 설득력 있는 수사적 질문은 다음과 같은 형태를 띤다. 어떻게 우리는 본성적인 섹스라는 관념에 이르게 되었는가? 우리는 '섹스 그 자체'에 접근할 수 있는가, 아니면 '섹스'는 오로지 젠더 담론 안에서 젠더 담론을 통해서만 출현하는가? 그렇다면 우리는 젠더만이 사회적으로 구성된 것이 아니라, 섹스와 젠더의 구별 자체도 사회적으로 구성된 것이라고 말해야 하지 않는가?

퀴어이론과 관련해 특히 의의가 있는 부분은 버틀러의 섹스/젠더에 대한 탈구축의 내용 안에 있다. 섹스와 젠더 간의 구분이 구성되고 젠더 차이의 이분법이 유지되는 것은, 버틀러가 '이성애적 매트릭스'the heterosexual matrix라고 부르고, 오늘날 우리는 이성애규범성heteronormativity이라고 부를 수 있을, 일련의 규제적 규범과 작동기제를 통해서이다.[7] 이분법적 젠더는 오직 그 매트릭스의 핵심에 자리한 이성애적 욕망의 주요 가정 때문에 그러한 방식으로 생산된다. 또한 이성애규범성은, 그것이 규범적인 위력이자 규범화하는 위력으로 기능하는 한 이성애의 그저 또 다른 이름일 뿐이다(O'Rourke 2005). 덧붙여 이성애규범성의 문제는 호모포비아[동성애

---

7) 이전의 작업에서 나는 사후에-발전된 이성애규범성의 언어를 통해 버틀러의 '이성애적 매트릭스' 개념을 자세하게 해설했다. 『젠더 트러블』에서 버틀러는 섹스, 젠더, 성욕을 한데 묶어 주는 것이 이성애적 매트릭스임을 보여 준다. 또한 그녀는 '규제적 실천'과 '젠더의 이해 가능성'과 같은 상보적인 개념들을 통해 이러한 매트릭스의 작동기제를 표현한다. 나는 워너(Warner 1993)에 의해 주조된 바와 같이, 이러한 개념들이 이성애규범성의 언어로 구체화될 수 있다고 주장한다. 체임버스(Chambers 2007)를 보라. 체임버스와 카버(Chambers and Carver 2008)를 참조하라.

혐오]homophobia의 문제로 환원불가능한 것이다. 호모포비아의 심리학적 문제를 일단 제쳐 둔다면, 호모포비아의 정치적 문제는 정체성 이론과 자유주의적 정치이론의 조합을 활용함으로써 적절하게 다뤄질 수 있다. 레즈비언과 게이 정체성의 이론은 호모포비아에 위협받는 그러한 '소수자 집단'(즉 레즈비언과 게이 들)을 위치시키고 구체화하는 데 봉사한다. 소수자 집단에 대한 차별 행위나 폭력을 방지하거나 감소시키도록 고안된 법 앞에서, 자유주의는 소수자의 권리들과 평등에 대한 이론을 제공할 것이다. 그러나 이중 어떤 것도 필연적으로 이성애규범성에 도전하거나 저항하지는 않을 것이다. 또한 이성애규범성의 효과는 레즈비언들과 게이들에 대한 호모포비아적 차별 관념으로 환원될 수 없다. 모든 자유주의적 접근 방법은 차별 내지 억압받는 주어진 주체, 혹은 이미 알려진 주체가 있다는 발상으로부터 출발한다. 퀴어적 접근은 바로 이러한 자유주의적 가정에 도전한다.

따라서 우리는 랑시에르의 저술과 버틀러의 저술 간의 일정한 교집합을 볼 수 있다. 둘 모두 일관되게 이러한 자유주의적 가정을 방해하고자 하며, 둘 모두 자유주의적인 정체성 중심 접근 방법의 (이익집단들에 의해서는 결코 재획득될 수 없는) 잔여물을 사유하고자 한다(Honig 1993을 보라). 여기서 섹스/젠더에 대한 버틀러의 유명한 초기 작업이 갖는 적실성은, 랑시에르의 정치 이해와의 관계 속에서 명확해진다. 버틀러는 『젠더 트러블』에서 '여성'이라는 범주가 미리 가정될 수 없다는 것을 가장 설득력 있게 드러낸다. 그러므로 페미니스트 이론은 '정치란 오로지 주체 이후에 오는 것'이라고 완고하게 주장할 수 없다. 만약 여성이라는 범주—심지어 여성의 '경험'도—가 오로지 정치의 조건 안에서만 출현할 수 있는 것이라면, 페미니즘은 마땅히 여성이라는 범주의 생산을 가장 핵심적인 문제로 다뤄야 할 것이다(Scott 1991).

물론 나는 퀴어이론이 페미니즘에 대한 단순한 유비로 환원될 수 없다고 본다. 그러나 제2의 물결 페미니즘에 대한 제3의 물결 페미니즘의 비판이, 레즈비언과 게이의 정체성 정치에 대한 퀴어적 비판과 유사하며 그것을 분명하게 만드는 것임에는 의심의 여지가 없다. 레즈비언과 게이가 모두 성적 지향에 기초한 정체성들에 붙여진 이름이라면, 퀴어는 어떠한 고정된 위치도 가리키지 않는다. 레즈비언과 게이(그리고 또한 그들 각자의 방식으로 트렌스젠더와 양성애자)는 정체성들identities인 반면, 퀴어는 관계성a relationality이다. 즉 퀴어는 섹슈얼리티의 규범과의 관계 안에서 하나의 특수하고 관계적인 위치를 묘사한다. 그러므로 퀴어성queerness에 관한 한 고정된 것이나 영구적인 것이란 아무것도 없다. (비록 이성애규범성이 거의 항상 동시대 사례의 맥락에서 가장 중요한 부분을 구성한다고 할지라도) 퀴어성은 언제나 상황-의존적이다.

　랑시에르의 설명과 퀴어이론의 기획 간의 실체적인 연결을 이끌어내기 위해서는—특히 3장에서 내가 아주 상세하게 논의한 두 개의 주장과 관련해—랑시에르의 정치에 대한 설명이 가진 역설적 특질들에 개입하고 그것들을 활성화시키는 것이 필요하다. [3장에는] 첫째로, "잘못의 선언 이전에 부분들[당파들]은 존재하지 않는다"는 주장이 있다(Rancière 1999: 39[『불화』 77쪽]). 그리고 둘째로, 기원적인 아리스토텔레스적 로고스는 더럽혀진 것이라는 주장이 있다(Rancière 1999: 16[『불화』 44쪽]). 아리스토텔레스와는 반대로(혹은 적어도 그에 대한 일부 해석과는 반대로) [랑시에르에게] 말과 목소리를 구분하는 것은 정치-이전의 논의에 의해 결정될 수 없다. 말/목소리의 구분은 듣기hearing와 인정recognition의 행위를 통해 오로지 정치적으로만 결정될 수 있다. 이것은 (불)가청성—들리는 자들과 들리지 않는 자들—의 정치이자 (비)가시성—보이는 자들과 보이지 않는 자들──의 정치이다(Rancière 1999: 22[『불화』 53쪽]). 로고스는 정치를 가능하게 만드는 그러한 도구로서 이해될 수 없다. 왜냐하면 오직 로고스 그 자체만이 어떤 정치적 발언을 위한 '청력'hearing을 제공할 수 있기 때문이다. 랑시에르는 이에 대해 다음과 같이 말한다. "정치가 존재하게끔 하는 말은, 말과 그것에 대한 셈account 사이의 틈새를 측정하는 것과 동일하다"(Rancière 1999: 26[『불화』 58쪽]). 따라서 아리스토텔레스의 로고스는 기반이 아니라 역설이다. 또한 랑시에르의 정치는, 퀴어정치와 마찬가지로 역설적인 동시에 무기반적인 것임이 드러난다.

랑시에르의 재해석은 어디서 그 '셈'이 도래하는지 의문을 제기한다. 어떻게 우리는 어떤 피조물을 인간 혹은 동물로 읽거나 듣거나 보게 되는가? 만약 우리가 정치에 앞서 정치적/비정치적인 것 간의 구분을 만들 수 없다면, 그 차이는 오로지 정치 안에서만 출현할 수 있을 것이다. 이는 랑시에르에게 정치적 논의가 오로지 불화를 통해서, 갈등의 무대화를 통해서, 잘못의 선언을 통해서만 출현할 수 있다는 것을 의미한다. 랑시에르의 정치를 퀴어정치로서 이해하는 것은 더럽혀진 로고스와 정치의 아리스토텔레스적 장면에 대한 핵심적 해석에 새로운 빛을 던져 준다. 동시에 그것은 또한 내가 서론에서 그 일부에 대해 상세하게 논평했던 급진적 주장, 즉 "부분들[당파들]은, 그들이 명명하는 갈등, 그들이 그 안에서 정치적 집단들로서 셈해지는 갈등 이전에 존재하지 않는다"는 주장(1999: 27[『불화』 59쪽])을 분명하게 해준다. 오로지 정치적 갈등이 갈등의 당사자 집단들을 결정한다. 그러나 이는 갈등에 선행하는 부분들[당파들]이란 존재하지 않는다는 것을 의미한다.

내가 이전 장들에서 설명한 바와 같이, 랑시에르는 이러한 역설을 해소하는 대신에,[8] 반복적으로 정치의 궁극적으로 우연한 기반을 드러냄으로써 이 역설을 다시 진술하고 다시 소생시킨다. "정치는 단지 본성에 기초한 사회질서가 없기 때문에, 인간사회를 규제하는 신성한 법이 없기 때문에 존재한다"(1999: 16[『불화』 45쪽]). 『불화』의 이 구절은 랑시에르가 민주주의와 다른 모든 정치적 형태들의 차이를—내가 1장에서 논의한 플라톤의 『법률』에 대한 해석을 통해—설명하는 전기와 후기의 저술 모두에서 반복되고 있다. 정전이 된 자신의 텍스트에서 플라톤은 서로 다른 일곱 가지 지배의 '자격들'을 열거한다. 랑시에르는 일곱 번째의 최종적이며 외견상 '여분적인' 자격에 자신의 해설을 집중시킨다. 이 일곱 번째 자격은 "자격이 아닌 자격이지만 그럼에도 불구하고 가장 정당한 것으로 간주되는 자격"이다. 그것은 제비뽑기, 지배의 원리로서 무작위성의 원리다 (Rancière 2006c: 40[『민주주의는 왜 증오의 대상인가』 94~95쪽]). 지배에

---

8) 역설을 그저 해소해 버리려 할 때, 포함 너머를 사유하고자 하는 시도는 항상 좌절된다. 역설의 해소는 포함 너머를 사유하고자 하는 시도를 포함의 정치의 기획으로 환원해 버린다. 버틀러와 랑시에르는 스피박의 유명하고도 널리 오독된 에세이인 「서발턴은 말할 수 있는가?」(Can the Subaltern Speak?, Spivak 1988)를 이끌어 가는, 정치의 역설적 공식으로 정확히 수렴한다. 스피박은 (포스트식민주의의 맥락 안에서) 포함의 정치에 대한 비판을 공식화하고 있었다. 그러나 그녀의 문답적 제목은 그녀의 작업을 '포함의 정치'의 틀 안에서 오독하도록 이끌었다. 버틀러와 랑시에르는 자신들의 역설을 공식화한다. 우리는 랑시에르에게서 그 역설이 셈해지지 않은 이들을 '셈하기'에 상응하는 것이라고 말할 수 있다. 우리는 버틀러에게서 그 역설이, 모든 것이 이해가능하다는 가능성을 거부하는 이해가능성의 정치의 생산을 포함한다고 말할 수 있다. 나는 이 두 요점의 내용을 아래의 글에서 아주 상세하게 논의한다. 역설적 정치의 이러한 의미는 다음의 더 유명한 1968년 5월의 구호들 중 하나에서 솜씨 좋게 표현되었다. "현실적이 되어라. 불가능을 요구하라." 나는 정치의 역설적 의미를 포착하는 것으로 이 구호를 해석함으로써, '불가능'을 유토피아적인 것으로 전환시키는 경향에 저항한다. '불가능'의 이러한 유토피아적 관념에 대해 도전하는 입장, 즉 근본적으로 **다른** 무언가를 요구하는 것으로서 '불가능을 요구하기'라는 발상에 저항하는 입장에 대해선, 폴 보먼의 풍성하고 설득력 있는 비판을 보라(Bowman 2008a: 98).

대한 이 마지막 주장은 어떠한 원리상의 기초도 갖고 있지 않다. 다시 말하면, 그것은 하나의 아르케(지배의 원리)가 아니라, 크라토스(단순한 우세)이다(Rancière 1995b: 94; 또한 Vatter 2012 참조). 여기서 랑시에르의 주장은 섹스/젠더에 대한 버틀러의 퀴어적 탈구축과 교차한다. 버틀러가 섹스의 견고함을 젠더의 우연성의 기초로 활용하려는 것을 거부한 것과 마찬가지로, 랑시에르는 정치에 어떤 존재론적인 기반을 제공하려는 모든 유혹에 저항한다. 랑시에르와 마찬가지로, 버틀러는—특히 그녀의 초기 저술들에서—모든 존재론을 회피하는 전술을 만지작거린다(Chambers and Carver 2008).[9] 두 논의의 '밑바닥'에서 우리는 아무런 정초적 원리도 찾을 수 없다. 그 밑바닥으로부터 우리는 우연성 외에 어떤 것도 찾을 수가 없다. 그러나 두 사상가 모두에게 우연성은 결론이 아니다. 이들은 우연성을 위한 우연성을 찬양하지 않으며, 우연성이 어떤 방식으로건 '정답'이라고 제안하지도 않는다. 랑시에르와 버틀러 모두 내가 4장의 논의에서 요청한, 우연성에 만족하거나 정착하는 것을 거부하는 접근 방식을 취한다. 우리가 우연성의 '사실'이라고 부를 수 있는 것은 [무언가를] 위안하거나 [무언가와] 조화되지 않는다. 오히려 우연성은 책임 있는 행위를 요구한다. 왜냐하면 사회질서는—비록 그것이 우연적이라고 하더라도—동시에 위계적이고 배제적이며 종종 폭력적이기 때문이다.

그리고 랑시에르는 정치란 수요의 표현이나 이익집단의 요구가 아니라고 주장함으로써 그러한 역설적인 정치의 완전한 위력을 드러낸다. 정

---

9) 더욱 최근의 저술들에서 버틀러는 존재론을 전적으로 거부한 이전의 입장을 바꾼 것처럼 보인다. 실로 그녀는 인간의 연약성에 관련된 일정한 존재론을 받아들이며, 새로운 인간주의를 결과할 수도 있을 존재론을 향한 전회를 받아들이는 것처럼 보인다.

치는 미리-주어진 부분들[당파들]의 정체성(LGBT 혹은 다른 어떤 정체성)의 공표나 주장이 아니다. 정치는 정치의 당파들 자체를 구성하도록 해주는 잘못의 선언이자 불화의 무대화이다. 이것이 바로 랑시에르가 "당파들[부분들]은 잘못의 선언 이전에 존재하지 않는다"라고 쓸 수 있었던 이유이다(1999: 39[『불화』 77쪽]). 논리적으로 잘못의 선언은 그것을 선언할 당파들에 선행해야만 한다. 선언은 그들이 존재하기 전에 도래한다. 내가 지적하듯이, 이는 단순한 이중화법double-speak(모호하게 말하기)이 아니다. 랑시에르는 아리스토텔레스에 대한 자신의 탈구축적 해석을 고수하기 위해 이 역설적 언어를 활용한다. 우리는 우리가 듣는 외침이 정치적 집단의 구호가 되는 것이 오로지 우리가 그 외침을 단순한 지껄임이 아니라 정치적 표현으로서 들을 때뿐이라는 것을 알게 된다. 바로 잘못을 선언하는 구호 자체가 잘못의 당사자 집단을 구성할 것이다. 그러나 그 과정은 미리 보장될 수 없기에 랑시에르의 정치는 실패의 가능성을 충분히 열어 둔다. 이는 때때로, 어쩌면 자주, 구호의 외침이 단순한 소음phōnē 이상이 되지 못한다는 것을 의미한다. 그러나 때때로 하나의 요구는 정치적 주장으로(로고스로) 들릴 수 있으며, 그리하여 잘못을 표명할 수 있게 된다. 이러한 사건이 발생하는 순간, 바로 이러한 정치적 순간에 우리는 계산착오miscount를 얻게 된다. 랑시에르에 따르면 이 계산착오는 민주주의 정치를 규정하는 것이다.

민주주의를 계산착오로 이해하는 랑시에르의 관점은 퀴어이론의 종별성을 강조하는 데 유용하다. 반면 정체성과 규범을 이해하는 퀴어이론의 방식은 랑시에르 자신의 의도를 지나치고 넘어서서 왜 항상 랑시에르적 정치는 퀴어정치인가를 보여 준다. 랑시에르의 접근 방법은 '정체성의 질문'에 대한 퀴어이론과 가장 강력하게 공명한다.[10] 기원적인 아리스토텔레스적 정치 장면에 대한 랑시에르의 급진적이고 논쟁적인 묘사는 레즈비언 게이 정체성 정치와 퀴어정치 간의 구별을 분명히 하는 데 활용될 수 있다. 내가 이전에 주장해 온 바처럼, 게이 정체성은 표현적 행위^{expressive act}—커밍아웃의 선언, 즉 말 그대로 "내가 게이다"라고 말하는 것—를 통해 정립될 수 있다. 그러나 퀴어 정체성은 특수한 규범들의 맥락 안에서만, 권력 관계의 특수한 집합 안에서만, 즉 한정된 정치적 맥락 안에서만 표명될 수 있다(Chambers 2003). 만약 랑시에르가 주장하듯이 잘못 그 자체가 그것을 선언할 당파[부분]를 구성하는 것이라면, 그리고 만약 부분[당파]의 구성과 잘못의 선언이 모두 정치의 행위를 통해서 출현하는 것이라면, 이와 연결된 정치는 결코 정체성에 기초한 것일 수 없다. 정체성은, 그리고 정체성과 함께하는 이익, 요구, 주장은 결코 잘못의 정치적 선언에 선행하는 것일 수 없다.

그러므로 정체성은 퀴어이론에서처럼, 랑시에르에게도 관계적인 것이다. 그것은 랑시에르가 주체를 '사이-존재'^{in-between}라고 부름으로써 명확하게 표현한 핵심적인 요점이다(Rancière 1995c: 67[『정치적인 것의 가장자리에서』 119쪽]). 나는 3장에서 이 구절을 인용했지만, 이 구절의 완전한 의의는 퀴어이론의 맥락을 통해 강조될 수 있을 것이다. 주체를 '사이-존재'라고 부르는 것은 주체가 사물이 아니라 사물들 사이의 어떤 공간인 것처럼 말하는 것이다. 그러나 이것이 정확히 "나는 퀴어다"라는 진술이 갖는 의의들 중 하나다. "나는 퀴어다"라고 말하는 것은 주어진 정체성

---

10) 주체화에 대한 초기 랑시에르의 에세이(1995c)는 『질문에 부쳐진 정체성』(*The Identity in Question*)이라는 선집을 통해 처음 출판되었다.

과 동일시[정체화]하는 것이 아니라, 차라리 그러한 정체성으로부터 탈동일시[탈정체화]하는 것이다. 그것은 규범과 관련해 나의 위치성에 대한 설명을 제공하는 것이다. 퀴어 '정체성'이 항상 규범과의 관계 안에서 (그러므로 유일무이한 의미에서의 '정체성'으로) 파악되어야 하는 것과 마찬가지로, 랑시에르 역시 정체성을 정치적 순간과의 관계 속에서 사유한다. 그리고 이는 사이-존재로서 주체가 공간적인 의미에서뿐만 아니라 그것의 시간적 차원에서도 파악되어야 한다는 것을 의미한다. 이 사이-존재로서의 주체는 3장에서 내가 논의한 중간태의$^{\text{middle-voiced}}$ 주체, 즉 공간적인 간격과 시간적인 간격 모두에서 스스로를 발견하고/발견되는 주체다. 퀴어가 지시하는 주변성^{marginality}은 사이존재성$^{\text{in-betweenness}}$과 탈시간성$^{\text{out-of-timeness}}$ 모두를 시사한다. 랑시에르의 주체와 퀴어 주체는 모두 일정한 경계성^{liminality}을 가지고 있다. 두 주체는 모두 유령적이다.

　동시에 랑시에르와 퀴어이론은 주체와 정체성을 모두 고정된 것(혹은 비-상대적인 것)으로 이해하는 입장을 설명할 수 있는 방법들을 알고 있다. 개입의 두 이론적 양식이 갖는 이러한 차원은 고정된 정체성이라는 개념이—이론적 표현에서뿐만 아니라 역사적인 짜임 안에서도—지배적이라는 단순한 이유 때문에 중요한 것이다. 우선 퀴어이론은 정체성을 관계적으로 이해하는 입장을 긍정하면서도, 고정된 성적 지향의 모델에 따라서 표현된 레즈비언과 게이 정체성의 관점을 (심지어 그러한 관점을 거부하면서도) 파악할 수 있고 그와 협업할 수 있다. 반면 랑시에르의 치안 개념은 주어지고 고정되고 위계적인 사회적 정체성의 개념을 위한 공간을 제공한다. 때때로 빈자들은 몫 없는 이들의 몫이지만, 종종은 치안화의 경제적 범주이기도 하다.

　이러한 의미에서 우리는 정치적 행위를 통해 증명되는 평등의 전제가 치안질서의 **퀴어화**queering에 상응하는 것이라고 말할 수 있다. 랑시에르의 정치와 치안에 대한 논의에서 정치적 순간은 무엇보다도 퀴어적 순간이다. 정치가 치안질서에 적용한 비틂의 힘은 퀴어화의 힘이기도 하다.[11] 그러므로 퀴어정치는 랑시에르가 비순수한 정치라는 말로 의미한 바를 이해하는 도발적이고 생산적인 방식을 제공한다. 나는 '순수한' 정치와 같은 것은 있을 수 없다는 랑시에르의 주장에 대한 상세한 옹호를 랑시에르 해석의 출발점으로 삼았다(Rancière 2011c: 3). 물론 순수성에 대항하는 투쟁은 또한 퀴어정치의 투쟁을 해명해 주는 것이기도 하다. 순수한 퀴어성이란 있을 수 없다. 퀴어정치는 언제나 비순수성의 정치일 것이다.

랑시에르의 주장은 또한 퀴어네이션의 외침을 주어진 이익집단의 요구의 집합이라고 보는 (잘못된) 독법과, 이 구호를 퀴어정치의 표명—정치의 당사자로서 퀴어 당파를 출현시키는 잘못의 선언—으로 보는 해석 간의 차이를 강조해 준다. 퀴어네이션의 구호는 목소리 없는 자들에 의한 정치적 목소리의 표명—이전에는 존재하지 않은 부분[당파]을 출현하게 하는 잘못의 선언—으로 보여야 한다. 그러므로 이성애규범성이 퀴어성을 비가시적으로 만들거나 불가능하게 만든다는 점을 고려할 때, 이 구호는 그러한 이성애규범성에 대한 저항으로서 들려야 한다. "우리가 여기 있다! 우리는 퀴어다!"라는 구호는 비가시적이거나 불가능한 퀴어들을 가시적으로 만든다. 그러나 그 구호가 **로고스**와 함께 새로운 인간의 가시성을 드러낸 것은, 단순히 하나의 요구를 표현하기 위함이 아니다. 오히려

---

11) 이러한 주장을 통해서 나는 물론 내 **나름대로 비틂**의 힘을 랑시에르에게 적용하고 있다. 여기서 나의 해석 전반에 걸쳐 암시한 랑시에르와 퀴어이론 간의 모든 표면적인 등식들은 그 자체로 논쟁적인 등식들이다. 다시 말해, 나의 목표는 랑시에르를 퀴어이론으로 환원하는 것(혹은 그 역)이 아니라, 두 영역을 각각 복수화하고 계쟁화하는 것이다.

그 구호는 규범에 대해 일정한 거리―"그것에 익숙해져라"―를 유지한다. 그를 통해 이 구호는 규범의 조건들 안으로 흡수되길 거부한다.

물론 누군가는 "그것에 익숙해지기"란, 이전에 '정상적인 것과 조화하지 못했던' 것들이 '익숙해'짐으로써 점차 조화를 이루게 되는 정상화 과정을 명명한 것이라고 타당하게 주장할 수 있다. 그러나 나는 거리에서 구호가 외쳐질 때 그 문구가 가진 발화의 위력이 이러한 정상화의 과정에 저항한다고 주장한다. "그것에 익숙해져라"는 정상으로 인정받는 것에 대한 요구가 아니라, 오히려 정상적인 것으로부터의 일탈이 지속될 것이라는 단언이다. 결국 그 구호를 듣는 '우리'가 '익숙해져야' 할 것은 바로 '그들'이 퀴어라는 사실―그들이 우리와 같다는 것이 아니라 그들이 결코 우리와 같게 되지 않을 것이라는 사실―이다. ("그것에 익숙해져라"라고 외치는) '우리'가 표명하고 있는 것은 우리의 정상적인 것으로부터의 일탈이며, (그 구호를 듣는, 정규분포곡선의 중간에 더 가까운 장소를 점유하는 것으로 생각되는) '그들'과 우리 간의 거리이다. 만약 퀴어가 규범성에 저항하는 것이라면,[12] '그것에 익숙해지기'는 정상화가 아니라 퀴어성의 지속을 의미해야 한다.

그러므로 퀴어네이션의 구호에는 앞뒤[합계]가 맞지 않는 무언가가 있다. 그 구호는 등식의 균형을 깨뜨리면서, 등식에 새로운 항을 도입한다. 사실상 퀴어네이션의 구호는 등식을 불균형하게 만드는 방식으로 새로운 변수를 정립한다. 랑시에르에게 이러한 '퍼지수학'$^{fuzzy\ math}$은 민주주

---

12) 퀴어는 단순히 이성애규범성뿐만 아니라 **모든 규범성**에 저항한다. 많은 맥락들에서 이는 퀴어가 동성애규범성(homonormativity)과―아마도 더 심하게―대립하고 있다는 것을 의미한다.

의의 가장 중요한 요소다. 민주주의란 말하자면 적절하게^{properly} 셈을 할 수 없는 체제이다. 이것이 민주주의를 부적절성^{impropriety}의 공간 혹은 순간 으로 만드는 것이며, 이것이 진정으로 민주주의가 하나의 체제가 아닌 이 유이다(Rancière 2006c: 69~73[『민주주의는 왜 증오의 대상인가』 153~156 쪽]). 랑시에르는 민주주의적 주체(따라서 탁월한 정치적 주체)를 "르 콩 트 데 젱콩테$^{le\ compte\ des\ incomptés}$, 즉 셈해지지-않은-것들의 셈"이라고 묘사 했다. 민주주의는 계산착오다. 왜냐하면 민주주의 정치는 사회질서 안에 서 어떤 몫도 갖지 않는 자들이 그 안에서 자신의 몫을 주장하고 그 몫을 가지게 될 때에만 출현하기 때문이다. 랑시에르는 "몫 없는 이들의 몫, 빈 자의 몫 내지 집단이 있을 때"에만 "정치가 있다"라고 주장한다(Rancière 1999: 11[『불화』 39쪽]).

나는 언젠가 이 주장을 해명하면서 민주주의 정치를 "몫 없는 이들이 몫을-획득하는 것"이라고 부른 바 있다(Chambers 2005: par. 1). 이 번역 은 적절하게 역설적인 형태(몫 없는 이들이 몫을 가진다)를 통해 요점을 표 현한다는 이점이 있다. 하지만 이 번역은 마치 정치의 당파가 정치 이전 에 의지를 가지고 참여하는 것처럼 당파의 역할을 과장하게 될 위험도 갖 고 있다. 다시 말해 이 표현은, 내가 이 후기에서의 논의를 통해—이 책 전 반에 걸쳐—랑시에르적 정치로부터 구분하고자 했던 자유주의적인 이 익집단 정치 모델에 위태롭게 근접하게 된다. 랑시에르가 강조하듯이 "빈 자의 당파"는 오로지 "정치가 있을" 때에만 몫을 갖는다. 이 집단은 정치 적 행위를 개시하는 것이 아니라, 오히려 정치적 행위를 통해 출현한다. 다시 말해 "빈자를 존재자로서 존재하게끔 하는 것은" 오로지 정치뿐이다 (Rancière 1999: 11[『불화』 39쪽]. 강조는 인용자). 또한 이 역설적인 공식 은, 우리가 민주주의란 다른 어떤 정치적 체계와도 다르게 지배의 자격 없는 지배의 형태를 수반한다는 점을 이해할 때, (비록 잘 '설명되지는' 않더라도) 자세히 설명될 수 있다. 민주주의는 가장 뛰어난 이가 지배하는 귀족정도 아니고, 부자가 지배하는 과두제도 아니다. 차라리 민주주의는 아무나 지배한다. 민주주의 지배의 자격은, 어떠한 종류의 자격도 결핍하고 있다(Rancière 2006c: 41[『민주주의는 왜 증오의 대상인가』 96쪽]; 또한 Rancière 1995b: 94 참조). 그러나 이것이 왜 민주주의가 항상 계산착오를 수반하는지를 설명해 주는 이유이다. 민주주의는 언제나 셈해지지 않고 셈해지지 않아야 할 자들을 '셈하는 것'과 같다.

　민주주의는 이전에 배제된 이들을 단순히 추가하거나 포함하는 것이 될 수 없다. 민주주의는 두 번째 셈이 아니라 근본적으로 계산착오이다. 또한 이러한 이유로 민주주의 정치는 포함inclusion의 정치로 결코 환원될 수 없다. 이것이 랑시에르가 그의 이전 작업에 관한 논의에서 강하게 주장해 온 요점이다. 그는 다음과 같이 쓴다. "내 경우에서 나는 민주주의적 실천을 몫을 가지지 않은 이들의 몫——이것은 '배제된 이'가 아니라 누구든지anybody 혹은 누구이든 간에whoever를 의미한다——의 기입으로서 개념화하고자 했다"(Rancière 2007a: 99. 강조는 인용자; 또한 Stamp 2009: 11에서도 인용). 랑시에르의 민주주의 정치의 의미와 포함의 정치 간의 틈새를 표지하는 두 번째 문장은, 랑시에르에게 본질적인 것이다. 따라서 같은 시기의 또 다른 텍스트에서 랑시에르는 자신의 '계산착오'의 의미를 생산적으로 해명하고 강화한다(그리고 왜 계산착오가 '한 번 더 셈하기'와 구분되어야 하는지를 보여 준다). "나는 [불화를 통한 해방]을 셈해지지 않은 자들의 셈, 몫 없는 자들의 몫으로 불렀다. 그것은 때때로 배제된 자들의 몫으로 오해되었다"(Rancière 2007c: 15. 강조는 인용자). 배제된 자들을 포함하는 것은 단순히 다르게 셈하는 것이 될 것이다. 그것은 '근본적인 계산착오'에 상응하는 것일 수 없다(Rancière 1999: 6[『불화』 32쪽]). 이러한 이유로 랑시에르는 프롤레타리아—배제된 자, 빈자—를 "그들이 셈해지지 않은 자로서 셈해지는 선언[셈법] 안에서만 존재하는 셈해지지 않은 자들의 계급"으로 묘사한다(Rancière 1999: 38[『불화』 77쪽]). 그러므로 이러한 '계산착오'는 단순히 적절한 셈의 실패가 아니다. 그것은 물론 다시 셈하기를 요구하는 것도 아니다. 계산착오는 환원불가능한 잔여에 붙인 이름이다. 그것은 모든 셈하기 안에 존속하는 셈해지지 않는 것들을 가리킨다.[13]

계산착오는 민주주의의 '문제들'에 대한 더욱 엄중한 이해를 요구한다. 민주주의는 단순히 포함이나 인정을 통해서 모든 문제들을 해결할 수 없다(Deranty 2003a 참조). 억압에 대항한 투쟁은 물론 중요한 것이다. 그러나 민주주의 정치는 억압의 문제에 선행하며 억압을 넘어서는 것이다.[14] 버틀러는 이러한 쟁점들을 규범의 언어를 사용하여 틀 짓는다. 버틀러가 보여 주듯이, 규범은 어떤 삶(어떤 젠더, 어떤 섹슈얼리티, 어떤 국적성)을 가독성 있게 만들고 이해가능하게 만든다. 일정한 규범은 인정의 질문을 넘어서는 식별불가역을 만든다. 버틀러는 이 식별불가역을 '이해불가능성'unintelligibility이라고 부른다. 그녀는 다음과 같이 쓴다.

---

13) 이해불가능성에 대한 그녀의 사유 안에서, 즉 '이해불가능성'이 단순하게 이해가능할 수 있다는 관념에 저항하는 사유 안에서, 버틀러는 그녀 나름의 '계산착오'에 대한 논의를 갖고 있다. 어떤 **나눔**(partage)도 이해불가능성을 소거할 수 없다고 주장한 4장에서, 나는 바로 이해불가능성의 이와 같은 의미를 언급했다. **나눔**은 이해가능성의 새 질서를 생산하지만, 그 나눔은 단순히/직접적으로 이전에 비가시적이었던 것을 가시적으로 만드는 것이 아니다. 비가시적인 것을 가시적으로 만드는 것은 전통적인 비판적 사유와 선형적인 정치의 기획에 해당한다.

14) 많은 경우에 '억압에 대항한 투쟁'은 치안질서의 조건 안에서, 즉 치안질서의 조건과 치안질서 자체를 개선함으로써 가장 잘 진행될 것이다. 이렇게 말하는 것은, 이 책 전반에 걸쳐 내가 강조한 바와 같이, 억압에 대항한 투쟁을 폄하하려는 것이 아니다. 나는 단지 그러한 작업과 민주주의 정치 행위 간의 차이가 갖는 분명한 의미를 유지하려는 것이다.

억압받는다는 것은 당신이 이미 일종의 주체로서 존재한다는 것을 의미하며, 주인 주체를 위해 당신이 거기에 가시적이고 억압받는 타자로서 존재한다는 것을 뜻한다. … 억압받기 위해서 당신은 먼저 이해가능하게 되어야 한다. 당신이 근본적으로 이해불가능하다는 것을(실로 문화와 언어의 법들은 당신을 하나의 불가능성으로서 발견한다는 것을) 발견하는 것은, 당신이 아직 인간적인 것에 대한 접근을 성취하지 못했다는 사실을 발견하는 것이다. 즉 항상 당신이 인간이 아니라는 의미에서만, 마치 당신 스스로가 인간인 것처럼 말해 왔음을 … 발견하는 것이다. (Butler 2004: 30. 강조는 인용자)

우리는 여기서 버틀러가 암묵적으로 남겨 둔 [랑시에르와의] 연결 지점을 쉽게 이끌어 낼 수 있다. 당신이 이해불가능하게 됐다는 사실을 발견하는 것은, 물론 지배적인 규범들에 대한 퀴어적 관계 안에서 당신 스스로를 발견하는 것이다. 이해불가능하게 존재한다는 것은 비가청적이고 비가시적인 주변성의 영역 안에, 즉 누군가를 해독불가능하게 만드는 젠더와 섹슈얼리티의 규범 안에 존재한다는 것을 의미한다. 이해불가능성에 대한 버틀러의 이론은 주변화된 젠더들과 섹슈얼리티들, 특히 트렌스젠더주의를 이론화하는 종별적인 맥락 안에서 출현했다. 그러나 여기서의 그녀의 주장은 랑시에르가 정치를 이론화하고 있는 더욱 포괄적이고 추상적인 틀에도 잘 부합한다. 버틀러는 합법성의 규범과 통치의 정책에 의해 사유불가능하고 발화불가능한 것으로 만들어진 '불량한 관점'에 대해 사유하고자 자신의 이론을 확장시킨다(Butler 2009: 795). 정치가 발생하는 드문 순간에서 평등의 논리와 지배의 논리가 갈등하는 마주침은, 한편으로는 지배의 논리를 가시적으로 만들며 다른 한편으로는 이전에는 이해불가능한 것으로 남아 있던 정치의 주체 자체를 (이해가능한 것으로서) 드러낸다. 그러나 퀴어이론의 언어로 말하자면, 이는 정치가 규범을 드러내는 동시에, 규범이 퀴어로 만들어 낸 것의 이름으로 규범의 지배를 의문에 부친다는 것을 의미한다. 랑시에르가 말하는 바와 같이 정치는 민주주의적 계산착오를 통해서 발생한다. 우리는 여기에 다음과 같이 덧붙일 수 있다. 이해불가능한 것이 그 스스로를 이해가능하게 만들 때/이해가능하게 만들어질 때, 정치는 발생한다.

그의 계산착오에 대한 주장은 (비록 그는 결코 그러한 방식으로 말하지 않지만) 랑시에르의 매우 퀴어적인 사유를 만들어 낸다. 셈해지지 않은 것들의 셈le compte des incomptés을 배제된 자들, 주변화된 자들, 혹은 희생된 자들과 혼동하는 것을 거부하면서 랑시에르는 일관되게 민주주의를 퀴어화한다. 랑시에르가 "민주주의를 퀴어화한다"고 말함으로써 나는 두 개의 연관된 현상들을 지적하고자 한다. 첫째, 불일치dissensus의 의미와—말하기의 대상에 관한 것이 아니라 "말하기가 의미하는 것에 관한" 갈등 상황으로 생각된—불화disagreement의 가능성에 대한 랑시에르의 충실성은(Rancière 1999: xi[『불화』 18쪽]), 또한 일정한 퀴어성에 대한 충실성, 즉 단순히 현행의 치안질서의 지배적인 틀에 포함될 수 없는 주변성에 대한 헌신이기도 하다. 둘째, (몫 없는 이들의 몫une part des sans-part으로 생각된) 퀴어 혹은 이해불가능한 것들과 주변화된 자들 혹은 배제된 자들을 구분하는 것은, 자유주의적 치안질서와 민주주의 정치의 가능성 간의 차이에 전적으로 의존한다. 민주주의적 계산착오는 셈하기의 퀴어적 형태이자 정치의 퀴어적 형태이다.

랑시에르는 해방하지 않고 가르치는 것은 바보를 만드는 일이라고 말한다. 따라서 그는 바보를 만들지 않고 가르치는 것은 해방하는 것이라는 요점을 암시한다. 학생이 그 스스로를 해방시킬 수 있는 조건을 만약 교사가 만들어 낸다면(어떤 교사도 능동적으로 학생을 해방시키지 않는다), 학생이 앞으로 무엇을 하게 될지는 교사의 문제가 아니다(Rancière 1991: 18[『무지한 스승』 38~39쪽]). 가끔은 '랑시에르의 교훈'과 『랑시에르의 교훈』에 대해서도 이와 비슷하게 말해야 할 것이다. 랑시에르는 그의 독자에게 어떻게 결론을 내릴지, 그의 주장으로 무엇을 할 것인지 말해주지 않는다. 나도 마찬가지다. 랑시에르는 말의 순환을 통제할 수 있고, '잘못된' 손들이 말에 접근하지 못하게 할 수 있으며, 말의 의미를 제한할 수 있다고 믿은 플라톤을 적절하게 비판한다. 언제나 말들의 과잉이 있으며, 언제나 말들은 우리의 통제를 넘어서 있다. 이 후기에서 나는 모든 후기가 마땅히 그래야 하는 것처럼, 민주주의 정치를 가능하게 만드는 그러한 문학성으로서의 '말들의 과잉'을 증언한다. 어떤 이들은 '말들의 과잉'을 문자 그대로 '그저 더 많은 말'—랑시에르가 표현하듯이 '그저 말뿐인 것'—로 일축해 버릴지 모른다. 그러나 말은 그저 말일 뿐이라고 비판하는 것은 실제로는 전혀 비판이 될 수 없다. 또한 그러한 비판을 되풀이하는 것은 그저 무익하게 계산착오, 문학성의 힘, 그리고 정치의 위력 자체를 비난하는 일이 될 뿐이다.

말이 그저 말일 뿐이라고 말하는 것을 듣는 것이 반드시 수치스러운 일은 아니다. 말씀이 육체를 만들었다는 환상을 일축하는 것, …그러한 말이 그저 말이라는 것을 아는 것 … 은 우리가 어떻게 말과 이미지, 이야기와 퍼포먼스가 우리가 살고 있는 세계의 일부를 바꿀 수 있는지를 더욱 잘 이해하는 데 도움이 될 수 있다. (Rancière 2009a: 22~23[『해방된 관객』 35~36쪽])

만약 말이 세계를 바꾼다면, 그것은 말이 독자들이 따라갈 수 있는 지도를 그리거나 독자들이 건립할 수 있는 모델을 제공해 주기 때문이 아니다. 그것은 그러한 말이 설명하기^{explicate} 때문이 아니다. 만약 말이 세계를 바꾼다면, 그것은 말이 해방시키기^{emancipate} 때문이다. 그것은 해방시키는 말이 문학성의 힘을, 세계의 새로운 짜임(감각적인 것의 나눔)을 출현시킬 '말들의 과잉'을 요청하기 때문이다.

참고문헌

Rancière, Jacques (1974a), *La leçon d'Althusser*, Paris: Gallimard.

_____ (1974b), "On the Theory of Ideology", *Radical Philosophy*, 7: 2~15.

_____ (1989a), "The Concept of 'Critique' and the 'Critique of Political Economy' (From the Manuscripts of 1844 to Capital)," ed. Ali Rattansi, *Ideology, Method, and Marx: Essays from Economy and Society*, London and New York: Routledge; 74~180.

_____ (1989b), "How to Use Lire le Capital," ed. Ali Rattansi, *Ideology, Method, and Marx: Essays from Economy and Society*, London and New York: Routledge; 181~189.

_____ (1989c), *The Nights of Labor: The Workers' Dream in Nineteenth-Century France*, trans. John Drury, Philadelphia: Temple University Press.

_____ (1991), *The Ignorant Schoolmaster: Five Lessons in Intellectual Emancipation*, trans. Kristin Ross, Stanford: Stanford University Press[『무지한 스승』, 양창렬 옮김, 궁리, 2008].

_____ (1992), *Les noms de l'histoire*, Paris: Seuil [『역사의 이름들』. 안준범 옮김, 울력, 2011].

_____ (1994), *The Names of History: On the Poetics of Knowledge*, trans. Hassan Melehy, Minneapolis: University of Minnesota Press[『역사의 이름들』, 안준범 옮김, 울력, 2011].

_____ (1995a), *La mésentente: politique et philosophie*. Paris: Galilée[『불화』, 진태원 옮김, 도서출판 길, 2015].

_____ (1995b), *On the Shores of Politics*, trans. Liz Heron, London and New York: Verso[『정치적인 것의 가장자리에서』, 양창렬 옮김, 도서출판 길, 2008].

_____ (1995c), "Politics, Identification, Subjectivization," ed. John Rajchman, *The Identity in Question*, London and New York: Routledge; 63~72[「정치, 동일시, 주체화」, 『정치석인 것의 가장자리에서』, 양창렬 옮김, 도서출판 길, 2008]

_____ (1998a), *Aux bords du politique*, 2nd ed., Paris: La Fabrique[『정치적인 것의 가장자리에서』, 양창렬 옮김, 도서출판 길, 2008].

_____ (1998b), "The Cause of the Other", *Parallax*, 4.2: 25~34[『정치적인 것의 가장자리에서』, 양창렬 옮김, 도서출판 길, 2008].

_____ (1999), *Disagreement: Politics and Philosophy*, trans. Julie Rose, Minneapolis: University of Minnesota Press[『불화』, 진태원 옮김, 도서출판 길, 2015].

_____ (2001), "Ten Theses on Politics", trans. Rachel Bowlby and Davide Panagia, *Theory & Event*, 5.3: n.p.[「정치에 대한 열 가지 테제」, 『정치적인 것의 가장자리에서』, 양창렬 옮김, 도서출판 길, 2008].

_____ (2003a), "Comment and Responses", *Theory & Event*, 6.4: n.p.

_____ (2003b), *Short Voyages to the Land of the People*, trans. James B. Swenson, Stanford: Stanford University Press[『사람들의 고향으로 가는 짧은 여행』, 곽동준 옮김, 인간사랑, 2014].

_____ (2003c), "The Thinking of Dissensus: Politics and Aesthetics", Unpublished manuscript written in response to papers given at the conference "Fidelity to the Disagreement", Goldsmiths College, London, September 17.

_____ (2004a), *The Flesh of Words: The Politics of Writing*, trans. Charlotte Mandell, Stanford: Stanford University Press.

_____ (2004b), *The Philosopher and His Poor*, trans. John Drury, Corinne Oster and Andrew Parker, Durham: Duke University Press.

_____ (2004c), "The Politics of Literature." SubStance, 33.1: 10~24[『문학의

정치』, 유재홍 옮김, 인간사랑, 2011].

_____ (2004d), "Who Is the Subject of the Rights of Man?" *South Atlantic Quarterly*, 103.2~3: 297~310.

_____ (2005a), "From Politics to Aesthetics?" *Paragraph*, 28.1: 13~25.

_____ (2005b), *La haine de La démocratie*, Paris: La Fabrique [『민주주의는 왜 증오의 대상인가』, 허경 옮김, 인간사랑, 2011].

_____ (2005C), "Literary Misunderstanding", *Paragraph*, 28.2: 91~103.

_____ (2006a), "The Ethical Turn of Aesthetics and Politics", *Critical Horizons*, 7.1: 1~20.

_____ (2006b), *Film Fables*, trans. Emiliano Battista, New York: Berg [『영화 우화』, 유재홍 옮김, 인간사랑, 2012].

_____ (2006c), *Hatred of Democracy*, trasn. Steve Corcoran, London and New York: Verso [『민주주의는 왜 증오의 대상인가』, 허경 옮김, 인간사랑, 2011].

_____ (2006d), *The Politics of Aesthetics: The Distribution of the Sensible*, trans. Gabriel Rockhill, London and New York: Continuum [『감성의 분할』, 오윤성 옮김, 도서출판b, 2008].

_____ (2007a), "Does Democracy Mean Something?", ed. Costas Douzinas, Adieu Derrida, New York: Pal grave Macmillan; 84~100 [「민주주의는 유효한가」, 『아듀 데리다』, 최용미 옮김, 인간사랑, 2013].

_____ (2007b), 'The Misadventures of Critical Thinking", *Aporia*, 24.2: 22~32 [「비판적 사유의 재난」, 『해방된 관객』, 양창렬 옮김, 현실문화, 2016].

_____ (2007c), "The Misadventures of Critical Thinking", Unpublished manuscript [「비판적 사유의 재난」, 『해방된 관객』, 양창렬 옮김, 현실문화, 2016].

_____ (2007d), "What Does It Mean to be Un?", *Continuum*, 21.4: 559~569.

_____ (2009a), *The Emancipated Spectator*, trans. Gregory Elliott, London and New York: Verso [『해방된 관객』, 양창렬 옮김, 현실문화, 2016].

_____ (2009b), "A Few Remarks on the Method of Jacques Rancière", *Parallax*, 15.3: 114~123.

_____ (2009c), The Future of the Image, trans. Gregory Elliott, London and New York: Verso[『이미지의 운명』, 김상운 옮김, 현실문화, 2014].

_____ (2009d), "The Method of Equality: An Answer to Some Questions", eds. Gabriel Rockhill and Philip Watts, *Jacques Rancière: History, Politics, Aesthetics*, Durham: Duke University Press; 273~288.

_____ (2010a), *Chronicles of Consensual Times*, trans. Steven Corcoran, London and New York: Continuum[『합의의 시대를 평론하다』, 주형일 옮김, 인간사랑, 2010].

_____ (2010b), *Dissensus: On Politics and Aesthetics*, ed. and trans. Steven Corcoran. London and New York: Continuum.

_____ (2011a), *Althusser's Lesson*, trans. Emiliano Battista, London and New York: Continuum.

_____ (2011b), *Staging the People: The Proletarian and His Double*, trans. David Fernbach, London and New York: Verso.

_____ (2011C), "The Thinking of Dissensus: Politics and Aesthetics", eds. Paul Bowman and Richard Stamp, *Reading Rancière*, London and New York: Continuum; 1~17.

_____ (2011d), Personal communications with the author.

_____ (2011e), *Mute Speech: Literature, Critical Theory, and Politics*, New York: Columbia University Press.

Rancière, Jacques and Anne Marie Oliver (2008), "Aesthetics against Incarnation", *Critical Inquiry*, 35.1: 172~190.

Rancière, Jacques and Sudeep Dasgupta (2008). "Art Is Going Elsewhere and Politics Has to Catch It: An Interview with Jacques Rancière", *Krisis*, 9.1: 70~76.

Rancière, Jacques, Solange Guenoun and James Kavanagh (2000), "Literature, Politics, Aesthetics: Approaches to Democratic Disagreement", *SubStance*, 29.2: 3~24.

Ranciere, Jacques and Davide Panagia (2000), "Dissenting Words: A Conversation with Jacques Rancière", *Diacritics*, 30.2: 113~126.

Rancière, Jacques, et al. (1977), "Editorial", *Les révoltes logiques*, Issue 5: 3~6.

Rancière, Jacques, et al. (2008), "Democracy, Anarchism and Radical Politics Today: An Interview with Jacques Rancière", *Anarchist Studies*, 16.2: 173~185.

Rancière, Jacques, et al. (2009), "Politique de l'indétermination esthétique", eds. Jan Völker and Frank Ruda, *Jacques Rancière et la politique de l'esthétique*, Paris: Éditions des Archives Contemporaines; 157~175.

Adorno, Theodor (2005), *Minima Moralia: Reflections on a Damaged Life*, trans. Dennis Redmond. http://www.marxists.org/reference/archive/adorno/1951/mm/index.htm (Accessed: July 7, 2011)[『미니마 모랄리아』, 김유동 옮김, 도서출판 길, 2005].

Althusser, Louis (1965), *Lire le Capital*, Paris: Maspero[『자본론을 읽는다』, 김진엽 옮김, 두레, 1991].

_____ (1969), *For Marx*, London and New York: Verso[『맑스를 위하여』, 이종영 옮김, 백의, 1997].

_____ (1971), "Ideology and Ideological State Apparatuses (Notes toward an Investigation)," *Lenin and Philosophy, and Other Essays*, New York and London: Monthly Review Press; 127~186[「이데올로기와 이데올로기적 국가장치」, 『재생산에 대하여』, 김웅권 옮김, 동문선, 2007], [「이데올로기와 이데올로기적 국가장치」, 『아미엥에서의 주장』, 김동수 옮김, 솔, 1991].

_____ (1976), *Essays in Self-Criticism*, trans. Grahame Locke, London: New Left Books.

_____ (2011), "Student Problems", trans. Dick Bateman, *Radical Philosophy*, 170: 11~15.

Althusser, Louis and Étienne Balibar (2009), *Reading Capital*, trans. Ben

Brewster, London and New York: Verso[『자본론을 읽는다』, 김진엽 옮김, 두레, 1991].

Althusser, Louis, et al. (2016), *Reading Capital: The Complete Edition*, London and New York: Verso Books.

Apostolidis, Paul (2005), "Hegemony and Hamburger: Migration Narratives and Democratic Unionism among Mexican Meatpackers in the US West", *Political Research Quarterly*, 58.4: 647~658.

_____ (2010), *Breaks in the Chain: What Immigrant Workers Can Teach America about Democracy*, Minneapolis: University of Minnesota Press.

Arditi, Benjamin (2007), *Politics on the Edges of Liberalism: Difference, Populism, Revolution, Agitation*, Edinburgh: Edinburgh University Press.

_____ (2011), "Fidelity to Disagreement: Jacques Rancière and Politics", Paper given at the conference *Jacques Rancière: Politics and Aesthetics*, Northwestern University, April 22.

Arditi, Benjamin and Jeremy Valentine (1999), *Polemicization: The Contingency of the Commonplace*, Edinburgh: Edinburgh University Press.

Arendt, Hannah (1958), *The Human Condition*, Chicago: University of Chicago Press[『인간의 조건』, 이진우·태정호 옮김, 한길사, 1996].

_____ (2004), *The Origins of Totalitarianism*, New York: Schocken Books[『전체주의의 기원 1·2』, 박미애·이진우 옮김, 한길사, 2006].

Aristotle (1944), *Politics*, trans. Harris Rackham, Cambridge, MA: Harvard University Press[『정치학』, 천병희 옮김, 도서출판 숲, 2009].

_____ (1957), *Politica*, ed. W. H. Ross, Oxford: Clarendon Press[『정치학』, 천병희 옮김, 도서출판 숲, 2009].

_____ (1958), *Politics*, trans. Ernest Barker, New York and Oxford: Oxford University Press[『정치학』, 천병희 옮김, 도서출판 숲, 2009].

_____ (1981), *The Politics*, trans. T. A. Sinclair, London and New York:

Penguin Books[『정치학』, 천병희 옮김, 도서출판 숲, 2009].

_____ (1996), *The Politics and the Constitution of Athens*, trans. Stephen Everson, Cambridge: Cambridge University Press[『정치학』, 천병희 옮김, 도서출판 숲, 2009].

Badiou, Alain (2005), *Metapolitics*, trans. Jason Barker, London and New York: Verso.

_____ (2009), "The Lessons of Jacques Rancière: Knowledge and Power after the Storm", eds. Philip Watts and Gabriel Rockhill, *Jacques Rancière: History, Politics, Aesthetics*, Durham: Duke University Press; 30~54.

BBC (2010), "Egyptian Policemen Charged over Khaled Said Death" (Online). http://www.bbc.co.ukinews/10476720 (Accessed: July 7, 2011).

Beltran, Cristina (2009), "Going Public: Hannah Arendt, Immigrant Action, and the Space of Appearance", *Political Theory*, 37.5: 595~622.

Bennett, Jane (2009), *Vibrant Matter: A Political Ecology of Things*, Durham: Duke University Press.

Berlant, Lauren and Michael Wamer (1995), "What Does Queer Theory Teach Us about X?" *PMLA*, 110.3: 343~349.

Biesta, Gert (2010), "A New Logic of Emancipation: The Methodology of Jacques Rancière", *Educational Theory*, 60.1: 39~59.

Bowman, Paul (forthcoming), "Sick Man of Trans-Asia: Bruce Lee and Queer Cultural Translation," eds. Sudeep Dasgupta and Mireille D. Rosselo, *What's Queer about Europe?* New York: Fordham University Press.

_____ (2007), "This Disagreement is Not One: The Populisms of Laclau, Rancière, and Arditi", *Social Semiotics*, 17.44: 539~545.

_____ (2008a), *Deconstructing Popular Culture*, New York: Palgrave.

_____ (2008b), "Alterdisciplinarity", *Culture, Theory and Critique*, 49.1: 93~110.

Bowman, Paul and Richard Stamp (2009), "Jacques Rancière: In

Disagreement", *Parallax*, 15.3: 1~2.

Bowman, Paul and Richard Stamp, eds. (2011), *Reading Rancière*, London and New York: Continuum.

Brown, Nathan (2011), "Althusser's Lesson, Rancière's Error and the Real Movement of History", *Radical Philosophy*, 170: 16~24.

Brown, Wendy (2005), *Edgework: Critical Essays on Knowledge and Politics*, Princeton: Princeton University Press.

_____ (2006), "American Nightmare: Neoliberalism, Neoconservatism, and De-Democratization", *Political Theory*, 34.6: 690~714.

Butler, Judith (1997a), *Excitable Speech: A Politics of the Performative*, London and New York: Routledge[『혐오발언』, 유민석 옮김, 알렙, 2016].

_____ (1997b), *The Psychic Life of Power*, Stanford: Stanford University Press.

_____ (1999), *Gender Trouble*, London and New York: Routledge[『혐오발언』, 유민석 옮김, 알렙, 2016].

_____ (2004), *Undoing Gender*, London and New York: Routledge[『젠더 허물기』, 조현준 옮김, 문학과지성사, 2015].

_____ (2009), "Critique, Dissent, Disciplinarity", *Critical Inquiry*, 35.4: 773~797.

Carver, Terrell (2004), *Men in Political Theory*, Manchester and New York: Manchester University Press.

_____ (2006), "Rhetoric and Fantasy Revisited: A Response to Zerilli's 'Philosophy's Gaudy Dress.'", *European Journal of Political Theory*, 5: 485~493.

Chambers, Samuel (2003), *Untimely Politics*, Edinburgh and New York: Edinburgh University Press and New York University Press.

_____ (2005), "The Politics of Literarity", *Theory & Event*, 8.3: n.p.

_____ (2007), "Normative Violence after 9/11: Rereading the Politics of Gender Trouble", *New Political Science*, 29.1: 43~60.

_____ (2010a), "Jacques Rancière", ed. Jon Simons, *From Agamben to Zlzek: Contemporary Critical Theorists*, Edinburgh: Edinburgh University Press; 194~209.

_____ (2010b), "Police and Oligarchy", ed. Jean-Phillipe Deranty, *Jacques Rancière: Key Concepts*, London: Acumen 57~68.

_____ (2011), "Untimely Politics avant la lettre: The Temporality of Social Formations", *Time and Society*, 20.2: 199~225.

Chambers, Samuel and Terrell Carver (2008), *Judith Butler and Political Theory: Troubling Politics*, London and New York: Routledge.

Chambers, Samuel and Michael O'Rourke (2009), "Jacques Rancière on the Shores of Queer Theory", *borderlands*, 8.2: n.p.

Citton, Yves (2009), "Political Agency and the Ambivalence of the Sensible", eds. Gabriel Rockhill and Philip Watts, *Jacques Rancière: History, Politics, Aesthetics*, Durham: Duke University Press; 120~139.

Connolly, William (1987), *Politics and Ambiguity*, Madison: University of Wisconsin Press.

_____ (1995), *The Ethos of Pluralization*, Minneapolis: University of Minnesota Press.

_____ (1999), *Why I Am Not a Secularist*, Minneapolis: University of Minnesota Press.

_____ (2010), *A World of Becoming*, Durham: Duke University Press.

Davis, Oliver (2009), "Rancière and Queer Theory: On Irritable Attachment", *borderlands*, 8.2: n.p.

_____ (2010), *Jacques Rancière*, Cambridge: Polity.

Dean, Jodi (2009a), *Democracy and Other Neoliberal Fantasies: Communicative Capitalism and Left Politics*, Durham: Duke University Press.

_____ (2009b), "Politics without Politics", *Parallax*, 15.3: 20~36.

de Lauretis, Teresa (1991), "Queer Theory: Lesbian and Gay Sexualities", *differences* 3.2: iii~xviii.

Deleuze, Gilles (1983), *Nietzsche and Philosophy*, trans. Hugh Tomlinson, New York: Columbia University Press[『니체와 철학』, 이경신 옮김, 민음사, 2001].

_____ (1991), "What Is a Dispositif?", ed. Timothy Armstrong, *Michel Foucault: Philosopher*, New York: Routledge[「장치란 무엇인가」, 『들뢰즈가 만든 철학사』, 박정태 옮김, 이학사, 2007].

Deotte, Jean-Louis (2004), "The Differences Between Rancière's Mésentente (Political Disagreement) and Lyotard's Différend", *SubStance*, 103.1: 77~90.

Deranty, Jean-Philippe (2003a), "Jacques Rancière's Contribution to the Ethics of Recognition", *Political Theory*, 31.1: 136~56.

_____ (2003b), "Rancière and Contemporary Political Ontology", *Theory & Event*, 6.4: n.p.

_____ ed. (2010), *Jacques Rancière: Key Concepts*, London: Acumen.

Derrida, Jacques (1981), *Dissemination*, trans. Barbara Johnson, Chicago: University of Chicago Press.

_____ (1982), *Margins of Philosophy*, trans. Alan Bass, Chicago: University of Chicago Press.

_____ (1994), *Specters of Marx: The State of the Debt, the Work of Mourning, and the New International*, trans. Peggy Kamuf, London and New York: Routledge[『마르크스의 유령들』, 진태원 옮김, 그린비, 2014].

Dillon, Michael (2003a), "(De)void of Politics?: A Response to Jacques Rancière's Ten Theses on Politics", *Theory & Event*, 6-4: n.p.

_____ (2003b), "The Ignorant Statesman: Philosophy, Pedagogy and Politics", Unpublished manuscript presented at the conference "Fidelity to the Disagreement", Goldsmiths College, London, September 17.

Duttmann, Alexander Garcia (1997), 'The Culture of Polemic: Misrecognizing Recognition", *Radical Philosophy*, 81: 27~34.

Elliott, Gregory (1998), "Ghostlier Demarcations: On the Posthumous Edition of Althusser's Writings", *Radical Philosophy*, 90: 20~32.

Ferris, David (2009), "Politics after Aesthetics: Disagreeing with Rancière", *Parallax*, 15.3: 37~49.

Finlayson, Alan and Judi Atkins (forthcoming), "'A 40-year-old black man made the point to me': Anecdotes, Everyday Knowledge and the Performance of Leadership in British Politics", *Political Studies*.

Foucault, Michel (1972), *The Archeology of Knowledge*, trans. Alan Sheridan, New York: Pantheon Books [『지식의 고고학』, 이정우 옮김, 민음사, 2000].

_____ (1978), *The History of Sexuality, Volume I: An Introduction*, trans. Robert Hurley, New York: Vintage [『성의 역사 1권: 지식의 의지』, 이규현 옮김, 나남출판, 2003].

_____ (1980), *Power/Knowledge: Selected Interviews and Other Writings*, ed. Colin Gordon, New York: Pantheon.

_____ (1984), *The Foucault Reader*, ed. Paul Rabinow, New York: Pantheon Books.

_____ (1997), "Polemics, Politics, and Problematizations: An Interview with Michel Foucault", ed. Paul Rabinow, *Ethics: Subjectivity and Truth Essential Works of Michel Foucault, 1954-1984*, New York: The New Press; 111~19.

_____ (2002a), "Omnes et Singulatim: Toward a Critique of Political Reason", ed. James D. Faubion, *Power: Essential Works of Michel Foucault 1954-1984*, New York: The New Press; 298~325.

_____ (2002b), "What Is Critique?" ed. David Ingram, *The Political*, London and New York: Routledge 191~211.

_____ (2008), *The Birth of Biopolitics: Lectures at the Collège de France, 1978-1979*, New York: Palgrave [『생명관리정치의 탄생』, 심세광·전혜리·조성은 옮김, 난장, 2012].

Gibson, Andrew (2005), "The Unfinished Song: Intermittency and

Melancholy in Rancière", *Paragraph*, 28.1: 61~76.

Habermas, Jürgen (1990), *The Philosophical Discourse of Modernity*, trans. Frederick Lawrence, Cambridge, MA: MIT Press [『현대성의 철학적 담론』, 이진우 옮김, 문예출판사, 1994].

Hallward, Peter (2009), "Staging Equality: Rancière's Theatrocracy and the Limits of Anarchic Equality", eds. Gabriel Rockhill and Philip Watts, *Jacques Rancière: History, Politics, Aesthetics*, Durham: Duke University Press; 140~157.

Halperin, David (1990), *One Hundred Years of Homosexuality: And Other Essays on Greek Love*, London and New York: Routledge.

Halpern, Richard (2011), "Theater and Democratic Thought: Arendt to Rancière", *Critical Inquiry*, 37.3: 545~572.

Heidegger, Martin (1971), *On the Way to Language*, trans. Peter Hertz, San Francisco: Harper & Row [『언어로의 도상에서』, 신상희 옮김, 나남출판, 2012].

_____ (1977), "Letter on Humanism", ed. David Farrell Krell, *Basic Writings*, San Francisco: Harper & Row; 213~265 [「휴머니즘 서간」, 『이정표 2권』, 이선일 옮김, 한길사, 2005].

Hobbes, Thomas (1994), *Leviathan*, ed. Edwin Curley, Indianapolis: Hackett Publishing Company [『리바이어던1·2』, 진석용 옮김, 나남출판, 2008].

Holman, Christopher (2011), "Dialectics and Distinction: Reconsidering Hannah Arendt's Critique of Marx", *Contemporary Political Theory*, 10.3: 332~353.

Honig, Bonnie (1993), *Political Theory and the Displacement of Politics*, Ithaca and London: Cornell University Press.

_____ (2001), *Democracy and the Foreigner*, Princeton: Princeton University Press.

_____ (2010), "Antigone's Two Laws: Greek Tragedy and the Politics of Humanism", *New Literary History*, 41.1: 1~33.

Horkheimer, Max (1972), *Critical Theory: Selected Essays*, New York: Herder and Herder.

Hoy, David Couzens, and Thomas McCarthy (1994), *Critical Theory*, Oxford: Blackwell.

Huffer, Lynne (2009), *Mad For Foucault: Rethinking the Foundations of Queer Theory*, New York: Columbia University Press.

Ieven, Bram (2009), "Heteroreductives: Rancière's Disagreement with Ontology", *Parallax*, 15.3: 50~62.

Ingram, James (2008), "What Is a 'Right to Have Rights'? Three Images of the Politics of Human Rights", *American Political Science Review*, 102.04: 401~416.

Jagose, Annamarie (1996), *Queer Theory: An Introduction*, New York: New York University Press.

Kant, Immanuel (1970), *Political Writings*, ed. H. S. Reiss. Cambridge: Cambridge University Press.

Kaplan, David (2008), "Ricoeur's Critical Theory", ed. David Kaplan, *Reading Ricoeur*, Albany: SUNY Press; 197~212.

Kollias, Hector (2007), "Taking Sides: Jacques Rancière and Agonistic Literature", *Paragraph*, 30.2: 82~97.

Kompridis, Nikolas (2006), *Critique and Disclosure: Critical Theory between Past and Future*, Cambridge, MA: MIT Press.

Kropotkin, Petr (1995), "'Anarchism,' from The Encyclopedia Britannica", ed. Marshall Shatz, *The Conquest of Bread and Other Anarchist Writings*, Cambridge: Cambridge University Press; 233~247.

Laclau, Ernesto (1996), *Emancipation(s)*, London and New York: Verso.

_____ (2006), "Ideology and Post-Marxism", *Journal of Political Ideologies*, 11.2: 103~114.

Lacoue-Labarthe, Philippe and Jean-Luc Nancy (1997), *Retreating the Political*, ed. Simon Sparks, London and New York: Routledge.

Latour, Bruno (1999), *Pandora's Hope: Essays on the Reality of Science Studies*, Cambridge, MA: Harvard University Press.

_____ (2004), "Why Has Critique Run Out of Steam? From Matters of Fact to Matters of Concern", *Critical Inquiry*, 30: 225~248.

Lievens, Matthias (2012), "Ideology Critique and the Political: Towards a Schmittian Perspective on Ideology", *Contemporary Political Theory*, 11.4.

Locke, John (1988), *Two Treatises of Government*, ed. Peter Laslett, Cambridge: Cambridge University Press[『통치론』, 강정인·문지영 옮김, 까치, 1996].

Lorde, Audre (1984), "The Master's Tools Will Never Dismantle the Master's House", *Sister Outsider: Essays and Speeches*, Berkeley: Crossings Press; 110~113.

Lyotard, Jean-François (1984), *The Postmodern Condition: A Report on Knowledge*, trans. Geoff Bennington and Brian Massumi, Minneapolis: University of Minnesota Press[『포스트모던적 조건』, 이현복 옮김, 서광사, 1992].

_____ (1988), *The Differend: Phrases in Dispute*, trans. Georges Van Den Abbeele, Minneapolis: University of Minnesota Press[『쟁론』, 진태원 옮김, 경성대학교 출판부, 2015].

_____ (1990), *Heidegger and "the Jews"*, trans. Andreas Michel and Mark Roberts, Minneapolis: University of Minnesota Press.

Lyotard, Jean-François and Jean-Loup Thébaud (1985), *Just Gaming*, trans. Wlad Godzich, Minneapolis: University of Minnesota Press.

Marchart, Oliver (2007), *Post-Foundational Political Thought: Political Difference in Nancy, Lefort, Badiou and Laclau*, Edinburgh: Edinburgh University Press.

_____ (2010), *Die politische Differenz: Zum Denken des Politischen bei Nancy, Lefort, Badiou, Laclau und Agamben*, Berlin: Suhrkamp.

Marder, Michael (2010), *Groundless Existence: The Political Ontology of Carl Schmitt*, London: Continuum.

Markell, Patchen (2006), "Ontology, Recognition, and Politics: A Reply",

Polity, 38.1: 28~39.

_____ (2011), "Arendt's Work: On the Architecture of The Human Condition", *College Literature*, 38.1: 15~44.

Marx, Karl (1977), *Capital: A Critique of Political Economy*, trans. Ben Fowkes, New York: Vintage[『자본론』, 김수행 옮김, 비봉출판사, 2015], [『자본』, 강신준 옮김, 도서출판 길, 2008].

_____ (1988), *Economic and Philosophic Manuscripts of 1844*, trans. Martin Milligan, Amherst, NY: Prometheus Books[『칼 맑스·프리드리히 엥겔스 저작선집 1권』, 박종철출판사 편집부 엮음, 박종철출판사, 1997].

_____ (1996), "'Introduction' to the Grundrisse", ed. Terrell Carver, *Marx: Later Political Writings*, Cambridge: Cambridge University Press; 128~157[「『정치경제학 비판을 위한 개요』의 서설」, 『칼 맑스·프리드리히 엥겔스 저작선집 2권』, 박종철출판사 편집부 엮음, 박종철출판사, 1997].

May, Todd (1994), *The Political Philosophy of Poststructuralist Anarchism*, University Park: Pennsylvania State University Press.

_____ (2008), *The Political Thought of Jacques Rancière: Creating Equality*, Edinburgh: Edinburgh University Press.

_____ (2009), "Rancière in South Carolina", eds. Gabriel Rockhill and Philip Watts, *Jacques Rancière: History, Politics, Aesthetics*, Durham: Duke University Press; 105~119.

_____ (2010a), *Contemporary Political Movements and the Thought of Jacques Rancière: Equality in Action*, Edinburgh: Edinburgh University Press.

_____ (2010b), "Thinking the Break: Rancière, Badiou, and the Return of a Politics of Resistance", *Comparative and Continental Philosophy*, 1.2: 253~268.

_____ (2011), "Rancière, Anarchism, Governance", Paper given at the conference Jacques Rancière: *Politics and Aesthetics*, Northwestern University, April 22.

_____ (2012). Personal communications with the author.

McClure, Kirstie (2003), "Disconnections, Connections, and Questions: Reflections on Jacques Rancière's 'Ten Theses on Politics'", _Theory & Event_, 6.4: n.p.

Mehlman, Jeffrey (1976), "The Case of Marx in France", _Diacritics_, 6.4: 10~18.

Milchman, Alan and Alan Rosenberg (2007), "The Aesthetic and Ascetic Dimensions of an Ethics of Self-fashioning: Nietzsche and Foucault", _Parrhesia_, 2: 44~65.

Miller, D. A. (1988), _The Novel and the Police_, Berkeley: University of California Press.

Montag, Warren (2011), "Introduction to Althusser's 'Student Problems'", _Radical Philosophy_, 170: 8~10.

Morton, Timothy (2007), _Ecology without Nature: Rethinking Environmental Aesthetics_, Cambridge, MA: Harvard University Press.

Mouffe, Chantal (2000), _The Democratic Paradox_, London: Verso[『민주주의의 역설』, 이행 옮김, 인간사랑, 2006].

Mowitt, John (1992), _Text: The Genealogy of an Antidisciplinary Object_, Durham: Duke University Press.

Mufti, Aarnir (2003), "Reading Jacques Rancière's 'Ten Theses on Politics': After September 11th", _Theory & Event_, 6.4: n.p.

Muhle, Maria (2007), "Politics, Police, and Power between Foucault and Rancière". Unpublished manuscript.

Nietzsche, Friedrich (1977). The Portable Nietzsche, trans. Walter Kaufmann, New York: Penguin.

Nixon, Sean (1997), "Exhibiting Masculinity," ed. Stuart Hall, _Representation: Cultural Representations and Signifying Practices_, London and Thousand Oaks: SAGE Publications; 291~336.

Noyes, Matt (2008), "What Do We Want? When Do We Want It?" (Online). http://www.re.rollingearth.org/?q=node/131 (Accessed: October 29,

2008).

Oksala, Johanna (2010), "Foucault's Politicization of Ontology", *Continental Philosophy Review*, 43.4: 445~466.

O'Rourke, Michael (2005), "On the Eve of a Queer-Straight Future: Notes Toward an Antinormative Heteroerotic", *Feminism & Psychology*, 15.1: 111~116.

Palladino, Paolo and Tiago Moreira (2006), "On Silence and the Constitution of the Political Community", *Theory & Event*, 9.2: n.p.

Panagia, Davide (2001), "Ceci n'est pas un argument: An Introduction to the Ten Theses on Politics", *Theory & Event*, 5.3: n.p.

_____ (2006), *The Poetics of Political Thinking*, Durham: Duke University Press.

_____ (2009), *The Political Life of Sensation*, Durham: Duke University Press.

_____ (2010), "The Sharing of the Sensible", ed. Jean-Philippe Deranty, *Jacques Rancière: Key Concepts*, London: Acumen 95~103.

Parker, Andrew (2004), "Mimesis and the Division of Labor," introduction to Jacques Rancière, *The Philosopher and His Poor*, Durham: Duke University Press; ix~xx.

_____ (2007), "Impossible Speech Acts", ed. Martin McQuillan, *The Politics of Deconstruction: Jacques Derrida and the Other of Philosophy*, London: Pluto Press; 66~80.

Plato (1991), *The Republic of Plato*, trans. Allan Bloom, New York: Basic Books[『국가·정체』, 박종현 옮김, 서광사, 2005].

Power, Nina (2009), "Which Equality? Badiou and Rancière in Light of Ludwig Feuerbach", *Parallax*, 15.3: 63~80.

Rattansi, Ali, ed (1989), *Ideology, Method, and Marx; Essays from Economy and Society*, London and New York: Routledge.

Rawls, John (1971), *A Theory of Justice*, Cambridge, MA: Harvard University Press.

Rawls, John (1993), *Political Liberalism*, New York: Columbia University Press[『정의론』, 황경식 옮김, 이학사, 2003].

Repo, Jemima (2011), *The Biopolitics of Gender*, PhD Dissertation, Helsinki: University of Helsinki[『정치적 자유주의』, 장동진 옮김, 동명사, 1999].

Robson, Mark (2009), "'A Literary Animal': Rancière, Derrida, and the Literature of Democracy", *Parallax*, 15.3: 88~101.

Rockhill, Gabriel (2004), "The Silent Revolution", *SubStance*, 33.1: 54~76.

_____ (2006), "Preface, Introduction, and Glossary", ed. Gabriel Rockhill, *The Politics of Aesthetics*, London and New York: Continuum; vii-x; 1-6; 80~93.

_____ (2011), "Through the Looking Glass: The Subversion of Modernist Doxa", introduction to *Mute Speech; Literature, Critical Theory, and Politics*, New York: Columbia University Press.

Rorty, Richard (1991), *Essays on Heidegger and Others Philosophical Papers*, Volume 2, Cambridge: Cambridge University Press.

Ross, Alison (2010), "Expressivity, Literarity, Mute Speech", eds. Paul Bowman and Richard Stamp, *Reading Rancière*, London and New York: Continuum; 133~50.

Ross, Kristin (2002), *May '68 and Its Afterlives*, Chicago: University of Chicago Press.

_____ (2009), "Historicizing Untimeliness," eds. Philip Watts and Gabriel Rockhill, *Jacques Rancière: History, Politics, Aesthetics*, Durham: Duke University Press; 15~29.

Schaap, Andrew (2011), "Enacting the Right to Have Rights: Jacques Rancière's Critique of Hannah Arendt", *European Journal of Political Theory*, 10.1 : 22~45.

Schmitt, Carl (1988), *The Crisis of Parliamentary Democracy*, trans. Ellen Kennedy, Cambridge, MA: The MIT Press[『현대 의회주의의 정신사적 상황』, 나종석 옮김, 도서출판 길, 2012].

Scott, Joan (1991), "The Evidence of Experience", *Critical Inquiry*, 17-4:

773~797.

Sedgwick, Eve Kosofsky (1990), *Epistemology of the Closet*, Berkeley: University of California Press.

_____ (2003), *Touching Feeling; Affect, Pedagogy, Performativity*, Durham: Duke University Press.

Seery, John (2011a), *Too Young to Run? A Proposal for an Age Amendment to the U.S. Constitution*, University Park: Pennsylvania State University Press.

_____ (2011b), "Why Should Holding Office Be for Old People Only?" *Salon* (Online). http://www.salon.com/news/politics/war_room/201 1/06/26/john_seery_age/index.html (Accessed: July 7, 2011).

Shachtman, Noah (2011), "Pentagon's Prediction Software Didn't Spot Egypt Unrest" (Online). http://www.wired.com/dangerroom/2011/02/ pentagonpredict-egypt-unrest/ (Accessed: June 16, 2011).

Shapiro, Michael (2009), *Cinematic Geopolitics*, New York: Taylor & Francis.

Skinner, Quentin (1988), "Meaning and Understanding in the History of Ideas," ed. James Tully, *Meaning and Context Quentin Skinner and His Critics*, Princeton: Princeton University Press; 29~67[『역사를 읽는 방법』, 황정아·김용수 옮김, 돌베개, 2012].

Sloterdijk, Peter (2004), *Sphären III: Schäume*, Berlin: Suhrkamp.

Spivak, Gayatri Chakravorty (1988), "Can the Subaltern Speak?", eds. Cary Nelson and Lawrence Grossberg, *Marxism and the Interpretation of Culture*, Bloomington: Indiana University Press; 271~313[「서발턴은 말할 수 있는가?」, 『서발턴은 말할 수 있는가?』, 태혜숙 옮김, 그린비, 2013].

Stamp, Richard (2009), "The Torsion of Politics and Friendship in Derrida, Foucault and Rancière", *borderlands*, 8.2: n.p.

Strauss, Leo (1959), *What Is Political Philosophy? And Other Studies*, Glencoe, IL: Free Press[『정치철학이란 무엇인가』, 양승태 옮김, 아카넷, 2002].

Tanke, Joseph (2011), *Jacques Rancière: An Introduction*, London and New York: Continuum.

Thomson, Alex (2003), "Re-placing the Opposition: Rancière and Derrida", Unpublished manuscript presented at the conference "Fidelity to the Disagreement," Goldsmiths College, London, September 17.

Valentine, Jeremy (2005), "Rancière and Contemporary Political Problems", *Paragraph*, 28.1: 46~60.

Vatter, Miguel (2008), "Book Review" of Todd May's *The Political Thought of Jacques Rancière: Creating Equality. Notre Dame Philosophical Reviews* (Online0. http://ndpr.nd.edu/review.cfm?id=15405 (Accessed June 12, 2011).

_____ (2012). "The Quarrel between Populism and Republicanism: Machiavelli and the Antinomies of Plebeian Politics", *Contemporary Political Theory*, 11.3: 242~263.

Ward, Colin (1982), *Anarchy in Action*, London: Freedom Press.

Warner, Michael, ed. (1993), *Fear of a Queer Planet: Queer Politics and Social Theory*, Minneapolis: University of Minnesota Press.

Watkins, Robert (2010), "Book Review" of Davide Panagia's The Political Life of Sensation, *Perspectives on Politics*, 8.2: 665~666.

West, Cornel (2011), "Hope can be betrayed" (Twitter update). http://twitter.com/#!/CornelWest/status/91615996804202498 (Accessed July 20, 2011).

White, Stephen (1997), "Weak Ontology and Liberal Political Reflection", *Political Theory*, 25.4: 502~523.

_____ (2000), *Sustaining Affirmation: The Strengths of Weak Ontology and Political Theory*, Princeton: Princeton University Press.

_____ (2005), "Weak Ontology: Genealogy and Critical Issues", *The Hedgehog Review*, 22 June: 11~25.

Wittgenstein, Ludwig (1972), *On Certainty*, trans. Denis Paul and G. E. M. Anscombe, New York: Harper Torchbook[『확실성에 관하여』, 이영철

옮김, 책세상, 2006].

Zivi, Karen (2012), *Making Rights Claims: A Practice of Democratic Citizenship*, New York: Oxford University Press.

Žižek, Slavoj (1994), *Mapping IdeoLogy*, London: Verso.

_____ (1999), *The Ticklish Subject: The Absent Centre of Political Ontology*, London and New York: Verso[『까다로운 주체』, 이성민 옮김, 도서출판b, 2005].

_____ (2006), "The Lesson of Rancière", ed. Gabriel Rockhill, *The Politics of Aesthetics*, London and New York: Continuum 69~79[「슬라보예 지젝의 발문: 랑시에르의 교훈」, 『감성의 분할』, 오윤성 옮김, 도서출판b, 2008: 97-114].

옮긴이 후기

1.

『랑시에르의 교훈』은 자크 랑시에르의 정치사상을 아이스크림처럼 부드럽게 만들어서 떠먹여 주는 입문서가 아니다. 이 책은 '지능의 평등'이라는 랑시에르의 급진적인 가정에 입각해서 쓰여졌다. 이 가정에 따르면, 누구에게나 전문가나 해설자의 도움 없이 심각한 텍스트를 스스로 이해하고 활용할 수 있는 지적인 역량이 있다. 그러므로 독자들에게 필요한 것은 랑시에르의 원전보다 손쉽게 접근할 수 있는 해설서나 교과서가 아니라, 탐사의 대략적인 방향을 잡는 데 도움을 줄 나침반과 지도다. 이 책은 랑시에르라는 문제적 사상가가 서구 정치사상의 전통 전체와 불화하며 만들어 낸 복잡한 지형을 살핀다. 저자 새뮤얼 체임버스는 랑시에르가 현대 정치이론의 쟁점들과 논쟁들이라는 맥락 속에서 어떤 길을 개척하고 있는지 지형도를 그려 보여 주려고 한다. 그러나 이 지형도는 오로지 랑시에르를 진지하게 읽을 준비가 된 사람들에게만 의미가 있을 것이다. 여기에 그려진 여러 코스들을 직접 답사해야 할 사람은 랑시에르도 체임버스도 번역자도 아닌 각각의 독자들이기 때문이다.

이 책을 관통하는 핵심적인 질문은 '과연 민주주의 정치란 무엇인가'

다. 랑시에르가 말하는 민주주의는 흔히 말하는 자유주의적 절차나 제도 등으로 환원될 수 없는 현상이다. 차라리 그것은 기존의 위계적 질서나 제도가 평등의 논리와 대면하면서 파열되는 매우 드문 순간을 일컫는다. 롤스의 정치적 자유주의나 하버마스의 숙의 이론, 범맑스주의(?)의 계급갈등 논의 등에 식상함을 느끼는 독자들에게, 랑시에르의 정치 개념은 신선한 지적 자극으로 다가올 것이다. 그러나 이 책은 한 명의 철학자에게 헌정된 책이 으레 그러한 것과 달리, 랑시에르의 논의가 가진 의의를 과장하거나 그의 성취를 무조건적으로 찬양하지 않는다. 오히려 이 책의 탁월한 점은 오늘날의 정치적 담론에 지배력을 행사하고 있는 다른 사상가들 및 주요 주제들과의 관련성 속에서 랑시에르의 사유가 진정으로 기여한 바가 무엇인가를 비판적으로 살핀다는 데 있다.

예를 들자면, 랑시에르는 맑스, 아렌트, 알튀세르, 푸코, 리오타르, 버틀러, 네그리, 호네트 등의 기획과 어떤 점에서 비슷하고 다른가? 랑시에르는 자유주의, 사회주의, 아나키즘 등과 같은 이데올로기들과 어디에서 어떻게 만나고 대립하는가? 왜 랑시에르의 사유는 그보다 더 유명한 다른 사상들의 기획이나 우리에게 익숙한 이데올로기적 틀 안으로 쉽게 환원될 수 없는가? 이 같은 질문들에 답변을 마련하면서, 체임버스는 랑시에르가 현대 정치의 난제들에 대해 명쾌한 답변이나 해결책을 제시하는 유형의 사상가가 아님을 분명히 한다. 이 책은 랑시에르의 사유로 무엇을 할 수 있는가에 대해서뿐만 아니라 그것으로 무엇을 할 수 없는가에 대해서도 솔직하게 쓰고 있다. 사회변혁의 구체적 방안이나 만병통치약을 기대하는 독자들은 이 책에 실망하게 될 것이다.

2.

『교훈』은 또한 미국의 급진민주주의 정치이론 연구자들과 프랑스의 후기 구조주의 철학자들 간의 대화를 기록한 책이기도 하다. 셸던 월린, 윌리엄 코널리, 보니 호니그, 웬디 브라운 등의 사상가들에 의해 대표되는 미국의 급진민주주의 전통은, 숙의민주주의 이론이나 자유주의 정치이론과는 구분될 뿐 아니라 유럽의 사회주의 전통과도 구분되는 독자적인 지적인 흐름을 형성했다. 이들은 경쟁이나 갈등, 투쟁이나 저항 등이 정치적인 것의 핵심을 이루는 요소라고 주장하면서, 합의와 질서, 균형의 구축을 목표로 정치로부터 갈등을 몰아내려 하는 롤스나 샌델 같은 사상가들을 격렬하게 비판해 왔다. 미국의 급진민주주의자들이 지난 수십여 년간 주장해 온 바를 고려한다면, 정치를 주어진 기존 질서의 교란이나 파열로 이해한 랑시에르의 정치이론이 이들에게 호의적으로 받아졌으리라는 점은 충분히 짐작 가능할 것이다. 체임버스는 랑시에르를 반갑게 수용하는 미국 학계의 흐름에 대체로 동조하면서도, 랑시에르의 논의를 활용하는 동료 연구자들의 기획으로부터 랑시에르 본연의 주장을 날카롭게 구분하고 있다. 체임버스가 볼 때 정치를 근절할 수 없는 비순수성이나 오염으로 이해하는 랑시에르는, 진정한 정치를 위한 대안적 이론이나 공간을 마련하고자 하는 대다수의 급진민주주의자들과도 불화를 일으킬 수밖에 없다.

이 책은 한국의 독자들에게 미국의 정치이론 연구자들이 프랑스라는 상이한 정치적 맥락과 지적 전통에서 출발한 사유를 어떻게 수용하고 활용하는지 엿볼 수 있는 좋은 기회를 제공해 준다. 선택의 여지없이 외국에서 수입한 이론들을 공부할 수밖에 없는 한국의 현대정치철학/이론 전공자들은 이 책으로부터 구체적인 이론적 지식뿐만이 아니라, 다른 정치적/이론적 환경으로부터 출발한 사상가들을 어떻게 다뤄야 하는가에 대한 일반적인 시사점도 얻을 수 있을 것이다. 이 책은 대륙의 정치철학과 후기 구조주의 사상, 그리고 미국의 급진민주주의 사상 등에 흥미를 느끼는 독자들에게 좋은 읽을거리가 될 거라 믿는다. 민주주의 연구자들과 비판이론 연구자들뿐만 아니라, 인접 분야인 비평이론, 문화 연구, 페미니즘 이론과 퀴어이론 연구자들, 알튀세르 이후의 맑스주의를 고민하는 연구자들 역시 이 책으로부터 많은 도움을 받을 수 있으리라 생각한다. 물론 '지능의 평등'을 전제하는 이 책은 연구자들만을 위한 책이 아니다. 이 책에는 민주주의 정치와 랑시에르의 사유에 관심을 갖고 있는 학부생과 일반 독자들, 다양한 현장의 활동가들에게도 직간접적으로 영향을 미칠 수 있는 주장과 논증이 실려 있다.

번역자로서 독자들에게 가장 추천하고픈 이 책의 독법은, 랑시에르의 주요 저작들을 (여의치 않다면 『불화』만이라도) 옆에 두고 대조해 가며, 서론부터 후기까지 순서대로 읽어 나가는 것이다. 그러나 저자의 주장대로 이 책이 교과서가 아니라 하나의 지도라면, 모든 독자들이 이 책을 똑같은 방식으로 읽을 필요는 없을 것이다. 지도를 보듯이 각자의 목적에 따라서 적절하게(혹은 부적절하게!) 책을 활용하자. 랑시에르의 반이론적 정치이론에 대한 입문서가 필요한 독자라면, 서론과 1장 '정치', 2장 '치안'이 특히 도움이 될 것이다. '주체화'나 '언어와 인간', '비판이론의 미래' 같은 현대이론의 보다 일반적인 쟁점들과의 관계 속에서 랑시에르를 이해하고 싶은 독자라면 3장 '문학성'과 4장 '비판'에 주목하면 좋겠다. 3장과 4장은 맑스, 푸코, 알튀세르, 리오타르 등과 같은 다른 좌파 사상가들과 랑시에르의 관계를 생각해 보는 데도 유용한 논의들을 담고 있다. 페미니즘 이론이나 퀴어이론에 관심이 많은 독자라면, 후기의 주디스 버틀러와 퀴어 정체성에 대한 토론이 특히 흥미로울 것이다. 급할 때 요긴하게 쓸 만한 랑시에르 개념 사전을 찾고 있는 독자라면, 주요 개념어를 정리하고 있는 서론의 마지막 부분이 유용하리라 생각된다.

3.

어떤 경우에도 『교훈』을 일종의 '정설'을 제시하는 책으로 받아들여서는 안 된다. 다시 말해 독자들이 이 책을 랑시에르에 대해 유일하게 가능한 올바른 해석이라고 이해해서는 곤란하다. 그러한 발상은 또다시 텍스트의 참된 진리에 접근할 수 있는 특권적인 해석자의 위치를 상정하기 때문이다(이러한 가정은 랑시에르보다는 레오 스트라우스의 입장에 가깝다). 안목 있는 해석자와 맹목적인 일반 독자 사이의 위계를 수립하는 일만큼 '랑시에르의 교훈'과 정면으로 배치되는 일은 없을 것이다. 하지만 이 책에서 적지 않은 분량이 랑시에르를 틀리게 읽은 사람들에 대한 비판에 할애된 만큼, 『교훈』은 저자 체임버스의 명시적인 목표와는 달리 많은 독자들에게 정설에 대한 교훈을 주는 책으로 받아들여질 위험에 노출되어 있다. 데랑티나 메이 같은 영어권의 가장 뛰어난 랑시에르 연구자들마저도 그를 오독했다는 지적을 받는 상황이라면, 이 책을 읽은 독자들은 랑시에르를 제대로 읽는다는 것이 무엇인지에 대해 자연스럽게 관심을 가지게 되지 않겠는가? 어떤 독자들은 거기서 더 나아가 그릇되고 오염된 해석으로부터 자유로운 랑시에르라는 또 다른 '순수성'을 갈망하지 않겠는가?

2016년 『교훈』에 대한 온라인 심포지엄에서 민주주의 이론 연구자 제임스 잉그램James Ingram은 체임버스에게 비슷한 우려를 표명한 적이 있다. 한편으로 잉그램은 『교훈』이 공화주의적 아렌트주의(벨트란)나 헤겔주의적 비판이론(데랑티), 아나키즘(메이)의 기획으로부터 랑시에르의 주장을 선명하게 구분해 냈다는 점에 대해 칭찬을 아끼지 않는다. 하지만 다른 한편으로 그는 체임버스가 랑시에르의 사유의 개념적 일관성과 연속성을 명료하게 만드는 데 지나치게 효과적이지 않았는가를 묻는다. 체임버스도 강조했듯이, 랑시에르는 일반적인 이론의 구축이 아니라 논쟁적 개입을 위해 글을 써왔던 사상가이다. 따라서 어느 정도의 비일관성이나 불명료함, 비연속성이 그의 저작에서 나타나는 것은 당연하다. 하지만 잉그램이 볼 때, 체임버스는 심지어 랑시에르 본인보다도 그의 개념들을 일관되고 충실하게 통제하려 한다.

잉그램은 랑시에르의 사유가 보여 주는 약간의 비일관성과 불명료함, 비연속성이야말로 그것이 가진 매력과 위력의 일부를 설명해 주는 것이라고 주장한다. 사실 체임버스도 지적했듯이 랑시에르가 특정한 역사적 맥락에서 논쟁적 개입을 추구한 것이라면, 그의 논쟁술이 타당한지 여부를 결정하는 건 이론적 일관성이 아니라 정치적 효과일 것이다. 이에 착안해 잉그램은 랑시에르 본연의 사상이 가진 일관성과 연속성을 수호하기보다, 다른 이론적/정치적 기획과의 협업의 가능성을 열어 둠으로써 좀 더 효과적이고 생산적인 논의를 이끌어 낼 수 있지 않을까 하는 의문을 조심스럽게 제기하고 있다. 잉그램이 보기에는 안타깝게도 체임버스는 랑시에르의 논의에 약간이나마 남아 있던 규범적이거나 존재론적인 면모를 모두 제거해 버렸다. 잉그램은 '정치의 비순수성'을 그토록 강조하던 체임버스가 역설적이게도 이러한 해석적 "치안화"의 과정을 통해 랑시에르의 사유를 다른 의미에서 순수하게 만들어 버린 것이 아닌지 반문한다 (Ingram 2016).

『교훈』에 대한 잉그램의 우려가 실현되지 않게 하려면, 랑시에르에게 순수한 정치가 불가능한 만큼이나 순수한 해석 역시도 있을 수 없다는 점을 분명히 할 필요가 있다. 이 책이 '정설'을 전달하는 또 하나의 해설서가 되지 않게 하려면, 무엇보다 독자들의 능동적인 참여가 결정적으로 필요하다. 결국 이 책에 등장하는 체임버스(와 랑시에르)의 논의를 직접 탐구하고 검증하고 활용해야 할 사람들은 독자들이다. 이 책은 각각의 독자들이 스승에게 의존하지 않고 독립적으로 사고하는 해석자가 되기를 요구한다. 한국어판 서문의 체임버스의 말처럼, 이 책은 누구에게나 교훈을 주지만 모두에게 같은 교훈을 주지는 않을 것이다.

4.

우리는 과연 '랑시에르의 교훈'으로 무엇을 할 수 있는가? 최근 몇 년간 전례 없는 온라인 페미니즘의 열풍을 경험하고 있는 한국의 독자들은 이런 질문을 던져봄직 하다. 랑시에르는 페미니즘의 아군이 될 수 있을까? 2014년 미국 서부정치학회 연례모임에서 『교훈』에 대한 토론회가 열린 적이 있었다. 이 행사에서 페미니즘 정치이론 연구자 엘리자베스 윈그로브 Elizabeth Wingrove는 회의적인 답변을 내놓았다.

랑시에르의 정치적 주체는 "말하는 존재자로 셈해질 권리가 없는 자들이 그들 자신을 말하는 존재자로 셈"할 때 출현한다(Rancière 1999: 27[『불화』 60쪽]). 윈그로브는 이 구절을 인용하면서 여성은 랑시에르가 말하는 형태의 정치적 주체로 출현할 수 없다고 지적한다(Wingrove 2016: 410). 왜냐하면 여성은 치안질서 안에서 아예 "말하는 존재자로 셈해질 권리가 없는 자들"이라기보다는, 이미 일정한 방식으로 셈해진 자들이기 때문이다. 실로 여성은 "모든 인간이 평등하다"고 선언하는 정치공동체 안에 이미 포함되어 있다. 영어에서 맨men이라는 단어가 한편으로는 여성과 남성을 포함한 '모든 인간'을 가리키면서, 다른 한편으로는 오로지 '남성'만을 일컫는다는 사실에서 보이듯, 치안질서 속에서 여성은 얼마간은 배제된 채로 항상 이미 셈에 포함되어 있다. 다시 말해 여성은 치안질서 안에서 완전히 비가시적인 존재는 아니지만, 주어진 장소에서 (대체로 남성보다 못한) 기대된 역할을 수행하는 한에서만 가시적이다.

바로 이러한 이유 때문에 여성의 지위향상이나 포함을 향한 페미니즘적 요구들은 좀처럼 주어진 젠더의 위계를 파열시키는 '잘못'의 선언으로 인정되지 않는다. 치안질서는 페미니스트들이 늘 하던 (아무 효력 없는) 이야기를 마음껏 하게끔 내버려 두는 방식으로 그들을 침묵시킨다. 따라서 윈글로브는 페미니즘 정치가 랑시에르가 말하는 정치의 역설(비순수성의 정치)보다 훨씬 까다로운 역설적 상황에 처해 있다고 주장한다. 여성은 단순히 남성과 **동등한** 존재라는 사실을 선언해야 할 뿐만 아니라, 현행의 공동체가 말하는 이미 셈해진 "모든 인간"과 자신이 **다른** 존재라는 사실 역시 선언해야 하기 때문이다. 페미니스트들이 "착수해야 할 역설의 문제는, 과연 어떻게 [페미니즘 담론이] 기존의 셈 안으로 완전히 동화될 수 없는 무언가 새로운 것을 말할 수 있는가이다"(Wingrove 2016: 417). 윈그로브는 랑시에르가 『불화』에서 제1의 물결 여성 운동의 위대한 순간을 정치적 장면의 대표적 사례로 활용하고 있음에도 불구하고, 페미니즘 정치가 대면하고 있는 특유의 역설(여성의 '평등'과 '차이'에 대해 동시에 말해야 한다는 어려운 과제)을 포착하는 데는 실패했다고 지적한다.

윈그로브의 랑시에르 비판은 상당한 설득력이 있다. 하지만 나는 그녀의 주장이 페미니즘 정치와 랑시에르의 정치적 사유가 만날 수 없다는 비관적 결론으로 가는 근거가 될 수는 없다고 생각한다. 오히려 윈그로브의 주장은 페미니즘과 랑시에르적 정치가 아무런 조정도 없이 지금의 모습 그대로 만날 수 있다는 발상을 비판하는 것으로 이해되어야 한다고 본다. 둘의 마주침은 랑시에르의 정치이론을 여성 운동의 사례를 설명하는 데 일방적으로 적용하거나, 페미니즘 정치의 사례를 찬양하기 위해 랑시에르의 논의를 일방적으로 도용하는 방식으로는 이루어질 수 없다.

한편으로 '평등의 논리'에만 초점을 맞춘 정치적 순간에 대한 랑시에르의 다소 단선적인 서사는 여성이 치안질서 안에서 처한 구체적인 "역사적/수사적/문법적" 상황 앞에서 수정되어야 할 것이다. 페미니즘 정치에 특유하게 나타나는 차이와 평등의 역설에 주목하는 윈그로브의 논평은 여기서 우리에게 유용한 시사점을 줄 수 있다. 다른 한편으로 페미니즘은 자유주의적 이익집단 정치의 요구를 넘어설 수 있는 새로운 언어를 발명해야 한다. 언제나 치안질서 안에서의 주어진 정체성으로 회귀하는 유형의 체제순응적 페미니즘(예컨대 "능력 있는 여성 개개인이 성공하는 것이 해방이다"고 말하는 신자유주의 페미니즘)은 랑시에르가 말하는 민주주의와는 거의 접점이 없다.

5.

이 책을 번역하는 과정에서 아주 많은 분들의 도움을 받았다. 저자인 새뮤얼 체임버스 선생님은 옮긴이의 온갖 자질구레한 문의에도 언제나 친절하게 답변을 해주셨다. 의미가 분명하지 않거나 오류가 드러난 일부 구절을 한국어판 독자들을 위해 다시 써주시기도 했다. 또한 수많은 일정에 시달리는 와중에도 한국어판을 위한 새로운 서문을 흔쾌히 작성해 주셨다. 프리즘 총서를 기획하신 진태원 선생님은 2013년 당시에 아무런 경력도 없었던 옮긴이의 출판제안서를 긍정적으로 보아 주셨고 이 번역 프로젝트를 그린비출판사와 연결해 주셨다. 두 분 선생님께 깊은 감사를 드리고 싶다.

이 책의 서론과 1장의 번역 초고는 서울대학교 국제문제연구소의 차

태서 박사님과 뉴욕시립대 영문과 박사과정의 류지영 선배님이 검토를 해주셨다. 두 분은 번역어 선택에 대해서도 몇 가지 결정적인 조언을 해주셨다. 3장과 4장의 초고는 켄터키대학교 지리학과 박사과정의 이재연이 검토를 해주었다. 랑시에르의 프랑스어 원문을 영어 번역본과 대조하는 작업은 김신애 박사님(전 서울대 기초교육원)으로부터 큰 도움을 받았다. 미디어오늘의 손가영 기자와 대학 후배 김두훈, 전공 동료 박지혜는 이 책의 전체 혹은 일부 원고를 읽어 주고 소중한 의견을 나누어 주었다. 시인 노혜경 선생님께서도 이 책의 일부 원고를 읽어 주시고 옮긴이에게 힘이 되는 조언들을 해주셨다. 여세연과 서강대 사회과학연구소가 공동 주최했던 2017년 여름 특강 '민주주의의 페미니즘적 재구성' 수강생들은 당시만 해도 거칠기 짝이 없던 1~3장의 초고를 아무런 불평 없이 읽어 주었다. 이 분들 모두에게 깊은 감사를 드린다. 그러나 본문 곳곳에 아직도 남아 있을 모든 오류는 당연히 옮긴이의 책임이다.

콜로라도대학의 한인 유학생들에게도 감사를 드리고 싶다. 그중에서도 같은 전공의 유일한 한인 동료였던 박승빈에게 특히 감사를 표하고 싶다.

그린비출판사 편집부에 깊은 감사를 드린다. 그린비의 꼼꼼한 교정자들은 옮긴이의 실수와 부주의를 바로잡는 데 큰 도움을 주었다.

미래가 보장되지 않은 공부를 계속한다는 것은 가족들에게 상당한 부담을 안기는 일이다. 유학생활 동안 지원을 아끼지 않은 어머니 손옥자 여사와 동생 김지은에게는 아무리 고맙다는 말을 해도 부족하리라는 생각이 든다.

마지막으로 멀쩡한 강사 자리를 내던지고 머나먼 타국 땅에서 새로운 생활을 시작한 노선희 박사에게도 감사를 표해야겠다. 노선희 박사의 정서적인 지지가 버팀목이 되지 않았다면 나는 어떤 일도 완수하지 못했을 것이다. 염치없지만 앞으로도 내 모든 작업의 첫 번째 독자이자 비평자로 남아 주기를 부탁한다.

2018년 6월, 미국 콜로라도주 볼더에서
김성준

참고문헌

Ingram, James (2016). "The Point of Lessons," Unpublished manuscript presented at the Online Symposium on The Lessons of Rancière, Syndicate, 31 October. Available from: https://syndicate.network/symposia/philosophy/lessons-of-ranciere/#the-point-of-the-lesson (Accessed 3 June, 2018)

Wingrove, Elizabeth (2016). "blah blah WOMEN blah blah EQUALITY blah blah DIFFERENCE." Philosophy & Rhetoric, 49(4): 408-419.

프리즘 총서 30

랑시에르의 교훈

발행일 초판 1쇄 2019년 6월 20일 | **지은이** 새뮤얼 체임버스 | **옮긴이** 김성준 | **프리즘 총서 기획위원** 진태원

펴낸곳 (주)그린비출판사 | **펴낸이** 유재건 | **신고번호** 제2017-000094호

주소 서울시 마포구 와우산로 180, 4층 | **전화** 02-702-2717 | **팩스** 02-703-0272 | **이메일** editor@greenbee.co.kr

ISBN 978-89-7682-543-8 93300

이 도서의 국립중앙도서관 출판시도서목록(CIP)은 서지정보유통지원시스템 홈페이지(http://seoji.nl.go.kr)와

국가자료 공동목록시스템(http://www.nl.go.kr/kolisnet)에서 이용하실 수 있습니다.(CIP제어번호: CIP2019017538)

책값은 뒤표지에 있습니다. 잘못 만들어진 책은 서점에서 바꿔 드립니다.

철학이 있는 삶 **그린비출판사** www.greenbee.co.kr